ALEXANDER LOWEN

Liebe und Orgasmus

Persönlichkeitserfahrung durch sexuelle Erfüllung

GOLDMANN VERLAG

Die Originalausgabe erschien unter dem Titel
»Love and Orgasm«
bei MacMillan Publishing Co., Inc., New York

Aus dem Amerikanischen übersetzt von: Gudrun Theusner-Stampa

Made in Germany · 5. Auflage · 7/87
Genehmigte Taschenbuchausgabe
© 1965 by Alexander Lowen, MD.
© für die deutsche Ausgabe 1980
by Kösel-Verlag GmbH & Co., München
Umschlaggestaltung: Design Team München
Druck: Elsnerdruck, Berlin
Verlagsnummer: 11356
JJ · Herstellung: Peter Papenbrok/Voi
ISBN 3-442-11356-3

Für Wilhelm Reich, dessen Entdeckung der Funktion des Orgasmus dieses Buch möglich gemacht hat

Danksagungen

Ich schulde einer Reihe von Menschen Dank, die so freundlich waren, der Vorbereitung dieses Buches Zeit und Kraft zu widmen. Zu besonderem Dank fühle ich mich meiner Redaktionsassistentin, Frau Adele Lewis, verpflichtet, die mit mir zusammen das Manuskript gelesen und viele Vorschläge zu seiner Verbesserung beigetragen hat, Herrn Walter Skalecki für die Vorbereitung der Zeichnungen und Diagramme, Herrn Stephen Zoll, einem früheren Cheflektor der Macmillan Company, für sein Interesse und seine Unterstützung, und meinen Freunden und Kollegen, mit denen ich die in diesem Buch geäußerten Gedanken und Vorstellungen erörtert habe.

Inhalt

1 Aufgeklärte Sexualität kontra sexuelle Reife 9
2 Sexualität und Liebe 31
3 Liebe und Sexualität 50
4 Tod, Sexualität und Individualität 68
5 Homosexualität 88
6 Die lesbische Persönlichkeit 123
7 Latente Homosexualität 152
8 Heterosexualität 183
9 Männliche und weibliche Sexualität 205
10 Sinnlichkeit kontra Sexualität 223
11 Der sexuelle Orgasmus 247
12 Orgastische Impotenz beim Mann 267
13 Orgastische Impotenz bei der Frau 296
14 Zweierlei Maß 328
15 Die sexuellen Rollen der Frau 340
16 Die sexuellen Rollen des Mannes 373
17 Die Wahrheit des Körpers 400

1 Aufgeklärte Sexualität kontra sexuelle Reife

Fünfzig Jahre zunehmender Freiheit von den Einschränkungen der sexuellen Ausdrucks- und Verhaltensweisen durch die viktorianische Moral haben zu einer Einstellung geführt, die man als aufgeklärte Sexualität, aber kaum als sexuelle Reife bezeichnen kann. Obwohl der durchschnittliche Zeitgenosse mehr über sexuelle Dinge zu wissen scheint als seine Vorfahren, spricht vieles dafür, daß er im Hinblick auf seine Geschlechtsrolle unsicher und seiner sexuellen Ziele ungewiß ist. Die Psychoanalyse hat dem Aufgeklärten viele Antworten auf sexuelle Fragen verschafft, aber sie hat wenig getan, um seine Schuldgefühle zu lindern oder seine Frustration zu beheben. Diese Frustration geht nicht auf den Mangel an Gelegenheit zu sexuellen Erlebnissen zurück, sondern auf die Unfähigkeit, jenes Glück und jene Befriedigung zu erlangen, die man sich von der sexuellen Liebe verspricht. Der Allgemeinheit steht eine umfangreiche Literatur zur Verfügung, in der die sexuellen Techniken verschiedener Kulturen des Westens und des Ostens beschrieben werden. Leider bieten diese Schriften in bezug auf die sexuelle Problematik, mit der täglich so viele Menschen zu den Ärzten, den Psychiatern und den Eheberatern kommen, weder Einsicht noch Hilfe. Über Sexualität wird mit einer Offenheit gesprochen, von der man noch vor fünfzig Jahren nichts ahnte, aber es gibt immer noch viel Unwissenheit und viele falsche Vorstellungen über das Wesen und die Funktion des sexuellen Orgasmus. Es ist zu vermuten, daß die heutige sexuelle »Aufgeklärtheit« ein Deckmantel für die sexuelle Unreife, die sexuellen Konflikte und Ängste des Betroffenen ist.

Das große Echo der Öffentlichkeit auf Bücher, die angeblich das »Geheimnis« der sexuellen Erfüllung in wenigen leichten

Lektionen lösen helfen, verrät eine weitverbreitete Unreife und Naivität. Die Bücher darüber »Wie man's macht« und »Wie man glücklich wird« wären lächerlich, wenn die sexuelle Sitation weniger verzweifelt wäre. Wie die Dinge liegen, gehen sie am Problem vorbei und verwirren letzten Endes den Leser. Die Überfülle von Sex-Handbüchern sollte uns eine Warnung sein, daß die Schwierigkeiten nicht leicht zu lösen sind. Das sexuelle Verhalten läßt sich nicht von der Gesamtpersönlichkeit eines Menschen trennen. Sexualität ist ein Teil oder ein Aspekt der Persönlichkeit, und sie läßt sich nicht ohne entsprechende Wandlungen der Persönlichkeit verändern. Die Sexualität ihrerseits erfüllt und formt, wie wir später zeigen werden, die Persönlichkeit. Aus diesem Grund kann man sexuelle Erfüllung nicht durch die Anwendung besonderer Sexualtechniken erlangen. Sie ist vielmehr das Ergebnis einer Lebensweise, der Erfahrung einer reifen Persönlichkeit. Es fehlt weithin an einem Verständnis der Sexualität als Gefühlsausdruck. Wir versuchen in diesem Buch, dieses Verständnis zu vermitteln, und wir wollen außerdem Klarheit über das Wesen des sexuellen Orgasmus schaffen. Das ist ohne Berücksichtigung der Beziehung zwischen Sexualität und Persönlichkeit nicht möglich. Wenn erst diese Beziehung erforscht ist, wird es möglich sein, einige der Gründe für den Mangel an sexueller Erfüllung bei Männern und Frauen zu nennen. Ich werde einzelne Fallstudien aus meiner psychiatrischen Praxis zur Veranschaulichung von Problemen verwenden, die viele Menschen teilen. Die aus diesem Buch hervorgehende Kritik der heute üblichen sexuellen Einstellungen wird vielleicht dazu beitragen, die Fehler vermeiden zu helfen, durch die die sexuelle Unzufriedenheit verewigt wird. Das hier vorgelegte Material stellt die Erkenntnisse dar, die ich in fünfzehn Jahren aktiver psychiatrischer Praxis und in zwanzig Jahren intensiver Beschäftigung mit diesem Thema erworben habe. Es beruht auf der einfachen Beobachtung, daß die seelischen und die sexuellen Probleme eines Menschen die gleiche Störung seiner Persönlichkeit widerspiegeln. Diese Beobachtung hat sich mir in der Praxis immer wieder bestätigt. Eine andere Ansicht würde voraussetzen, daß es im Leben eines Menschen zwei Abteilungen gibt: eine für die Tätigkeiten bei Tag (im Tageslicht, mit Kleidern) und eine für die Betätigung bei Nacht (im Dunkeln, ohne Kleider). Nach meiner Erfahrung sind die Menschen nicht so gespalten, obwohl sie sich große Mühe geben, sich und andere davon zu überzeugen. Wenn man auch allgemein versucht, den Eindruck hervorzurufen, man könne auf diesen beiden Ebenen verschieden funktionieren, bleibt doch die Tatsache bestehen, daß die zwanghafte Hausfrau kein lockerer kleiner Nachtfalter ist, und auch der verantwortungsvolle leitende Angestellte ist nicht zur Nachtzeit ein stürmischer Lothario. Wenn es um die sexuelle Reaktion geht, hat die zwanghafte Hausfrau Angst, loszulassen, und der verantwortungsvolle leitende Angestellte fürchtet sich davor, in etwas »hineingezogen« zu werden.

Ich behaupte, daß das sexuelle Verhalten eines Menschen seine Persönlichkeit widerspiegelt, genau wie die Persönlichkeit eines Menschen ein Ausdruck seiner sexuellen Gefühle ist. Diesem Buch liegt der Standpunkt zugrunde, daß man das sexuelle Verhalten eines Menschen nur verstehen kann, wenn man auf seine Persönlichkeit Bezug nimmt. Um diesen Standpunkt zu definieren und zu begründen, muß man »aufgeklärte Sexualität« von sexueller Reife unterscheiden, also das Vorgebliche vom Wirklichen. Die »aufgeklärte Sexualität« manifestiert sich am deutlichsten in der Einstellung: 1. zum Geschlechtsakt, 2. zur Masturbation und 3. zum Körper. Wir wollen jede dieser Einstellungen analysieren und ihre Folgen beschreiben, nachdem wir den Standpunkt des »Aufgeklärten« vorläufig definiert haben.

Der sexuell »Aufgeklärte« sieht im Geschlechtsakt eine Leistung anstatt einen Ausdruck des Gefühls für den Sexualpartner. Nach seiner Ansicht ist Geschlechtsverkehr ein Sieg des Ichs, während Masturbation als Niederlage gilt. Diese Betonung von Ich-Werten in der Sexualität dient zur Rationalisierung sexueller Unzulänglichkeit und zur Beseitigung des

Bewußtseins von sexueller Schuld. Die verdrängten Schuldgefühle lassen sich in den mit Masturbation verbundenen Gefühlen nachweisen.

Der »Aufgeklärte« betrachtet die Persönlichkeit als identisch mit dem Ich oder dem Geistig-Seelischen und übersieht, welche Rolle der Körper und seine physikalischen Prozesse bei der Festlegung von Verhaltensweisen und Reaktionen spielen. Diese Unkenntnis zeigt sich darin, daß solche Leute die Wirkung von Muskelverspannungen auf die sexuelle Reaktionsbereitschaft nicht erkennen. Chronische Muskelverspannungen behindern die normale Atmung und die normale Bewegungsfähigkeit und hemmen sexuelle Gefühle. Der »Aufgeklärte« nimmt an, seine sexuellen Schwierigkeiten seien rein psychisch und ist daher nicht in Fühlung mit den somatischen Aspekten seines Problems.

(1) Der Vertreter einer »aufgeklärten Sexualität« hat sich scheinbar von allen sexuellen Schuldgefühlen befreit. Er kennt die Vielfalt sexueller Stellungen und die Feinheiten sexueller Techniken, und er hat die Grenzen überschritten, die früher das Normale vom Perversen unterschieden. Das Fehlen jeglicher Hemmung oder Zurückhaltung im sexuellen Verhalten hat er als sozialen Wert akzeptiert. Er liest mit Hingabe erotische Literatur und ist ein Vertreter der objektiven, wissenschaftlichen Betrachtung der Sexualität. Er ist der sexuell Emanzipierte. Manchmal ist jedoch die sexuelle Leistung nicht ganz das, was sie sein könnte, und dann finden wir ihn gelegentlich im Sprechzimmer eines Psychiaters, wo er Hilfe sucht. Seine Ängste, so versichert er uns, rührten von den Furcht her, zu versagen. Er sagt, er habe keine Angst vor dem Sex, und er habe keine Schuldgefühle wegen sexueller Betätigung. Er fürchtet nur, keine angemessene Leistung erbringen zu können – insbesondere, er werde nicht zu einer Erektion fähig sein, die Erektion könne ihm wieder verlorengehen oder er könnte vorzeitig ejakulieren. Und es ist ihm völlig klar, daß wegen seiner Befürchtungen und Ängste gerade das, was er fürchtet,

leicht geschehen kann. Die »aufgeklärte« Frau macht sich Sorgen, daß sie vielleicht keinen Höhepunkt erreichen oder keinen Orgasmus haben könnte.

Ich kann die Vorstellung vom Versagen im Sinn einer Niederlage des maskulinen Ichs eines Mannes verstehen – das heißt, ich kann das Scheitern im Sinn seiner Unfähigkeit begreifen, die Frau zu befriedigen; ich kann verstehen, wenn eine Frau es als einen Schlag für ihren weiblichen Stolz empfindet, daß es ihr nicht gelingt, einen Höhepunkt zu erreichen; aber eine Anschauung von der Sexualität, in der Erfolg oder Mißerfolg eines Vollzugs als gültiges Kriterium für die Sexualfunktion angesehen wird, ist nur scheinbar einleuchtend. Wir wollen die Ideen analysieren, die hinter dieser Ansicht stecken, da sie die unterschwellige Einstellung des sexuell »Aufgeklärten« zur Sexualität ausdrücken.

Der Gedanke, daß die sexuelle Betätigung einen Vollzug in sich schließt, den man aus Büchern lernen oder durch Übung vervollkommnen kann, wird in zahlreichen Büchern über die sexuelle Liebe dargelegt. Schon bei der bloßen Verwendung des Ausdrucks Vollzug oder Leistung (performance) im Zusammenhang mit Sexualität sollten wir uns in acht nehmen. »Leistung« gibt zu verstehen, es handle sich um den Vollzug einer Handlung in solcher Weise, daß auf die besondere Geschicklichkeit oder Kunstfertigkeit des Ausführenden aufmerksam gemacht wird. »Leistung« hat in dem Sinn einen öffentlichen Charakter, daß die Ausführung des Aktes der Begutachtung und der Kritik eines anderen Menschen oder eines Publikums unterworfen ist. Eine »Leistung« wird nach Maßstäben gewertet, die außerhalb des Ausführenden liegen. Diese Unterscheidungen lassen sich an der Funktion des Essens veranschaulichen. Gewöhnlich »leistet« man nichts, wenn man ißt. Sofern man aber in der Öffentlichkeit ißt, nehmen die mit dem Essen verbundenen Handlungen einige Eigenschaften einer »Leistung«, einer Darstellung an. Die Tischsitten des Essenden sind der Beobachtung ausgesetzt, und man wird der Kritik nicht entgehen, wenn man sich nicht den

Maßstäben einer guten Erziehung gemäß verhält. Die Lust am Essen ist unwichtig, wenn es um die Tischmanieren geht. Ein weiteres Beispiel: Das Schreiben eines Briefes ist gewiß eine persönliche und private Handlung, aber wenn der Briefstil oder die Grammatik beurteilt oder bewertet werden, bekommt das Briefschreiben den Aspekt einer Leistung oder Darstellung. Der Begriff der Darstellung (performance) unterscheidet öffentliche Handlungen von privaten. Wir können jedoch erkennen, daß jede Handlung zur Darstellung werden kann, wenn man es bei ihrer Ausführung darauf abgesehen hat, andere zu beeindrucken oder, was dasselbe ist, wenn die Handlung nach objektiven und nicht nach subjektiven Kriterien beurteilt wird.

Normalerweise ist der Geschlechtsakt eine private Handlung; er wird aber zu einer öffentlichen, wenn er der Beobachtung ausgesetzt wird. Das geschieht, wenn der Stil oder die Art und Weise seiner Ausführung abgesehen von den Gefühlen in Frage gestellt oder diskutiert wird, die die Handlung ausdrükken soll. Wenn wir die Gefühle außer acht lassen, die dem Geschlechtsakt seine Gültigkeit geben, wird er zu einer Darstellung. Er verliert seine persönliche Bedeutung, wenn die Kriterien, nach denen er bewertet wird, andere als subjektive sind. Der Geschlechtsakt ist eine Darstellung oder »Leistung«, wenn er mehr dazu benützt wird, um die Partnerin zu beeindrucken, als dazu, ein inneres Gefühl auszudrücken. Er ist eine Darstellung, wenn die Befriedigung der Partnerin gegenüber dem eigenen Bedürfnis den Vorrang hat. Er ist eine Darstellung, wenn Ich-Werte wichtiger sind als Gefühl oder Empfindung. Der Vertreter einer »aufgeklärten Sexualität« ist in sexueller Hinsicht ein »Leistungsmensch«. Man sagt von ihm, er habe »seine Sache gut gemacht«, wenn er ohne Rücksicht auf sein eigenes subjektives Erleben des Aktes seine Partnerin zu einem Höhepunkt bringen kann. Tatsächlich braucht er, nach Albert Ellis, vielleicht nicht einmal in die Frau einzudringen, »da es ihm ein Leichtes ist, die empfindungsfähigsten Körperteile einer Frau mit den Fingern, den Lippen, der Zunge oder anderen Körperteilen zu stimulieren, wenn sein Penis für diese Aufgabe nicht tauglich ist.«*

In unseren »aufgeklärten« Zeiten sind viele Männer sexuelle Leistungstypen. Ihr Sexualverhalten hat ein zwanghaftes Element, das auf ihrem Bedürfnis beruht, sich und anderen mit ihren sexuellen »Heldentaten« Eindruck zu machen. Sie sind auf ihr männliches Ich fixiert, dessen Symbol der erigierte Phallus ist. Während früher solches Verhalten den Wenigen vorbehalten war (Casanova ist ein hervorragendes Beispiel dafür), kennzeichnet es heute die sexuelle Einstellung der meisten Menschen. Solange der Zwang besteht, ist der Geschlechtsakt eine »Leistung«, ständig begleitet vom Risiko des Mißlingens. Wenn im Verlauf einer analytischen Therapie die Zwangshaltung vermindert oder beseitigt wird, kommen die wahren Gefühle des Betreffenden hervor. Einer meiner Patienten teilte mir vor kurzem folgende Beobachtung mit:

»Zum ersten Mal in meinem Leben lassen bei mir die Erektionen nach. Das ist mir vielleicht früher schon ein- oder zweimal in besonderen Situationen passiert, aber jetzt ist es anders. Ich konnte früher ficken und dann rausgehen und ein paar Runden boxen. Ich nehme an, das war die Folge eines zwanghaften Bedürfnisses zu zeigen, wie stark ich war. Ich hab mehrmals an einem einzigen Tag vier oder fünf Frauen gehabt und bin von einer Wohnung zur anderen gerannt. Es war mein Stolz. Heute hab ich das Gefühl, ich hab kein großes Verlangen nach Liebe, und deswegen läßt die Erektion nach. Es ist jetzt sogar besser, wenn die Frau auf mir liegt, anstatt unter mir.«

Bei diesem Patienten bestand ein tiefer Konflikt zwischen oralen, Passivitäts- und Abhängigkeitsbedürfnissen und seinem Ich-Ideal von einer starken, aggressiven, männlichen Persönlichkeit. Er drückte die Brust heraus, entwickelte seine Muskeln übermäßig und spannte in seiner Abwehr gegen das Kind in seinem eigenen Inneren die Kiefermuskulatur an. Seine von Zwanghaftigkeit bestimmte Erektionsfähigkeit war ein Teil des gleichen Manövers. Aber er war niemals sexuell zufrieden oder sexuell erfüllt. Er mußte zuerst seine Pose aufgeben, bevor der Konflikt gelöst werden konnte.

* Albert Ellis: *The Art and Science of Love*, New York, 1960, S. 117.

Wenn man den Geschlechtsakt nicht vollzieht, um sich selber oder der Partnerin etwas Gutes zu tun, wie ist dann ein Mißlingen möglich? Wenn jemand feststellt, daß er kein Verlangen nach Nahrung hat, würde er seinen Mangel an Appetit kaum als Fehlschlag bezeichnen. Wenn dies kein Versagen ist, warum sieht man dann den Verlust des sexuellen Verlangens als Versagen an? Die Antwort auf diese Frage muß lauten, daß wir den Geschlechtsakt als Leistung ansehen, um uns selber und anderen unsere wahren Gefühle zu verbergen. Sonst würde man die Unfähigkeit zur Erektion als ein Zeichen von mangelndem sexuellem Interesse an der Partnerin ansehen. Der Mangel an Interesse kann die Folge von Angst, Feindseligkeit oder von fehlender sexueller Erregung durch die Partnerin sein; aber das kann man nur in einem neurotischen Sinn als Versagen ansehen. Eine ehrlichere Einstellung zu sich selbst würde es einem ermöglichen, die eigenen wahren Gefühle zu entdecken und dadurch eine Situation zu vermeiden, die für den Mann, gelinde gesagt, peinlich ist. Ähnlich kann das Nachlassen der Erektion auf die Furcht zurückgehen, in die Vagina einzudringen, auf Abscheu vor den weiblichen Genitalien oder auf andere Gründe, aber es sollte wiederum nicht als Versagen betrachtet werden. Wenn die Versuche eines Mannes, sich einer Frau sexuell zu nähern, vorwiegend von dem Wunsch motiviert sind, ihren Beifall zu finden oder von ihr nicht verachtet zu werden, ist es kaum wahrscheinlich, daß er in der Lage sein wird, seine Erektion ständig aufrechtzuerhalten. Wenn das Nachlassen der Erektion ein Versagen darstellt, liegt dieses Versagen darin, daß er nicht mit sich selbst übereinstimmt.

Der Anhänger der »aufgeklärten Sexualität« verdeckt seine Ängste, seine Feindseligkeiten und seine Schuldgefühle, indem er sie in eine »Angst vor dem Versagen« umwandelt. Es wird daher notwendig, den »kühlen Techniker« zu entlarven und die Angst vor dem Versagen als raffinierte Rationalisierung seiner wahren Ängste bloßzustellen. Einige der Befürchtungen, Schuldgefühle und Feindseligkeiten, die unter dem Deckmantel der Raffinesse verborgen sind, werden in der folgenden Äußerung eines Patienten deutlich, der sich viele Jahre lang mit Erektionsunfähigkeit und *ejaculatio praecox* gequält hatte:

»Ich wollte einmal furchtbar gern mit meiner Mutter schlafen. . . . Ich hab mich so geschämt ... ich glaub, ich schäme mich immer noch. Herrgott, sowas gibt man doch nicht zu. Ich seh sie vor mir ... nackt ... weiß ... schön ... wie sie mich quält. Schon der Gedanke daran verursacht mir Unbehagen. Ich fühle mich angespannt, und es schnürt mir die Kehle zu.
Ich erinnere mich an Mary, ein verschlagenes und bösartiges Biest, die alles verdreht, was man sagt, und die Rolle einer Retterin Betrunkener spielt. Ich möchte sie gern ficken ... tüchtig und lange, und ich möchte, daß sie zu mir gekrochen kommt, weil ich es so gut und heftig und lange konnte. Ich möchte, daß sie mir weinend und bettelnd nachläuft, und ich würde sie ›anheizen‹ und sie necken und sie immer mehr erregen, bis ich sie so weit hätte, daß sie kommt und bei der Empfindung beinah schreit. Ich werde erregt, aber ich fürchte mich. Sie ist ein so starkes, listiges Biest; sie würde mir die Eier häuten. Ich hab Angst vor ihr ... ich fürchte mich ... und ich könnte es nie mit ihr machen. Ich hab viele Marys gekannt, und ich hab vor allen Angst gehabt, weil ich mit allen dasselbe machen wollte. Der ›große Liebhaber‹, das ist mein Stück, meine Rolle, weil ich eine echte Frau hasse, weil ich sie fürchte, weil ich kein Mann bin.«

Aus dieser kläglichen Äußerung gehen mehrere Dinge hervor, die zeigen, warum der Patient sexuell impotent war. Erstens wird soviel Angst und Feindseligkeit gegenüber Frauen zum Ausdruck gebracht, daß nur wenig Raum für positive oder zärtliche Gefühle bleibt. Zweitens sind die sexuellen Gefühle des Patienten so sehr mit dem Bedürfnis verquickt, die Frau zu erregen und zu befriedigen, daß ihm sehr wenig Gefühl für seine eigenen Bedürfnisse übrigbleibt. In Situationen, die seinen Phantasien nahekommen, wäre er vielleicht fähig, »eine gute Leistung zu bringen«, denn diese Situationen erregen ihn sehr. Aber solche Frauen, wie er sie beschreibt, machen ihm zugleich auch große Angst, und er meidet sie. Anderen Frauen gegenüber, einschließlich seiner Frau, ist er zu ambivalent. Drittens ist der Ursprung all seiner Ängste und Befürchtungen in seinen fast überwältigenden sexuellen Empfindungen für seine Mutter zu suchen. Sie ist die Quelle der Ambivalenz, die ihn zur Impotenz verdammt. Er war oral abhängig von ihr, fühlte sich genital von ihr angezogen, identifizierte sich mit ihr und war ihr feindlich gesinnt. Sie ist die Madonna und die Hure, die Mutter und das Sexualobjekt. Er konnte gar nicht anders als »versagen«, denn Erfolg zu haben, hätte bedeutet, seine eigene Mutter sexuell zu besitzen.

Der ödipale Konflikt kommt nicht nur bei den Anhängern der »aufgeklärten Sexualität« vor. Was einzigartig und charakteristisch für diese ist, ist die Verdrehung, durch die die Angst vor der Frau in das Verlangen verwandelt wird, sie zu befriedigen, die Angst vor dem Erfolg (sie zu besitzen) in die Angst vor dem Versagen. Wir müssen diese Verdrehung erkennen, wenn wir die Verwirrungen und Widersprüche verstehen sollen, die in unseren heutigen Sexualgebräuchen zu beobachten sind. In einem Zeitschriftenartikel schrieb J. B. Priestley vor kurzem: »Die Art, wie die Erotik gefördert und ausgebeutet wird, manchmal aus Haß auf die Frau und aus Angst vor echter Sexualität und Liebe, aber meistens aus kommerzieller Gewinnsucht, stellt heute eines der schlimmsten Merkmale unserer westlichen Zivilisation dar.« Die Ausbeutung der Erotik in der Literatur, im Film und in der Welt der Unterhaltung ließe sich nicht so leicht durchführen, wenn nicht sexuelles Raffinement mit reifer Sexualität verwechselt würde.

(2) Zu der Verdrehung, die der »aufgeklärten Sexualität« zugrundeliegt, gehört noch ein weiterer Bedeutungswandel. Früher wurde es als ein Versagen angesehen, wenn jemand überwältigende sexuelle Gefühle nicht »bremsen« oder unterdrücken konnte; heute bedeutet »Versagen« die Unfähigkeit, starke Gefühle zu erleben. Wenn wir die psychosexuelle Entwicklung des »Aufgeklärten« zurückverfolgen, stellen wir fast immer fest, daß er im frühen Jugendalter ziemlich große Schwierigkeiten mit der Masturbation gehabt hat. Er hat sich mit Ängsten und Schuldgefühlen herumgeschlagen, die er jetzt, als Erwachsener, rational überwunden hat. »Oh ja«, sagt der

Patient, »damals hab ich gedacht, das sei schädlich und unrecht; heute weiß ich es besser.« Er hat gelernt, daß nicht die Masturbation falsch war, sondern die Schuldgefühle, die sie begleiteten. Er ist sexuell aufgeklärt. Wenn wir aber seine bewußte Einstellung als kennzeichnend für seine unbewußten Gefühle ansehen, laufen wir Gefahr, ein Hauptproblem zu übersehen.

Denn das Problem, mit dem sich mein Patient als junger Mann herumgeschlagen hat, waren nicht nur seine Schuldgefühle wegen der Masturbation, sondern auch seine Unfähigkeit, das Onanieren zu beherrschen. Warum konnte er nicht aufhören? Stimmte etwas nicht mit seiner Willenskraft? Obwohl er immer wieder beschloß, mit dem Onanieren aufzuhören, stellte er fest, daß er das Opfer einer Verhaltensweise wurde, die er in keiner Hinsicht, selbst wenn er es schließlich fertigbrachte, sie als unschädlich hinzunehmen, als Tugend betrachten konnte. Jeder Masturbationsakt wurde also als ein Versagen der Selbstdisziplin, als Willensschwäche, als Niederlage des Ichs gewertet. Im Zusammenhang mit solchen Erfahrungen wird der Geschlechtsakt mit der Vorstellung vom Versagen verknüpft, und diese Assoziation bleibt im Unbewußten bestehen und untergräbt die sexuelle Betätigung des Erwachsenen. Die Angst vor dem Versagen ist also auch die Furcht, den sexuellen Impuls nicht beherrschen zu können. Jeder Mann, der an *ejaculatio praecox* leidet, bringt sie direkt zum Ausdruck. In seiner bewußten Furcht, er werde zu rasch den Höhepunkt erreichen, versucht er, den sexuellen Impuls zu beherrschen, ohne sich klarzumachen, daß er gerade durch diesen Beherrschungsversuch verspannt, ängstlich und unfähig wird, die sexuelle Ladung bis zum Orgasmus aufrechtzuerhalten. Wer an *ejaculatio praecox* leidet, befindet sich in einem Teufelskreis: Je mehr er versucht, das Ansteigen der Erregung zu beherrschen oder zu verzögern, desto rascher kommt er zum Höhepunkt. Genau durch seine Angst vor dem Versagen offenbart der Anhänger der »aufgeklärten Sexualität« das Vorhandensein grundlegender Schuldgefühle und Ängste im Hinblick auf die

Sexualität, die nicht aufgelöst, sondern nur vertuscht worden sind.

Was ich vom Mann gesagt habe, ist ebenso auf die Frau anwendbar, die sich fürchtet, sexuell unzulänglich zu sein, auch sie kommt nämlich nicht zum Orgasmus. Ob eine Frau zum Orgasmus kommt oder nicht, ist kein gültiges Kriterium für ihre Zulänglichkeit oder Unzulänglichkeit als weibliches Wesen. Was für eine Art von Statussymbol ist denn die Orgasmusfähigkeit überhaupt bei einem Mann oder einer Frau? Jede Frau ist biologisch zu einer Orgasmusreaktion beim Geschlechtsakt fähig. Wenn sie also beim Geschlechtsakt nicht zu einem Höhepunkt kommt, kann dies auf eine Reihe von Bedingungen zurückzuführen sein, die sie bewußt nicht steuern kann. Es kann an grundlegenden Ängsten und Schuldgefühlen in bezug auf die Sexualität liegen, die sie daran hindern, sich ihren sexuellen Empfindungen hinzugeben. Der Grund kann eine unbewußte Feindseligkeit gegen ihren Partner oder gegen Männer allgemein sein, die ihre vollständige Hingabe während der sexuellen Vereinigung hemmt. Ihre Reaktion ist gewiß durch die sexuelle Potenz des Mannes bedingt, und sie kann daher seine sexuelle Unzulänglichkeit widerspiegeln. Aber falls sie nicht auch »eine Leistung erbringt«, drückt das Ausbleiben einer vollständigen Reaktion bei ihr ihre wahren Gefühle aus und sollte auch so interpretiert werden. Nichts kann eine Frau so sehr daran hindern, Sex zu genießen, wie ihre Überzeugung, daß der Geschlechtsakt eine »Leistung« ist, deren Gelingen oder Mißlingen über ihre Zulänglichkeit oder Unzulänglichkeit als weibliches Wesen entscheidet.

Sexuelle Raffinesse ist ein solches Hindernis für sexuelle Reife, daß man sie beseitigen muß, wenn unsere sexuelle Freiheit zu Lust und Freude im Leben und in der Liebe führen soll. Bedauerlicherweise ist sie zu einem Bestandteil unserer sexuellen Sitten geworden, und sie hat sich auch in das Denken der heutigen Sexualwissenschaft eingeschlichen. Sie zeigt sich besonders in der modernen Einstellung zur Masturbation. In der klinischen Psychiatrie macht man häufig die Erfahrung, daß

Patienten angeben, beim Onanieren hätten sie Schuldgefühle, beim Geschlechtsverkehr dagegen nicht. Viele analytische Therapeuten und Autoren nehmen eine solche Situation als ganz normal hin. Edrita Fried sagt:

Ich glaube, daß diese (auf die Masturbation folgenden Scham- und Schuld-)Gefühle in gewissem Grad eine Selbstschutzfunktion haben, denn sie sagen dem erwachsenen Menschen, der jederzeit ausgehen und einen Partner finden kann, und sich stattdessen zur Autoerotik entschließt, daß irgendetwas nicht stimmt.*

Ich glaube, daß sich jeder, einschließlich dessen, der onaniert, darüber klar ist, daß die Lust oder Befriedigung, die man durch Geschlechtsverkehr erlangen kann, viel größer ist als jene, die durch Masturbation entstehen kann. Wenn jemand sich der Masturbation zuwendet, geschieht es gewöhnlich, weil die Lust des Geschlechtsverkehrs nicht zu haben ist. Das kann z. B. daran liegen, daß keine Angehörigen des anderen Geschlechts vorhanden sind, daß eine neurotische Unfähigkeit besteht, sich Frauen zu nähern, oder daß zwischen Mann und Frau ein Ehekonflikt herrscht. Jedenfalls kann ich nichts erkennen, was eine Annahme von Schuld- oder Scham- oder Angstgefühlen rechtfertigen würde. Natürlich würde ich als Psychotherapeut danach streben, einem Patienten zu helfen, jene Hindernisse aus dem Weg zu räumen, die ihn am vollen Genuß des Geschlechtsverkehrs hindern. Jeder gestörte Mensch hat Schuld-, Scham- und Angstgefühle, die er mit der Masturbation verbindet. Es ist die Aufgabe von Ärzten und Therapeuten, diese Schuldgefühle zu beseitigen, nicht, sie gutzuheißen. Die Masturbationshandlung ist niemals selbstzerstörerisch, und oft hat sie die positive Wirkung, einen Angstzustand zu lindern. Was an der Masturbation für die Persönlichkeit so schädlich ist, sind die mit ihr verbundenen Schuld-, Scham- und Angstgefühle. Sollten die Therapeuten nicht herausbekommen, warum es ein Patient nötig hat, sich einer unvollkommeneren Methode zur Erlangung sexueller Befriedigung zu

---

* Edrita Fried: *Konfliktsituationen in Liebe und Sexualität,* München 1967.

bedienen, anstatt ihn deswegen zu kritisieren? Warum ist die Masturbation mit mehr Schuldgefühlen verbunden als Geschlechtsverkehr?

Ich habe als Psychiater die Erfahrung gemacht, daß die Schuldgefühle der Sexualität beim Geschlechtsverkehr dadurch verschleiert werden, daß der Akt heutzutage von der Gesellschaft akzeptiert wird. Es gibt alle Arten von Rationalisierungen, um dieses Akzeptieren durch die Erwachsenen zu rechtfertigen. Wir nennen den Geschlechtsverkehr die tiefste Form der Kommunikation zwischen zwei Menschen, Kommunion und Anteilnahme, den Ausdruck der Liebe usw. Diese Bezeichnungen sind ganz richtig, aber die Sache ist die, daß die Sexualität keiner Rechtfertigung bedarf. Sie ist eine biologische Funktion, die ihre Antriebe aus der Lust und der Befriedigung bezieht, die sie gewährt. Der Mensch ist ein Säugetier mit Plazenta; wenn er seine animalische Natur als Teil seines biologischen Erbes nicht akzeptieren kann, wird er sich mit Schuld- und Schamgefühlen in bezug auf seine Sexualfunktion herumschlagen.

Es ist zwar leicht, den Wert des Geschlechtsverkehrs zu rationalisieren, aber es ist schwierig, die Masturbation aus sozialen Gründen zu rechtfertigen. Und im Zusammenhang mit Masturbation zeigen sich die Schuldgefühle wegen der Sexualität am deutlichsten. Eine meiner Patientinnen brachte dies klar zum Ausdruck:

»Meinen Sie, daß meine Unfähigkeit, mit Befriedigung zu masturbieren, mit Schuldgefühlen zusammenhängt? Es ist etwas, das ich nicht für mich selber tun kann, ich möchte also, daß es ein Mann für mich tut. Es ist schwer, sowas zuzugeben.« Dann fügte sie hinzu: »Ich habe niemals masturbieren können, bevor ich mit der Therapie anfing. Ich hab tatsächlich nie masturbiert. Ich hatte eine solche Angst vor meinen Geschlechtsteilen, daß ich mich fürchtete, Tampons zu benützen, bis ich einundzwanzig Jahre alt war. Ich hab zum ersten Mal Geschlechtsverkehr gehabt, als ich Dreiundzwanzig war, und ich hatte Angst. Ich war Fünfundzwanzig, als ich zum ersten Mal masturbiert habe. Erst gestern abend konnte ich mit einigem Vergnügen masturbieren, aber ich mußte weinen. Ich hatte das Gefühl, ich wollte einen Mann.«

Das Weinen, das auf die lustvolle Masturbation dieser Patientin folgte, ist nicht als Zeichen für ihr Gefühl des Alleinseins zu verstehen. Sie hatte niemals geweint, wenn ihre Masturbation unbefriedigend war. Im Hinblick auf ihre Lustempfindung wies ich sie darauf hin, daß ihr Weinen an das Weinen von Menschen erinnere, die mit Geliebten oder Verwandten, die lange fort waren, wieder vereinigt werden. Daraufhin sagte sie: »Ich nehme an, man könnte sagen, es ist, als hätte ich meinen Körper wiedergefunden.« Bei der Masturbation hat man, weil kein anderer dabei ist, die Gelegenheit, seinem körperlichen Selbst ganz zu begegnen. Wenn die Masturbation befriedigend ist, regt sie einen – weit entfernt davon, einen zu isolieren – noch mehr an, einen Partner zu suchen, um die Lust mit ihm zu teilen.

Das Mädchen, das seine Vagina als schmutzig empfindet und sich abgestoßen fühlt, wenn sie sie mit den eigenen Händen berührt, einem Jungen aber erlaubt, es zu liebkosen oder sexuelle Beziehungen mit ihm zu haben, schiebt die Verantwortung für seine Sexualität ab. Ähnlich weist auch das Schuldgefühl, das Männer wegen der Masturbation empfinden, darauf hin, daß sie sich selber nicht annehmen. Der Geschlechtsverkehr wird dann zu einer Sache der Ich-Befriedigung, die den Mangel an Erfüllung und Lust am Sexualakt verbirgt. Wenn man in solchen Fällen den Nebel der »aufgeklärten Sexualität« durchstößt, legt man die darunterliegenden sexuellen Schuldgefühle bloß. Ich wurde einmal von einem vierzigjährigen verheirateten Mann konsultiert, der Vater mehrerer Kinder war. Einige Jahre der Analyse hatten ihm eine gewisse Besserung gebracht, aber keine Lösung seines Hauptproblems. In unseren ersten Gesprächen fragte ich ihn nach seinen sexuellen Gefühlen und nach Onanie. Er gab zu, daß er onanierte, und fügte hinzu, das mache ihm erhebliche Sorgen. Über diese Antwort war ich angesichts seiner früheren Therapie überrascht. Als ich ihm versicherte, die Onanie habe nichts Falsches oder Unmoralisches an sich, stieß er einen hörbaren Seufzer der Erleichterung aus. »Herr Doktor«, sagte er, »Sie haben mich von einer Sorge befreit, die mich viele Jahre verfolgt hat.« Ich bin jedesmal erstaunt, wenn mir ein Patient, der in analytischer Therapie gewesen ist, berichtet, daß das Thema der Masturbation nicht untersucht worden ist. Es ist eine der Aufgaben der Analyse, die Wolke der sexuellen Schuldgefühle in bezug auf die Masturbation, die heimtückisch alle sexuelle Lust verdüstert, aufzudecken und zu zerstreuen. Die Versicherung des Arztes, daß die Masturbation eine natürliche Betätigung ist, trägt stark dazu bei, die schädlichen Wirkungen dieser Schuldgefühle aufzuheben.

Wilhelm Reich hat einmal zu mir gesagt: »Ein Patient, der nicht mit Befriedigung masturbieren kann, hat seine analytische Therapie nicht abgeschlossen.« Damit soll nicht der Masturbation das Wort geredet werden. Es bedeutet, daß die Unfähigkeit, mit Befriedigung zu masturbieren, auf das Vorhandensein sexueller Schuldgefühle hinweist, die häufig durch die »aufgeklärte« Billigung des Geschlechtsverkehrs verdeckt werden. Masturbation ist eine Übung in Selbstannahme und Selbstwahrnehmung. Als solche hat sie, wie ich in einem späteren Kapitel zeigen werde, eine legitime Rolle im Leben des Individuums. In *Black Ship to Hell* hat Brigid Brophy, wie ich meine, ganz richtig, darauf hingewiesen, daß die Angst vor dem Alleinsein mit den Angst- und Schuldgefühlen in bezug auf die Masturbation zusammenhängt. Nur wenn man allein ist, gerät man in Versuchung, zu masturbieren, aber die Gelegenheit, sich selbst zu begegnen, hat man auch nur, wenn man allein ist.

(3) Der dritte Bereich, in dem die »sexuelle Raffinesse« ihre Abwehrfunktion offenbart, ist die Einstellung zum Körper. Das Anwachsen der »aufgeklärten Sexualität« geht Hand in Hand mit der allgemeinen Verbreitung psychoanalytischer Vorstellungen, die für den Laienverstand von der Herrschaft des Geistes über den Körper ausgehen. Die Tatsache, daß seelische Haltungen die Körperhaltung formen und daß sie durch körperliche Spannung bestimmt werden, wird nur

widerstrebend zugegeben. Der Pseudo-Intellektuelle kann seine Fähigkeit, geläufig mit psychologischen Begriffen umzugehen, dazu benützen, seinen Mangel an Körpergefühl zu verbergen. Man kann die Gültigkeit einer psychologischen Interpretation bestreiten, aber gegen einen offenkundigen Mangel an Harmonie und Anmut der Körperbewegung kann man keine Argumente ins Feld führen.

Persönlichkeit und Sexualität sind durch die Körperfunktionen bedingt und spiegeln sich in der körperlichen Erscheinung. Die Art, wie jemand seinen Körper hält und bewegt, vermittelt uns ebensoviel über seine Persönlichkeit wie das, was er sagt, oft sogar mehr. In unseren Beziehungen zu anderen Menschen reagieren wir auf ihre körperliche Erscheinung und ihre physischen Eigenheiten, ohne die Grundlage für unsere Reaktionsweise zu analysieren. Wir merken also, wenn jemand sich steif und starr hält, und wir spüren intuitiv, daß dieser Körperhaltung eine seelische Haltung entspricht. Von einem solchen Menschen erwarten wir nicht, daß er warmherzig und lässig sei, und im allgemeinen gehen wir mit unserer Beurteilung nicht fehl. In ähnlicher Weise verlassen wir uns, wie Gordon Allport unterstreicht, sehr stark auf viele motorische Kennzeichen als Merkmale der Persönlichkeit: den Ausdruck der Augen, die Form des Mundes, den Stimmklang, die Eigenart des Händedrucks und die Art der Gestik, um nur einige zu nennen.

Die von W. Reich formulierte Auffassung, die Charakterstruktur eines Menschen sei funktionell mit seiner Körperhaltung identisch, ist für unser Verständnis von Störungen der Persönlichkeit und der Sexualfunktion ein wichtiges Werkzeug. Ich habe sie seit vielen Jahren in meiner psychiatrischen Praxis als Diagnosetechnik benützt. Die Prinzipien, die diesem Konzept zugrundeliegen, und die Beobachtungen und Folgerungen, zu denen es führt, habe ich in einem früheren Buch, *The Physical Dynamics of Character Structure** ausgeführt. Da ich dieses

---

* A. Lowen: *The Physical Dynamics of Character Structure*, New York, 1958. Taschenbuch-Ausgabe: *The Language of the Body*, New York 1971.

Konzept hier immer wieder verwenden werde, will ich die Grundthese kurz erklären:

Die Verdrängung eines Gefühls oder die Hemmung einer Handlung ist immer mit bestimmten körperlichen Veränderungen verbunden, die die Körperform und die Bewegungsfähigkeit des Körpers in charakteristischer Weise beeinträchtigen. Ein Beispiel soll dies veranschaulichen. Ich hatte einmal eine Patientin, der es sehr schwer fiel, zu weinen oder sich laut zu äußern, wie z. B. beim Schreien oder Brüllen. Wenn sie den Drang zum Weinen verspürte, zog sich ihre Kehle zusammen, ihr Kiefer wurde hart und »verbissen«, und der Drang verschwand. Wenn dies geschah, ging ihr der Gedanke durch den Kopf: »Es nützt ja doch nichts.« Als wir diese Einstellung besprachen, kam heraus, daß sie auf Erlebnisse aus der frühen und späteren Kindheit zurückging. Meine Patientin war eines von zehn Kindern. Sie hatte immer das Gefühl gehabt, angesichts der großen Anforderungen, die die anderen Kinder an ihre Mutter stellten, könne sie ihre eigenen Bedürfnisse nicht geltend machen. In dieser Situation hatte sie gelernt, ihr Weinen zu unterdrücken und sich ihren Wunsch nach mehr Beachtung und Zuwendung zu »verbeißen«. Das Ergebnis war eine junge Dame mit ziemlich grimmiger Miene, deren Kehle zusammengeschnürt war, deren Kiefer chronisch erstarrt und unbeweglich war und die dazu neigte, den Atem anzuhalten. Im Verlauf der Therapie wurde deutlich, daß das Gehemmte in ihr der Saugimpuls gewesen war. Sie hatte erhebliche Schwierigkeiten, mit dem Mund Saugbewegungen zu machen. Einmal, als sie den Fingerknöchel in den Mund steckte, um an ihm zu saugen, brach sie in Schluchzen aus. Das geschah aber erst, nachdem wir schon viel Zeit damit zugebracht hatten, die Muskeln im Kiefer, im Hals und im Brustbereich zu entspannen. Ihre Grimmigkeit und ihre Unfähigkeit, Gefühle zu äußern, waren zum Teil dafür verantwortlich, daß sie als Schauspielerin keinen Erfolg hatte. An ihrem Fall kann man ablesen, wie ein seelisches Problem in einer körperlichen Haltung Gestalt annimmt.

Die vielleicht häufigste Störung sowohl der Sexualität als auch der Persönlichkeit wird durch zu frühe oder zu strenge Reinlichkeitserziehung verursacht. Wenn das Kind gezwungen wird, »sauber« zu werden, bevor es die Schließmuskeln des Afters willentlich beherrschen kann, tritt als Folge eine chronische Beeinträchtigung der Beweglichkeit des Beckens ein. In solchen Fällen benützt das Kind die Gesäßmuskeln und die Muskeln des Beckenbodens an Stelle der normalen Schließmuskeln, um eine gewisse Beherrschung der Analfunktion zu erlangen. Infolgedessen werden diese Muskeln zur Sicherung gegen das »Sich-Schmutzigmachen« chronisch kontrahiert. Durch diese Kontraktion wird das Becken vorgeschoben und in dieser Lage festgehalten. Zugleich werden die Oberschenkel auswärts gedreht – eine Haltung, die für diese Störung kennzeichnend ist. Typisch sind auch kleine, harte Gesäßbacken, die eingezogen und unbeweglich sind. Das natürliche Vor- und Zurückschwingen des Beckens ist stark herabgesetzt, so daß die Bewegungen beim Geschlechtsverkehr nicht frei, sondern forciert sind. Menschen mit dieser Struktur neigen auch dazu, den Darminhalt hinauszupressen, anstatt sich auf natürliche, spontane Weise zu entleeren. Das geschieht, weil die Verdrängung des analen Konflikts die bewußte Steuerung der chronisch kontrahierten Muskeln aufhebt. Es ist erstaunlich, wie sehr sich diese Tendenz allgemein verbreitet. Ein Patient bezeichnete sich selber als einen »Pusher« (etwa: Drängler, Stoßer, Schieber). Er sagte: »Wenn ich liebe, mach ich es so wie alles andere. Ich mach es mit Druck.« Seine sexuellen Erlebnisse waren – wie seine Erfahrungen bei der Arbeit – oft unbefriedigend. Die Verknüpfung von Sexualität mit Analität – weil ein ungelöster Analkonflikt fortbesteht – ist verantwortlich für die weitverbreitete Ansicht, Sexualität sei etwas »Schmutziges« oder »Dreckiges«.

Wenn man vom Körper ausgeht, gibt es eine Reihe von Faktoren, die die sexuelle Reaktionsweise eines Menschen bestimmen. Der augenfälligste Faktor ist die Vitalität des

Betreffenden. Sexualität ist ein biologischer Prozeß, dessen angemessenes Funktionieren davon abhängig ist, daß überschüssige Energie zur Verfügung steht. Müdigkeit und Erschöpfung vermindern das sexuelle Gefühl eines Menschen erheblich; im Gegensatz dazu hat natürlich ein gesünderer, kraftvollerer Mensch eine stärkere sexuelle Reaktion. Psychische Faktoren können diese Beziehung verzerren, aber sie können sie nicht ändern. Menschen, die körperlich ermüdet sind, können durchaus ein scheinbar starkes sexuelles Verlangen an den Tag legen. Der Mangel an Energie setzt aber die Stärke der abschließenden Reaktion oder des Orgasmus merklich herab. Wenn man in einem solchen Zustand ist, erweist sich der Geschlechtsverkehr leicht als unbefriedigend. Der Anhänger einer »aufgeklärten« Sexualität denkt nur in psychologischen Begriffen über die Sexualität nach; er weiß nichts von der Realität der körperlichen Faktoren, die die Qualität des sexuellen Erlebnisses bestimmen. Es ist ein Zeichen von sexueller Reife, sich über den eigenen Gesundheits- und Körperzustand im klaren zu sein.

Da heutzutage beim Arzt wahrscheinlich am häufigsten über chronische Müdigkeit geklagt wird, ist es kein Wunder, daß es so wenig wirkliche sexuelle Befriedigung gibt. Viele Leute merken gar nicht, wie niedrig das Energieniveau ihres Körpers ist. Sie fallen von der Euphorie in die Depression und umgekehrt und wissen nichts von der Beziehung dieser psychischen Zustände zu der darunterliegenden Müdigkeit. Der vitale Mensch hat ein ausgewogenes und stabiles psychisches Gleichgewicht.

Für ein niedriges Energieniveau gibt es viele körperliche Hinweise: den blassen, teigigen oder unklaren Teint; die Trübung der Augen; den schlechten Tonus der Körpermuskulatur und das Fehlen der Lebendigkeit und Spontaneität in der Gestik. Dies sind einige der zuverlässigen Anzeichen, die ich bei der Beurteilung von Patienten ständig verwende. Obwohl manche Patienten das Gegenteil behaupten, kann ich mir ein gesundes und befriedigendes Sexualleben, das mit Merkmalen

herabgesetzter Vitalität verknüpft ist, nicht vorstellen. Gewöhnlich stellt sich dann heraus, daß der Patient gar nicht weiß, was ein erfülltes und befriedigendes Sexualleben wirklich ist.
Ein weiterer Faktor, der die Qualität der sexuellen Reaktion bestimmt, ist die Beweglichkeit des Körpers. Chronische Verspannungen, die die Bewegung einschränken, vermindern die Intensität des sexuellen Empfindens und die Orgasmusreaktion. Derartige Verfestigungen sind häufig an den Fußknöcheln, den Knien, den Hüften, den Schultern und am Hals zu finden. Sie sind immer mit einer gewissen Rigidität des Charakters verbunden, die eine Blockierung des Gefühlsausdrucks darstellt. Der »hartnäckige« Mensch ist eigensinnig, der Unbeugsame (im psychologischen Sinn) kann sich körperlich nicht beugen. Es wäre unlogisch, wollte man von einem solchen Menschen erwarten, er solle fähig sein, den Gefühlen der Liebe nachzugeben. Um solche Rigiditäten aufzulösen, ist es nach meiner Erfahrung notwendig, ihre psychische Bedeutung zu analysieren und zugleich die Beweglichkeit des Körpers wiederherzustellen.
Andererseits gibt es Zustände übergroßer Beweglichkeit, die auf pathologische Persönlichkeitszustände hinweisen. Der Patient, der sich fast wie ein Klappmesser hintenüberbeugen kann, leidet möglicherweise an einem Mangel an »Rückgrat«. Ein solcher Mangel läßt sich vielleicht auch durch eine Analyse des Verhaltens des Patienten entdecken, und man kann die eine diagnostische Methode verwenden, um sich die Feststellungen bestätigen zu lassen, die die andere ergeben hat. Ich habe in allen Fällen festgestellt, daß das Fehlen eines starken »Rückgrats« mit einem Mangel an Ichstärke und einem Verlust des Gefühls für das eigene Selbst verbunden ist, die beide, wie ich zeigen werde, für eine gesunde Sexualität wichtig sind.
Eine weitere Anmerkung wird vielleicht genügen, um die Brauchbarkeit dieses Ansatzes zu bekräftigen. Während eines Erstgesprächs mit einer Patientin bemerkte ich, daß sie beim Stehen ihr ganzes Gewicht auf die Fersen verlagerte. Ein leichter Stoß ließ sie fast hintenüberfallen. Als ich sie auf ihr

fehlendes Gleichgewicht und dessen Bedeutung für die Unfähigkeit hinwies, dem von anderen ausgeübten Druck standzuhalten, antwortete sie: »Das nennen die Jungs ›runde Hacken‹. Wenn man sich von ihnen leicht erobern läßt (wenn man ein ›pushover‹ ist), sagen sie, man habe ›runde Hacken‹.« Das war genau das Problem, dessentwegen sie mich um Rat gebeten hatte. Sie litt darunter, daß sie dem aggressiven Werben der Männer nicht widerstehen konnte.

Der Körper ist der gemeinsame Grund, auf dem sich Sexualität und Persönlichkeit begegnen. Der Körper ist nicht nur das physische Abbild der Persönlichkeit, sondern auch das Werkzeug des sexuellen Impulses. Jede körperliche Störung spiegelt sich gleichermaßen in der Persönlichkeit und in der Sexualfunktion. Wenn wir in den nächsten beiden Kapiteln die Beziehung zwischen Sexualität und Liebe untersuchen, werden wir sehen, daß die biologische Grundlage der Gefühle des Menschen in den natürlichen Funktionen und Bedürfnissen des Körpers liegt. Der Anhänger einer »aufgeklärten Sexualität« ist sich dieser Beziehung nicht bewußt. Je nach dem Grad seiner »Aufgeklärtheit« kann man sagen, seine Sexualität sei »in seinem Kopf«. Das heißt, er funktioniert nicht auf Grund der Realität, sondern auf Grund von Illusionen.

Der sexuell reife Mensch, wie ich ihn sehe, ist weder übermäßig »raffiniert«, noch mit sexuellen Schuldgefühlen beladen. Er ist nicht jemand, dem es auf die »Leistung« ankommt; sein sexuelles Verhalten ist ein unmittelbarer Ausdruck seiner Gefühle. Er ist keine Idealgestalt, aber er tut auch nicht so, als ob. Er findet nicht in jedem Erlebnis sexuelle Erfüllung, weil die Wechselfälle des Lebens keine Vollkommenheit zulassen. Erfolg oder Mißerfolg sind keine Kriterien, nach denen er sein Sexualverhalten beurteilt. Er weiß, daß man sexuelle Befriedigung nicht von der gesamten Befriedigung trennen kann, die man im Leben findet. Aber diese Befriedigung gehört ihm, weil seine Reife eine realistische und aus ganzem Herzen vollzogene Hingabe an das Leben und an die Liebe bedeutet.

2 Sexualität und Liebe

Es ist unlogisch, über Sexualität zu schreiben, ohne über ihren Zusammenhang mit der Liebe zu sprechen. Der Anhänger einer »aufgeklärten Sexualität« sieht Sexualität und Liebe als zwei unterschiedliche und getrennte Gefühle an. Eine solche Ansicht ist eine charakteristische Einstellung von Neurotikern. Sie beruht auf einem oberflächlichen Verständnis dieser Gefühle. In diesem Kapitel wollen wir die Beziehung der Sexualität zur Liebe untersuchen, um die gemeinsamen Funktionen zu finden, die sie verbinden.

Sexualität ist ein Ausdruck von Liebe. In einem Artikel, den ich für die *Encyclopedia of Sexual Behavior* geschrieben habe, bin ich sogar so weit gegangen zu sagen: »Ohne Liebe ist keine Sexualität möglich.« Ein Exemplar dieses Artikels ging an den Herausgeber einer katholischen Vierteljahresschrift, der Interesse an meiner Arbeit bekundet hatte. Er schrieb zurück, er sei zwar von den in dem Beitrag zum Ausdruck gebrachten Gedanken beeindruckt, könne aber diese Äußerung nicht mit dem Verhalten von Männern in Einklang bringen, die Prostituierte aufsuchen oder Frauen vergewaltigen.

Bevor wir eine solche Vereinbarung versuchen können, müssen wir anerkennen, daß der Durchschnittsmensch in unserer Kultur nicht frei ist von neurotischen Konflikten und ambivalenten Einstellungen. Ambivalenz bedeutet, daß in der Persönlichkeit zugleich entgegengesetzte Tendenzen vorhanden sind. Eine Frau kann also ihren Mann lieben und doch ihm gegenüber eine feindselige Haltung an den Tag legen. Eine Mutter kann ihre Kinder hingebungsvoll lieben und dennoch solche Wut auf sie zum Ausdruck bringen, daß sie sich vor ihr fürchten. Ambivalenz erklärt das gleichzeitige Vorhandensein von Liebe und Haß in einer Beziehung. Sie stammt aus einem

Konflikt in der Persönlichkeit, der das, was ein einheitliches Gefühl sein sollte, in zwei einander entgegengesetzte Emotionen spaltet. Wäre sexuelle Betätigung kein Ausdruck von Liebe, würde kein reifer Mensch vom Koitus als einem Liebesakt sprechen. Sexualität ist ein biologischer Ausdruck von Liebe. Wenn der Geschlechtsakt von Feindseligkeit oder Verachtung für den Sexualpartner begleitet ist, zeigt diese Ambivalenz die Trennung der bewußten Gefühle des Betreffenden von seinem Triebverhalten an. Der enge Zusammenhang zwischen Sexualität und Liebe läßt sich deutlich zeigen. Das Gefühl der Liebe beseelt viele Beziehungen, die nicht in erster Linie sexueller Art sind. Wir verwenden das Wort »Liebe«, um unsere Gefühle für einen Bruder, einen Freund, unser Land und für Gott zu benennen. Alle Beziehungen, in die Liebe Eingang findet, sind gekennzeichnet durch den Wunsch nach körperlicher und geistiger Nähe zum Liebesobjekt. »Nähe« ist als Bezeichnung vielleicht nicht stark genug. In ihren intensiveren Formen gehört zur Liebe das Verlangen nach Verschmelzung und Vereinigung mit dem Liebesobjekt. In seinem Buch *Die Kunst des Liebens* hat Erich Fromm darauf hingewiesen, daß die Antwort auf das Problem des menschlichen Daseins »in der zwischenmenschlichen Vereinigung, in der Vereinigung mit einem anderen Menschen, in der *Liebe*« liegt. Das gilt nicht nur für die Liebe eines Menschen zu einem anderen, sondern auch für die Liebe, die ein Mensch für die Symbole und Dinge hegt, die er schätzt. Liebe drängt einen zur Nähe sowohl im Geistig-Seelischen (Identifizierung) als auch im Körperlichen (Körperkontakt und Eindringen). Wir möchten denen nah sein, die wir lieben, und wir lieben jene, gegenüber denen wir diesen Wunsch empfinden.

Inwiefern ist die Sexualität anders? Sexualität bringt Menschen zusammen. Man könnte sagen, sie bringt die Menschen körperlich zusammen, aber nicht geistig. Das trifft nicht zu. Man kann die geistige Seite des Lebens von der körperlichen nur auf die Gefahr hin trennen, Einheit und Integrität des ganzen Menschen zu zerstören. Der körperliche Geschlechtsakt schließt das geistig-seelische Erlebnis der Identifizierung mit dem Partner und des Wissens um den Partner in sich. Im Althebräischen und im Altgriechischen wird das Wort »beiwohnen« durch das Verb »erkennen« ausgedrückt. In der Bibel heißt es: »Und Adam erkannte sein Weib Eva, und sie ward schwanger und gebar den Kain...« (1. Mose 4,1). Die Wortwahl ist weder zufällig noch prüde. Sie verdeutlicht die enge Beziehung zwischen Erkennen und körperlicher Nähe, zwischen Erkennen und dem ursprünglichen Sinn von »Begreifen«. Um ein Objekt zu erkennen (zu lieben), muß man ihm nah sein. In dieser Hinsicht ist der Geschlechtsakt die intimste Form der Liebe.

Die Beziehung der Sexualität zum Verlangen nach Nähe läßt sich nachweisen. Es gibt noch andere Phänomene, die man so deuten kann, daß sie die These stützen, Sexualität sei ein Ausdruck der Liebe. Die Erektion des Penis ist vom Anschwellen dieses Organs durch vermehrten Blutzufluß abhängig. Und genauso, wie das Anschwellen für die männliche Sexualfunktion nötig ist, ist Blutandrang für die sexuelle Reaktion der Frau unerläßlich. Die Empfindung von Prallheit in Vagina und Klitoris, die Absonderung von Gleitflüssigkeit und die Hitzeempfindung sind die Folge von vermehrtem Blutzufluß im Beckenbereich. Biologisch kann man die genitale Erregung als eine Funktion des Blutes und des Kreislaufsystems betrachten. Beim Geschlechtsakt kommen zwei stark durchblutete Organe, die so stark energiegeladen sind, daß sie oft spürbar pulsieren, in engsten physikalischen Kontakt miteinander. Erogene Zonen sind durch die Fülle ihrer Blutzufuhr gekennzeichnet. Enger Kontakt zwischen stark durchbluteten Organen kommt beim Küssen und beim Stillen zustande; beide werden ebenfalls als Ausdruck von Liebe angesehen.

Wenn wir es mit Gefühlen im Gegensatz zu Gedanken zu tun haben, dürfen wir mit Recht nach der körperlichen Lokalisierung eines Gefühls fragen. Wenn jemand sagt: »Ich spüre einen Schmerz«, ist es ganz verständlich, daß der Arzt fragt: »Wo tut's denn weh?« Ähnlich kann man ein Angstgefühl lokalisieren, z. B. als Druckempfindung in der Brust, ein Kribbeln im Bauch, zitternde Knie und Hände usw. Andererseits gibt es allgemeine Angstgefühle, die sich als Schweißausbruch, Schwächegefühl und Kälteempfindung äußern. Auch Liebe kann man als allgemeines oder lokalisiertes Gefühl erleben. Das Gefühl der Liebe – im Gegensatz zur Vorstellung von Liebe – wird oft im Herzen oder in der Herzgegend lokalisiert, obwohl es sich auch bis in die Arme erstreckt, wenn man nach einem Liebesobjekt greift, ebenso auf andere Teile des Körpers wie die Lippen und die Genitalien.

Die Beziehung des Herzens zur Liebe drückt sich in alltäglichen Symbolen und in der Umgangssprache aus. Der Pfeil Amors durchbohrt das Herz; dadurch wird angezeigt, daß die Liebe erwacht ist. Das Herz ist das Symbol des Valentinstags: Valentin ist der Schutzheilige der Liebenden. Wir gebrauchen Redewendungen wie: »Mein Herz ist voll Liebe«, »Mein Herz sehnt sich nach Liebe«, »Du hast mein Herz getroffen« usw., um unser bewußtes Empfinden für diese Beziehung auszudrükken. In Liebesliedern wird immerzu das Herz als Symbol der Liebe erwähnt.

Die Symbolik des Blutes als Träger der Liebe ist kaum weniger bekannt. Von Blutsbeziehungen wird selbstverständlich angenommen, daß sie Liebesbeziehungen sind. Liebende geloben sich Treue »bei ihrem Blut«; dies wird manchmal (wie bei der Blutsbrüderschaft) dadurch ausagiert, daß jeder dem anderen eine kleine Schnittwunde zufügt und daß man dann das Blut miteinander vermischt. Einer meiner psychotischen Patienten schrieb seiner Freundin eine Botschaft mit seinem eigenen Blut, um ihr seine Liebe zu zeigen. Sein Blut für jemanden vergießen, ist ein unmittelbarer Ausdruck der Liebe zu ihm. Rot ist die Farbe der Liebe, rot ist auch die Rose, die als Symbol für das Blut und das Herz gilt. In *Das Ich und das Es* meinte Freud, »eine Substanz könnte die Hauptvertretung des Eros übernehmen« (G. W. Bd. XIII, S. 269), aber er hat nicht gesagt, was für eine Substanz das sein könnte. Doch braucht man nur einen Augenblick daran zu denken, daß der Eros als die Lebenskraft bezeichnet wird, um darauf zu kommen, daß er mit dem Blut verbunden sein könnte.

Diese Gedanken sind kein wissenschaftlicher Beweis dafür, daß eine Erektion Ausdruck des Verlangens nach Liebe ist, aber das Phänomen der Liebe ist ja auch ein äußerst schwieriger Gegenstand für eine wissenschaftliche Untersuchung. Nach Ansicht der Naturwissenschaften, vertreten durch die Physiologie, ist das Herz lediglich eine Pumpe, die das Blut durch den Körper treibt. Eine solche naturwissenschaftliche Denkweise vermittelt uns jedoch kein Verständnis für menschliches Verhalten oder Fühlen. Wenn das Herz nur eine Pumpe ist, wenn der Penis nur ein Organ ist, um Samenzellen in den weiblichen Körper einzuführen, dann ist der Mensch nur eine Maschine, die keine Gefühle der Liebe oder der Lust braucht, um ihre Funktionen zu motivieren. Ich lehne die Auffassung ab, nach der ein Mensch nur ein Mechanismus ist, dessen Verhalten sich allein durch physiologische und biochemische Gesetze erklären läßt. Ich glaube, man muß auch den Ansichten und Vorstellungen Glauben schenken, mit deren Hilfe der menschliche Geist versucht hat, Gefühle und Handlungen des Menschen zu verstehen.

Ein ernsthafterer Einwand gegen die Ansicht von der Erektion als Ausdruck von Liebe beruht auf dem Phänomen der sogenannten kalten Erektion. Viele Männer erleben diese Art der Erektion morgens beim Aufwachen. Sie wird der Reizung durch eine gefüllte Blase zugeschrieben, da sie weder mit der Vorstellung noch mit der Empfindung sexuellen Verlangens verknüpft ist. Donald W. Hastings[*] sagt in seiner Erörterung der »morgendlichen Erektion«: »Daß eine volle Blase nicht die Erklärung ist, sieht man an der Tatsache, daß der zivilisierte Mann in viele Situationen meist sozialer Art gerät, in denen seine Blase sich füllt, ohne daß eine Erektion eintritt.« Morgendliche Erektionen sind für Wilhelm Stekel[**] ein

---

[*] Donald W. Hastings: *Impotence and Frigidity*, Boston, 1963, S. 57.
[**] Wilhelm Stekel: Störungen des Trieb- und Affektlebens (Die parapathischen Erkrankungen), 10 Bde. Berlin u. Wien: Urban & Schwarzenberg, ab

Beweis dafür, daß die Unfähigkeit zur Erektion psychischen Ursprungs ist. Wenn es so etwas wie eine »kalte Erektion« gäbe, würde sie die oben formulierte These widerlegen. In Wirklichkeit ist der Penis jedoch nicht kalt, sondern warm. Kalt ist das Bewußtsein, nicht der Penis. Dieser Zustand zeigt eine Trennung des bewußten Geistes von den unbewußten biologischen Vorgängen an. Auf der unbewußten oder körperlichen Ebene ist der Betreffende sexuell erregt, aber sein Bewußtsein ist nicht »dabei«. Der Mann ist vielleicht mit den praktischen Angelegenheiten des kommenden Tages beschäftigt, und er ist vielleicht begierig darauf, in Schwung zu kommen, also geht er auf die Toilette, und die Erektion verschwindet. Man kann die sogenannte »kalte Erektion« als ein unbewußtes Zeichen des Verlangens nach sexueller Liebe ansehen. Sie macht deutlich, in welchem Maß ein Mensch seinen körperlichen Funktionen fern sein kann. Das spricht für die Möglichkeit, daß Liebe und Sexualität, die normalerweise miteinander verbunden sind, im Geist und im Verhalten eines Menschen getrennt sein können. Die kalte Erektion ist durch einen warmen Penis gekennzeichnet, nicht durch einen heißen. Die Hohlräume des Schwellkörpergewebes sind zwar mit Blut gefüllt, aber die oberflächlichen kleinen Arterien, Kapillaren und kleinen Venen sind kontrahiert, infolgedessen wird die Oberfläche nicht erhitzt. Der Penis ist steif und unempfindlich, ein Zustand, der auch bei Männern vorkommt, deren Sexualfunktion die Hitze der Leidenschaft fehlt. Bei solchen Männern sind Rigidität und Empfindungsunfähigkeit sowohl im Körper als auch im geistig-seelischen Bereich als charakteristische Merkmale ausgeprägt. Frauen haben von solchen Männern gesagt, es sei, als gehöre ihr Penis nicht zu ihnen; er funktioniere wie ein von ihrem Wesen abgetrennter Teil. Bei diesen Männern fehlt beim Geschlechtsakt das bewußte Gefühl der Liebe. Wenn derartige Spaltungstendenzen vorhanden sind, ist der Geschlechtakt meist unbefriedigend. Der Typus des »rigiden« Mannes ist

1908. Band 4: Die Impotenz des Mannes. Die psychischen Störungen der männlichen Sexualfunktion, 1920.

zwar zur Erektion fähig, aber in bezug auf den Orgasmus relativ impotent. Ich könnte diesen Zustand einfach dadurch beschreiben, daß ich sage, die Liebe kommt nicht von ganzem Herzen, und es dem Leser überlasse, zu entscheiden, ob er diese Bemerkung buchstäblich oder im übertragenen Sinn verstehen will.

Ich habe schon erwähnt, daß es in der Sexualstruktur der Frau entsprechende biologische Phänomene gibt. Die Brustwarzen und die Klitoris sind erektionsfähige Organe; die Klitoris ist ja in Wirklichkeit ein Miniaturpenis. Die Erektion findet statt, wenn das Blut in diese Organe strömt. Wichtiger ist jedoch der Blutzufluß in den Beckenbereich der Frau, insbesondere in das Venengeflecht des Uterus und der Vagina. Das Venengeflecht der Vagina ist ein Netzwerk von Venen zu beiden Seiten der Scheide, so daß dieses Organ von Blut umgeben ist, wenn die Frau sexuell erregt ist. Die gesteigerte Durchblutung des Beckenbereichs der Frau macht die Gewebe der Geschlechtsorgane prall und fest. Die Durchblutung erklärt auch die Hitze, die sie beim sexuellen Verlangen und bei der sexuellen Reaktion spürt. Die sexuellen Reaktionen der Frau laufen also denen des Mannes in vieler Hinsicht parallel. Auch sie kann in verschiedenem Maß ihr Herz von ihren vaginalen Reaktionen trennen.

Ein interessantes Beispiel ist der Fall der Suzie Wong. In dem reizenden Film *The World of Suzie Wong* rechtfertigt Suzie ihr Handeln als Prostituierte, indem sie sagt, sie habe zwar den Männern ihren Körper gegeben, ihr Herz aber nicht. Der Geschlechtsakt sei dadurch für sie gefühlsmäßig bedeutungslos geworden. Als sie sich verliebt habe, sei es jedoch anders gewesen; sie habe sich ihrem Geliebten völlig hingegeben. Der Unterschied sollte für jeden Mann offenkundig sein, behauptete Suzie, es sei denn, er habe ein »kleines Herz«. Unsere Sexualgebräuche machen keine solchen Unterschiede, aber Suzies Beweisführung hat etwas für sich.

Wie wichtig Suzies Vorstellung ist, wird durch folgende Geschichte verdeutlicht, die mir ein Patient erzählte:

»Meine Freundin hat die Absicht geäußert, unsere Beziehung zu beenden«, sagte er. »Es traf mich hart, denn ich liebte dieses Mädchen wirklich. Ich fing heftig an zu weinen. Sie wissen, wie schwer es mir fällt, zu weinen. Dann sagte ich ihr, wieviel sie mir bedeutete. Sie war von meinen Gefühlen gerührt und umarmte mich. Ein Kuß führte zum nächsten, und wir schliefen miteinander. Ich hab in meinem ganzen Leben noch nie sowas erlebt. Auf dem Höhepunkt reagierte mein ganzer Körper. Es war ekstatisch. Am nächsten Tag fühlte ich mich ganz anders, so lebendig; ich spürte, wie mein Herz klopfte. Es schien mir, als könnte ich das Pulsieren alles Lebendigen in meinem Herzen fühlen. Solange es anhielt, war es eine großartige Empfindung.«

Die Trennung der Sexualität von der Liebe ist durch all die psychischen Störungen bedingt, mit denen der Psychiater vertraut ist. In einem früheren Buch habe ich viele von diesen Problemen analysiert.* Hier möchte ich zwei von den Situationen in der Kindererziehung untersuchen, die zu dieser Trennung führen können. Die erste ist die Fixierung der psychosexuellen Entwicklung eines Kindes auf die orale Stufe, die auf der mangelhaften Erfüllung seiner infantilen oralen Bedürfnisse beruht. Die zweite besteht darin, daß Eltern dem Kind den Ausdruck infantiler sexueller Gefühle verbieten, und zwar sowohl in autoerotischer Betätigung als auch in Körperkontakt und körperlichen Spielen mit den Eltern.

Zu den infantilen oralen Bedürfnissen gehören das Verlangen nach Körperkontakt, Nahrung, Zuwendung und Fürsorge. Die ersten beiden werden durch die natürliche Funktion des Stillens ideal erfüllt. Die Beziehung zwischen Mund und Brustwarze ist der Prototyp der späteren genitalen Beziehung zwischen Vagina und Penis. Beim Stillvorgang drückt das Kind seine Liebe zur Mutter durch sein Verlangen nach körperlicher Nähe und nach der Vereinigung von Mund und Brust aus, die die beiden eins werden läßt. Die Liebe der Mutter drückt sich in ihrem Eingehen auf die Bedürfnisse des Kindes aus. Genau wie die Beziehung zwischen Mund und Brust das Vorbild für die

---

* A. Lowen: *The Physical Dynamics of Character Structure*, New York, 1958. Als Taschenbuch: *The Language of the Body*, New York, 1971.

spätere Genitalfunktion liefert, so bestimmt die Qualität der Liebe, die das Kind in seiner Nähe zur Mutter erlebt, die Form der Liebesreaktionen, die es als Erwachsener zeigt.

Ein interessantes Experiment hat die psychoanalytischen Erfahrungen in bezug auf die Wirkung von mangelnder Mutterliebe auf die Sexualität des Erwachsenen bestätigt. Neugeborene Rhesusaffen wurden von ihren Müttern getrennt und mit zwei Mutterattrappen aufgezogen. Diese Ersatzmütter waren Drahtfiguren; die eine war mit Plüsch umkleidet und durch eine elektrische Birne beheizt, damit sie Wärme liefern konnte; die andere hatte eine Flasche mit Sauger und lieferte die Nahrung. Man entdeckte, daß die Affenjungen die Plüschfigur bevorzugten. Aus dieser Beobachtung folgerte man, das Bedürfnis der Affenjungen nach Körperkontakt und Wärme sei stärker als ihr Nahrungsbedürfnis. Harlows[*] Beschreibung der Reaktionen der Affenjungen auf die An- oder Abwesenheit der Plüschmutter in einer fremden Umgebung ist sehr eindrucksvoll. »Wenn die Plüschmutter da war, pflegten sich die Äffchen wild auf sie zu stürzen, auf ihr herumzuklettern, sich an ihr zu reiben und sich fest an sie zu klammern... Wenn die Plüschmutter jedoch fort war, pflegten die Jungen durch den Versuchsraum zu rennen und sich zu Boden zu werfen; dabei umfaßten sie Kopf und Körper mit den Händen und schrien ihre Not laut hinaus.« Alle Versuchsaffen zeigten Störungen in der emotionalen Entwicklung und im Verhalten. Völlig unerwartet war jedoch der Umstand, daß keiner von ihnen nach Erreichung der Geschlechtsreife den Geschlechtsakt erfolgreich ausführen konnte.

Während der oralen Phase seiner Entwicklung ist das Kind der nehmende, die Mutter der gebende Teil. In dieser Phase sammelt das Kind die Vorräte, die es für Wachstum und Reifung braucht. Zu diesen Vorräten gehören Liebe, Nahrung,

---

[*] Harry F. Harlow: »The Development of Affectional Patterns in Infant Monkeys«, in: *Determinants of Infant Behavior*, hrsg. von B. M. Foss, New York, 1961, S. 78. – Vgl. hierzu auch Ashley Montagu: *Körperkontakt*, Stuttgart, 1974.

Beachtung, Spiel usw. Psychoanalytiker bezeichnen sie als die narzißtischen Zufuhren. Da die Richtung von Wachstum und Entwicklung beim Kind vom Kopf abwärts führt, wird durch jeden Mangel und jede Unterversorgung mit diesen Zufuhren der untere Teil des Körpers, d. h. die mit den Beinen und den Genitalien verbundenen Funktionen, am schlimmsten betroffen. Diese Funktionen entscheiden über die Selbständigkeit und die Reife des Organismus. Dazu gehören die Fähigkeiten, auf den eigenen Beinen zu stehen, sich frei zu bewegen und als sexuell adäquater Erwachsener zu funktionieren. Die Psychiater haben festgestellt, daß dies gerade jene Funktionen sind, die bei den Menschen beeinträchtigt sind, welche an oraler Deprivation gelitten haben.

Es wird nicht überall erkannt, daß sich diese Störungen sowohl leiblich als auch seelisch manifestieren. Die körperliche Untersuchung eines solchen Menschen erbringt oft folgende Merkmale: Die Beine haben eine unterentwickelte Muskulatur; die Füße sind schlaff, und das Fußgewölbe ist eingesunken, oder sie sind schmal, klein und haben ein hohes, fest zusammengezogenes Fußgewölbe. Die Knie sind durchgedrückt, um die Beine zu versteifen und um ein Gefühl der Schwäche auszugleichen. Die Beinbewegungen sind schlecht gesteuert, die Koordination ist unzureichend. In belastenden Stellungen ermüden die Beine sehr schnell. Außerdem besteht eine allgemeine Unterentwicklung der Muskulatur, verbunden mit einem lang aufgeschossenen, mageren Körper. William H. Sheldon hat diesen Typus der Körperkonstitution als ektomorph bezeichnet. Schwere Muskelverspannungen um das Becken herum schränken die Spannweite und die Freiheit der Sexualbewegungen stark ein.

Der Entzug oder das Fehlen von Liebe (Körperkontakt, Zärtlichkeit, Fürsorge und Nahrung) während der ersten Lebensjahre hat ein unerfülltes und emotional unterentwickeltes Individuum zur Folge. Die durch diese Deprivation erzeugte Persönlichkeit ist gekennzeichnet durch ein Gefühl der inneren Leere, das Bedürfnis, abhängig zu sein und versorgt zu werden, und durch die Sehnsucht nach Kontakt und

Nähe. Einen solchen Menschen bezeichnet man als unreif. Seine Beziehungen zu anderen Menschen sind bedingt durch seinen Mangel an innerem Reichtum. Reife andererseits ist abhängig von einem Gefühl der Fülle, einer Fähigkeit, zu geben und zu nehmen, einem Wunsch nach Unabhängigkeit und von Verantwortungsgefühl. Der orale Charakter, wie er in der psychiatrischen Fachsprache genannt wird, hat die gleichen Bedürfnisse, die gleichen Fähigkeiten und dasselbe Gefühl der Liebe wie jeder andere. Mit anderen Worten, auch er hat ein Herz, und auch er möchte einem geliebten Menschen nah sein. Aber die Empfindung der Liebe geht nicht stark genug bis in seine Genitalien, so daß diese nicht als Entladungsorgan funktionieren können. Statt dessen geht ein Teil der Empfindung nach oben, zum Kopf und zum Mund, um ein »Aufnehmen« zu vollenden, das im Säuglingsalter unvollendet geblieben ist. In seinen Beziehungen zum anderen Geschlecht geht ein Teil seiner Liebesgefühle in die eine Richtung, ein anderer Teil in die andere. Er ist zwischen Oralität und Genitalität hin- und hergerissen. Diese Spaltung tritt in gewissem Maß bei jedem Menschen ein, bei dem orale Tendenzen, die von Deprivation herrühren, bis ins Erwachsenenalter bestehen bleiben.

Daß es ohne Liebe keine Sexualität geben kann, gilt für den oralen Charakter wie für jeden anderen. Die Spaltung besteht beim oralen Charakter nicht zwischen Liebe und Sexualität, sondern sie ist vielmehr eine Spaltung des Liebesimpulses in die infantile Sehnsucht nach Kontakt und Geborgenheit und das erwachsene Verlangen nach Eindringen und Entladung. Infolgedessen ist die genitale Ladung abgeschwächt, und es wird keine genitale Befriedigung erreicht. Im Interesse der Oralität wird die Genitalität »verkehrt«, d. h. der orale Charakter benützt die Sexualität als eine Methode, um Liebe und Zuneigung zu gewinnen. Der geliebte Mensch wird in eine Mutter und ein Sexualobjekt aufgeteilt; keinem der beiden Teile kann der orale Charakter sein ganzes Herz schenken. Infolgedessen ist er nicht zum vollen Orgasmus fähig.

Die zweite Situation, die eine Störung in der Beziehung zwischen Sexualität und Liebe hervorrufen kann, entsteht, wenn Eltern die Äußerungen infantiler Sexualität verbieten. Diese Manifestationen, die bei Kindern von zwei bis sechs Jahren auftreten, haben zweierlei Formen – das autoerotische Spiel und den Körperkontakt erotischer Natur zwischen dem Kind und dem Elternteil des anderen Geschlechts. Die Strenge des Verbots, das oft von irgendeiner Art der Bestrafung begleitet ist, ist eine direkte Spiegelung der Schuldgefühle der Eltern wegen ihrer eigenen Sexualität. Häufig sind Verbote der Entblößung, der Berührung der Genitalien und sexueller Spiele mit der Drohung gekoppelt, dem Kind werde die elterliche Liebe und Bestätigung entzogen.

Die Erwachsenen machen den Fehler, die sexuelle Betätigung von Kindern, die erotisches Spiel ist, mit der genitalen Aktivität Erwachsener zu verwechseln. Die sexuellen Empfindungen des Kindes sind meist über seinen ganzen Körper verteilt, wobei das Sexualorgan nur in geringem Maß im Mittelpunkt steht. Die sexuelle Betätigung des Kindes ist zwar lustvoll und erregend, aber sie dient dem gleichen Zweck wie andere spielerische Betätigungen; sie ist seine Art, die Lustmöglichkeiten seines Körpers zu entdecken. Aus dem gleichen Grund erhöht der Körperkontakt mit dem gegengeschlechtlichen Elternteil die Lust des Kindes an seinem eigenen Körper und die Identifizierung mit ihm. Wenn dieses Bedürfnis besser verstanden würde, könnte viel unnötiger Schaden vermieden werden, denn das Kind reagiert mit heftiger Frustration und Wut, wenn man ihm die Erfüllung dieses Bedürfnisses versagt. Leider begegnet man seiner Wut, weil man die Natur des Kindes mißversteht, mit weiteren Drohungen und Strafen.

Das Problem erreicht einen Höhepunkt, wenn das Kind fünf oder sechs Jahre alt ist. Dann zwingt die ödipale Situation es, zwischen seiner Liebe zu den Eltern und seinen sexuellen Gefühlen zu wählen. Wenn das Durchschnittskind diesem Problem gegenübersteht, unterdrückt es seine sexuellen Gefühle zugunsten einer offenen Unterordnung unter die elterliche Autorität. Seine Liebe zu den Eltern wird zur Abwehrfunktion und nimmt zwanghaften Charakter an. Es wird ein »braves Kind«. Aber die Unterdrückung ist nicht leicht zu schaffen. Die Frustration und die Wut, die sie begleiten, müssen beherrscht und verdrängt werden, wenn die Unterordnung wirksam sein soll. Das wird erreicht, indem das Kind eine starre Haltung entwickelt, die sich leiblich und seelisch manifestiert. Rigidität ermöglicht es dem Kind, seine sexuellen Gefühle und seine Wut zu verdrängen, ohne seine Selbständigkeit aufzugeben. Dadurch kann das Kind in das nächste Stadium, die Latenzperiode, ohne offenkundigen Sexualkonflikt eintreten. Es trennt seine Liebesgefühle von der sexuellen Komponente. Diese Abspaltung ermöglicht es ihm, Zärtlichkeit auszudrücken, die von ihrer körperlichen und erotischen Bedeutung abstrahiert worden ist.

Das Wiedererwachen des Sexualtriebes in der Pubertät führt zu einer Aufhebung dieses neurotischen Gleichgewichts. Der junge Erwachsene steht wieder vor dem Konflikt zwischen Liebe und sexuellen Gefühlen, die nun die Form eines starken genitalen Drangs annehmen. Der Konflikt wird durch weitere elterliche Verbote der sexuellen Betätigung in Form von Masturbation oder sexueller Beziehungen verschärft. Wieder wird der Versuch gemacht, sexuelle Gefühle im Namen von Liebe und moralischem Wohlverhalten zu verdrängen. Aber mit zunehmendem Alter und wachsender Reife verändert sich das Problem. Wenn derselbe Mensch erwachsen geworden ist, erwartet man von ihm, er solle sexuell mit einer Reife funktionieren, die zu entwickeln er nie Gelegenheit hatte. Um überhaupt sexuell funktionieren zu können, muß er die Reaktion, mit der er als Kind auf den Konflikt zwischen Liebe und Sexualität geantwortet hat, umkehren; der Konflikt selbst kann nicht behoben werden. Diesmal werden Gefühle der Liebe zugunsten sexueller Betätigung unterdrückt. In Wirklichkeit ist es nur die andere Seite der Medaille. Nichts wird wirklich geändert. Die Rigidität, die das Kind entwickelt hat, um mit seiner ursprünglichen Frustration fertigzuwerden, wird

zum Panzer, der die zärtlichen Gefühle des Erwachsenen gefangen hält.
Ich habe den Persönlichkeitstypus, der auf Grund dieser Voraussetzungen entsteht, als rigide Charakterstruktur bezeichnet. Die Rigidität tritt sowohl in den körperlichen als auch in den geistig-seelischen Funktionen zutage. Psychologisch kann man den rigiden Charakter als affektblockiert bezeichnen, das heißt, der Gefühlsausdruck ist eingeschränkt. Ein Mann mit dieser Charakterstruktur z. B. kann nur schwer weinen. Er geht rational und aggressiv an das Leben heran, aber die Aggression ist übertrieben und hat eine Abwehrfunktion. Körperlich manifestiert sich die Rigidität in einem steifen Rückgrat, das relativ unbeweglich ist. Die Wand des Brustkorbs ist hart und unnachgiebig. Der Kiefer ist starr und drückt Entschlossenheit aus. Sowohl die leibliche als auch die seelische Starrheit schützen den Betreffenden vor emotionalen Verletzungen. Deshalb nennt man einen solchen Menschen »gepanzert«.
Der orale und der rigide Charaktertypus sind beide neurotische Persönlichkeiten. Solche Menschen sind neurotisch, weil ungelöste Konflikte das einheitliche Fühlen des Organismus gespalten haben. Es ist ebenso natürlich, den Menschen zu lieben, den man sexuell umarmt, wie es natürlich ist, den Menschen, den man liebt, zu umarmen. Allgemein ausgedrückt: Sexualität und Liebe sind zwei verschiedene Weisen, das einheitliche Verlangen nach Nähe und Intimität auszudrücken. Sie werden erst zu entgegengesetzten und einander widerstreitenden Werten unter dem Einfluß einer Kultur, die den körperlichen Verhaltensaspekt als etwas Niedriges und den geistigen Aspekt als etwas Erhabenes betrachtet. Eine solche Kultur spaltet auch die Einheit des Seins in Leib und Seele, wobei der Seele höhere und dem Leib niedrigere Werte zugeschrieben werden. Der Konflikt des rigiden Charakters ist ein direkter Ausdruck der kulturbedingten Tendenz, die die Sexualität von der Liebe trennt. Aber das Problem des oralen Charakters hat seine Wurzeln in demselben Spaltungsprozeß. Der Umstand, daß die

Frauen die Grundfunktion des Stillens aufgegeben haben, ist weitgehend dafür verantwortlich, daß in unserer Kultur die oralen Tendenzen weithin vorherrschen. Nicht nur ist die praktische Ausübung des Stillens weitgehend aufgegeben worden, sondern die Kunst ist fast verlorengegangen. Die Tatsache, daß Mütter es heutzutage ablehnen zu stillen, ist der Ausdruck einer kulturellen Tendenz, die das Ich höher schätzt als den Körper, Erotik mehr als Sexualität, und die Wissenschaft mehr als die Natur.

Ein anderer Aspekt der gleichen kulturellen Tendenz ist die Praxis der Psychiater, bei der Behandlung emotionaler Störungen die physische Seite des Patienten von der psychischen zu trennen. Bei der Erörterung des oralen und des rigiden Charaktertypus habe ich darauf hingewiesen, daß sich die emotionalen Schwierigkeiten sowohl in körperlichen Verspannungen als auch in geistig-seelischen Haltungen ausprägen. So gültig die Vorstellung von der leib-seelischen Einheit auch ist, in der analytischen Praxis wird sie trotzdem gewöhnlich nicht beachtet. Ohne ein solches Konzept und ohne eine Methode, die den Menschen als Ganzheit behandelt, werden sich die emotionalen Probleme neurotischer Patienten weiterhin der Lösung entziehen. Ähnlich wird sich jede Ansicht von der Sexualität, die deren Beziehung zur Liebe unbeachtet läßt, als unfruchtbar und unbefriedigend erweisen.

Welche Ausnahmen gibt es von der Regel, Sexualität sei ohne Liebe unmöglich? Kann man die sexuellen Beziehungen eines Mannes zu einer Prostituierten als Ausdruck von Liebe ansehen? Die Antwort muß »ja« lauten. Die sexuellen Empfindungen eines Mannes für eine Prostituierte drücken seine Liebe zu ihr in seinem Verlangen nach Nähe und in der Tatsache der Erektion aus. Leider ist die sexuelle Liebe in unserer Kultur nicht frei von sekundären Gefühlen der Scham, des Ekels, der Schuld und der Feindseligkeit. Wenn sie in einem Menschen vorhanden sind, wird die Bedeutung des Geschlechtsakts entstellt und sein Wert untergraben. Diese Gefühle können den Ausdruck sexueller Liebe unmöglich machen, wenn nicht Bedingungen gegeben sind, die ihre Freisetzung ermöglichen. Der Mann, der nur bei einer Prostituierten zum Geschlechtsverkehr fähig ist, zeigt dadurch, daß er nur eine Prostituierte, nicht eine Frau seiner eigenen Schicht oder seines Standes, lieben kann. Die Liebe zu der Prostituierten ist jedoch real. Es ist nicht selten vorgekommen, daß sie sich in eine länger dauernde und achtbarere Beziehung verwandelt hat. Sowohl in der Geschichte als auch in der Literatur finden sich Zeugnisse dafür, daß ein Mann für seine Mätresse oder eine Prostituierte echte Zuneigung empfinden kann. Und nicht selten sind die Gefühle der Prostituierten für ihren Geliebten aufrichtiger und zärtlicher als jene, die der gleiche Mann in anderen Frauen geweckt hat. In *The Great God Brown* schildert Eugene O'Neill eine solche Beziehung auf einfühlsame Weise.

Wie soll man die Handlungsweise des Vergewaltigers erklären? Ist seine Sexualität nicht eher der Ausdruck von Sadismus als von Liebe? Eine eingehende Analyse pathologischen Sexualverhaltens würde mehr Platz beanspruchen, als ich ihr hier einräumen kann. Ich muß meine Anmerkungen zu diesem Problem auf die Feststellung beschränken, daß sich sadistisches Verhalten nur gegen jene richtet, die man liebt. Es manifestiert den Zustand der Ambivalenz: Liebe und Haß richten sich auf das gleiche Objekt. Das Element der Liebe bestimmt bei einer Vergewaltigung ihren sexuellen Gehalt; das Element des Hasses nimmt dem Akt seine normale Lust und Befriedigung. Im gleichen Maß, in dem der Ausdruck sexueller Liebe gehemmt, entstellt oder mit sekundären Gefühlen befrachtet ist, ist die Sexualfunktion in ihrem Potential, Lust und Befriedigung zu gewähren, eingeschränkt.

Wenn man die Liebe als etwas auffaßt, das mehr ist als ein »edles Gefühl«, muß man anerkennen, daß ihr eine Kraft innewohnt, die zum Handeln drängt, und die in allen Beziehungen, an denen sie beteiligt ist, Erfüllung und Befriedigung sucht. Ein Mensch ist nicht zufrieden, wenn er nicht etwas tun kann, um seinen Gefühlen für einen Freund Ausdruck zu verleihen. Eine Mutter ist frustriert, wenn sie nicht das Gefühl hat, die Mühen, die sie für ihr Kind auf sich nimmt, dienten seinem Wohlergehen. Wer liebt, ist ein Gebender. Aber Liebe ist nicht selbstlos. Das Bedürfnis, zu lieben, gehört ebensosehr zu unserer biologischen Struktur wie das Bedürfnis, zu atmen oder sich zu bewegen. Der Liebesimpuls zielt darauf ab, dieses Bedürfnis zu befriedigen. Die Befriedigung der Liebe entsteht dadurch, daß die Liebe auf irgendeine konkrete, materielle Weise oder in einer geeigneten Handlung ausgedrückt wird. Die universelle Tendenz, denen, die wir lieben, etwas zu geben oder zu schenken, ist eine Manifestation dieses Gebebedürfnisses. Gilt das nicht auch für die Sexualität? Der Geschlechtsakt ist eine Hingabe des Selbst. Befriedigung ist das Ergebnis der vollen Selbsthingabe an den Partner in der sexuellen Umarmung. Ohne diese Hingabe ist sexuelle Befriedigung nicht zu erreichen. Anders ausgedrückt: Nur wenn der Liebesakt von ganzem Herzen vollzogen wird, oder erst dann, wenn sich im Geschlechtsakt das Herz mit den Genitalien verbindet, ist es möglich, in der sexuellen Liebe orgastische Erfüllung zu finden. Wenn sexuelle Zufriedenheit in unserer Kultur relativ selten ist, dann liegt es daran, daß die Menschen die Fähigkeit verloren haben, sich einander ganz hinzugeben. Der Verlust dieser Liebesfähigkeit ist sowohl die Ursache als auch die Folge der weitverbreiteten Neurosen unserer Zeit.

Eine meiner Patientinnen hat einmal eine Bemerkung gemacht, die nach meiner Meinung die Beziehung von Sexualität zu Liebe klarstellt. Sie sagte: »Ein Mann kann eine Frau nur dann lieben, wenn er die Frauen liebt.« Dasselbe könnte man auch von der Frau sagen. Sie kann einen Mann nur lieben, wenn sie alle Männer liebt. Die Liebe zum anderen Geschlecht entscheidet über die Fähigkeit, sexuell auf jenes Geschlecht einzugehen. Sie hängt sehr eng mit dem biologischen Sexualtrieb zusammen, der auf der Ebene des Unbewußten keine Unterschiede macht. Man kann sagen, die Stärke des sexuellen Gefühls bei einem Mann entspricht der Stärke seiner positiven Gefühle gegenüber dem weiblichen Geschlecht. Der Weiberfeind und der Homosexuelle sind relativ impotente männliche Wesen. Was für den Mann gilt, gilt ebenso für die Frau.

Die Liebe im personalen Sinn ist ein bewußtes Gefühl, das auf die Konzentration dieser allgemeinen Zuneigung auf ein bestimmtes Individuum zurückgeht. Durch diese personale Form der Liebe bekommt die Sexualität ein Unterscheidungsvermögen. Das gleiche Phänomen kann man bei Säuglingen beobachten. Ein Neugeborenes oder ein sehr kleiner Säugling trinkt an jeder Brust. Sobald sich das Baby seiner Mutter bewußt geworden ist, konzentriert es seine Gefühle und sein Verlangen auf sie. In ähnlicher Weise wird die Sexualität des Jugendlichen in ihrer weitgespannten Bereitschaft zum Reagieren auf das andere Geschlecht vom unbewußten Element beherrscht. Das erklärt auch, warum der Don-Juan-Typus des Sexualverhaltens als adoleszent bezeichnet wird. Die reife Sexualität ist selektiv. Sie hat eine größere bewußte Komponente. Diese bewußte Komponente überlagert die darunterliegende generalisierte Triebreaktion.

Die Trennung von Sexualität und Liebe kann man als Spaltung zwischen dem bewußten und dem unbewußten Liebesgefühl bezeichnen. Der Mann, der nur auf eine Prostituierte »ansprechen« kann, reagiert auf einer unpersönlichen Ebene auf sie. Als »Frau« ist sie ein legitimes Objekt für sein sexuelles Verlangen. Ihre Anonymität oder ihre Rolle als Außenseiterin der Gesellschaft, die sie aus der Gemeinschaft der »anständigen Menschen« ausschließt, gestattet es ihm, ihr gegenüber seine sexuellen Gefühle auszudrücken. Seine Liebe richtet sich auf das weibliche Wesen in ihr, ohne Berücksichtigung ihrer Persönlichkeit. Der Vergewaltiger hat eine ähnliche Einstellung. Er kann auf die Weiblichkeit einer Frau nur sexuell reagieren, wenn er durch seine Gewaltsamkeit die Integrität ihrer Persönlichkeit zerstören kann. Der Grad der Trennung zärtlicher, liebevoller Gefühle von den sexuellen Gefühlen ist je nach der Schwere der neurotischen Störung verschieden. Aber in welchem Maß diese Abspaltung auch vorhanden ist, sie bewirkt immer eine Minderung der orgastischen Potenz.

In diesem Kapitel habe ich zu zeigen versucht, daß Sexualität ein Ausdruck von Liebe ist. Aber die Beziehung zwischen Sexualität und Liebe hat noch andere Seiten. Läßt sich nachweisen, daß Liebe eine Manifestation von Sexualität ist? Im nächsten Kapitel will ich diese Idee näher untersuchen.

3 Liebe und Sexualität

Freud hat einmal gesagt, Liebe sei »zielgehemmte Sexualität«. Die Reaktion, mit der man diesem Satz begegnete, war fast ebenso heftig wie jene, die auf seine frühere Behauptung folgte, Kinder seien sexuelle Geschöpfe. Wie konnte er es wagen! Die unschuldigen Kleinen! Liebe mit Sexualität zu verknüpfen, war gotteslästerlich. Liebe ist etwas Göttliches; Sexualität ist eine tierische Leidenschaft. Nach meinem Verständnis bedeutet der Ausdruck »zielgehemmt«, daß das Bedürfnis nach erotischer Befriedigung vom sexuellen Impuls abgehoben wird. Was von dem Impuls übrigbleibt, ist das Gefühl der Zuneigung und das Verlangen nach Nähe zum Liebesobjekt. Freud nannte das Liebe.
Theodor Reik, ein Neo-Freudianer, lehnt Freuds Auffassung kategorisch ab. Er behauptet, Liebe sei ein psychisches Phänomen, Sexualität ein körperlicher Vorgang. Liebe ist kulturell, Sex ist biologisch. Liebe zielt auf den Besitz des Ich-Ideals ab; Sexualität sucht nur die Abfuhr einer körperlichen Spannung. Reiks Unterteilung des Verhaltens in Psychisches und Physisches läßt die fundamentale Einheit des Lebens außer acht. Diese Kategorien kann man nur als deskriptive Hilfsmittel benützen; sie beziehen sich nicht auf eine wirkliche Spaltung der Persönlichkeit, wie man aus Reiks Äußerungen entnehmen könnte.
Liebe ist ebensowenig Sexualität, wie Sexualität Liebe ist. Diese Aussage spricht aber nicht gegen die Vorstellung, daß zwischen diesen beiden Gefühlen eine enge Beziehung besteht. Sexualität ist ein Ausdruck von Liebe, aber es gibt außer der sexuellen noch andere Möglichkeiten, Liebe zum Ausdruck zu bringen. Liebe ist nicht Sexualität, aber man kann zeigen, daß sie der Sexualfunktion entspringt. Bestätigung für diesen

Gedankengang läßt sich sowohl in der evolutionären Entwicklung der Tierwelt als auch in der Entwicklung des Individuums finden.
Liebe als bewußtes Gefühl ist im Bereich der Emotionen ein relativer Neuling. Im Gegensatz dazu ist die Sexualität im Evolutionsplan des Lebens sehr früh aufgetreten. Sexuelle Differenzierung und sexuelle Aktivität erscheinen bei den niederen Tieren lange vor jedem Verhalten, von dem man erkennen kann, daß es durch Gefühle der Zuneigung oder Liebe motiviert ist. Selbst die fundamentalen Gefühle der Mutterliebe zur Nachkommenschaft fehlen bei den meisten Fischarten völlig. Die Sexualität jedoch, wie sie bei den Fischen bei der Paarung und Fortpflanzung funktioniert, unterscheidet sich nicht so sehr von den Sexualfunktionen der höheren Tiere, einschließlich des Menschen.
Wenn man die sexuelle Evolution von Tieren verfolgt, ist es interessant festzustellen, daß Zeichen von Zärtlichkeit und Zuneigung erscheinen, je mehr körperliche Nähe und Intimität unter den Geschlechtern im Verlauf der Paarung zunehmen. Bei der Paarung der Fische hält sich das Männchen über der Stelle in der Schwebe, wo das Weibchen seine Eier abgestoßen hat, und lädt seine Samenzellen ab. Bei diesem Akt findet wenig körperlicher Kontakt zwischen dem Männchen und dem Weibchen statt. Kontakt während der sexuellen Betätigung ist zuerst bei den Amphibien zu beobachten. Der männliche Frosch z. B. umklammert das Weibchen mit besonderen Greifpolstern an den Vorderbeinen, wenn er bei der Ausstoßung der Geschlechtszellen auf ihm hockt. Sowohl Ei- als auch Samenzellen werden frei ins Wasser entlassen, wo die Befruchtung stattfindet. Die Amphibien sind gegenüber den Fischen insofern im Vorteil, als die gleichzeitige Ausstoßung die Chancen der Befruchtung vermehrt.
Bis zur Entwicklung von Tieren, die ihr ganzes Leben auf dem Trockenen verbringen, gab es weder eine Penetration noch ein Ablagern von Samenzellen im Körper des Weibchens. Vielleicht gab es bei den Wassertieren keine Notwendigkeit für die

sexuelle Penetration. Das Meer war der große Behälter, die große Muttersubstanz. Sandor Ferenczi hat den Gedanken geäußert, die sexuelle Penetration habe bei den Landtieren die Funktion, ein flüssiges Medium annähernd der gleichen chemischen Zusammensetzung zu liefern, wie es die alten Ozeane für den Befruchtungsvorgang und die embryonale Entwicklung boten.* Der menschliche Embryo wächst und entwickelt sich in einem flüssigen Medium, genauso wie die befruchteten Eier von Fischen und Amphibien. In diesem Sinn gilt der Satz, das Leben hat im Meer begonnen, für alle Lebewesen. Aber was auch der Grund sein mag, es ist eine Tatsache, daß die evolutionäre Entwicklung der Tiere durch engere und intimere sexuelle Kontakte gekennzeichnet ist.

Mit der Zunahme der körperlichen Nähe und Intimität, die ein Merkmal des Geschlechtsakts bei Vögeln und Säugetieren ist, erscheint auch ein Verhalten, das Gefühle der Zuneigung, der Zärtlichkeit und der Liebe widerspiegelt. Naturforscher haben bei Vögeln Handlungen beschrieben, die man nur in bezug auf solche Gefühle verstehen kann. Bei vielen Vögeln herrscht der Brauch, daß das Weibchen, während es auf einem Ast neben seinem Partner sitzt, dessen Gefieder putzt, was er ausgesprochen zu genießen scheint. Er wiederum füttert sie zum Zeichen seiner Zuneigung mit ausgesuchten Würmern und anderer Nahrung.

Ich hatte Gelegenheit, ein Paar schottischer Schäferhunde (Collies) zu beobachten und zu fotografieren, die sich anscheinend auf den ersten Blick voneinander angezogen fühlten und sich später paarten. Der Rüde lief neben der Hündin her, während sie auf dem Sand herumtollten, und leckte sie, so oft er konnte. Er war ein großes, hübsches Tier. In regelmäßigen Abständen legte er seinen Hals über den ihren und rieb ihn hin und her. So bekam ich zum ersten Mal wirkliches »Necking« zu sehen**. Eines Abends, als der Rüde die Hündin am Strand

---

* Sandor Ferenczi: *Versuch einer Genitaltheorie*, Leipzig, 1924.
** Necking bedeutet im Amerikanischen »Liebesspiel, das nicht bis zum Letzten geht« und hat sprachlich mit »neck« = der Hals zu tun. Anm. d. Übers.

hörte, sprang er aus einem Fenster im ersten Stock, um ihr nah zu sein. Er war in einem Zimmer eingesperrt worden, weil er die ganze vorige Nacht im Freien zugebracht hatte, nahe der Hütte, wo seine »Freundin« sich aufhielt. Wichtig ist noch, daß die Hündin zu dieser Zeit nicht läufig war. Man kann sein Verhalten daher nicht als sexuell erklären. Nach meiner Ansicht zeigte es ein wirkliches Gefühl der Zuneigung.

Was ich und andere bei Tieren beobachtet haben, ist ein Verhalten, das eine Parallele zu menschlichem Verhalten in ähnlichen Situationen darstellt. Solchen Verhaltensweisen Gefühle der Liebe oder Zuneigung zuzuschreiben, erscheint nicht unmöglich. Besonders unterstreichen möchte ich den Umstand, daß ein Verhalten, welches man als zärtlich bezeichnen kann, nur von den Tieren an den Tag gelegt wird, die beim Fortpflanzungsvorgang körperlich intim miteinander werden.

Beim Menschen sind Zärtlichkeit und Zuneigung zwischen einem Mann und einer Frau gewöhnlich mit sexuellem Interesse verbunden. Die eine Gruppe von Gefühlen bringt die andere mit sich. Die Behauptung, diese Gefühle, Liebe und Sexualität, hätten keine funktionelle oder organische Beziehung zueinander, widerspricht der allgemeinen Erfahrung. Selbst bei Ehepaaren, die schon lange verheiratet sind, und bei denen die sexuelle Anziehung nachgelassen hat, scheint es unvernünftig, die immer noch vorhandene Zuneigung von den sexuellen Gefühlen zu trennen, die die Partner ursprünglich einander nahegebracht haben. Die Frage ist, ob das Gefühl der Zuneigung oder Liebe aus der sexuellen Anziehung stammt. Wenn dies mit ja zu beantworten ist, müßte man herausbekommen, warum. Ein gewisses Verständnis läßt sich gewinnen, wenn man das mütterliche Verhalten von Tieren untersucht.

Die Evolution der Tiere ist auch durch zunehmende körperliche Nähe und Intimität zwischen der Mutter und den Jungen gekennzeichnet. Bei Tieren, die Eier ins Meer ablegen, damit sie dort befruchtet werden, oder bei solchen, die befruchtete Eier in die Erde legen, wo sie unbeaufsichtigt ausgebrütet werden, gibt es keine Anzeichen von mütterlicher Fürsorge oder Zuneigung. Erst bei den höheren Tieren, wo die biologischen Vorgänge eine engere körperliche Beziehung zwischen der Mutter und dem Nachwuchs erfordern, sind Anzeichen mütterlicher Liebe zu beobachten. Vögel brüten nicht nur ihre Jungen mit der Wärme ihrer Körper aus, sondern sie füttern sie auch und beschützen sie, bis sie bereit sind, das Nest zu verlassen. Bei den Säugetieren ist die Abhängigkeit der Jungen von der Mutter größer, und ihre Reaktionen haben einen breiteren Spielraum. Sie säubert sie, beschützt sie, spielt mit ihnen und bringt ihnen etwas bei. Ihr offensichtlicher Kummer bei einer Trennung von ihren Jungen gibt uns Grund zu der Annahme, sie habe mütterliche Gefühle. Wie stark die Gefühle der Tiermütter sind, scheint von der Hilflosigkeit der Nachkommenschaft abhängig zu sein.

Was hat Mutterliebe mit Sexualität zu tun? Welcher Zusammenhang besteht zwischen Säugen und Koitus? Selbst wenn feststeht, daß Mutterliebe von der biologischen Notwendigkeit herrührt, daß der Säugling den Kontakt mit dem Körper der Mutter braucht, beweist dies noch nicht, daß die Liebe von der Sexualität abstammt. Um die beiden Phänomene zueinander in Beziehung zu setzen, muß man zeigen, daß ein direkter Zusammenhang zwischen dem Stillen und dem Geschlechtsakt besteht. Ein solcher Zusammenhang existiert.

Die Funktion des Säugens ist nur bei jenen Tieren zu finden, zu deren Fortpflanzung die Einführung eines Penis in eine Vagina gehört. Ich glaube nicht, daß sich diese beiden Vorgänge rein zufällig bei den gleichen Tieren entwickelt haben. Brustwarze und Mund haben eine funktionale Beziehung, die auf viele Weisen der zwischen Penis und Vagina ähnelt. Wie die Vagina ist der Mund eine mit Schleimhaut ausgekleidete Höhle. Alle vier Organe sind reichlich mit Blut versorgt. In jeder der beiden Situationen wird eine Absonderung in eine aufnehmende Höhle hineinpraktiziert. In beiden Fällen kommen durch den Kontakt und die Reibung zweier Oberflächen erotische Lust und Befriedigung zustande. Außerdem läuft die enge körperliche Intimität des Stillvorgangs der der genitalen Vereinigung parallel. Andererseits ist die Brustwarze im Vergleich zum Penis passiv, während der Mund aktiver ist als die Vagina. Die Ähnlichkeiten sind jedoch viel augenfälliger als die Unterschiede.

Unter einem anderen Gesichtspunkt scheint die Brustwarze enger mit dem Penis verwandt zu sein, als es ihre Physiologie vermuten läßt. Eine Untersuchung der Milchleiste bei manchen Tieren zeigt, daß sie beim Weibchen auf die Klitoris zuläuft, beim Männchen auf den Penis. Beim Weibchen sind die Zitzen sekretorische Organe, während die Klitoris inaktiv ist. Beim Männchen gilt das Umgekehrte für Brustwarzen und Penis.

Es ist eine logische Annahme, daß die beiden Funktionen, das Säugen und die genitale Fortpflanzung, sich aus einer gemeinsamen Wurzel entwickelt haben: der Verwendung eines Vorsprungs (Penis und/oder Brustwarze) auf der ventralen Oberfläche des Körpers und einer aufnehmenden Höhlung (Vagina und Mund), um zwei Organismen zu vereinigen. Es ist ein poetischer Gedanke, sich vorzustellen, daß die Natur den Mechanismus der Genitalität so umgearbeitet hat, daß er die Frucht genitaler Aktivität nähren kann.

Die homologe Natur von Penis und Brustwarze, die sich aus ihrer ähnlichen Biologie und aus ihrer räumlichen Beziehung wie oben beschrieben ableiten läßt, macht den intimen Zusammenhang zwischen Oralität und Genitalität klar, den wir in der psychiatrischen Praxis zu sehen bekommen. Fellatio ist bei vielen Frauen ein orales Verlangen nach der Brustwarze, das auf den Penis verschoben worden ist. Selbst der Geschlechtsverkehr hat für manche Menschen einen Anklang an das Stillen und Gestilltwerden. Männliche Patienten haben bei mir schon geäußert, sie hätten das Gefühl, die Frau zu füttern. Die Vorstellung von der *vagina dentata,* der Vagina mit Zähnen, weist auf die Verschiebung hin, die zwischen Mund und Vagina stattfinden kann. Während einer Therapiesitzung hatte eine meiner Patientinnen die Vision, die Brust ihrer Mutter verwandle sich in den Penis ihres Vaters. Das war für sie ein

schockierendes Erlebnis. Das Vorangehende kann vielleicht erklären, warum manche Sexologen, wie z. B. Havelock Ellis, glaubten, Samen seien eine nährende Substanz.
Eine biologische Kette von Ereignissen führt von der Sexualität über Empfängnis, Schwangerschaft und Geburt bis zum Stillen. Psychologisch beginnt diese Abfolge normalerweise mit der Liebe einer Frau zu einem Mann und gipfelt in ihrer Liebe zu ihrem gemeinsamen Kind, die sich im Stillen, in Fürsorge, Zuneigung und Beachtung ausdrückt. Angesichts der logischen Verknüpfung dieser Ereignisse kann man mehrere wichtige Fragen stellen. In welchem Maß kann man ein Phänomen von seinem Nachfolger trennen? Kann eine Frau in bezug auf den Vater ihres Kindes so empfinden und in bezug auf das Kind selber anders? Insbesondere, wird die Feindseligkeit einer Frau gegen einen Mann auf sein Kind übertragen? Kann eine Frau gegenüber der Sexualität, die den Zyklus in Gang setzt, eine Art von Gefühlen haben, und eine andere im Hinblick auf das Stillen, das den Zyklus vollendet? Diese Fragen sind schwer zu beantworten. Es wäre naiv, wollte man annehmen, es bestehe kein Zusammenhang zwischen den Einstellungen und Gefühlen, die die Ereignisse am einen Ende der Kette umgeben, und jenen anderen, die am anderen Ende zum Ausdruck kommen. Eine Redensart besagt, »gesunde Kinder haben Eltern, die im Bett glücklich waren.« Dem stimme ich zu. In der klinischen Erfahrung bestätigt sich immer wieder die Umkehrung dieser Aussage. Die Probleme neurotischer Kinder lassen sich ausnahmslos auf die sexuellen Unzuträglichkeiten und Konflikte der Eltern zurückverfolgen. Vielleicht ist das Folgende eine gute allgemeine Aussage: Eine Mutter, die in ihrem Sexualleben Erfüllung findet, kann aus der Fülle ihrer Liebe leicht die Bedürfnisse ihres Kindes erfüllen.
Die psychosexuelle Entwicklung des Kindes liefert gutes Material für die Untersuchung der Beziehung zwischen Liebe und Sexualität. Biologisch kann man sagen, jedes Kind wird in Liebe empfangen. Dies folgt logisch aus der Prämisse, daß Sexualität ein Ausdruck der Liebe auf körperlicher Ebene ist.

Leider tragen die meisten Menschen Ambivalenzen und Konflikte mit sich herum. Sexualität und Schwangerschaft werden oft durch das vergiftet, was Wilhelm Reich »sekundäre Triebe« genannt hat. Geschlechtsverkehr kann ein Akt der Unterwerfung sein, um Konflikte zu vermeiden, anstatt eine freiwillige Hingabe an die Liebe. Die Schwangerschaft kann sekundär motiviert sein durch den Wunsch einer Frau, einen Mann an sich zu binden oder eine Leere in ihrem Leben auszufüllen. Diese sekundären Gefühle schränken die Liebe einer Mutter ein, aber sie heben sie nicht auf. Jeder Ausdruck von Liebe und Beachtung, den eine Frau ihrem Kind zeigt, manifestiert ihre Liebe zu ihm. Aber sie kann es auch hassen. Viele Mütter haben mir gesagt, manchmal hätten sie Lust gehabt, ein schwieriges Kind umzubringen. Ein barscher Ton, ein kalter Blick, eine demütigende Bemerkung können einen Haß verraten, den die Mutter vielleicht nicht bewußt wahrnimmt, gegen den jedoch das Kind empfindlich ist. Am Anfang seines Lebens reagiert der Säugling, wie alle Säugetierjungen, einfach mit Lust oder Unlust auf die Befriedigung oder Frustrierung seiner Bedürfnisse. Er kann die emotionalen Probleme seiner Mutter nicht verstehen.

Wenn das Kind älter wird, geht in ihm eine Entwicklung vor sich, die Liebe als biologische Funktion in Liebe als bewußtes psychisches Erlebnis verwandelt. Diese Entwicklung ist die Entstehung des Bewußtseins der eigenen Person, zusammen mit seiner Folge, dem Bewußtsein des anderen. Schon früh im Leben wird das Kind seiner Mutter als eines Objekts gewahr, das ihm Lust und Befriedigung verschaffen kann. Das Erkennen des menschlichen Gesichts, das sich in der Lächelreaktion des Säuglings manifestiert, tritt gewöhnlich etwa im Alter von drei Monaten auf und zeigt nach René Spitz an, daß in der Seele des Säuglings Erinnerung und Erwartung vorhanden sind. Etwa mit acht Monaten zeigt das Kind Angst, wenn sich ihm Fremde nähern. Spitz interpretiert diese Reaktion als ein Zeichen dafür, daß das Kind das Libidoobjekt von anderen Menschen unterscheiden kann. Aus anderen Verhaltensweisen des Kindes schließt Spitz, daß in diesem Alter »das Ich die Rolle einer zentralen Steuerungsorganisation übernommen« hat. Man kann nicht definitiv sagen, ein Kind von acht Monaten sei sich seiner Liebe zur Mutter bewußt. Das kommt aber bald. Es nimmt seine Mutter bewußt wahr, es erkennt ihre besondere Rolle in bezug auf seine Bedürfnisse, und es kann durch geeignete Handlungen sein Verlangen nach Nähe ausdrücken. Die Psychoanalytiker haben erkannt, daß das Kind sich zwei Bilder von seiner Mutter macht, die ihrem Verhalten entsprechen. Die »gute Mutter« ist jene, die seine Bedürfnisse erfüllt und sein erotisches Verlangen befriedigt. Die »böse Mutter« ist die strafende oder drohende Gestalt, die für Gefühle der Angst oder Unlust verantwortlich ist. Alle guten Gefühle des Kindes werden dem Bild der »guten Mutter« zugewandt. Durch diesen Mechanismus vermeidet das Kind das Problem eines inneren Konflikts. Die »gute Mutter« wird an ihrer positiven Haltung erkannt, die »böse Mutter« an ihrer Reizbarkeit und an ihrer Verweigerung. Solange die Bilder getrennt und deutlich bleiben, ist das Kind nicht ambivalent in seinen Reaktionen. Wenn sie später zu einer Person verschmelzen, entstehen Schwierigkeiten im Verhalten.

Wenn das Sprachvermögen etwa im Alter von drei Jahren gut entwickelt ist, drückt jedoch ein Kind seine Gefühle der Zuneigung zu der »guten Mutter« in Liebesworten aus. Wer jemals ein Kind hat sagen hören: »Mammi, ich hab dich lieb«, kann nicht umhin, die Aufrichtigkeit und Tiefe des Gefühls zu spüren. Die Worte scheinen direkt aus dem Herzen zu kommen. Was ursprünglich eine Reaktion der Lust und Freude bei der Annäherung der »guten Mutter« war, ist zum psychischen Erlebnis geworden, das das Kind sprachlich auszudrücken gelernt hat. Der Gebrauch der Sprache befähigt das Kind, das Gefühl von seiner Basis im Ausstrecken der Arme nach der Mutter zu trennen. Erinnerung und Erwartung wirken zusammen und schaffen ein auf das Bild der »guten Mutter« gerichtetes Gefühl der Zuneigung, das bewußt wahrgenommen und mit Worten ausgedrückt werden kann. Marcel Proust hat

Schönheit als das »Versprechen von Glück« definiert. Ich würde Liebe als die Erwartung von Lust und Befriedigung definieren.

Das Liebesobjekt des Erwachsenen verkörpert immer Aspekte des Bildes von der »guten Mutter«. Das Erkennen der Liebe setzt eine Kenntnis der »bösen« oder »ablehnenden Mutter« voraus. Den gleichen Gedanken bringt Theodor Reik zum Ausdruck, wenn er sagt, Liebe sei eine Gegenreaktion gegen das Wirken verdrängten Neides und verdrängter Feindseligkeit. Nach Reik ist der Ausgangspunkt das Gefühl der Ich-Schwäche und das Bedürfnis nach Vervollständigung oder Verbesserung des Ichs. Diese beiden Ansichten von der Liebe sind nicht unvereinbar. Beide beruhen auf der Vorstellung von Gefühls-Antithesen: Feindseligkeit und Zärtlichkeit, Neid und Selbstlosigkeit, Haß und Liebe. Aber während Reik glaubt, das ursprüngliche Problem liege im Individuum, sehe ich es als Ergebnis der Beziehung des Kindes zu seiner Mutter an. In der »romantischen Liebe« wird die frühere infantile Situation wieder durchgespielt. Die Liebe hat etwas Unwirkliches an sich, das auf ihrer Verleugnung des Negativen, der Feindseligkeit und des Bildes von der »bösen Mutter«, beruht. Das Liebesobjekt wird immer als gut, rein, edel, also als ein Ideal angesehen.

Liebe als seelisches Erlebnis ist eine Abstraktion. Damit meine ich, es ist ein von dem ihm angemessenen Handeln getrenntes Gefühl, eine Erwartung, die ihre Verwirklichung nicht gefunden hat. Sie hat die gleiche Qualität wie eine Hoffnung, ein Wunsch oder ein Traum. Diese Sehnsüchte und Gefühlsregungen sind für die menschliche Existenz notwendig. Die Einschätzung der Liebe als psychisches Phänomen darf einen nicht blind machen für die Notwendigkeit ihrer Erfüllung im Handeln. Die Liebe findet ihre Realität in der Lust und Befriedigung des biologischen Drangs, einander zu umarmen und sich miteinander zu vereinigen. Die romatische Liebe ist die Handlangerin der Sexualität. Sie dient einem wichtigen Zweck.

Liebe steigert die Spannung der sexuellen Anziehung, indem

sie zwischen den Liebenden eine psychische Distanz herstellt. Diese Distanz ist das gesteigerte Gewahrsein des geliebten Menschen. Ein solches vermehrtes Gewahrwerden des anderen trennt in Wirklichkeit zwei Menschen voneinander. Es hebt ihre Unterschiede hervor und betont ihre Individualität. Der geliebte Mensch ist einzigartig, niemals nur ein Vertreter seiner Gattung. Die Redensart »Abwesenheit (Ferne) macht, daß das Herz liebevoller wird« (Absence [distance] makes the heart grow fonder) kann man so verstehen, als bedeute sie, je größer die Liebe ist, desto größer sei auch die Trennung. Hier kommt die Sexualität zum Zug. Die Sexualität hat einen Lustmechanismus. Sie strebt danach, die Trennung aufzuheben und die Spannung abzuführen, wodurch Lust erzeugt wird. Da, wie Freud erklärt hat, die Menge der Lust der Menge der Spannung direkt proportional ist, ist um so mehr Liebe vorhanden, je größer die Entfernung ist, und um so vollständiger ist auch die Lust der sexuellen Vereinigung.

Die Veränderung der Koitusstellung von der bei den meisten Säugetieren gebräuchlichen Annäherung von hinten in die Annäherung von vorn, deren sich die meisten Menschen bedienen, ist bedeutsam im Hinblick auf die Beziehung zwischen Liebe und Sexualität. In der Position des Gegenüber wird das Gewahrsein des Geschlechtspartners als Individuum erweitert und vertieft. Jeder kann die Empfindungen des anderen besser wahrnehmen. In dieser Stellung kommen die Vorderseiten des Körpers, die empfindungsfähiger sind, in physischen Kontakt miteinander. Es ist eine interessante Spekulation, daß diese Veränderung der Stellung den Menschen vielleicht des Liebesgefühls bewußter gemacht haben könnte.

Die Beziehung zwischen Liebe und Sexualität kann folgendermaßen erklärt werden: Die von ihren bewußten Korrelaten geschiedene Sexualität, d. h. Sexualität als Trieb, gehorcht dem Lustprinzip. Die Ansammlung sexueller Spannung führt unter diesen Bedingungen zu einem sofortigen Versuch, die Spannung bei dem nächsten verfügbaren Objekt zu entladen. Tritt aber Liebe auf den Plan, so wird das Realitätsprinzip wirksam. Wenn man die Liebe kennt, ist einem klar, daß die Lust der sexuellen Entladung durch bestimmte Sexualobjekte gesteigert und durch andere verringert werden kann. Wenn man weiß, was Liebe ist, neigt man dazu, sich mit dem Handeln zurückzuhalten, wobei man bewußt die Entladung der sexuellen Spannung aufschiebt, bis die günstigste Situation vorhanden ist, die natürlich ein geliebter Mensch ist. Das Bestehen auf Selektivität und Unterscheidung bei der Wahl eines Sexualobjekts um der größeren sexuellen Lust willen ist eine der Hauptfunktionen der Liebe. Wenn man nach einem besonderen Objekt sucht, nimmt man das Objekt bewußter wahr und wird sensibler für die Liebe und den Liebespartner.

Liebe kann man geistig oder körperlich ausdrücken. Eins schließt das andere nicht aus. Normalerweise ergänzen sich die beiden Ausdrucksweisen. Beim Gesunden erzeugt die geistige Äußerung der Liebe eine Spannung, die in irgendeiner körperlichen Liebeshandlung gelöst wird. Die Lust, die diese letztere erbringt, steigert die Bewußtheit und Geistigkeit. Das eine führt zum anderen und macht das andere zu einem bedeutsameren Ereignis.

Bei einem unneurotischen Menschen trägt die Geistigkeit zur Sexualität bei und umgekehrt. Wenn keine Trennungstendenzen vorhanden sind, die die Einheit der Persönlichkeit spalten, bedeutet mehr Geistigkeit auch mehr Sexualität. Darum würde ich sagen, daß, allgemein gesprochen, die Sexualität eines zivilisierten Menschen qualitativ und quantitativ der eines primitiven Menschen überlegen ist. Qualitativ schließt sie eine größere Zärtlichkeit, eine stärkere Sensibilität und eine tiefere Achtung vor der Individualität in sich. Quantitativ tritt der Sexualimpuls häufiger und intensiver auf. Aber das gilt nur, wenn keine Neurose vorhanden ist. Der Neurotiker blickt sehnsüchtig auf die sexuelle Freiheit und Lust, die einige primitive Völker genießen.

Früher haben die Primitiven die scheinbare sexuelle Überlegenheit der Zivilisierten mit Neid betrachtet. Das Gespür für

Individualität und der Egoismus des »Kulturmenschen« flößten dem primitiven Mann Ehrfurcht ein und faszinierten die primitive Frau. Leider waren die Primitiven auf das neurotische Verhalten, die Schwindelei und den Betrug des Zivilisierten nicht vorbereitet.

In *Laughing Boy,* der Geschichte eines Navajo-Indianers, untersucht Oliver La Farge die Wirkung der Sexualpraktiken der Weißen auf die Einstellungen von Indianern. Laughing Boy begegnet einem Indianermädchen und fühlt sich von ihm angezogen; es ist von Weißen aufgezogen worden, und einer von ihnen hat es verführt. Das Mädchen führt ihn in die Erregung des Liebesspiels mit seinen Küssen und Liebkosungen ein und macht ihn auch mit dem Alkohol bekannt. Laughing Boy verliebt sich schrecklich in dieses Mädchen und merkt, daß er sie nie verlassen kann, um zu seinen Leuten zurückzukehren. Andererseits würde seine Familie seine Freundin nicht akzeptieren. Aber er muß es doch versuchen. Sein Dilemma löst sich durch ihren Tod auf der Rückfahrt. Aber Laughing Boy steht nun vor der unüberwindlichen Schwierigkeit, eines der langweiligen Indianermädchen als Ehefrau zu akzeptieren. Er beschließt, allein zu leben, aber er ist nicht einsam, denn die Erinnerung an seine Liebe leuchtet hell in seinem Herzen.

Ich habe die Liebe des »Kulturmenschen« einseitig dargestellt. Was sie verspricht, ist nicht leicht zu erfüllen. Die Kultur bringt nicht nur Verheißungen, sondern auch Probleme, nicht nur Erregendes, sondern auch Konflikte mit sich. Die Liebe ist zwar die Verbündete der Sexualität, aber sie kann sie auch verraten. Die Gefahr in jeder dialektischen Beziehung besteht darin, daß ein Glied des Paares sich gegen das andere wendet. Im Namen der Liebe wird die infantile Sexualität unterdrückt. Die Mutter glaubt, im Interesse ihres Kindes zu handeln, wenn sie seine Masturbation unterbindet. Im Namen der Liebe wird die Sexualität der Erwachsenen eingeschränkt und untergraben. Wieviele Frauen haben schon geäußert: »Wenn du mich liebtest, würdest du doch sowas nicht von mir verlangen!«

Gewiß, heute sind solche Einstellungen weniger verbreitet, aber sie sind keineswegs verschwunden. Der Gegensatz zwischen Liebe und Sexualität drückt sich auch in den zweierlei Maßstäben aus, nach denen viele Männer sich richten: Man schläft nicht mit dem Mädchen, das man liebt, und man kann das Mädchen, mit dem man schläft, nicht lieben. Für die Ohren der »Aufgeklärten« klingt das altmodisch, aber die Unterscheidung zwischen Liebe und Sex wird von vielen Autoren unterstrichen, die heute über Liebe schreiben. Der Unterschied ist vorhanden, aber wenn man ihn betont, trennt man die Liebe von der Sexualität, wie es Theodor Reik tut. »Ich glaube, daß sich Liebe und Sexualität ihrem Ursprung und ihrem Wesen nach unterscheiden.« Er sagt, Sexualität ist ein biologischer Trieb, der nur die Lösung körperlicher Spannung zum Ziel hat. Liebe ist ein Kulturphänomen; sie will durch die Herstellung einer sehr persönlichen Beziehung Glück erreichen. Reik glaubt, daß es »reine Sexualität«, Sex ohne Liebe, gibt.* Eine solche Einstellung bewirkt eine Abwertung der Sexualität. Sie wird zur animalischen Leidenschaft herabgewürdigt, zur Wollust, die weniger wert ist als die edle Liebe.

Die Scheidung der Liebe von der Sexualität beruht auf der Spaltung der einheitlichen Natur des Menschen in einander entgegengesetzte Kategorien – Körper und Geist, Natur und Kultur, vernunftbegabten Geist und animalischen Körper. Diese Unterschiede gibt es wirklich, aber man schafft einen schizoiden Zustand, wenn man ihre essentielle Einheit im biologischen Wesen des Menschen unbeachtet läßt. Die Kultur kann sich der Natur nur auf die Gefahr hin entgegenstellen, selbst zugrundezugehen. Ein vernünftiger Geist wirkt darauf hin, den Körper im Interesse einer besseren Körperfunktion und eines reicheren Erlebens seiner Leidenschaften zu beherrschen. Der Mensch kann nur in dem Maß menschlich sein, in dem er auch ein Tier ist. Und die Sexualität gehört zur Tiernatur des Menschen.

* Theodor Reik: *Of Love and Lust,* New York, 1957.

Dies alles ist jedoch nur die philosophische Erklärung des Gegensatzes zwischen Liebe und Sexualität. Wir haben bereits festgestellt, daß der dynamische Mechanismus dieses Widerstreits auf das Säuglingsalter zurückgeht. Der Säugling oder das Kind kann in bezug auf seine Mutter zwei deutlich unterschiedene Gefühle erleben. Das eine ist erotische Lust an ihrer Brust oder nahe ihrem Körper. Das andere ist das Gewahrsein der Mutter als Liebesobjekt, als einer Person, die durch ihr Dasein Lust und Erfüllung verspricht. Normalerweise sind diese beiden Gefühle im Bild der Mutter miteinander verschmolzen. Aber oft wird das Bild der Mutter auch in eine »gute Mutter« und eine »böse Mutter« gespalten. Die »gute Mutter« verheißt Zufriedenheit, und das Kind überträgt seine Liebe auf dieses Bild. Die »böse Mutter« ist die frustrierende Gestalt, jene, die das Bedürfnis des Kindes nach erotischer Befriedigung nicht anerkennt. Das Kind konzentriert seine Feindseligkeit auf die Vorstellung von der »bösen Mutter«. Die Liebe verknüpft sich also in der Seele des Kindes mit der Verheißung von Glück, aber nicht mit ihrer Erfüllung.

Je größer die Verheißung, desto geringer die Möglichkeiten ihrer Erfüllung. Man kann nicht umhin, von dem Umstand beeindruckt zu sein, daß alle großen Liebesgeschichten tragisch und tödlich enden. *Romeo und Julia, Tristan und Isolde* sind die klassischen Beispiele; *Laughing Boy* ist eine neuzeitliche Version. Die Liste ist endlos. Ist Liebe eine Illusion, die in der harten Realität des Tageslichts dahinschwindet? Ist die Welt ein so grausamer Ort, daß eine große Liebe in ihr nicht am Leben bleiben kann? Ich hatte einmal eine intelligente junge Frau als Patientin, die sehr verliebt war. Sie beschrieb mir ihr Gefühl folgendermaßen: »Ich sagte zu ihm (ihrem Geliebten), ›Ich liebe dich so sehr, daß mich nichts zufriedenstellen kann. Ich möchte dich verschlingen, verzehren; ich möchte dich ganz und gar in mir haben.‹« Man kann ihre Liebe als neurotisch, infantil, irrational usw. bezeichnen, aber die Aufrichtigkeit und Echtheit ihrer Gefühle war nicht zu leugnen. Sie bemerkte, selbst nach dem stärksten sexuellen Erlebnis fühle sie sich nie zufrieden. Und sie sagte: »Wenn ich am meisten-liebe, fühle ich mich am hilflosesten, am abhängigsten und am schwächsten.« Sie war klug genug, um zu erkennen, daß sich auf solchen Gefühlen keine Ehe aufbauen ließ. Schließlich heirateten beide jemand anders, aber die Anziehung zwischen ihnen verschwand niemals ganz.

Jeder Analytiker könnte in den Bemerkungen meiner Patientin unschwer das infantile Verlangen erkennen, die Mutter aufzufressen; es ist eine Erweiterung des unerfüllten Verlangens nach der Brust. In den ersten Lebenswochen bedeutet »Mutter« dasselbe wie »Brust«. Die Liebe dieser Frau ist ein Ausdruck ihres Bedürfnisses, »gefüllt« zu werden. Wenn sie nicht verliebt war, war sie niedergeschlagen und fühlte sich leer in ihrem Inneren. Wie konnte sie in der Sexualität Befriedigung finden? Sie suchte nicht nach genitaler Entspannung. Genitalität funktioniert nur auf der Grundlage überschüssiger Energie, eines »vollen« Organismus, von etwas, das entladen werden muß. Sie suchte nach oraler Erfüllung, und ihr Unbewußtes setzte den Penis mit der Brustwarze gleich. Das Glück, nach dem sie strebte, war nicht sexuelle Befriedigung, sondern die Seligkeit des zufriedenen Säuglings, der im Arm der Mutter schläft. Vielleicht wäre es richtiger zu sagen, sie wollte in den Mutterleib zurückkehren, wo jedes Bedürfnis automatisch befriedigt wird. Liebe ist unsere Suche nach dem verlorenen Paradies.

Meine Patientin war neurotisch, aber ist nicht in allen Gefühlen der Liebe ein Element dieser Suche nach dem Paradies zu finden? Gewinnen wir nicht das Paradies zurück, wenn wir den geliebten Menschen finden? Das ist der Zauber der Liebe; sie verwandelt das Gewöhnliche ins Außergewöhnliche, die Erde in den Himmel. Ist das neurotisch, infantil oder irrational? Das glaube ich nicht. Meine Patientin war nicht wegen ihrer großen Liebe neurotisch. Sie war das Beste an ihr. Sie war neurotisch, weil sie ihre Liebe nicht auf sexuell reife Weise erfüllen konnte. Ihre Fixierung auf die orale Stufe hinderte sie daran, genitale Befriedigung zu erlangen. Ihr Problem war *nicht* die Unfähigkeit zu lieben, sondern die Unfähigkeit, ihre Liebe als erwachsene Frau zum Ausdruck zu bringen. Liebe spiegelt das Kind in uns wider. Wir alle lieben wie Kinder, aber wir drücken es wie Erwachsene aus. Dieser Patientin wurde nicht dadurch geholfen, daß sie auf die Unzulänglichkeit ihrer Liebe hingewiesen wurde, sondern durch die Lösung ihrer sexuellen Konflikte.

Liebe, die den Zusammenhang mit ihren biologischen Äußerungsmöglichkeiten verloren hat, wird zum »Hänger«. Das wird am Übertragungsphänomen ganz deutlich, wie es in der Psychoanalyse auftritt. Viele Patienten verlieben sich in ihren Analytiker. Das wird analytisch als eine Übertragung ihrer unbewußten Gefühle für Vater oder Mutter auf den Analytiker angesehen. Es kommt jedoch häufig vor, daß diese Liebe jahrelang anhält. Der Patient hat Tagträume vom Analytiker und lebt nur noch für seine Analysestunden. Unter diesen Umständen kann bei der Lösung der Probleme des Patienten nur wenig Fortschritt gemacht werden. Nach meiner Erfahrung treten solche Fixierungen ein, wenn der Analytiker eine unnahbare Gestalt ist, dessen wahre Persönlichkeit dem Patienten verborgen bleibt. Da kein körperlicher Kontakt mit dem Analytiker erlaubt ist, wird das Liebesgefühl vergeistigt. Der Analytiker wird idealisiert. Der Patient lebt in einer Illusion. Man kann den »Hänger« vermeiden, wenn der Analytiker ein zugängliches menschliches Wesen ist, das der Patient berühren, beobachten, und auf das er reagieren kann. Dann verwandelt sich das Liebesgefühl rasch in ein sexuelles Gefühl, das der Patient in einem Traum, in einem Versprecher, in kokettem Verhalten oder in einer direkten Äußerung zum Ausdruck bringt. In dieser Form kann man das Gefühl analysieren und die Übertragung auflösen. Liebe, die biologisch erfüllt wird, ist nicht illusorisch. Sie hat Substanz, die aus der körperlichen Befriedigung stammt, welche die Beziehung bietet. Sie hat Tiefe, da sie in der Realität erprobt worden und durch Lust verstärkt worden ist. Sie ist weit, denn die positiven Gefühle, von denen sie umgeben ist, beziehen die ganze Welt mit ein. Abstrakt von der Liebe zu sprechen, ist ähnlich, als wollte man mit einem Hungrigen übers Essen reden. Als Idee ist es schon brauchbar, aber man kann seinen körperlichen Zustand dadurch nicht verändern. Leben und Wohlergehen von Lebewesen werden von biologischen Handlungen bestimmt, nicht von abstrakten Gefühlen. Sexualität ist befriedigend. Gestilltwerden kann man genießen. Berührung ist beruhigend. Kontakt ist warm. Der Körper ist verläßlich.

Wenn die Liebe von ihren Wurzeln in den biologischen Funktionen des Menschen abgetrennt ist, ist sie tragisch. Wenn man das Paradies irgendwo anders als auf der Erde und in der Realität des täglichen Lebens sucht, führt es zum Tod. Das Göttliche in menschlicher Form ist die Ekstase des Orgasmus. In anderer Form gibt es das Göttliche nur bei Engeln, Heiligen und Märtyrern. Wenn wir keine Heiligen sein können und keine Märtyrer sein wollen, können wir doch im vollen Sinn des Wortes Menschen sein, wozu auch unsere Tiernatur gehört. Der Anhänger einer »aufgeklärten Sexualität« befürwortet Sex ohne Liebe. Der Liebe ohne Sexualität das Wort reden, heißt, ein Königreich verheißen, das nicht von dieser Welt ist. Die Realität unseres Daseins ist, daß das Leben und die Liebe aus der Sexualität hervorgegangen sind, die ihrerseits wieder das Mittel geworden ist, um Liebe auszudrücken. Das große Geheimnis des Lebens ist die sexuelle Liebe. Liebe verspricht die Erfüllung, die die Sexualität bietet.

4 Tod, Sexualität und Individualität

Das Bewußtsein der Liebe setzt das Wissen um das verlorene Paradies voraus. Um die Bedeutung der Liebe zu verstehen, muß man erlebt haben, wie der Verlust von Liebe tut. Dies ist ein Beispiel für das allgemeine Prinzip, daß Bewußtsein durch das Erkennen von Gegensätzen entsteht: hell und dunkel, auf und ab, männlich und weiblich, Lust und Unlust. Ein weiteres Beispiel für diesen Grundsatz ist die Verknüpfung der Sexualität mit ihrem Gegenteil, dem Tod, in unserem Bewußtsein. Der enge psychische Zusammenhang zwischen Sexualität und Tod ist das Symbol des Bodens oder der Höhle, das sowohl den Mutterleib als auch das Grab darstellt. Orgasmusangst – d. h. die Angst vor der Auflösung des Ichs, die den Neurotiker beim Herannahen der vollständigen sexuellen Klimax überwältigt – wird als Angst vor dem Sterben wahrgenommen. Ist diese Verknüpfung der Sexualität mit dem Tod das Ergebnis neurotischer Ängste oder hat sie ihre Wurzeln in grundlegenden biologischen Vorgängen?

Gewöhnlich nimmt man an, alle lebenden Organismen müßten den Tod erleiden. Er betrifft jedoch nur jene lebenden Organismen, die eine fixierte Körperstruktur entwickelt haben. Soweit bekannt, stirbt die Amöbe nicht eines natürlichen Todes. Aber die Amöbe hat auch keine fixierte Körperstruktur, d. h. sie ist kein Individuum in dem Sinn, wie wir dieses Wort verstehen, und sie pflanzt sich auch nicht sexuell fort. Die Erscheinung des natürlichen Todes kommt nur bei Organismen vor, die sich geschlechtlich fortpflanzen und in ihrer Körperstruktur ein gewisses Maß an Individualität manifestieren. Man kann sagen, Sexualität und Individualität sind untrennbar mit dem Tod verbunden.

Die Amöbe, vielleicht der einfachste Einzeller, vermehrt sich durch einen als Zellteilung bekannten Vorgang. Wenn sie einen bestimmten Umfang oder Reifezustand erreicht, teilt sie sich in zwei Tochterzellen, deren jede eine Hälfte der Mutterzelle ist. Die daraus entstandenen zwei Amöben wachsen und reifen nun, bis sie ausgewachsen sind, dann teilen sie sich in zwei Hälften und bringen so vier Tochterzellen hervor. Man nimmt an, daß dieser Prozeß unbegrenzt weitergehen kann, solange die Bedingungen für Leben und Wachstum der Amöben günstig sind.

Das gleiche gilt für niedere Formen des Lebens wie Bakterien und Hefezellen. In diesem Stadium der Entwicklung des Lebens stehen zwei Eigenschaften im Vordergrund – Wachstum und Vervielfältigung. Man hat geschätzt, daß ein einziges Bakterium, würde man es ständig wachsen und sich vervielfältigen lassen, innerhalb eines Monats die Erdoberfläche bedecken würde.

Warum muß sich die Amöbe überhaupt teilen? Warum wird sie nicht weiterhin immer größer? Über die Antwort auf diese Frage gibt es keine wissenschaftliche Übereinstimmung. Man hat mehrere Faktoren angeführt, nämlich: »... ein Ungleichgewicht zwischen der Masse des Zellkerns und des Cytoplasmas oder zwischen dem Volumen des Organismus und seiner Oberfläche«,* und das Erreichen einer »kritischen Größe«. Das Wachstum lebender Organismen unterscheidet sich in einer wichtigen Hinsicht vom Wachstum der Kristalle in der anorganischen Welt. Ein Kristall in einer Lösung seines Salzes nimmt dadurch an Größe zu, daß seiner Oberfläche Moleküle hinzugefügt werden. Die Zunahme findet durch einen Zuwachsprozeß an der Außenseite statt. Bei lebenden Formen findet das Wachstum jedoch im Inneren statt, vom Zentrum nach außen. Wenn die Amöbe eine »kritische Größe« erreicht, würde jedes weitere Wachstum den inneren Druck so weit steigern, daß er irgendwann einmal größer wird als die

* Reginald D. Manwell: *Introduction to Protozoology*, New York, 1961, S. 187.

Oberflächenspannung der Membran. Die Amöbe muß eine Möglichkeit finden, den Innendruck zu reduzieren, sonst platzt sie. Die Zellteilung bringt diese Spannungsreduktion zustande: Die Masse wird halbiert; zugleich wird die Oberfläche vergrößert.

Das Leben ist gekennzeichnet durch die Hervorbringung überschüssiger Energie, d. h. von mehr Energie, als der Organismus zum Weiterleben braucht. Die Produktion von überschüssiger Energie kann man am Fortpflanzungsvorgang überall ablesen: Ein Fisch kann eine Million Eier hervorbringen, ein Baum tausend Äpfel, und eine Katze kann im Lauf ihres Lebens hundert Junge bekommen. Diese überschüssige Energie erklärt die Wachstumsfunktion, die man als Investition überschüssiger Energie in den Organismus ansehen kann. Das Leben ist ein Wachstumsprozeß, eine Vervielfältigung und eine Evolution mit seiner wachsenden Organisation und zunehmenden Komplexität der Strukturen.

Energie ist erforderlich, damit das Leben weitergeht, und diese Energie wird in Form von Nahrung und Sauerstoff aufgenommen. Aber das Leben begnügt sich nicht damit, nur am Leben zu bleiben; Es ist eine Dauererscheinung, es erweitert sich und dehnt sich aus; es ist nicht mit dem *status quo* zufrieden. Ein Organismus bringt nicht überschüssige Energie hervor, um zu wachsen; er wächst, weil die Produktion überschüssiger Energie das Wesen seiner Existenz ist. Wenn man Wachstum nicht teleologisch, sondern funktionell betrachtet, kann man die Rolle der Sexualität im Leben verstehen. Sobald das Wachstum seine natürlichen Grenzen erreicht hat, muß die überschüssige Energie, die hervorgebracht wird, einem anderen Zweck zugeführt werden. Im Fall der Amöbe nimmt dies die Form einer asexuellen Art der Fortpflanzung, der Zellteilung an. Bei den höheren Tieren wird die überschüssige Energie, wie Wilhelm Reich gezeigt hat, in der Sexualfunktion abgeführt.

Es ist bemerkenswert, daß die Sexualfunktion bei den höheren Tieren erst vollständig wirksam wird, wenn der Organismus ganz ausgewachsen ist. Reife bedeutet, daß die Energie, die vorher für den Wachstumsvorgang gebraucht wurde, nunmehr für die Entladung auf dem Weg über die Sexualfunktion zur Verfügung steht.

Durch die Zellteilung wird eine Amöbe insofern verjüngt, als sie zu zwei jüngeren Amöben wird, und dieser Prozeß kann fortgesetzt werden. Bei einer Untersuchung hat man die Nachkommenschaft einer einzigen Amöbe durch 3019 aufeinanderfolgende Generationen verfolgt, bevor man es aufgab. Anscheinend ist die Amöbe unsterblich, wenn ihre Lebensbedingungen günstig sind. Da beim Prozeß der Zellteilung nichts hinzugefügt wird und nichts verlorengeht, kann man sagen, die ursprüngliche Amöbe lebe in den Tochterzellen weiter. Freud hat in seiner Erörterung des Todestriebs über diese Frage der Unsterblichkeit der Amöbe nachgedacht. Er kam zu dem Schluß, sie widerlege nicht das Vorhandensein eines Todestriebs bei den Lebewesen, denn die Amöbe sei den Keimzellen höherer Tiere vergleichbar, Zellen also, die ebenfalls diese Eigenschaft der Unsterblichkeit besitzen. Der natürliche Tod ist ein Attribut des Individuums; das Leben selbst ist, soviel wir wissen, unsterblich.

Die Frage der Unsterblichkeit der Amöbe ist noch nicht entschieden. In dem oben erwähnten Versuch wurde jede neue Generation in eine neue Nährlösung gebracht. Unter Laboratoriumsbedingungen ohne solche besonderen Maßnahmen stirbt die Amöbe, wenn sie ihren Nahrungsvorrat erschöpft hat oder wenn die Ansammlung von Abfallprodukten ihr Dasein unmöglich macht. Wie sich die Amöbe in ihrer natürlichen Umwelt, in stehenden Gewässern, verhält, weiß niemand so recht. Aber bei der Amöbe ist noch eine weitere Erscheinung zu beobachten, die der Erneuerung ihrer Lebenskraft dient. Von Zeit zu Zeit kommen zwei Amöben zusammen, verschmelzen zu einem Körper, vermischen ihr Protoplasma, teilen sich und trennen sich wieder. Die »Konjugation«, wie man diesen Vorgang nennt, vitalisiert die Amöbe aufs Neue. Sie zeigt neue Lebenskraft, die an die folgenden Generationen weitergegeben wird. Abgesehen davon, daß die beiden Amöben, die sich zusammentun, keine Geschlechtsunterschiede zeigen, ist dieses Phänomen der Prototyp der Sexualität höher entwickelter Tiere. Zu ihm gehört gegenseitige Anziehung, Erregung, Verschmelzung und eine Konvulsionsreaktion, aus der zwei neue Individuen hervorgehen.

Ein anderes Protozoon, das in seiner Körperstruktur weiter entwickelt ist als die Amöbe, hat den ersten Evolutionsschritt in Richtung auf sexuelle Differenzierung vollzogen. Es heißt *Volvox* und bewegt sich durchs Wasser, indem es sich um sich selber dreht. Durch seine unzähligen Flimmerhärchen wie durch Ruder durchs Wasser getrieben, sieht *Volvox* aus wie eine juwelenbesetzte Kugel, die sich auf ihrem Weg um ihre eigene Achse dreht. *Volvox* ist aus mehreren Gründen interessant. Erstens zeigt es in seinem Körperbau den Übergang zur mehrzelligen Organisation, zweitens den Beginn sexueller Differenzierung und geschlechtlicher Fortpflanzung, und drittens ist *Volvox* sterblich. Wenn seine Lebensspanne vollendet ist, stirbt es eines natürlichen Todes. Besteht zwischen diesen Phänomenen irgendein Zusammenhang?

Die Fortpflanzung findet bei *Volvox* sowohl durch ungeschlechtliche als auch durch geschlechtliche Mittel statt. Die meisten Generationen sind asexuell und werden durch einen Vorgang der inneren »Knospung« hervorgebracht. Im Inneren des Körpers von *Volvox* erscheint eine Gruppe besonderer Zellen; es sind die vegetativen Tochterzellen, die alsbald ausgestoßen werden und neue Organismen bilden. Jede vegetative Tochterzelle ist der Elternzelle, von der sie einmal ein Teil war, genau gleich. Aber nachdem die Reproduktion mehrere Generationen lang auf diese Art vor sich gegangen ist, entsteht eine geschlechtliche Generation. Einige der kleinen Organismen produzieren eine Gruppe von Zellen, die den Samenzellen der höheren Tiere sehr ähnlich sind. Es sind die männlichen Gameten. Andere Organismen produzieren Eizellen, die Nährstoffe enthalten. Samenzellen und Eizellen werden aus dem Körper ausgeschieden, aber es bildet sich kein neuer Organismus, bis eine männliche Gamete eine weibliche

Gamete findet und mit ihr verschmilzt. Der aus dem befruchteten Ei entstehende Organismus ist kein Ebenbild seiner Eltern. Er enthält Erbmaterial von beiden Eltern, unterscheidet sich also von beiden. Die sexuelle Reproduktion fügt etwas Neues hinzu, schafft etwas anderes.

Die Elternzelle, die die Gameten ausgeschieden hat, hat durch diesen Vorgang ihr Leben vollendet. Sie fällt zu Boden, jede Bewegung hört auf, und sie stirbt. Ein Zoologe hat es einmal so ausgedrückt: »Hier kommt im Tierreich zum ersten Mal der natürliche Tod vor, und das nur um der Sexualität willen.« Er bezweifelte, ob das der Mühe wert sei. *Volvox* stirbt eines natürlichen Todes; es kommt an das Ende einer Lebensspanne und hört auf zu sein. In dem Sinn, daß es ein in Raum und Zeit begrenztes Dasein hat, ist es einzigartig. Aus den gleichen Gründen kann man es auch als ein Individuum ansehen. Es wäre jedoch falsch, wollte man annehmen, der Tod sei der Preis, den der Organismus für die Sexualität zu zahlen hat. Es mag zutreffen, daß der Tod die Bühne des Lebens von der einen Seite betritt, während die Sexualität von der anderen kommt. Aber der Vorgang, der die Sexualität und den natürlichen Tod einführt, ist der Vorgang des Lebens selbst, das die Individualität schafft. Nach dem Tod von *Volvox* tragen seine Nachkommen das Phänomen des Lebens weiter. Das Leben selbst ist unsterblich, nur das Individuum ist sterblich. Der Tod ist der Preis, den wir für die Individualität zahlen. Und die Sexualität ist das Mittel, durch das Individualität sich entwickelt und erhält.

Der Tod ist mit dem Verlust des sexuellen Gefühls oder der Libido verbunden. Solange der Lebensvorgang die überschüssige Energie hervorbringt, die den Antrieb für die Sexualfunktion liefert, tritt der natürliche Tod nicht ein. Wenn der Tod am Ende eines geschlechtlichen Lebens eintritt, geschieht es deshalb, weil der Organismus nicht genug Energie produzieren kann, um seine Lebensfunktionen aufrechtzuerhalten. Die Sexualität ist auf alle Fälle für das Individuum wie für die Spezies eine lebensfördernde Erfahrung. Sie bietet körperliche

Erneuerung und psychische Wiedergeburt, ähnlich der wiederbelebenden Wirkung der »Konjugation« bei den Protozoen. Ein einhundertvier Jahre alter Indianer sprach dies kurz und bündig aus, als man ihn bat, zu erklären, warum er so alt geworden sei. Sein Rat lautete: »Viel schwere körperliche Arbeit – und verlier' nicht das Interesse am anderen Geschlecht.« Er sagte, er habe sein letztes Kind mit einundneunzig Jahren gezeugt.

Ganz allgemein kann man sagen, daß der Tod das Ergebnis der Unfähigkeit des Organismus ist, die individuelle Struktur, die das Leben geschaffen hat, zu erhalten und zu bewegen. Das Alter ist gekennzeichnet durch den Verlust der Flexibilität und der Elastizität. Die Erfahrungen des Lebens prägen sich den Geweben des Organismus ein, setzen seine Bewegungsfähigkeit herab und vermindern die zur Verfügung stehende Energie. Das kann man am Wachstum eines Baumes vom Sämling zum Schößling zum Waldriesen deutlich sehen. Jedes Jahr verstärkt seine Struktur und vermindert seine Beweglichkeit und seine Vitalität. Ähnlich bedeutet auch beim Menschen zunehmendes Alter fortschreitende Erstarrung. Um sich diese einfache Tatsache vor Augen zu führen, braucht man nur den Körper eines jungen Menschen mit dem eines alten Menschen zu vergleichen. Der Tod ist *rigor mortis* – Struktur, aber keine Energie.

Wir sterben, weil wir Individuen sind. Wir sind Individuen, weil wir eine einzigartige und dauerhafte Struktur entwickelt haben, die während unserer Lebensspanne ihre Funktionen beibehält. Die Sexualität hilft uns, die funktionelle Kontinuität unseres Seins aufrechtzuerhalten, weil sie den Individuationsprozeß umkehrt. Wir verlieren das Gefühl für das eigene Selbst, wenn wir im Geschlechtsakt mit einem anderen Wesen verschmelzen, nur um durch dieses Erlebnis als Individuen wiedergeboren und erneuert zu werden. Sexualität ist die Antithese der Struktur. Sie wird als Schmelzen, Strömen und Verschmelzung erlebt. Sie bringt uns zum Ursprung unseres Seins, zu der einzelnen Zelle zurück, aus der wir hervorgegangen sind.

Man kann diese Beziehungen auch anders sehen. In seinem Buch *Life against Death* nimmt Norman Brown* den Standpunkt ein, Individualität sei ein Ergebnis des Todes. Er gründet diese Ansicht auf Freuds Konzept vom Todestrieb, das ich nie habe akzeptieren können. Browns Anschauung führt zu inneren Widersprüchen. Er sagt: »Wenn der Tod dem Leben Individualität verleiht, und wenn der Mensch der Organismus ist, der den Tod verdrängt, dann ist der Mensch der Organismus, der seine eigene Individualität verdrängt.« Der Tod ist der große Nivellierer; er führt alle Individuen auf ihren gemeinsamen Nenner – Staub – zurück. Das Wissen um den Tod erhöht das Bewußtsein der Individualität; die Angst vor dem Tod setzt das Gefühl der Individualität herab. Wenn der Mensch der Organismus ist, der seine Sexualität verdrängt, dann ist er derjenige, der seine Individualität unterdrückt und seine Todesfurcht vermehrt.

Wenn man sowohl die Sexualität als auch die Struktur als Manifestationen der fundamentalen Lebenskraft in einem Organismus betrachtet, kann man den engen Zusammenhang zwischen Sexualität und Tod bei einigen Tieren verstehen. Die Drohne oder männliche Biene, die sich mit der Königin paart, stirbt unmittelbar nach der Paarung. Es scheint, als habe sich ihre Lebenskraft im Geschlechtsakt verausgabt. Aber die anderen Drohnen überleben diese eine nicht lange. Sie haben nur eine begrenzte Zeitspanne zu leben; ob sie sich paaren oder nicht, ihre Zeit ist vorbei. Geschlechtsreife Lachse, die sich erschöpfen, um zu ihren Laichgründen zu gelangen und bald nach dem Laichen sterben, sind ein weiteres Beispiel für eine Art, deren Lebensspanne auf eine Paarung beschränkt ist. Sie sterben nicht um der Sexualität willen; sie leben für sie. Die Paarung kennzeichnet ihre Reife und das Ende ihres individuellen Daseins. Bei anderen Tieren kann jedoch der Lebenszyklus viele Paarungsperioden vorsehen. Jede Paarung ist nicht ein partielles Sterben, sondern eine Erneuerung der Existenz.

---

* Dt. *Zukunft im Zeichen des Eros*, Pfullingen 1962.

Im Gegensatz zu Brigid Brophy glaube ich nicht, daß wir jedesmal ein wenig sterben, wenn uns ein Kind geboren wird. Im Gegenteil, die Geburt eines Kindes ist ein neuer Anreiz zu leben, ein Ansporn für unsere Kräfte.
Und doch gibt es einen Zusammenhang zwischen Sexualität und Tod, der nur dem Menschen eigentümlich ist. Man kann die Aufgabe des Ichs im Orgasmus mit dem Tod gleichsetzen, wenn man die Persönlichkeit mit dem Ich gleichsetzt. Brophy sieht im Orgasmus eine »zeitweilige Kastration, einen kleinen Tod«. Ähnlich könnte man auch das Nachlassen der Erektion nach dem Geschlechtsverkehr als einen Tod ansehen, aber auch wieder nur dann, wenn man die Persönlichkeit mit dem Penis gleichsetzt. G. Rattray Taylor sagt in seinem Buch *Sex in History*: »Das Abklingen der sexuellen Tumeszenz ist ein kleiner Tod, und die Frau kastriert in gewissem Sinn immer den Mann.« Ich glaube, daß die Todesfurcht der Furcht vor der Sexualität zugrundeliegt, aber die Gleichsetzung von Sexualität und Tod auf Grund dieser Furcht hat ihren Ursprung in der Entwicklung des menschlichen Bewußtseins oder dessen, was man in der Phychoanalyse das Ich nennt. Bei keinem Tier findet man die Ambivalenz gegenüber der Sexualität, die den neurotischen Menschen kennzeichnet. Haben wir irgendwelche Hinweise auf die Wurzeln dieser Ambivalenz?
Die Schöpfungsgeschichte, die vom Sündenfall des Menschen berichtet, wird in einer Weise interpretiert, die Licht in dieses Geheimnis bringen kann. In der Genesis gibt es zwei Versionen der Schöpfung. Im ersten Kapitel heißt es: »Und Gott schuf den Menschen ihm zum Bilde, zum Bilde Gottes schuf er ihn; und schuf sie einen Mann und ein Weib.« Beide Geschlechter treten zugleich auf den Schauplatz; es wird ihnen geboten: »Seid fruchtbar und mehret euch«. Im zweiten Kapitel geht die Geschichte so, daß Gott zuerst den Mann erschafft und dann, um ihm eine Gefährtin und Helferin zu geben, dem Mann eine Rippe nimmt und ein Weib daraus baut. Die Voraussetzung der Priorität des Mannes ist ein Spiegelbild seiner angenommenen Überlegenheit. Aber die zweite Version weist auch auf

einen gewissen Glauben an die ursprünglich bisexuelle Natur des Lebens hin, auf den androgynen Zustand, der herrschte, bevor die sexuelle Differenzierung erreicht war. In der Schöpfungsgeschichte weist nichts drauf hin, daß Gott mit der Tatsache der Sexualität unzufrieden gewesen wäre. Adam und Eva lebten im Garten Eden in Wonne und Unwissenheit, denn er war für sie das Paradies, bis die Schlange Eva versuchte, von der Frucht des verbotenen Baumes zu essen.

Es steht geschrieben, daß Adam und Eva, als sie von den Früchten des Baumes der Erkenntnis aßen, »ihrer beider Augen aufgetan (wurden), und sie wurden gewahr, daß sie nackt waren, und flochten Feigenblätter zusammen und machten sich Schurze.« Vor Adams Ungehorsam »waren beide nackt, der Mensch und sein Weib, und schämten sich nicht.« Aber nach der Missetat versteckte sich Adam vor Gott und gab zu seiner Entschuldigung an: »Ich hörte deine Stimme im Garten und fürchtete mich, denn ich bin nackt, darum versteckte ich mich.« Die Frage Gottes offenbart den Schlüssel zu dem Geheimnis. »Wer hat dir's gesagt, daß du nackt bist? Hast du nicht gegessen von dem Baum, davon ich dir gebot, du solltest nicht davon essen?«

Es ist bedeutsam, daß die Erkenntnis, die Adam und Eva durch den Genuß der Frucht des verbotenen Baumes gewannen, die Erkenntnis ihrer Nacktheit war. Das erscheint als ein geringer Gewinn angesichts der schrecklichen Strafe, die Gott ihnen auferlegte. Ist es nicht seltsam, daß Adam und Eva vor ihrer Übertretung ihre eigene Nacktheit nicht sahen? Wodurch wurde der Mensch gottähnlich (»Siehe, Adam ist geworden wie unsereiner und weiß, was gut und böse ist.«), wenn Adam nichts weiter erfuhr als die offensichtliche Tatsache seiner Nacktheit? Worin besteht die Beziehung zwischen Nacktheit und »gut und böse«?

Die Worte lauten: »Da wurden ihrer beider Augen aufgetan, und sie wurden gewahr, daß sie nackt waren.« Die Betonung liegt auf dem Gewahrwerden als Ergebnis der Beobachtung. Adam sah seinen Körper und verstand die Bedeutung seiner

Nacktheit. In seinem früheren Zustand der Wonne und Unwissenheit war Adams Beziehung zu seinem Körper der des Tiers zu seinem Körper ähnlich. Er war sich seines Körpers nicht als eines Objekts der Beobachtung bewußt. Er war eins mit seinem Körper und mit der Natur. Er war ein Tier. Er wußte nichts von *Unterschieden* wie gut und böse, männlich und weiblich, ich und mich. Die Unterschiede waren da, und er funktionierte in Übereinstimmung mit ihnen, wie die Tiere es tun, instinktivhaft und nicht auf Grund bewußten Wissens. Der Mensch wurde erst zum *Homo sapiens,* als er seines Körpers und seiner Nacktheit gewahr wurde.

Wie kann man die Todesdrohung verstehen, die mit der Frucht des verbotenen Baumes verbunden war? Adam starb nicht, als er von der verbotenen Frucht gegessen hatte. Er gewann die Erkenntnis seiner Nacktheit und damit auch das Wissen um die Sterblichkeit des Körpers. Im Gegensatz zum Tier *weiß* der Mensch, daß seine Existenz in Raum und Zeit begrenzt ist. Er allein ist sich der physikalischen Veränderungen in seinem Körper bewußt, die Folgen des Daseins sind; das heißt, er allein ist sich der Jugend, der Reife und des Alters bewußt. Seine Nacktheit offenbart diese Veränderung in seiner leiblichen Struktur, deren Bedeutung er unschwer ableiten kann. Kein Wunder, daß Adam erschrak, als er seine Nacktheit wahrnahm, denn er wußte nun, daß er eines Tages sterben würde.

Man kann die Aussage: »Sie wurden gewahr, daß sie nackt waren« auch so deuten, daß wir wußten, sie seien allein, isoliert, jeder ein Individumm für sich. Die Einheit mit der Natur war zerbrochen. Der Mensch war nicht länger in die Natur eingebettet; er war ein Teil von ihr und stand doch über ihr. Furcht und Angst treten ins Leben des Menschen ein.

Es spricht mehr für die Vorstellung, daß die primäre Erkenntnis ein Gewahrsein des Körpers war. Der Ausdruck »Nacktheit« kann sich auch nur auf die Geschlechtsorgane beziehen, denn nur diese wurden bedeckt. Das bewußte Wahrnehmen des Körpers kann sich also auf das Bewußtsein sexueller Unterschiede und sexueller Gefühle beziehen. Die enge Beziehung zwischen Erkenntnis und Geschlechtsverkehr wurde schon im zweiten Kapitel in bezug auf das Verb »erkennen« aufgezeigt, das im Altgriechischen und im Althebräischen diese doppelte Bedeutung hat. Aber der Umstand, daß diese Erkenntnis in Adam sowohl Scham als auch Furcht erweckte (er bedeckte seine Nacktheit), weist auf den engen Zusammenhang zwischen Erkenntnis, Sexualität und Tod hin. Nachdem Adam den Garten Eden verlassen hatte, »erkannte (er) sein Weib Eva, und sie ward schwanger und gebar den Kain«. Sexualität und Fortpflanzung waren im Garten Eden keine Fremdlinge; sie gehörten zur tierischen Herkunft des Menschen. Neu war das Wissen um den Akt. Können wir annehmen, daß die Erkenntnis, auf die hingewiesen wird, das Begreifen der Beziehung zwischen Koitus und Fortpflanzung ist? Diese Beziehung besteht im gesamten Säugetierreich, aber außer dem Menschen ist sich kein Tier dessen bewußt. Wenn das Bewußtsein des Körpers den Menschen den Tod fürchten läßt, läßt es ihn auch die Möglichkeit erkennen, Leben zu schaffen. Der Mensch wird wirklich zum *Homo sapiens*. Das Phänomen der Erkenntnis unterscheidet den Menschen von den anderen Tieren. Das Vorhandensein der Erkenntnis schafft eine Psyche im Gegensatz zu einem Soma, ein Ich im Gegensatz zu einem Körper.

Die Entstehung des Ichs erschafft die fundamentale Antithese von Ich und Körper. Für das Ich ist der Leib ein Objekt, das es verstehen, beherrschen und benützen muß. Der Leib ist auch Wohnsitz und Vertreter jener starken Triebkräfte, die das Ich niemals ganz beherrschen kann und die ständig drohen, es zu überwältigen, nämlich der sexuellen Kräfte. Da die Sexualität mit dem Körper identifiziert und der Körper mit der Sexualität identifiziert wird, kann man auch sagen, die Antithese sei: Ich gegen Sexualität. Freud hat diese Antithese auf der Grundlage der sogenannten Ich-Triebe und der Geschlechtstriebe postuliert. Sie entspricht der körperlichen Polarität des Organismus, dem Gegenüber von Kopfende und Schwanzende.

Eine Folge dieser Situation ist die Herabsetzung des Körpers; ihm wird ein geringerer Wert zugeschrieben, während man den psychischen Funktionen eine höhere Stellung einräumt. Diese Herabsetzung des Körpers hat ihre Grundlage in der Erscheinung der Scham, im Bedürfnis des Menschen, seinen Leib zu bedecken, seine Genitalien zu verstecken. Das Gewahrsein der Nacktheit, das Gefühl der Scham, der Sündenfall und der Fluch »Im Schweiße deines Angesichts sollst du dein Brot essen«, waren die Strafen, die dem Menschen für den Verlust seiner Unschuld auferlegt wurden. Es ist jedoch nicht zu vermuten, daß es eine totale Katastrophe war. Denn, wie die Schlange schon zu Eva gesagt hatte, als sie sie in Versuchung führte, die verbotene Frucht zu essen: »Ihr werdet mitnichten des Todes sterben, sondern ... eure Augen (werden) aufgetan, und ihr werdet sein wie Gott und wissen, was gut und böse ist.« War die Verführung durch die Schlange Lug und Trug? Man könnte es meinen, denn die Schlange gilt als falsch. Wie konnte sie Eva eine auf der Erkenntnis von gut und böse gegründete Unsterblichkeit versprechen? Trotz seines Sündenfalls hat der Mensch keine Erkenntnis von gut und böse gewonnen. Dieses Wissen muß in jeder Lebenslage wieder neu erworben werden. Was der Mensch gewonnen hat, war der Begriff von gut und böse – d. h. das Wissen um Gegensätze. Es war gleichsam, als sei er von einem Blitz getroffen worden, der sein Bewußtsein erhellte und ihm seine Bedeutungslosigkeit zeigte. Der Mensch erwarb ein Ich und verlor seine Unschuld.

Beim Beobachten seines Körpers wird sich der Mensch der Zeit bewußt und der Veränderungen, die sie in und an seinem Körper bewirkt. Der Mensch weiß nicht nur, daß er sterben wird, sondern auch, daß er alt werden, Hunger haben, Schutz brauchen und sexuelles Verlangen verspüren wird. Und da er all dies weiß, handelt er bewußt, um für diese Fälle vorzusorgen. Das Bewußtsein vom Verstreichen der Zeit bringt die Erkenntnis ihrer Kontinuität und ein Gewahrsein von Vergangenheit und Zukunft mit sich. Als Adam die Augen geöffnet wurden, sah er nicht nur seine Nacktheit, sondern er konnte auch die Interaktion von Ursache und Wirkung beobachten und verstehen (erkennen). Wie Gott zu sein, bedeutet, Ursache und Wirkung in der Natur zu erkennen, denn mit diesem Wissen kann der Mensch der Natur seinen Willen auferlegen, wie Gott es angeblich tut. Da der Mensch Ursache und Wirkung kennt, kann er bestimmen, was gut und böse ist. Dadurch gewinnt der Mensch Unsterblichkeit, wie die Schlange vorhergesagt hat, aber es ist die *Unsterblichkeit des Geistes*, die sich in der Kontinuität und Transzendenz des Wissens manifestiert.

Der Mensch gewinnt die Unsterblichkeit des Geistes, indem er den Körper verleugnet, der zum Symbol der endlichen, irdischen und animalischen Existenz des Menschen geworden ist. In der Geschichte vom Sündenfall können wir den Ursprung der Spaltung der Einheit des Menschen in höhere und niedrigere Werte, in unsterblichen Geist und sterblichen Leib, in kultivierten Geist und animalischen Körper erkennen. Der Mensch wird also in dem Maß menschlich, als er sich über seine Tiernatur erhebt, wodurch er die Kategorien Mensch und Tier schafft. Dem Tier werden die Leidenschaften und Lüste zugeschrieben, insbesondere Aggression und Sexualität, die minderen Werte. Tod und Sexualität werden im Geist miteinander verknüpft, weil beide mit dem Körper zusammenhängen, diesem Ding der Verderbnis. Das Leben des Leibes ist ein Leben der Verwesung, nur der Geist ist unverweslich, ewig.

Obwohl die Geschichte von der Austreibung des Menschen aus dem Garten Eden allegorisch ist, wird sie trotzdem in symbolischer Form in der Erziehung jedes Kindes der Zivilisation wieder durchgespielt. Der ursprüngliche Zustand des Menschentieres ist Einheit. Es ist nackt, aber es schämt sich nicht. Ob als Fötus im Mutterleib oder als neugeborener Säugling, es lebt in der Wonne der Unwissenheit. Es ist sich seines Körpers und seiner Funktionen noch nicht bewußt geworden. Dieser frühe Zustand ist nicht paradiesisch, wie ein Erwachsener ihn sich vielleicht vorstellen würde, aber in seiner Zeitlosigkeit und ohne das Wissen um Ursache und Wirkung, um gut und böse, ist er dem Garten Eden ähnlich. Es ist auch der Zustand des Tieres in der Natur, ein Zustand, bei dem sich der Geist noch nicht so weit entfaltet hat, daß er sich vom Körper trennen und ihn beherrschen kann. Psychologisch gesehen, liegt dieser Zustand zeitlich vor der Bildung des Ichs.

Das Ich, wie Freud es beschrieben hat, umfaßt die Funktionen der Wahrnehmung und der Bewußtheit. Seine Apotheose erreicht es im Phänomen des Bewußtseins vom eigenen Selbst. Es entwickelt sich durch das Bewußtsein des eigenen Körpers und die bewußte Steuerung seiner motorischen Funktionen. Das menschliche Ich schließt das Bewußtsein des Todes in sich. Auf der biologischen Ebene sind Tod und Sexualität gegensätzliche Erscheinungen. Für das Tier ist Sexualität das Leben, und es weiß nichts vom Tod. Das Tier lebt vollständig in der Zeitlosigkeit der Gegenwart und der Unmittelbarkeit seines Körpers. Für das Ich sind jedoch Sexualität und Tod miteinander verknüpfte Phänomene, da beide die Herrschaft des Körpers über das Ich bestätigen. Das Ich kann seinem Bewußtsein vom Tod nicht mit der Sexualität entgegentreten; diese selbst ist ja eine körperliche oder leibliche Funktion. Es kann seinem Bewußtsein vom Tod nur sein Bewußtsein von zeitloser Wonne entgegensetzen, die die Erinnerung an seinen ursprünglichen Zustand ist. Diese Erinnerung ist im Menschen als Rückstand seines animalischen Erbes vorhanden, bekräftigt durch seine Erlebnisse an der Mutterbrust. Sie wird als Bewußtsein vom anderen wahrgenommen, als Bewußtsein von der Mutter, in deren Armen der Säugling die Wonne der Erfüllung und des Friedens erlebt hat. Im vorigen Kapitel habe ich die Liebe als Bewußtsein vom anderen definiert (von der Mutter oder dem Sexualobjekt), der die Erfüllung des Bedürfnisses nach Nähe und Vereinigung bietet. Liebe ist die Antwort des Ichs auf das Bewußtsein vom Tod. Auf der seelischen Ebene sind Liebe und Tod einander diametral entgegengesetzte Begriffe.

Die Geschichte ist voll von Berichten über Menschen, die sich mutig dem Tod gestellt haben. Die Kreuzigung Christi ist ein Beispiel für die Macht, mit der die Liebe den Geist angesichts des Todes stützen kann. Ebenso sind die christlichen Märtyrer

Beispiele für diese Macht der Liebe, und auch die Vaterlandsliebe kann eine genügend starke Kraft sein, um die Furcht vor dem Tod zu überwinden. Solche Handlungen sind gemäß der dialektischen Formel zu verstehen. Wenn das ganze Ich in die Liebe zum anderen (Person, Menschheit, Vaterland) investiert wird, bleibt für die Besetzung der Furcht vor dem Tod keine psychische Energie übrig. Anders ausgedrückt, der Tod wird vom Gefühl getrennt, da alles Gefühl auf den anderen oder das andere übertragen wird. In der Liebe wird, wie schon so viele Autoren betont haben, das Selbst völlig mit dem anderen identifiziert.

Der erste Mensch, mit dem man sich identifiziert, ist die Mutter. Die Liebe des Säuglings zu seiner Mutter ist der Prototyp aller späteren Liebesbeziehungen. An allen Liebesbeziehungen sind daher Elemente von Bedürfnis und Abhängigkeit beteiligt. Der Liebende kann ohne das Liebesobjekt nicht existieren. In dieser Hinsicht ist er einem Säugling sehr ähnlich, der ohne die Mutter oder Ersatzmutter nicht überleben kann. Was geschieht, wenn in einer Liebesbeziehung beide Partner die gleichen Gefühle haben, einander zu brauchen und voneinander abhängig zu sein? Was geschieht, wenn keiner von beiden ohne den anderen leben kann? Jeder lebt vom anderen in einer symbiotischen Beziehung, die nur mit dem Tod beider enden kann. Aber für solche Liebenden gilt gleichfalls, daß sie den Tod nicht fürchten. Überlegungen wie diese kann man benützen, um das Element der Tragödie in allen großen Liebesgeschichten zu erklären.

Wenn die primäre Liebesbeziehung eines Menschen, d. h. seine Beziehung zu seiner Mutter, Selbstausdruck und Selbstverwirklichung zuläßt, wird die Liebe eins mit ihrer biologischen Erfüllung. Die Identifikation, die sich unter diesen Bedingungen entwickelt, beschränkt sich auf das biologische Bedürfnis und die biologische Bedürfnisbefriedigung und verzehrt nicht das Ich oder Selbst des Liebenden. Das Selbst und der andere bleiben zwei unabhängige Organismen, die verschmelzen und sich dann wieder trennen, um wieder miteinander zu verschmelzen, wenn die wechselseitigen Bedürfnisse es erfordern. Liebe, die von ihrem biologischen Ausdruck getrennt existiert – d. h. Liebe als lediglich psychisches Phänomen – kann einem die Todesfurcht nehmen. Aber solche Liebe ist keine Grundlage fürs Leben. Aktive Liebe, die entweder als biologische oder als soziale Antwort auf die Bedürfnisse anderer zum Ausdruck kommt, ist lebenserhaltend und lebenserneuernd. Psychische Liebe ist ein Mittel gegen die Todesfurcht. Sexuelle Liebe oder »Liebe in Aktion« ist der Widersacher des Todes.

Die Erscheinung der menschlichen Individuation oder der Bewußtwerdung des eigenen Selbst läßt das Problem der Angst entstehen. Die überwältigende und destruktive Wirkung der Angst auf den zivilisierten Menschen ist dafür verantwortlich, daß soviel geforscht und gearbeitet wird, damit man Bücher über Sexualität, Psychologie und verwandte Themen schreiben kann. Adam bekam Angst, als er seiner Nacktheit gewahr wurde. Dies wurde so gedeutet, daß Adam Angst bekam, als er mit seiner Sterblichkeit und seinem Alleinsein konfrontiert wurde. Es kommt nicht darauf an, welchen dieser beiden Aspekte der Nacktheit man betont. Ich glaube, daß einer den anderen nach sich zieht. Der Tod läßt uns unser Alleinsein in der Welt spüren, und wenn wir allein sind, werden wir uns unserer Sterblichkeit bewußt.

Man kann die Beobachtung nicht bestreiten, daß das Gefühl, allein, abgesondert, isoliert zu sein, Angst hervorruft. Viele Psychologen sind der Meinung, daß die Isolierung, an der der moderne Mensch leidet, der Angst zugrundeliegt, gegen die er zu kämpfen hat. Aber diese Isolierung ist – zumindest teilweise – eine Folge der Einzigartigkeit der Persönlichkeit, eine Begleiterscheinung der Individualität. Wo die Individualität weniger entwickelt ist, kommt das Gefühl des Alleinseins nicht vor. Der Primitive, dessen Identität durch seine Zugehörigkeit zu einem Klan oder Stamm bestimmt war, war sich kaum jemals seiner Individualität oder seiner Isoliertheit bewußt. Eine Amöbe ist niemals allein. Sie existiert als Teil eines ständigen Lebensflusses von einer Amöbe zur anderen. Die niederen Organismen manifestieren alle ihre Teilhabe an der natürlichen Ordnung – sie sind eins mit ihrer Umgebung. Aber die niederen Tiere haben kein Gefühl der Individualität oder höchstens sehr wenig. Je mehr wir zum Individuum werden, desto mehr fühlen wir uns allein und isoliert. Die Persönlichkeit schafft *per definitionem* Einzigartigkeit, Unterschiede, Isolierung. Je mehr man in der Herde oder in der Masse aufgeht, desto mehr verliert man seine individuelle Persönlichkeit. Das ist eine weit verbreitete Möglichkeit, der Angst zu entfliehen. Im Gegensatz dazu ist das Individuum um so mehr von der Masse getrennt, je höher die Persönlichkeit entwickelt ist (je größer die Individualität ist). Die mit dem Wachstum und der Entwicklung der Persönlichkeit verbundenen Funktionen erzeugen im Individuum ein Gefühl der Einzigartigkeit, der Abgesondertheit und den Zustand des Alleinseins.

Was ist das Mittel gegen das Alleinsein der Individualität? Wie können wir der zerstörerischen Angst entgehen, die es hervorrufen kann? Es wird oft gesagt, Liebe sei die Antwort. Derartige allgemeine Antworten kann man jeden Sonntag von allen Kanzeln hören, aber sie bieten uns lediglich moralische Erbauung. Die Antwort *ist* Liebe, aber handelnde Liebe, deren primäre Form die Sexualität ist. Tatsächlich fühlt sich ein Mann, der mit einer Frau im Bett ist, die er liebt, die ihm wichtig ist oder die er sehr begehrt, nicht allein. Solange der Geschlechtstrieb gebieterisch, bewußt und frei von Schuldgefühlen ist, wird die Angst des Alleinseins nicht empfunden. Man kann auch unter diesen Umständen allein sein, aber das macht einem keine Angst.

Wenn es richtig ist, Angst mit dem Zustand der Isoliertheit oder des Alleinseins zu verknüpfen, ist es ebenso richtig, sie mit der Hemmung sexueller Gefühle oder den mit diesen verbundenen Schuldgefühlen in Verbindung zu bringen. In diesem Sinn kann man sagen, daß die freudianische Ansicht, Angst habe mit sexuellen Problemen zu tun, ebenso gültig ist wie die aktuelle soziologische Ansi-cht, Angst sei mit interpersonalen Schwierigkeiten verbunden. Das Leben erzeugt zwei Kräfte – die eine tendiert zur Individualität und zur Struktur, die andere zur Vereinigung und zum Verlust der einzigartigen Struktur. Diese beiden Kräfte kann man in der Persönlichkeit einerseits und der Sexualität andererseits erkennen. Persönlichkeit ist der Ausdruck der einzigartigen Struktur unseres Wesens. Sexualität ist die Kraft, die zur Nähe, zu Identifizierung und Vereinigung mit dem anderen führt – der immer ein Vertreter der Welt ist.

Sexualität und Persönlichkeit sind wechselweise voneinander abhängig. Sexualität konditioniert die Persönlichkeit, da sie die Beziehung des Individuums zum anderen und zur Welt bestimmt. Die Persönlichkeit andererseits formt das sexuelle Verhalten des Individuums. Ein sexueller Mensch ist ein liebender und ein freudiger Mensch. Seine Sexualität ist die Hauptquelle seiner Lust und seiner Befriedigung im Leben. Sie gibt ihm auch eine positive Einstellung zu anderen Menschen und zur Welt. Der sexuell Frustrierte ist ausnahmslos ein bitterer Mensch. Aber die Persönlichkeit modifiziert und steuert die Sexualität. Der Verbitterte kann die Süße der Liebe nicht genießen. In seinem Mund wird sie sauer. Der Deprimierte ist auch sexuell herabgesetzt. Wenn die Persönlichkeit vital und lebendig ist, zeigt die Sexualität des Betreffenden die gleichen Eigenschaften. Die Sexualfunktion eines starren Menschen ist ebenso starr und mechanisch wie seine Persönlichkeit. Und ein Mensch, dessen Verhalten darauf abgestellt ist, anderen Eindruck zu machen, agiert dasselbe Bedürfnis auch in seiner Sexualfunktion aus.

Die Persönlichkeit beschränkt sich nicht auf die psychischen Funktionen eines Menschen; zur Persönlichkeit gehören auch seine körperlichen Seiten. Natürlich ist dieser Gedanke nichts Neues. Neu ist die Fähigkeit, die Sprache des Körperausdrucks zu verstehen. Ohne diese Fähigkeit und dieses Wissen kann man leicht dazu verleitet werden, das Symbol mit der Wirklichkeit zu verwechseln. Marilyn Monroe z. B. war ein Symbol der Sexualität, nicht eine Verkörperung der Sexualität. Ihr Körper zeigte einen auffallenden Mangel an Einheit und Integration.

Ein Körper ohne Einheit offenbart, daß die prägenitalen libidinösen Triebe nicht zu einem starken, gerichteten genitalen Drang verschmolzen sind.

Die Sexualität eines Menschen ist in seinem Sein. Seine sexuelle Erfüllung schlägt sich in seinem allgemeinen Wohlgefühl, in seiner Fröhlichkeit und in seiner Zufriedenheit nieder. Seine sexuelle Reife zeigt sich in seiner körperlichen Erscheinung und in seinen Bewegungen. Der sexuell reife Mensch ist durch einen Körper gekennzeichnet, der harmonisch, integriert, koordiniert und lebendig ist – einfach durch einen Körper, der in seinen normalen und natürlichen Bewegungen schön und anmutig ist. Diese körperlichen Attribute sind lediglich der äußere Beweis für einen Geist, der frei und unabhängig ist und auf das Leben antworten kann. Sexualität ist der Ausdruck des Lebens und die Antithese des Todes.

5 Homosexualität

In den vorangehenden Kapiteln habe ich die sexuelle Natur des Lebens betont. Die Homosexualität scheint einen Widerspruch zu dieser Anschauung darzustellen. Sie führt zu der Frage, ob es zwei Geschlechter gibt oder drei. Sie läßt einen an der grundlegenden Bisexualität des Menschen zweifeln, da er entweder heterosexuell oder homosexuell sein kann. Ist der Homosexuelle eine Laune der Natur, der die landläufige Bezeichnung »*queer*« (etwa: »verquer«, abartig) verdient? Ist er nur ein Irregeleiteter, der der Versuchung erlegen ist, weil er wegen eines unglücklichen Elternhauses persönliche Schwierigkeiten hatte? Ist er das Produkt einer verwirrten Gesellschaft, die die in der Natur mögliche Vielfalt erotischen Erlebens nicht akzeptieren kann? Die Antworten auf diese Fragen können über Störungen der Sexualfunktion bei Heterosexuellen Aufschluß geben.

Ein interessanter Aspekt des Homosexuellenproblems ist die starke Reaktion, die der Homosexuelle bei vielen sogenannten Normalen auslöst. Diese Leute äußern häufig erhebliche Gegnerschaft und Feindseiligkeit gegen Homosexuelle. Ich habe eine ganze Reihe von Männern sagen hören, wenn sie einen Homosexuellen sähen, hätten sie Lust, ihn zu verprügeln. Der Homosexuelle ist oft Gegenstand der Verachtung und Geringschätzung. Zugleich zeigen diese sogenannten Normalen ein gewisses Interesse an Homosexuellen und sind fasziniert von ihnen. Die »Schwulenbars« in Greenwich Village sind von Touristen überlaufen, die neugierig dieses seltsame Leben beobachten. Diese Leute setzen sich der »Homosexuellen-Atmosphäre« aus und äußern zugleich Abscheu und Entsetzen allein schon gegen die Vorstellung von Homosexualität. Es läßt sich analytisch beweisen, daß diese Angst aus einer Schicht latenter Homosexualität stammt, die beim Durchschnittsmenschen nachdrücklich verdrängt wird. Ein solcher Mensch mag bewußt meinen, er sei gefeit gegen die Gefahr der »Ansteckung« mit dieser »Krankheit«. Andererseits verrät dieses Verhalten gegenüber dem Homosexuellen die Angst, er könnte für diese Form des sexuellen Verhaltens anfällig sein. Unbewußt zweifeln viele Menschen an der Integrität ihrer sexuellen Ausrichtung.

Die Haltung der Gesellschaft gegenüber der Homosexualität spiegelt die gleiche Angst. Es ist aufschlußreich, daß die weibliche Homosexualität geduldet wird, während in den westlichen Ländern die männliche Homosexualität fast durchweg verurteilt wird. Es gibt also Gesetze, die die männliche Homosexualität unter Strafe stellen, aber gegen die weibliche Homosexualität gibt es keine solchen Gesetze. Dieser Einstellung muß die Furcht zugrundeliegen, Homosexualität sei ansteckend, und das Leiden an dieser »Krankheit« habe einen Schwächezustand zur Folge, einen Verlust der Kraft, und Impotenz. Eine so starke Verurteilung kann nur von der Überzeugung einer Gesellschaft ausgehen, ihr Weiterbestand sei von ihrer Aggressivität abhängig. Man hält den Homosexuellen für einen passiven Menschen, für jemand, auf den man nicht zählen kann, wenn es darum geht, die Institution seiner Gesellschaft zu erhalten und für sie zu kämpfen; mit anderen Worten, er wird als minderwertig angesehen.

Eine andere Facette des Problems ist die kaum zu übersehende Tatsache, daß der Homosexuelle häufig im Kulturleben an vorderster Front steht – im Theater, in den Künsten, in Gestaltung und Ausstattung und in anderen schöpferischen Bereichen. Das hat gewiß etwas mit den sozialen Kräften in einer Kultur wie der unseren zu tun, die auf Aggressivität, Männlichkeit und Wettbewerbsgeist einen so übertriebenen Wert legt. Der Heterosexuelle wird davon abgeschreckt, Tätigkeiten nachzugehen, die vom Ausdruck zarter Gefühle abhängig sind und die daher passiv und feminin erscheinen. Es wird ihm nahegelegt, hart, zäh und aggressiv zu sein. Der

Homosexuelle, der den Konkurrenzkampf scheut, ist nur allzu froh, den schöpferischen Bereich für sich zu haben. Aber das kann gewiß noch nicht die ganze Antwort sein. Diese Situation muß auch auf den Umstand zurückgehen, daß der Konkurrenzkampf in unserer Kultur so hart, so wütend ist, daß dem normalen Menschen, der sich auf ihn einläßt, nur wenig Kraft und Neigung für die Beschäftigung mit künstlerischen Interessen übrigbleibt.

Die Gesellschaft spielt bei der Homosexualität eine komplexe Rolle. In dem Maß, in dem eine Sozialstruktur homogen ist, d. h. wo die meisten Angehörigen einer Gesellschaft sich die Arbeit teilen, ist die Homosexualität die Ausnahme. In einer solchen Kultur besteht keine Feindschaft zwischen den aggressiven und den künstlerischen Tätigkeiten, kein Konflikt zwischen den zarten und den heftigen Gefühlen. Der Krieger ist auch der Tänzer, der Künstler ist auch Arbeiter. Es gibt wenig Unterschiede zwischen dem Mann der Tat und dem Denker. Diese Zustände sind natürlich nur charakteristisch für die einfacheren oder primitiveren Kulturen. Infolgedessen gibt es keinen Anlaß für die homosexuelle Lebensweise. Das bedeutet nicht, daß es in solchen Gemeinschaften keine Homosexualität geben kann. Die Geschichte und die anthropologische Forschung haben gezeigt, daß sie ein fast allgemein verbreitetes Phänomen ist. Sie ist sogar im Tierreich zu finden. Aber gewöhnlich kommt sie nur sporadisch vor, als Notlösung eines Individuums, dem der Zugang zum anderen Geschlecht verwehrt ist. In den höherentwickelten Kulturen wird die Homosexualität zur Lebensweise. Die Arbeitsteilung, die Schichtung der gesellschaftlichen Organisation und der Konflikt zwischen aggressiven und passiven Tendenzen isolieren den sensiblen und weniger durchsetzungsfähigen Menschen und schaffen ein Milieu, in dem diese Eigenschaften akzeptabel sind.

Eine andere Ansicht von der Beziehung zwischen Gesellschaft und sexuellem Verhalten vertritt G. R. Taylor. Nach ihm sind, wenn die soziale Einschränkung des Geschlechtstriebes zu stark ist, drei Arten von Reaktionen zu erwarten: Die stärkeren Persönlichkeiten werden dem Tabu trotzen, die schwächeren wenden sich indirekten Formen des sexuellen Ausdrucks oder pervertierten Formen der Sexualität zu; bei wieder anderen treten Symptome psychoneurotischer Störungen auf. Diese Ansicht, mit der ich übereinstimme, widerspricht nicht der von mir geäußerten Vorstellung. Sie fügt eine psychologische Erklärung hinzu, die noch weiter ausgeführt werden muß. Das Vorhandensein schwacher Persönlichkeiten, die nicht in das normale Gemeinschaftsleben integriert sind, schafft ein Reservoir von Menschen, die notwendigerweise nach indirekten sexuellen Ausdrucksweisen suchen. Gibt es eine besondere Schwäche, die den Homosexuellen kennzeichnet und ihn für diese Art des Sexualverhaltens prädisponiert? Im vorliegenden Kapitel wollen wir nach einer Antwort auf diese Frage suchen.

Wir müssen noch eine Warnung aussprechen. Die Logik der Ausführungen Taylors sollte uns nicht dazu verleiten, zu glauben, die Ätiologie der Homosexualität sei einfach. Von unserer Zeit kann man kaum behaupten, sie sei ein Zeitalter sexueller Einschränkung. Wenn wir auch nicht sexuell reif sind, so sind wir doch gewiß sexuell »aufgeklärt«. Aber einigen Autoritäten zufolge ist die Homosexualität heute weiter verbreitet als zu jedem anderen Zeitpunkt im vorigen Jahrhundert. Ich glaube, man muß nach einer weiteren Erklärung dieses Phänomens suchen, und diese Erklärung ist in der Persönlichkeit des Homosexuellen zu finden.

Obwohl in unserer Kultur in den meisten Großstädten homosexuelle Gemeinschaften existieren, ist dies eine Entwicklung der letzten Jahrzehnte. Gewöhnlich ist der Homosexuelle ein isoliertes Individuum in der größeren Gemeinschaft heterosexueller Männer und Frauen. Ohne Partnerin ist er einsam, unsicher und verwirrt. Trotz der Proteste einiger eingefleischter Homosexueller, die Homosexualität sei eine »normale« Lebensweise, ist der Invertierte sich im allgemeinen dessen bewußt, daß seine Neigung einer seelischen Krankheit gleichkommt.

Johns Fall eignet sich gut, um dieses Problem zu veranschaulichen. Er suchte mich wegen seiner Gefühle der Niedergeschlagenheit und Angst auf. Eine homosexuelle Beziehung, die eine Reihe von Jahren gedauert hatte, war vor kurzem zu Ende gegangen. John war zugunsten eines anderen Liebhabers abgewiesen worden. Er war durcheinander und traurig, und obwohl die Beziehung schon vor mehr als einem halben Jahr beendet worden war, hatte er seine Gefühle der Eifersucht und Wut noch nicht überwinden können.

John war Tänzer von Beruf. Viele Jahre lang hatte er einer führenden Truppe des modernen Tanzes angehört, und seine homosexuelle Beziehung hatte zwischen ihm und dem ersten Tänzer bestanden. Er hatte das Gefühl, in dem Ensemble ausgebeutet worden zu sein, denn er hatte schwer gearbeitet und nur wenig Geld dafür bekommen. Da sein Tänzereinkommen kaum genügte, um ihn am Leben zu erhalten, ergänzte er es mit musikalischer Tätigkeit. Seine Gesamteinkünfte reichten zu wenig mehr als zu einer Wohnung ohne warmes Wasser, ein paar mageren Habseligkeiten und einem höchst bescheidenen Leben. Aber John war mit dieser Lage der Dinge zufrieden. Er sagte, er brauche nur sehr wenig zum Leben, und das Wenige könne er immer aufbringen. Sein größtes Problem war, das Geld für die Therapie zusammenzubringen, von der er glaubte, er brauche sie. Aber John war auch nicht ganz ohne Ehrgeiz. Er wollte mit seiner Musik einen gewissen Erfolg erringen und freute sich darauf, mehr Geld zu verdienen.

Vor einigen Jahren hatte John versucht, eine Beziehung zu einem Mädchen aufzunehmen, aber es war sexuell so unbefriedigend gewesen, daß er den Gedanken wieder aufgegeben hatte. Er war jedoch mit mehreren Frauen befreundet, die ein mütterliches Interesse an ihm hatten. Im Verlauf seiner Therapie erlebte John zum ersten Mal ein Gefühl sexueller Erregung beim Anblick eines Mädchens, was ihn sehr überraschte. Trotzdem erbrachte ein späterer Versuch, zu einem Mädchen eine Beziehung aufzunehmen, kein besseres Ergebnis als seine frühere Bemühung.

Gequält vom Verlust seines Liebhabers und verfolgt von seinem Bedürfnis nach sexuellem Kontakt und sexueller Befreiung, durchstreifte John die Straßen oder suchte Homosexuellen-Treffs auf. Wenn es John gelang, einen Partner zu finden, war es immer nur für einen Abend. Obwohl ihn diese sexuelle Betätigung vorübergehend erleichterte, war John nie zufrieden, nie frei von dem nagenden Gefühl der Einsamkeit, das den Homosexuellen ohne feste Bindung verfolgt. Es fällt mir schwer zu begreifen, wie man den Homosexuellen »gay« (=fröhlich, heiter) nennen kann.* Gewiß, Parties und Zusammenkünfte von Homosexuellen haben oberflächlich den Anschein von Sorglosigkeit und Ungehemmtheit. Auf einer Party homosexueller Männer in New York war einmal die Gastgeberin ein attraktives Mädchen, das völlig nackt die Männer bediente. Niemand achtete besonders auf sie, und niemand versuchte, sich ihr zu nähern. Die Sorglosigkeit und Heiterkeit spiegeln das Fehlen starker Gefühle. Sie sind Masken, die die innere Abgestorbenheit der homosexuellen Persönlichkeit verdecken. Bei näherer Bekanntschaft und in der Analyse erweist sich der Homosexuelle als eine der tragischsten Gestalten unserer Zeit.

John war nicht unansehnlich. Er war gut gebaut, und seine Muskulatur war dank seiner Tänzerlaufbahn gut entwickelt. Sein Gesicht wirkte jugendlich, und seine regelmäßigen Züge waren angenehm anzusehen. Man konnte Johns Problem an seinem weichen, weibischen Verhalten, an seiner Empfindlichkeit und an seiner ruhigen Sprechweise erkennen. Diese Eigenschaften werden dem männlichen Homosexuellen zugeschrieben, aber sie sind nur sekundäre Merkmale. Die entgegengesetzten Eigenschaften würden gewiß noch keinen »richtigen Mann« ausmachen. Konnte nicht eine tiefere Störung vorliegen, die eine so schwere Entstellung von Johns Persönlichkeit erklären könnte?

---

* Gay heißt nicht nur heiter, sondern auch »flott, ausschweifend, liederlich«. (Anm. d. Übers.)

Abbildung 1

Bei näherem Hinsehen stellte sich heraus, daß Johns Körper, der auf den ersten Blick normal wirkte, steif und unbeweglich war. Er stand wie eine Holzbildsäule da, und er bewegte sich wie ein Spielzeugsoldat. Angesichts der Tatsache, daß John von Beruf Tänzer war, wirkt das überraschend, aber man kann es erklären. Bewegungen, die auf der Bühne frei und anmutig wirken, sind einstudiert und das Ergebnis eines besonderen Trainings. Wenn John nicht auf der Bühne war, war er unbeholfen und gehemmt. Seine Muskeln waren verspannt und hart. In Wirklichkeit war er in seinen Muskelpanzer eingesperrt. Als ich anfing, mit ihm zu arbeiten, ging von seinem Körper ein unangenehmer, muffiger Geruch aus. Ich hatte den Eindruck, er sei »tot«, ohne Empfindung oder Gefühl.

Die Abgestorbenheit in Johns Körper trat auch in seinen Augen zutage. Sie waren völlig ausdruckslos. Er sah mich selten direkt an. Wenn er es aber doch tat, gab es kein Gefühl des Kontakts zwischen uns. Einmal forderte ich John auf, mir

Abbildung 2

fortwährend in die Augen zu schauen, und ich konnte sehen, wie eine gewisse Wärme in ihnen erschien. Er lächelte wie jemand, der etwas offenbart hat und verlegen geworden ist. Einen Augenblick lang war seine Zurückhaltung geschmolzen. Weitere Aufschlüsse über Johns Zustand kann man aus den folgenden Zeichnungen gewinnen, die er gemacht hat. Sie sind Ausdruck seines eigenen Körperbildes, d. h. der Art, wie er seinen eigenen Körper wahrnimmt, und notwendigerweise auch der Art, wie er die Körper anderer sieht. Abb. 1 stellt seine Auffassung von der männlichen Gestalt dar.

Als er eine Bemerkung zu der Zeichnung machen sollte, sagte John: »Ich war verlegen wegen der Zeichnung – ich zeichne *tatsächlich*.« In bezug auf die Figur sagte er: »Er ist mit sich zufrieden oder er will sehen, ob Sie mit dem zufrieden sind, was ihn zufrieden macht. Er ist sehr steif und eingeschränkt in seinen Bewegungen. Er ist glücklich. Er weiß nicht, daß er Probleme hat.«

Abb. 2 zeigt die Gestalt einer Frau. John bezeichnete sie als »eine geduldige Mutter. Ein bißchen enttäuscht, aber sie beschwert sich über nichts. Sie ist unfähig, Gefühle zu zeigen«. Man braucht nicht viel Phantasie, um zu sehen, daß beide Gestalten Marionetten oder Puppen sind, keine echten Menschen.

Um mehr von Johns Gefühlen in bezug auf seinen Körper ans Licht zu bringen, bat ich ihn, einen nackten Mann zu zeichnen. (Die meisten Patienten, die man auffordert, einen Menschen zu zeichnen, reagieren nicht mit einer bekleideten, sondern mit einer nackten Gestalt. John sagte, ein nackter Mensch sei schwerer zu zeichnen). Abb. 3, die er als nächste zeichnete, ist ziemlich aufschlußreich. Sie zeigt eine Leiche mit einer Erektion, gestützt durch vier Vorsprünge, die sie davor bewahren, mit dem Boden in Berührung zu kommen. Das Abgestorbene an Johns Körper ist in dieser Zeichnung gut dargestellt. All sein Gefühl ist in dem erigierten Penis konzentriert. Das ist das homosexuelle Problem: genitale Erregung in einem Körper, der bar aller Lustgefühle ist.

Die Unlebendigkeit des Körpers und die Übererregung der Genitalien traten in einer therapeutischen Sitzung einmal sehr deutlich zutage. John lag auf der Couch und spitzte den Mund als wolle er küssen oder saugen. Dabei bekam er eine Erektion, was ihn sehr überraschte. Er sah genauso aus wie seine Zeichnung. Die Deutung dieser Reaktion ermöglicht ein gewisses Verstehen der homosexuellen Schwierigkeit. Die Erregung der Geste des Mundspitzens wurde sofort an die Genitalien weitergegeben. Der Körper verhielt sich wie eine starre Röhre und übertrug die Erregung vom einen Ende zum anderen, ohne daß der Fluß sexueller Empfindung erfahren wurde. Das ist keine normale Sexualität. Eine solche Reaktion umgeht die Sexualität, weil sie auf das Geschlechtsorgan beschränkt ist. Sexuelles Gefühl ist das Verlangen nach Nähe und Vereinigung zwischen zwei Körpern. Die Genitalien dienen als Abfuhrmechanismus. Die Erregung, die sich durch den Kontakt der beiden Körper aufbaut, wird im Geschlechts-

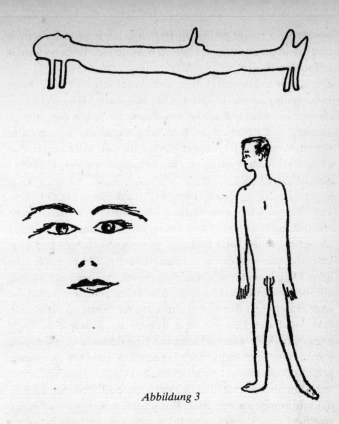

Abbildung 3

akt durch den Genitalapparat entladen. Da Johns Körper relativ »tot« und unempfänglich war, vermied er die Nähe und Intimität des Körperkontakts und versuchte nur, eine genitale Spannung oder Erregung loszuwerden. Dieses Bedürfnis, eine Spannung zu entladen, war unmittelbar für Johns erstes homosexuelles Erlebnis verantwortlich.

»Mein erstes sexuelles Erlebnis hatte ich in einem Sommerlager, als ich etwa zehn Jahre alt war«, sagte John. »Abends in der Koje versuchte ich meine Erektion zu verbergen, aber manchmal bildete sich unter der Decke ein richtiges kleines Zelt. Eines Abends kam mein Betreuer vorbei und sah, daß ich wach war. Er kam zu mir ins Bett, und ich masturbierte mich und ihn. Ich hatte Angst, aber ich wartete jeden Abend wieder auf seinen Besuch.«

Dazu kam es aber nicht. Sein zweites sexuelles Erlebnis hatte John später in der U-Bahn. »Ein lüsterner Mann streifte in einem überfüllten Zug meinen Penis. Er folgte mir, als ich ausstieg und dirigierte mich in eine kleine Gasse. Ich hatte solche Angst, daß ich weglief.« Aber John erzählte weiter, daß er später noch »unzählige Begegnungen in der U-Bahn« gehabt hatte.

Seine ständige genitale Erregung trieb John, überall diese Zufallsbegegnungen zu suchen. Er stellte fest, er habe buchstäblich mit Tausenden von Männern geschlafen, mit weniger als zehn Frauen, und meistens nur einmal. John hatte zwei länger dauernde Beziehungen zu Männern. Die eine war eine immer wieder unterbrochene Beziehung, die angefangen hatte, als John zwanzig war, und die drei Jahre gedauert hatte; die andere zwischen ihm und einem anderen Tänzer dauerte neun Jahre und war kurz vor dem Beginn der Therapie zu Ende gegangen. Aber während John mit diesen Männern zusammen war, hatte er ständig nach anderen Kontakten Ausschau gehalten und immer wieder einmalig Begegnungen mit anderen Männern gehabt. Bei seinem zweiten Liebhaber kam er danach immer zu ihm nach Hause, um mit ihm zu schlafen, gleichgültig, wie spät es war. John sagte, mit ihm habe ihm »Sex mehr Spaß gemacht als mit irgendjemand anders. Es gefiel mir, einfach nur neben ihm im Bett zu liegen. Ich wollte mit ihm zusammenleben.« Aber während dieser neun Jahre ging er regelmäßig aus, um nach neuen Kontakten zu suchen. »Ich nehme an«, sagte John, »das Hauptproblem ist, daß ich die Sicherheit einer ständigen Beziehung haben will – einen Menschen, mit dem ich schlafen, essen und reden kann – und gleichzeitig die Freiheit, umherzustreifen und mit anderen zusammenzusein.«

Die Widersprüche in Johns Persönlichkeit konzentrierten sich in diesem Konflikt. Er konnte sein Bedürfnis nach Nähe und

Gesellschaft nicht mit seinen genitalen Empfindungen integrieren, die eine starke sadistische Komponente hatten. Andererseits konnte John ein Nachlassen seiner ständigen genitalen Erregung nicht zulassen, da sie seine »Rettungsleine« war. Sein starrer und unlebendiger Körper zwang ihn, die Erregung der Gefahr in der zufälligen Begegnung zu suchen. Unbeweglichkeit und Ruhelosigkeit durchzogen sein Dasein und bestimmten sein Verhalten. John beschrieb seine Schwierigkeiten als »eine Unfähigkeit, da zu sein, wo ich im Moment bin. Die Notwendigkeit, nach anderen Dingen, Orten und Leuten zu verlangen als nach denen, mit denen ich gerade zu tun habe. Meine Unfähigkeit zu sagen, ›Nein, das will ich ja gar nicht, ich will dies.‹ Das sind meine Probleme.« Johns unempfänglicher Körper stand für seine unbewußte Ablehnung des Bedürfnisses nach Nähe trotz eines starken Verlangens danach. John gab an, er wolle seinen Liebhaber wiederhaben, aber er fügte hinzu: »Vielleicht, damit ich ihn wieder zurückweisen kann?«

Welche Faktoren entschieden darüber, daß John nicht zum Heterosexuellen mit Problemen wurde, sondern zum Homosexuellen mit Problemen? John fehlte es nicht an Gefühlen für Frauen. Am Anfang seiner Therapie sagte er: »Zur Zeit hab ich sexuelle Beziehungen zu drei Männern – das ist schon ein Fortschritt gegenüber den einmaligen Begegnungen, aber es ist immer noch verwirrend und frustrierend – und gefühlsmäßig hänge ich sehr an einem Mädchen, wenn ich auch nicht mit ihr schlafe.«

In der Analyse zeigte sich, daß John starke, aber verdrängte Gefühle der Feindseligkeit und der Angst gegenüber Frauen hatte, die jede Möglichkeit befriedigender sexueller Beziehungen zu Frauen blockierten. Sein »kostbares Organ« einer Frau anzuvertrauen, bedeutete die Gefahr, das Organ und das Leben zu verlieren. Frauen stehen für orgastische Entladung und den Verlust der genitalen Empfindung. Das Nachlassen der Erektion nach dem Geschlechtsverkehr wird manchmal als der »kleine Tod« bezeichnet. Das gilt nur dann, wenn das ganze Lebensgefühl in den Genitalien konzentriert ist. Beim Normalen wird der Verlust der Empfindungen in den Genitalien durch ein wunderbares Gefühl des Glühens und der Wärme im Körper ausgeglichen. Das trat bei John nicht ein, weil sein Körper an dem sexuellen Erlebnis nicht teilhaben konnte. Seine homosexuellen Begegnungen befreiten ihn nur vorübergehend von Spannung. Die Erregung kehrte bald danach wieder, und John konnte sich des sicheren Gefühls erfreuen, daß er seine Genitalien nicht verloren hatte, daß er nicht kastriert worden war und daß er noch lebte.

Nichts erklärt den Homosexuellen so gut wie seine ständige Beschäftigung mit und Sorge um die Genitalien, wenn schon nicht seine eigenen, so doch die anderer. Die engen Hosen, die das Gesäß und die Genitalien betonen, sind ein Ausdruck dieses Wichtignehmens. Die Homosexualität von heute ist die moderne Version der antiken Religionen, bei denen der Phallus verehrt wurde; sie ist so entstellt, daß das, was früher ein Fruchtbarkeitssymbol war, heute das Gegenteil ist. Es ist zum Mittel des »Ausagierens« all der negativen Gefühle geworden, die der Homosexuelle gegenüber seinen Eltern, der Gesellschaft und sich selbst empfindet. Das war an den Zufallsbeziehungen abzulesen, die John suchte.

Er beschrieb eine solche Beziehung folgendermaßen:

»Ich wanderte etwa um halb drei Uhr morgens durch die Straßen, auf der Suche nach einem Freund. Ich sah einen Burschen vor der Bar, der eine lüsterne Bemerkung an mich richtete. Ich ging mit ihm in seine Wohnung, und ich war ganz kalt. Ich merkte, daß er geschlagen werden wollte. Ich wußte, daß er mir zu Willen sein würde. Ich versuchte, an meine Gefühle zu denken, und mir wurde klar, daß ich nicht dort sein wollte.

Er legte sich hin und sagte, ich sollte meinen Samen über ihn spritzen lassen. Ich versuchte, auf ihn zu masturbieren. Dann forderte er mich auf, ihn zu bespucken. Ich tat es, aber ich ging so schnell wie möglich weg von dort.

Das hat mich zerschmettert, denn ich merkte, daß ich mir erlaube, in diese Situationen zu geraten. Ich kann erkennen, was ich möchte: erniedrigt, gedemütigt und kastriert werden.«

Bei dieser Begegnung erlebte John das masochistische Element in seiner Persönlichkeit, während er seinem Partner gegenüber sadistisch »ausagierte«. Der Ausdruck seiner Verachtung für den Partner war eine Projektion seiner inneren Verachtung für sich selbst. Dieses Gefühl steckt im Zentrum der homosexuellen Lebensweise. Der Homosexuelle hat oft für alle Werte, die der Durchschnittsmensch akzeptiert, nur Verachtung übrig. John gab zu, daß er schreckliche Probleme mit der Arbeit hatte. Er sagte: »Ich denke, ›Wozu? Warum soll ich arbeiten?‹« Schon die Art seiner Existenz war ein Ausdruck der Verachtung für den Kampf, auf den Männer sich einlassen, um für ihre Frauen und Familien ein Heim und den Lebensunterhalt herbeizuschaffen. Seine Verachtung für die Männer, die diesen Kampf auf sich nehmen, fand ihren Niederschlag in seinen Überlegenheitsgefühlen ihnen gegenüber. Mit welcher Berechtigung kann sich der Homosexuelle überlegen fühlen? Seine Haltung beruht auf seiner Sensibilität, seiner Intelligenz und darauf, daß er ästhetische Interessen kultiviert. Der Homosexuelle ist ein scharfer Kritiker unserer Kultur, wenn sich auch seine Kritik oft satirisch und zynisch gibt. Die Scharfsichtigkeit und der Scharfsinn Oscar Wildes ist ein passendes Beispiel.

Charles Berg zitiert in *The Problem of Homosexuality* Mayer Gross, der gesagt haben soll: »Als tatsächliche klinische Erfahrung ist es bemerkenswert, wie oft Homosexuelle überdurchschnittlich intelligent sind.« Tatsächlich meint Berg, auf Grund der »berühmten Namen«, die Honomosexuelle waren, gebe es eine gewisse Entschuldigung für den lächerlichen Anspruch des Invertierten, er habe ein Monopol auf Kultur und Genie.

Angst und Feindseligkeit des Homosexuellen gegenüber den Frauen werden verdrängt. Was ausgedrückt wird, wenn auch nicht immer offen, sondern »ausagiert«, ist die Verachtung für Frauen. Sie wird von Friseuren und Modeschöpfern »ausagiert«, deren Kreationen oft die Weiblichkeit der Frau entstellen. Sie wird in Theaterstücken ausgedrückt, in denen die Frau oft als unsensibel, herrschsüchtig und grausam dargestellt wird. Sie schlägt sich darin nieder, daß sich der Homosexuelle den

Frauen in weiblichen Angelegenheiten wie Kochen, Raumgestaltung und Entwerfen überlegen fühlt. Das Problem des Homosexuellen ist nämlich in erster Linie ein Problem im Hinblick auf Frauen, und erst in zweiter Linie kommen die Gefühle des Homosexuellen gegenüber Männern ins Spiel.

Bisher habe ich jede Erörterung von Johns Herkunft vermieden, um nur eine Darstellung des homosexuellen Verhaltens und Fühlens zu geben. Wir können John jedoch nicht völlig verstehen, ohne etwas über seine Beziehung zu Vater und Mutter zu wissen. Er beschrieb seine Mutter als eine »liebevolle, intelligente und langmütige (Frau), die mit etwa fünfzig Jahren an Leukämie starb. Sie wußte, daß sie sterben mußte, arbeitete aber im Ladengeschäft der Familie, bis sie dringend in ein Krankenhaus gebracht werden mußte«. Sein Vater war Alkoholiker und starb mit fünfundfünfzig Jahren im Delirium tremens in einem verschmutzten Zimmer. »Mein Vater«, sagte John, »pflegte mich zu schlagen, wenn er betrunken war, bis ich eines Tages zu ihm sagte, ›Wenn du mich noch einmal anrührst, verprügle ich dich.‹ Er tat es nicht mehr.« John erinnert sich, daß er seinen Vater nicht so sehr wegen der Prügel haßte, sondern wegen der Demütigung, die es für ihn bedeutete, ihn in seinen betrunkenen Benommenheitszuständen versorgen zu müssen. Johns Gefühle für seinen Vater waren nicht verdrängt. In seinem homosexuellen Verhalten agierte er einen Großteil seiner Feindseligkeit gegen und seiner Verachtung für seinen Vater aus. Aber seine Beziehung zu seiner Mutter war sehr verworren.

Die analytische Erfahrung läßt vermuten, daß die Kombination zwischen einer verführerischen Mutter, die den Sohn eng an sich bindet, und einem ablehnenden Vater oft dafür verantwortlich ist, daß der Sohn homosexuell wird. John fehlte ein annehmbares männliches Vorbild, nach dem er seine Männlichkeit hätte ausrichten können. Bedeutsamer ist jedoch, daß er sich übermäßig mit seiner Mutter identifizierte und unbewußt sexuell an sie gebunden war. Die Folge war eine Übertreibung der ödipalen Situation, so daß das Kind mit seinen inzestuösen Gefühlen für seine Mutter nicht mehr fertigwerden konnte. Wenn die Mutter außerdem so selbstaufopfernd ist, daß sie daran stirbt, ist das sexuelle Schuldgefühl – wie in Johns Fall – ungeheuer groß. In solchen Fällen muß das Kind, um seine Schuldgefühle herabzusetzen, seine sexuellen Gefühle abtöten. Das kann nur durch eine Abtötung des Körpers geschehen. Die Abtötung und Betäubung des Körpers vermindert die Gefühle und beseitigt Konflikte. Aber mit einem toten Körper kann man nicht leben; es muß für irgendein Sicherheitsventil gesorgt werden. Beim Homosexuellen nimmt es die Form eines erregten Genitales an. Die Sexualität wird aufgegeben, aber die Kastration wird vermieden.

Daß ich mit meiner Beobachtung, sein Körper sei unlebendig, recht hatte, erkannte John schon früh in der Therapie. Er bemerkte auch, daß die Körper seiner homosexuellen Freunde ebenso tot waren. Von seinem früheren Liebhaber sagte John: »Er fühlt seinen Körper nur, wenn er mit mir oder mit Peter zusammen ist.« Und dann wurde ihm klar, daß der Körper seiner Mutter auch tot – vielmehr sterbend – gewesen war, als er ein junger Mann war. John sagte ganz spontan: »Ich möchte meine tote Mutter ficken, damit sie lebendig wird.« John wußte nun, daß seine sexuelle Betätigung ein Zwang war, daß auch er die Sexualität benützte, um etwas zu fühlen, um lebendig zu werden; es fiel ihm wieder ein, daß er früher morgens onaniert hatte, um wach zu werden.

Als Teil der Behandlung ließ ich John Übungen machen, die seine Atmung mobilisieren und sein Körpergefühl steigern sollten. Zusammen mit der Analyse seiner Gefühle, Einstellungen und Träume führte die Körperarbeit dazu, daß John sich lebendiger fühlte. Eines Tages erschien ein wenig Gefühl in seinen Augen, und sein Gesicht wirkte weicher, weniger maskenhaft. John sagte: »Ich fühle mich großartig. Ich fühle mich anders.« Aber dieses Gefühl fiel auch mit der Abreise seines früheren Liebhabers nach Europa zusammen. Wenigstens vorübergehend waren die Ketten, die ihn an diese

Beziehung gebunden hatten, zerbrochen. Und zu diesem Zeitpunkt brach ein sexuelles Gefühl zur Frau durch. Er berichtete: »Gestern hab ich eine üppige Frau gesehen und eine Erektion bekommen. Das war das erste Mal, daß ich wegen einer Frau eine Erektion gehabt hab.«
John merkte auch, daß er sich auf Menschen überhaupt nicht einließ. Er sagte: »Ich errege sie und reagiere auf ihre Erregung. Ich bin nicht beteiligt. Es ist, als triebe ich Doktorspiele.« Diese Distanziertheit trat am deutlichsten in bezug auf Frauen zutage. Er hatte versucht, ein früheres Verhältnis zu einem Mädchen wieder aufzunehmen, dem er zugetan war. Aber dieses sexuelle Erlebnis war, wie bereits erwähnt, nicht befriedigend. Er konnte sich seinen Gefühlen nicht hingeben. Er konnte ihre Bewegungen nicht lenken, wie er es bei einem Mann zu tun pflegte. Und er hatte Angst vor einer Bindung. »Ich fürchte, sie wird Forderungen stellen, die ich nicht erfüllen kann – sie wird wollen, daß ich die Beziehung fortsetze – ich fürchte, von ihr abhängig zu werden.«
Eine Kindheitsphantasie hat einen besonderen Bezug zu dieser Angst. John erinnerte sich: »Ich erinnere mich deutlich; als ich klein war, träumte ich, ich machte die Tür zum Badezimmer auf und fand meine Mutter dort; sie saß da und war tot. Ich bekam richtig Angst, die Tür aufzumachen, weil ich fürchtete, sie dort tot zu finden. Später hab ich diese Phantasie auf meinen Freund übertragen.«
Johns Therapie dauerte etwa ein Jahr. Er kam einmal in der Woche zu mir. Vieles hatte sich bei ihm gebessert, aber das Problem der Homosexualität war nicht gelöst. Gegen Ende der Therapie empfand John warme und zärtliche Gefühle für frühere Freundinnen und weibliche Bekannte. Aber das führte sofort zu dem Bedürfnis nach einer homosexuellen Begegnung. John stellte auch fest, daß er diese homosexuellen Erlebnisse am Abend vor seiner Therapiesitzung suchte. Glücklicherweise wurden diese Begegnungen immer unbefriedigender. Oder lag es nur daran, daß John immer mehr dessen gewahr wurde, wie unbefriedigend sie in Wirklichkeit waren? Kurz vor Beendi-

gung seiner Therapie gab er zu: »Als es vorbei war, fühlte ich mich unbefriedigt, wie immer nach dem Sex.« Jeder Fall ist anders, aber die wesentlichen Züge von Johns Problematik sind auch bei allen anderen Fällen von Homosexualität zu finden.
Ein anderer Homosexueller, den ich behandelt habe, war Max. Er wurde an mich überwiesen, nachdem er in einer Bahnhofstoilette verhaftet worden war, weil er sich einem Mann sexuell genähert hatte, von dem sich dann herausstellte, daß er ein Kriminalbeamter war. Max war verheiratet und hatte drei erwachsene Kinder, aber der sexuelle Kontakt zwischen Max und seiner Frau war so gut wie nicht vorhanden. Es war nicht das erste Mal, daß er wegen eines Sexualvergehens verhaftet worden war. Vor mehreren Jahren war er in Schwierigkeiten geraten, weil er versucht hatte, zwei kleine Jungen zu verführen.
Körperlich hatte Max viele von den Störungen, die für Johns Zustand kennzeichnend waren. Max' Körper war hart und angespannt; all seine Muskeln waren stark zusammengezogen und verspannt, wie straff aufgewickelte Sprungfedern. Es fiel ihm schwer, sich vorwärts oder rückwärts zu beugen. In seinem Becken hatte er überhaupt keine Flexibilität. Die körperliche Angespanntheit erstreckte sich auch auf sein Gesicht, dessen Züge scharf und eckig waren. Seine Stimme war hoch und zart; es fehlte ihr an Resonanz und Wärme. Max trug wegen seiner Kurzsichtigkeit eine Brille, aber auch er sah mich nie direkt an. Ohne die Brille waren Max' Augen leblos und ausdruckslos.
Im allgemeinen versuchte Max, seine homosexuellen Impulse in Schach zu halten. Er onanierte gelegentlich, ohne daß es ihm viel Befriedigung brachte. Max versuchte, seine sexuellen Gefühle auf ein Minimum zu beschränken. Dazu setzte er zwei Mechanismen ein: Der erste war die extreme Starrheit seines Körpers, die alle Körperempfindungen herabsetzte; der zweite war eine Überaktivität, die sich in ständigen Veränderungen seiner Körperhaltung und in zwanghafter Geschäftigkeit äußerte. Leider halfen diese Mittel nichts, wenn er unter ungewöhnlicher Belastung stand. Eine solche Situation hatte

sich entwickelt, als Max festgenommen worden war. Er war über eine nahe bevorstehende Veränderung in seinem Beruf in große Aufregung geraten, und er konnte mit diesem gesteigerten Gefühl der Erregung nicht fertigwerden. Wie bei John übertrug sich die Erregung bei Max sofort auf die Genitalien. Sein Bedürfnis, sich von der sexuellen Spannung zu befreien, war so stark, daß Max sich einem Fremden näherte, obwohl er genau wußte, daß in öffentlichen Aborten oft Kriminialbeamte postiert werden, um Homosexuellen eine Falle zu stellen.

Ich habe darauf hingewiesen, daß die Sexualität eine Funktion des ganzen Körpers ist. Normalerweise kann der Körper die Erregung speichern, bis eine geeignete Situation eintritt, die ihre Abfuhr in sexueller Betätigung erlaubt. Aber wenn der Körper tot ist, wie bei John, oder so stark verspannt wie bei Max, daß er die Erregung nicht bei sich behalten kann, werden die Genitalien mit einer Dringlichkeit aufgeladen, die zum sofortigen Handeln zwingt. Jede homosexuelle Betätigung hat eine zwanghafte Qualität, die leider auch den heterosexuellen Funktionen nicht immer fehlt. Unter den Bedingungen der genitalen Erregung mit Zwangscharakter, großer Angst, sich einer Frau zu nähern und der Unfähigkeit, durch Masturbation eine befriedigende Entspannung zu erreichen, ist der Homosexuelle in einer verzweifelten Lage. Er wird zu einer homosexuellen Begegnung getrieben, die gefährlich ist und mit Unzufriedenheit enden muß.

Man mag bezweifeln, daß das, was ich beschrieben habe, ein richtiges Bild der Homosexualität ist. Gibt es nicht Homosexuelle, die viele Jahre lang eine Beziehung aufrechterhalten, die beiden Teilen ziemlich viel Befriedigung gewährt? Zugegeben, homosexuelle Beziehungen können viele Jahre dauern. John hatte neun Jahre lang eine solche Beziehung. Aber es ist zu bezweifeln, ob sie beiden Partnern so viel Befriedigung geben kann, daß sie zu einer sinnvollen Lebensweise wird. Gerade die Art der homosexuellen Persönlichkeit macht dies fast zur Unmöglichkeit. Einer der Partner fühlt sich gewöhnlich in der Beziehung gefangen und sieht keinen Ausweg. Die

Eifersüchteleien, Ressentiments und Feindseligkeiten, von denen diese Beziehungen heimgesucht werden, sind allgemein bekannt. Clifford Allen weist in *The Problem of Homosexuality* darauf hin, daß homosexuelle Morde weit verbreitet sind, und er behauptet, die größte Bedeutung der Homosexualität liege darin, daß sie soviel Unglück verursacht. Unter Psychiatern ist man sich im allgemeinen einig, daß der Homosexuelle im besten Fall ein unreifer Mensch ist; schlimmstenfalls ist er entweder schizophren oder paranoid. Nach meiner Erfahrung kann man bei jedem Schizoiden oder Schizophrenen ein gewisses Maß an Homosexualität finden. Auch das Umgekehrte trifft zu. Alle Homosexuellen zeigen gewisse schizophrene Mechanismen, selbst wenn sie nicht im klinischen Sinn schizophren sind.

Wenn meine Analyse des homosexuellen Dielemmas richtig ist, erfordert das Problem einen zweifachen Ansatz, den körperlichen und den psychologischen. Auf der körperlichen Ebene muß man das Phänomen des unlebendigen oder unempfänglichen Körpers, das den greifbaren Aspekt der Störung darstellt, erkennen und beseitigen. Ich habe diesen Zustand nur bei zwei Fällen beschrieben. Er war jedoch bei allen Fällen von Homosexualität, die ich zu sehen bekommen oder behandelt habe, ob sie männlich oder weiblich waren, vorhanden. Um an diese Seite des Problems heranzukommen, ist es notwendig, das Körpergefühl des Patienten zu steigern. Man tut dies, indem man seine Atmung in Gang bringt, mehr Empfindungsfähigkeit im Körper schafft und den Zustand der Muskelverspannung herabsetzt. Da die Sexualität eine biologische Funktion ist, sollten ihre körperlichen Entsprechungen bekannt sein.*

Auf der psychischen Ebene muß man im Zusammenhang mit der Gesamtpersönlichkeit des Patienten seine Beziehung zum

---

* Die wissenschaftlich begründete Erklärung für diese Art der Therapie hat als erster Wilhelm Reich in *Die Funktion des Orgasmus* gegeben (Leipzig, 1927), Fischer Taschenbuch 1972 (619i). Sie wird weiter ausgearbeitet in: A. Lowen, *The Physical Dynamics of Character Structure*, New York, 1958. Taschenbuch-Ausgabe: *The Language of the Body*, New York 1971.

anderen Geschlecht analytisch untersuchen. Angst, Feindseligkeit und Verachtung gegenüber dem anderen Geschlecht müssen bewußtgemacht und abreagiert werden. Das heißt, daß der Patient diese Gefühle in der Analysesitzung ausdrücken und sie nicht unbewußt in der Außenwelt ausagieren soll. Die Beziehung des Patienten zu Vater und Mutter muß erforscht werden, damit die Quelle seiner Gefühle gegenüber dem anderen Geschlecht aufgedeckt wird. Es ist auch wichtig, daß der Patient die Fähigkeit entwickelt, sich selbst zu befriedigen. Wie wichtig diese Fähigkeit ist, geht deutlich aus Johns Äußerung hervor: »Warum kann ich es nicht für mich selber? Ich kann es für andere tun, und sie können es für mich tun.«

In unserer Kultur hängt das Schuldgefühl wegen der Sexualität mehr mit der Onanie zusammen als mit jeder anderen sexuellen Betätigung. Das mag daran liegen, daß das Kind zum ersten Mal die elterliche Mißbilligung sexueller Gefühle zu spüren bekommt, wenn es sich autoerotisch betätigt. Tief unter der sexuellen »Aufgeklärtheit« des Homosexuellen wird man immer eine breite Ader sexueller Schuldgefühle in bezug auf Masturbation finden. Diese Schuldgefühle verknüpfen sich mit den Schuldgefühlen aus der Kinderzeit wegen inzestuöser Gefühle für die Mutter, denn sie ist häufig das Sexualobjekt in den Phantasien, die frühe Onanieerlebnisse begleiten.

Im ersten Abschnitt dieses Buches haben wir gezeigt, daß zärtliche Gefühle und zärtliches Verhalten aus der Biologie des Organismus stammen. Daraus folgt, daß Störungen im Gefühl und in der Äußerung von Liebe ihre Wurzeln in Beeinträchtigungen fundamentaler biologischer Funktionen haben. Das gilt nach meiner Ansicht auch für den Homosexuellen. Die hauptsächliche biologische Störung beim Homosexuellen ist das Fehlen der Bewegungsfähigkeit und der Empfindungen in seinem Körper. Aber es sind auch sekundäre Störungen zu beobachten, so z. B. die Eingeschränktheit der Atmung, die Immobilisierung aggressiver Impulse, mit den Füßen zu stoßen und zu schlagen, und der Konflikt zwischen den Tendenzen zu saugen und zu beißen. Außerdem hat der Homosexuelle starke

Hemmungen in bezug auf die Analfunktionen. Die Einschränkung der Atmung vermindert das Körpergefühl und begrenzt die für aggressive Handlungen verfügbare Energie. Der Konflikt zwischen dem starken Verlangen nach der Mutter und der Feindseligkeit gegen sie auf der oralen Stufe wirkt lähmend auf den Homosexuellen. Eine frühe und strenge Reinlichkeitserziehung, bei der die Mutter die maßgebliche Rolle gespielt hat, kann zu einer unterwürfigen und passiven Rolle beim Homosexuellen führen, durch die der anale Trotz verdeckt wird. Die Unfähigkeit eines Patienten, rhythmisch und kraftvoll mit den Beinen zu schlagen, läßt sich oft auf Muskelverspannungen in Gesäß und Oberschenkeln zurückführen, die die Folge infantiler analer Ängste sind.

Auf jeder Stufe, der oralen, der analen und der genitalen, war der Homosexuelle im Widerstreit mit seiner Mutter, in einem Konflikt, der im Interesse des Überlebens verdrängt werden mußte. Die Verdrängung dieses Konflikts macht es dem Homosexuellen nahezu unmöglich, zu einer Frau Beziehungen aufzunehmen, da jede wichtige Beziehung die Tendenz hätte, die ursprünglichen Probleme wieder hervorzurufen. Wenn der Homosexuelle sich an einen Mann wendet, kann er dieses Dilemma vermeiden und in symbolischer Form seine Beziehung zu seiner Mutter »ausagieren«. Clifford Allen macht die interessante Bemerkung, der Homosexuelle neige dazu, andere Männer so anzusehen, als seien sie in gewissem Sinn Muttersymbole. Bei der Homosexualität werden laut Allen die verbotenen Körperteile der Mutter in männliche Züge und Organe umgewandelt. Die in enge Hosen gequetschten Gesäßbacken stellen die Brüste dar, der Penis vertritt die Brustwarze, und After und Mund stellen die Vagina dar.

Der Homosexuelle ist auf die orale Entwicklungsstufe fixiert, weil er in diesem Stadium eine Deprivation erlitten hat. Aber man kann in vielen Fällen zeigen, daß der Homosexuelle von seiner Mutter verwöhnt worden ist. Aus dem Verhalten und der Einstellung des Homosexuellen läßt sich ableiten, daß ihm das erotische Vergnügen verweigert worden ist, das das Kind normalerweise an der Brust und beim Kontakt mit dem Körper der Mutter empfindet. Ich möchte noch einmal betonen: Nicht immer ist dem Kind die Brust oder der Kontakt verweigert worden, sondern die erotische Lust, die sie bieten. Wie ist das möglich?

Ein Anhaltspunkt für die Beantwortung dieser Frage läßt sich aus Freuds Studie über Leonardo da Vinci gewinnen, der homosexuell war. Man nimmt an, daß Leonardo das uneheliche Kind einer Magd und ihres adligen Dienstherrn war. Auf jeden Fall wurde er ohne Vater aufgezogen. Seine Mutter vergötterte ihn, und er hing sehr an ihr. Da Vincis *Madonna in der Felsengrotte* soll eine Darstellung seiner Mutter sein. Zu Leonardos Zeit wurden Kinder normalerweise drei Jahre oder länger gestillt; es ist daher unwahrscheinlich, daß ihm die Brust oder der Kontakt mit dem Körper seiner Mutter verwehrt worden ist.

In seiner Studie über Leonardo da Vinci berichtet Freud von einer Phantasie, die der Maler in einer seiner Niederschriften mitteilt: Ein Geier sei zu ihm herabgekommen und habe viele Male mit seinem Schwanz gegen seine Lippen gestoßen. Wenn man dies als homosexuelle Phantasie deutet, stehen die Schwanzfedern symbolisch für einen Penis. Man kann es aber auch als orale Phantasie deuten, dann symbolisieren die Schwanzfedern die Brustwarze. In diesem Fall würde der Geier die Mutter bedeuten. Diese Deutungen widersprechen einander nicht. Wenn seine Mutter Brust und Brustwarze benützte, um sich beim Stillen des Kindes sexuelle Erregung zu verschaffen, wären beide Deutungen richtig. Es ist eine Tatsache, daß Frauen durch das Stillen sexuell erregt werden können. Eine solche Reaktion ist normal und schadet dem Kind nicht. Aber die Mutter, die diese Situation für ihre eigenen Bedürfnisse ausnützt, macht das Kind zum Sexualobjekt. Wenn Leonardos Mutter keinen Mann, d. h. kein Liebesobjekt hatte, kann man sich vorstellen, daß sie den Stillvorgang in dieser Weise ausgenützt hat. Das rätselhafte Lächeln der *Mona Lisa,* über das sich die Betrachter dieses Gemäldes lange Zeit Gedanken gemacht haben, kann heimliche Schuldgefühle und heimliche Lust ausdrücken. War dies das Bild, das das Kind von seiner Mutter hatte, als es in ihren Armen lag?

Wenn eine Beziehung so verdreht ist, kann es zwei mögliche Folgen haben. Das Kind wird in eine passive Stellung gezwungen, anstatt der aktive Partner in dieser Beziehung zu sein. Nicht seine erotische Lust ist wichtig, sondern die der Mutter. Die Brust ist nicht dazu da, daß das Kind sie genießen kann (seine erste kleine Welt), sondern für die Mutter. Es wird ihm zu ihren Gunsten etwas entzogen. Die zweite Folge ist die sexuelle Erregung des Kindes. Die sexuelle Erregung der Mutter geht auf das Kind über. Das ist keine geheimnisvolle Theorie. Ein Kind ist fast ein Teil seiner Mutter – es war tatsächlich vor ganz kurzer Zeit noch ein Teil ihres Körpers. Jedes Kind ist auf die Gefühle seiner Mutter eingestimmt. Es spürt ihre Reaktionen, ihre Stimmungen, ihre Enttäuschungen, ihre Wonnen. Eine depressive Mutter macht ihr Kind depressiv. Eine Mutter, die durch das Kind sexuell erregt wird, erregt das Kind. Aber dem Kind steht kein Mechanismus zur Verfügung, um diese Erregung abzuführen. Und die Mutter, die ein Kind auf diese Weise benützt, verbietet unbewußt, aus ihrem Schuldgefühl heraus, dem Kind jede sexuelle Betätigung, wie z. B. Masturbation. Infolgedessen steigert sich die inzestuöse Fixierung des Kindes an die Mutter so sehr, daß sie nicht mehr gelöst werden kann.

Wenn meine Hypothese richtig ist, dann käme es für Leonardo einem Inzest gleich, wollte er mit einer Frau schlafen. Ihm blieb nichts anderes übrig, als ein Homosexueller zu werden, wodurch er die Rollen des Säuglingsalters vertauschte: Indem er seinen Penis (Brustwarze) um seines eigenen erotischen Vergnügens willen in den Mund eines Mannes steckte, wurde er selber die Mutter, die das Kind (den Knaben oder den Mann) ausnützte.

Ein Wort zur analen Fixierung. Wenn eine Mutter einem Kind einen Einlauf macht, führt sie einen symbolischen Sexualakt aus. Sie handelt vielleicht im besten Glauben, sogar auf den Rat eines Arztes hin, aber die psychische Symbolik dieser Handlung ist nicht zu übersehen. Ein Einlauf kann nicht schaden, besonders wenn er wirklich angezeigt ist. Aber der Brauch, bei jeder Darmstörung gleich einen Einlauf zu machen, ist in einigen Teilen unserer Kultur ziemlich weit verbreitet. Und ich kann nicht umhin zu glauben, daß manche Mütter sich diese Situation zunutze machen, um an den Kindern ihr eigenes Ressentiment darüber »auszuagieren«, daß sie Frauen sind.

Man muß unterscheiden zwischen einem homosexuellen Erlebnis und der homosexuellen Einstellung oder Persönlichkeit. Das homosexuelle Erlebnis wird gesucht, weil sich nichts anderes bietet, also wenn die Gelegenheit zu Beziehungen zum anderen Geschlecht fehlt, und es ist im Tierreich, in allen Kulturen und zu allen Zeiten zu finden. Wer solchen Verkehr hat, leugnet nicht, daß er das andere Geschlecht vorzieht. Solche Betätigung zeigt, daß der Geschlechtstrieb so mächtig, so zwingend sein kann, daß er die Erfordernisse der Realität über den Haufen wirft. Es ist bekannt, daß eine brünstige Kuh eine andere Kuh bespringt. Die Sexualität ist nicht auf die Anziehung und Erregung beschränkt, die Männchen und Weibchen in bezug auf einander empfinden, wenn auch diese Reaktionen ihre höchste Ausdrucksform, ihr am weitesten entwickelter Modus sind. Der Kontakt von zwei Körpern ist immer erregend und erotisch lustvoll. Aber die Heterosexualität ist eine adäquatere, befriedigendere Art, sexuelle Spannung freizusetzen. Die homosexuelle Persönlichkeit muß daher als eine Persönlichkeit definiert werden, die eine unangemessene Art der Sexualerfahrung wählt, weil sie auf der höheren Ebene der Heterosexualität nicht funktionieren kann.

Es hat wenig Sinn, sich darauf zu berufen, wie es manche Homosexuellen tun, daß Sokrates ein Homosexueller war und daß die Griechen diese Form der sexuellen Beziehung billigten oder tolerierten. In der griechischen Kultur gab es viele besondere Bedingungen, die diese Verzerrung der sexuellen Einstellung bei den alten Griechen erklären könnten. Die griechische Gesellschaft war z. B. auf der Institution der

Sklaverei aufgebaut. Ferner nahmen die Frauen eine untergeordnete Stellung ein. Trotz ihrer Demokratie war die griechische Gesellschaft ein Klassensystem. Arbeit war eine niedrige Beschäftigung, die den Sklaven oder den Frauen zufiel. Eine derartige soziale Lage fördert, wie ich schon gesagt habe, die homosexuelle Lebensweise. Der Ästhet oder der Mann von Kultur kann sich so verhalten, daß er keine Frau braucht, aber das gilt niemals für die unteren Schichten oder für Sklaven.
Ich habe darauf hingewiesen, daß man den Sexualtrieb als die biologische Kraft ansehen kann, die dazu dient, das Gefühl des Alleinseins und der Isolierung zu überwinden, die der Individuationsprozeß hervorruft. Individualität ist nicht nur mit einem Gefühl des Alleinseins verknüpft, sondern auch begleitet von einem vagen Gefühl der Unvollständigkeit. Der sexuelle Impuls zur Vereinigung ist nicht nur ein Drang nach Nähe zu einem anderen Organismus, sondern auch ein Drang zur Vervollständigung des eigenen Selbst. Es ist, als werde das Selbst nur in der sexuellen Vereinigung, durch die die Isolierung der Individualität überwunden wird, ganz verwirklicht.
Diese Auffassung ähnelt einem Mythos, der Plato zugeschrieben wird, wahrscheinlich aber viel älteren Ursprungs ist. Nach diesem Mythos waren Mann und Frau ursprünglich ein Wesen, ein Geschöpf, das Gott auseinandergespalten hat, um die Geschlechter zu schaffen. Seitdem haben sich die beiden Hälften immer bemüht, wieder zusammenzukommen, um wieder zum Ganzen zu werden. Die biblische Geschichte, nach der Eva aus Adams Rippe geschaffen wurde, unterstützt diese Vorstellung. Sie findet auch in anderen Schöpfungsgeschichten ihren Niederschlag, in denen Himmel und Erde ursprünglich eins waren. Man kann den Mythos auch als ein Gewahrsein dessen deuten, daß das Leben früher einmal auf asexueller Ebene funktioniert hat.
Das Gefühl der Unvollständigkeit in bezug auf die Sexualität wird in manchen wiederkehrenden Träumen und Phantasien dramatisch veranschaulicht. In einem Traum oder einer Phantasie versucht ein Mann, seinen eigenen Penis in den Mund zu

nehmen, und sich dadurch zu befriedigen und zu erfüllen. Dieser Wunsch, autark, in sich vollständig und unabhängig vom Bedürfnis nach einer Frau zu sein, findet sich bei neurotischen Männern, die unbewußt Angst vor den Frauen haben. Ich habe mehrere männliche Patienten ausrufen hören: »Ich wünschte, es gäbe überhaupt keinen Sex!« Aber diese Phantasie stellt auch ein »primitives« Stadium in der Entwicklungsgeschichte des Individuums dar, als solche Selbstgenügsamkeit noch zu bestehen schien. Tatsächlich kann man sagen, dieser »primitive« Zustand repräsentiere zwei verschiedene Perioden, eine in der Geschichte der Art, ein phylogenetisches Phänomen, und eine andere in der Geschichte des betreffenden Individuums, ein ontogenetisches Phänomen.

Der erste Abschnitt entspräche der Zeit in der Evolutionsgeschichte des Menschen vor dem Auftreten eines Bewußtseins vom Selbst. In diesem Stadium seiner Entwicklung fühlte sich der Mensch als Teil des Universums wie das Tier, und weder unvollständig noch isoliert. Es ist die Geschichte vom Garten Eden vor dem Sündenfall, der paradiesische Zustand. Diese Frühzeit wird auf Steintafeln und anderen Kunsterzeugnissen durch die Schlange dargestellt, die sich in den Schwanz beißt. In seiner *Ursprungsgeschichte des Bewußtseins* beschreibt Erich Neumann dieses Symbol als »die Kreisschlange, den Ur-Drachen des Anfangs, der sich in den Schwanz beißt, den Uroboros, der in sich selber zeugt.« Als Himmelsschlange tötet sich der Uroboros selbst, heiratet sich selbst und befruchtet sich selbst. »Er ist Mann und Frau, zeugend und empfangend, verschlingend und gebärend, aktiv und passiv, oben und unten zugleich.« (S. 21) Kurzum, er ist das Symbol des Universums, er schließt das Leben in sich, das sich ständig aus sich selbst neu hervorbringt.

Der zweite Abschnitt entspräche der Zeit in der ontogenetischen Entwicklung des Menschen, als er im »Runden« existierte, dessen Symbol der Kreis ist. In diesem Stadium fühlte sich der Organismus vollständig und in sich abgeschlossen; es war ihm keine Notwendigkeit bewußt, sich anzustrengen. Das

Symbol des Kreises oder des Uroboros steht für die Frühzeit des Organismus im Ei oder im Mutterleib ebenso wie für den frühen Zustand des Menschen ohne Bewußtsein von sich selbst. Neumann schreibt: »Der Uroboros tritt auf als das Runde, das enthält, d. h. als mütterlicher Urschoß und Uterus, aber auch als Einheit des mann-weiblichen Gegensatzes...« (S. 23). Im Mutterleib ist der Organismus in sich eingerollt, er weiß nichts von einem Mangel in sich selbst.

Natürlich kann ein Mensch, wenn er erst einmal geboren, wenn er auf der Welt ist, nicht mehr in den Mutterleib zurück, und auch nicht in jenen Urzustand des Unbewußtseins, in dem man weder von den eigenen Bedürfnissen noch von der eigenen Isoliertheit etwas weiß. Am nächsten kann das Neugeborene diesem Zustand durch den Kontakt zu jenem anderen »Runden« kommen, zur mütterlichen Brust. Aber selbst hier dringt bald das Bewußtsein ein und gibt dem Säugling zu verstehen, daß die Brust nicht Teil seiner selbst ist, sondern jemand anderem gehört. Es gibt keine Alternative außer der Vereinigung mit einem anderen Individuum, und in diesem Bedürfnis unterscheidet sich der Homosexuelle nicht von allen anderen Menschen. Auch er braucht die Vereinigung mit einem anderen, sowohl um sein Gefühl von sich selbst zu vervollständigen als auch, um das Gefühl der Zugehörigkeit, das Gefühl, Teil des Ganzen zu sein, zu gewinnen. Anders ausgedrückt, er braucht das Gefühl, zu lieben und geliebt zu werden. Sein Verhaltensmuster unterscheidet sich darin vom Normalen, daß sein Liebesobjekt eine Person des gleichen Geschlechts ist.

Im Gegensatz zur Sexualität des Erwachsenen ist die infantile Sexualität durch die Suche nach uroborischer Vervollständigung gekennzeichnet, d. h. nach Erfüllung durch Selbstliebe. Das nimmt die Form der Masturbation an, bei der durch den Kontakt der Hände mit den Genitalien der Kreis geschlossen wird. Das Liebesobjekt des Homosexuellen ist, auf einer Ebene des Bewußtseins, ein Abbild seiner selbst. Wie oft sieht man homosexuelle Partner, die fast gleich aussehen! Selbst in der Beziehung eines älteren Mannes zu einem Jungen ist dieser das Abbild des Jugendlichen in dem Älteren, der niemals erwachsen geworden ist. Auf dieser Ebene hat die Homosexualität viele Züge der Masturbation, besonders den Aspekt der Selbstliebe. Jeder Homosexuelle liebt sich selbst im anderen. Auf einer anderen Ebene jedoch verbindet sich der Homosexuelle mit einem anderen Menschen in dem Versuch, eine reife Beziehung herzustellen.

Man kann die Homosexualität als eine Mischform betrachten, in der sich die Selbstliebe des Säuglingsalters mit dem Versuch verbindet, die heterosexuelle Liebe des Erwachsenenalters zu leben. Ähnliche Beziehungen, die manchmal auch sexuelle Kontakte einschließen, sind häufig bei Jungen in der Vorpubertät und in der Pubertät zu finden. Ob nun diese Beziehungen von Jungen untereinander sexuelle Betätigung einschließen oder nicht: Sie sind ein allgemein verbreitetes Stadium in dem Entwicklungsprozeß, der zum heterosexuellen Liebesverhalten der Erwachsenen führt. Man kann daher die Homosexualität als eine Entwicklung ansehen, die in diesem Stadium stehengeblieben ist. In seinen Gesichtszügen, seiner Erscheinung und in seinen Handlungen erinnert der Homosexuelle oft an einen Jungen in der Vorpubertät oder in der Pubertät.

In bezug auf die zweite Periode ist die Homosexualität auch ein unbewußter Versuch, eine heterosexuelle Beziehung herzustellen. Theodor Reik hat, wie ich glaube, zu Recht, gesagt, in einer homosexuellen Beziehung stelle sich einer der Partner unbewußt vor, der andere gehöre dem anderen Geschlecht an, obwohl er sich der Tatsache bewußt sei, daß dies nicht zutreffe. In der homosexuellen Beziehung nimmt einer der Partner die Rolle der Frau ein, wenn dies sich auch später umkehren kann. Eine Analyse der Phantasien des Homosexuellen in bezug auf die Beziehung zeigt, daß der homosexuelle Partner oft behandelt wird, als sei er der Vertreter und das Symbol der Frau und der Mutter. Selbst die Onaniehandlung läßt, entweder auf der bewußten oder der unbewußten Ebene, ein Gewahrsein des anderen Geschlecht erkennen. Für den Mann stellt die Hand eine Vagina dar; für die Frau ist sie ein Penis.

Wenn der Homosexuelle den heterosexuellen Liebesakt in symbolischer Form ausagiert, warum kann er es dann nicht in der Realität tun? Ich habe schon auf eine Reihe von Antworten hingewiesen, die auf Erkenntnissen beruhen, welche man aus klinischen und analytischen Untersuchungen gewonnen hat. Diese Studien zeigen unter anderem, daß der Homosexuelle vor dem anderen Geschlecht Angst hat. Mit dieser Angst sind, wenn auch auf einer tieferen Ebene, Gefühle der Feindseligkeit gegenüber Frauen verknüpft. Da die Angst vorherrscht, blockiert sie die Möglichkeit, Liebe oder zärtliche Gefühle gegenüber einer Frau zu äußern. Würde die Feindseligkeit vorherrschen, wäre eine gewisse sexuelle Beziehung zu einer Frau möglich. In diesem Fall stünde genug Aggression zur Verfügung, so daß die Ausführung des heterosexuellen Liebesakts möglich wäre.

Ich habe festgestellt, daß die Homosexualität ihren Ursprung in den inzestuösen Gefühlen des Kindes für seine Mutter hat, in Gefühlen, mit denen das Kind nicht fertigwerden kann. Die klinische Erfahrung bestätigt die Beobachtung, daß die Mutter eines solchen Kindes gewöhnlich emotional gestört und unreif ist. Oft ist der Grund für die inzestuöse Bindung der Mutter an den Sohn ein Mangel an Befriedigung und Erfüllung in ihrem Sexualleben mit ihrem Mann. Eine reife Mutter würde mit diesem Problem unmittelbar fertigwerden. Die emotional gestörte und unreife Mutter überträgt ihr sexuelles Verlangen auf den Sohn. Sie tut es freilich nicht bewußt, aber sie agiert es auf verschiedene Weise aus. Der Junge muß der Mutter häufig Gesellschaft leisten, er wird ihren Gefühlen ausgesetzt, er wird zu scheinbar harmlosen körperlichen Intimitäten verführt, z. B. dazu, ihr beim An- und Ausziehen zu helfen, und er wird am Zusammensein mit anderen Jungen und Mädchen gehindert. Von der Mutter des Homosexuellen hat man gesagt, sie binde den Sohn eng und intim an sich. Bewußt schlägt sich die Bedeutung des Jungen für die Mutter in ihrem Gefühl nieder, er werde ihr Erfüllung bringen. Sie deutet diesen Wunsch als ihr Verlangen, der Sohn solle ein großer Mann werden, ein hervorragendes Individuum, und die Leute würden dann auf die Mutter als diejenige hinweisen, die dafür verantwortlich ist. Man kann jedoch die unbewußte sexuelle Bedeutung eines solchen Gefühls nicht übersehen: Der Junge ist der Geliebte der Mutter.

Ausnahmslos nimmt in diesen Fällen der Junge in der Zuneigung der Mutter die Stelle des Vaters ein. Nicht selten wird er dazu verführt, das Bett mit ihr zu teilen. Dieses Verhalten erzeugt in dem Jungen sexuelle Erregung, mit der er nicht fertigwerden kann. Einerseits kann er die Mutter nicht ablehnen, andererseits kann er seine sexuellen Gefühle ihr gegenüber nicht ausdrücken. Es bleibt ihm keine andere Wahl, als diese Gefühle dadurch abzustellen, daß er seinen Körper abtötet.

Der Vater in einer solchen Familiensituation ist gewöhnlich ebenso neurotisch gestört wie die Mutter. Das erweist sich immer wieder bei analytischen Untersuchungen der Familienherkunft psychisch Kranker. Oft reagiert der Vater auf die Haltung der Mutter mit Feindseligkeit gegen den Jungen. Er sieht in dem Jungen einen Konkurrenten, der seine eigene Stellung bedroht. Und man kann sich auch nur schwer vorstellen, wie er dieses Gefühl vermeiden sollte, da die Mutter den Jungen in diese Rolle gezwungen hat.

Der Vater verhält sich vielleicht auch negativ und kritisch gegen den Jungen (teils aus Notwehr) und bezeichnet ihn als »Weichling«. Und tatsächlich macht ja die Mutter, indem sie den Jungen dem Vater entfremdet, einen »Weichling« aus ihm. Es ist aber wahrscheinlich, daß der Vater ebenfalls als männliche Gestalt, mit der sich der Junge bewußt identifizieren kann und den er sich für seine Einstellungen zum Vorbild nehmen kann, inadäquat ist. Die Feindseligkeit des Vaters macht es dem Jungen noch schwerer, seine Mutter abzulehnen. Sie wird für ihn zum Schutz gegen den feindseligen Vater.

Genau wie die Homosexualität eine Folge davon sein kann, daß die Eltern unbewußt Gefühle an ihren Kindern »ausagieren«, so ist die homosexuelle Betätigung das »Ausagieren« der verdrängten Gefühle, die der Homosexuelle seinen Eltern gegenüber hatte, an einem anderen Mann. Keine homosexuelle Beziehung ist frei von dieser Tendenz. Sie ist ausnahmslos von Ambivalenz gekennzeichnet – Liebe und Haß, Angst und Feindseligkeit, Abhängigkeit und Ressentiment, Unterwerfung und Dominanz. Sie ist häufig geprägt durch das sadistische Verhalten eines Partners und die masochistische Unterwerfung des anderen.

Es gibt klinische Beweise dafür, daß der Homosexuelle sich auf der psychischen Ebene als teilweise kastriertes Individuum fühlt. Das zeigt sich, wie wir bereits erwähnt haben, an seiner Sorge um und seiner Beschäftigung mit seinen Genitalien, die seine Angst im Hinblick auf den Verlust der genitalen Empfindung verraten. Diese Kastrationsangst schlägt sich in einer Art, sich zu kleiden und in einem Verhalten nieder, die auf die Genitalien aufmerksam machen. Angesichts der sadistischen Tendenzen vieler Homosexueller fragte ich mich, warum John nicht fürchtete, einer seiner homosexuellen Partner könnte ihm den Penis abbeißen. Es kam später zum Vorschein, daß er sich seine Partner unbewußt nach ihrer masochistischen Unterwürfigkeit aussuchte. Aber John bekam Angst, wenn er sich jemandem gegenübersah, der nicht masochistisch unterwürfig war. Immer, wenn ich im Verlauf der Therapie die verspannten Muskeln seines Beckengürtels bearbeitete, zog er sich zusammen vor Angst, ich könnte seinen Penis verletzen. Der Homosexuelle beißt nicht: In der Kindheit hat er nicht gewagt, in die Brust zu beißen; als Erwachsener beißt er nicht in den Penis. Aber John traute mir nicht. Er projizierte seine verdrängten oralen Beißimpulse auf mich, weil ich die notwendige Aggressivität hatte, um sie zu verwirklichen.

In der Analyse stellt man gewöhnlich fest, daß der Homosexuelle emotional abgetötet ist. Es mag ihm nicht an schöpferischer Intelligenz oder schöpferischen Ideen fehlen, aber der Spielraum seines Gefühlsausdrucks ist stark eingeschränkt. Weder Wut noch Traurigkeit kann er leicht ausdrücken, und Gefühle wie Begeisterung, Aufregung und Freude fehlen oft ganz. Der Homosexuelle, dessen Persönlichkeit so lebendig und vibrierend ist wie die Leonardo da Vincis gewesen sein muß, ist die seltene Ausnahme. Gelegentlich wird einer ein großer Mann und erfüllt den bewußten Wunsch seiner Mutter; im allgemeinen ist der Homosexuelle jedoch in den Panzer eingesperrt, den er trägt, um sich gegen seine sexuellen Gefühle zu schützen. Die beiden Bereiche, die lebendig sind, sind nur das Gehirn und die Genitalien.

Der emotionalen Abgestorbenheit läuft auf somatischer Ebene die Unlebendigkeit des Körpers parallel. Hauttonus und Hautfarbe sind schlecht. Spontaneität in Gestik und Bewegung ist gewöhnlich nicht vorhanden. Die Bewegungsfähigkeit des Körpers ist deutlich eingeschränkt. Die bioenergetische Ladung des Körpers, d. h. seine Vitalität, ist merklich reduziert. Das traf bei allen Homosexuellen zu, die mich jemals aufgesucht haben.

Angesichts dieser Beobachtungen müssen wir unsere Vorstellungen vom Verhalten des Homosexuellen revidieren. Seine sexuelle Betätigung ist weniger ein Ausdruck eines starken Sexualtriebes als ein Bedürfnis nach sinnlichem Gefühl (Lebendigkeit und Erregung). Seltsamerweise bekommt der Homosexuelle das Gefühl und die Erregung, die er braucht, durch den gleichen Mechanismus, der ursprünglich für sein Problem verantwortlich war, nämlich durch Identifizierung. Der Homosexuelle identifiziert sich mit seinem Partner und bezieht einen Großteil seiner Erregung stellvertretend. Er ist sowohl aktiv als auch passiv, Subjekt und Objekt des gleichen Erlebnisses. Was er dem anderen tut, hat er früher einmal selber von seiten seines Vaters oder seiner Mutter erfahren. Seine sexuelle Erregung ist ein Erinnerungsphänomen, ein wiedererwecktes Gefühl aus der Kindheit, dessen Verdrängung sein Abgestorbensein verursacht hat. Durch das homosexuelle Manöver, d. h. dadurch, daß er das Geschlecht umgekehrt hat, umgeht er die Schuldgefühle, die mit seinen inzestuösen und feindseligen Gefühlen seiner Mutter gegenüber verbunden sind. Der Homosexuelle fühlt sich nur in der homosexuellen Beziehung lebendig.

Der Homosexuelle ist wie ein verirrtes, erschrecktes Kind, das nur deshalb nicht weint, weil es von seinem Gefühl der Verlassenheit und Isolierung zu schockiert ist. Er klammert sich an den homosexuellen Partner genauso, wie sich ein verirrtes Kind an eine Ersatzmutter klammert. Zugleich möchte er von der Partner-Mutter eine Gefühlsreaktion, die zeigt, daß der andere seine Not fühlt und auf sie eingehen wird. Diese Gefühle werden auf die sexuelle Ebene verlagert, wo sie, kombiniert mit genitalem Verlangen und genitaler Sehnsucht, »ausagiert« werden. Homosexuelles Verhalten wird bestimmt durch ein Gemisch aus uroborischen (infantilen) Elementen und erwachsenen sexuellen Gefühlen. Der Homosexuelle versucht in seinen Handlungen das Bedürfnis nach Vervollständigung seiner selbst und das Bedürfnis nach Vereinigung mit einem anderen Menschen zu kombinieren. Man sagt, in einer homosexuellen Beziehung wird aus zwei halben Menschen ein ganzer.

Man kann sich dem anderen Geschlecht nicht mit einer inadäquaten Sexualauffassung oder einer schwachen sexuellen Ladung nähern. Es würde nur zum Mißerfolg und zu einer tieferen Furcht vor Kastration führen. Im Sexualerlebnis mit einem Angehörigen des gleichen Geschlechts wird die Gefahr des Mißerfolgs ausgeschaltet, ebenso die Angst vor dem Erfolg. Beim homosexuellen Erlebnis werden die Genitalien nicht empfindungslos; ganz im Gegenteil. Nach dem homosexuellen Kontakt ist in den Genitalorganen mehr Empfindung als vorher; der Homosexuelle ist sich seines Genitalorgans bewußter als vorher und hat deshalb seinetwegen weniger Angst. Aber der Körper bleibt von dem Erlebnis unberührt. Das Herz wird nicht berührt, und dieser Umstand schafft das innere Gefühl (im Körper) der Unzufriedenheit, mit dem der Homosexuelle sich herumschlägt.

In einer neueren Studie über die Homosexualität von einer Gruppe psychoanalytischer Ärzte* machten die Autoren an

* Irving Bieber et al.: *Homosexuality: A Psychoanalytic Study,* New York, 1962.

einer Gruppe homosexueller Jugendlicher, die am Bellevue Hospital untersucht wurden, eine interessante Beobachtung:

Die effeminierten Jünglinge traten ohne Unbehagen zu anderen effeminierten Homosexuellen und zu Lesbierinnen und zu Frauen, die als asexuell angesehen wurden, in Beziehung, wurden aber sehr ängstlich, wenn sie in Gegenwart einer Frau waren, die als »sexuell« empfunden wurde. Ein solcher Patient verbrachte die Nacht in der Wohnung seiner Freundin, als ihre Eltern fort waren. Nur in einen Pyjama gekleidet, kam sie an sein Bett und legte sich neben ihn. Er wurde »starr«, »gefühllos«, »gelähmt«. Innerhalb weniger Tage gab er dem zwanghaften Drang nach, eine Bar in Greenwich Village aufzusuchen und dort einen Homosexuellen aufzulesen.

Der Körper des Homosexuellen kann starke heterosexuelle Gefühle nicht ertragen. Er bekämpft sie, indem er »abstirbt«, d. h. taub und gelähmt und gefühllos wird. Die homosexuelle Handlung ist eine Reaktion auf diese Lähmung und Leblosigkeit; sie ist ein Versuch, die genitale Empfindung wiederzugewinnen.

6 Die lesbische Persönlichkeit

Der Ausdruck »weibliche Homosexuelle« beschwört die Vorstellung von einer Frau hervor, die versucht, ein Mann zu sein. Sie wird als jemand dargestellt, der unweibliche Kleidung und einen männlichen Haarschnitt trägt, einen starkgliedrigen, muskulösen Körper und scharfe, eckige Gesichtszüge hat. Möglicherweise wird sie als »Männerfresserin« angesehen. Diese Vorstellungen mögen von dem Umstand herrühren, daß die Homosexuelle oft in leitender Stellung ist, häufig als Leiterin einer Abteilung oder Chefin einer Organisation. Solche Merkmale finden sich jedoch in erster Linie bei der maskulinen Lesbierin. In ihrer Erscheinung ist die typische maskuline Frau ziemlich beeindruckend. Sie hat einen großen Körper, breite Schultern, einen kurzen Hals und einen ziemlich großen Kopf mit ausgeprägten Zügen. Sie neigt dazu, brüsk und hart zu sein. In ihrem Verhalten und ihrer Einstellung ist sie die erfolgreiche leitende Angestellte. Hinter ihrem Rücken nennt man sie ein »Mannweib«. Von der maskulinen Frau fühlt sich gewöhnlich in lesbischen Beziehungen ein weicher, abhängiger, femininer Frauentyp angezogen.

Das »Mannweib« ist dem Durchschnittsmenschen ein Rätsel. Er fragt sich, was das für Gefühle sein können, die eine Frau veranlassen können, sich von ihrer weiblichen Natur abzuwenden. Was für eine besondere Befriedigung bezieht die Lesbierin aus ihren abnormen Beziehungen? Was für eine seltsame Macht ist ihr eigen, die sie befähigt, in der Welt der Männer so erfolgreich zu sein? Ist sie so »rauhbeinig« und zäh, wie ihre Erscheinung es vermuten läßt?

Das Problem des »Mannweibs« wurde mir bei der Behandlung einer jungen Frau klar, die für mich in ihrer körperlichen

Erscheinung einem Gorilla ähnlich war. Tatsächlich machte Debora einen fast erschreckenden Eindruck von Kraft und Zähigkeit. Einige Zeit später äußerte meine Patientin ihr Erstaunen darüber, daß sie irgendjemanden erschrecken könnte. Im Verlauf der Analyse zeigte sie eine innere Sensibilität, die ihre äußere Erscheinung Lügen strafte. In ihren Beziehungen zu anderen Menschen war sie leicht verletzt und ganz wehrlos. Unterhalb der Maske des Gorillas war nicht ein kleines Mädchen (das kommt sehr oft vor), sondern ein »Siebenmonatskind«, wie sie sich selber nannte. Sie meinte damit ein zu früh geborenes Kind, das unvorbereitet und widerwillig auf die Welt gekommen war. Dieser Fall war ein augenfälliges Beispiel für den Widerspruch zwischen der äußeren Erscheinung und den inneren Gefühlen, der sich bei manchen Menschen findet.

Debora stand vor der Aufgabe, diese beiden gegensätzlichen Aspekte ihrer Persönlichkeit zu vereinen. Aber vorher mußte sie sie verstehen. Sie identifizierte sich mit dem »Siebenmonatskind« und hatte keine Ahnung, woher die Gorillagestalt kam. Obwohl die Einsicht ganz einfach war, kam eine Zeitlang keiner von uns darauf, daß der Gorilla-Aspekt ein Mittel war, um das »Siebenmonatskind« zu beschützen, um feindselige Angreifer abzuschrecken. Aber diese Einsicht hing von der Erkenntnis ab, daß Debora eine doppelte Persönlichkeit hatte. Als Beobachter sah ich nur den Gorilla. Subjektiv wußte Debora nur, daß sie Angst hatte, allein war und sich verzweifelt nach Wärme sehnte. Sie spürte ihre Unausgereiftheit.

Ich habe zwar ihre äußere Erscheinung als Maske bezeichnet, aber das heißt nicht, daß sie keine wirksame Funktion hatte. Debora war körperlich stark. In der Vorpubertät hatte sie mit Jungen »Football« gespielt. Es ging also nicht darum, eine Verkleidung abzulegen. Die Gefühle, die den Gorilla unterstützten, mußten in den Säugling reinvestiert werden. Das »Siebenmonatskind« mußte ein reifer Mensch werden, bevor die Notwendigkeit der neurotischen Abwehr verschwinden konnte.

In der Analyse erweist sich, daß die äußeren Erscheinungsformen eine doppelte Bedeutung haben, eine für den Beobachter und eine für den Beobachteten. Deboras Riesenkörper diente auch als Brutkasten, in dem die »Frühgeburt« schlummerte und sich geborgen fühlte. Aber die Mutterliebe, die die »Frühgeburt« nähren sollte, suchte Debora in homosexuellen Beziehungen. Leider erhielten diese homosexuellen Beziehungen den Status quo aufrecht. Schließlich fand Debora ihre Ersatzmutter in einem männlichen Therapeuten.

Mary, eine andere Patientin, lieferte ein gutes Beispiel für diese vermännlichende Tendenz in der Frau. Als sie in die Behandlung kam, berichtete Mary voller Stolz, sie sei der beste weibliche Liebhaber in der Stadt. Das bedeutete, daß sie jeder anderen Lesbierin ihre Geliebte wegnehmen konnte. Sie bewegte sich in einem großen Kreis von Lesbierinnen, die einander kannten und miteinander schliefen. Bei ihrer lesbischen Betätigung war Mary immer die aktive Partnerin. Auf meine Frage nach ihren sexuellen Gefühlen sagte sie, sie habe bei jedem Geschlechtsakt ein Dutzend Orgasmen. (Der Geschlechtsakt bestand darin, daß sie an einer anderen Frau Cunnilingus ausführte.) Ich überging ihre Bemerkung, obwohl sie völlig unrealistisch klang. Mary war zu mir gekommen, weil sie Hilfe brauchte, und ich war kein Staatsanwalt. Etwa sieben Monate lang erhielt sie die Fiktion vom mehrfachen Orgasmus aufrecht. Dann, als sie infolge der Therapie besser mit ihrem Körper in Fühlung kam, gab sie zu, daß sie niemals einen wirklichen Orgasmus gehabt hatte. Sie hatte nicht gelogen; sie wußte es einfach nicht. Sie war sexuell »verkopft«, und jede noch so geringe Regung im Vaginalbereich hielt sie für einen Orgasmus. Das ist das wahre Wesen der sexuellen »Aufgeklärtheit«: Die oberflächliche Empfindung wird irrtümlich für das Eigentliche gehalten. Erst als Mary ihren Körper wirklich erlebte, erkannte sie, wie inadäquat ihre früheren sexuellen Erfahrungen gewesen waren.

Oberflächlich wirkte Mary wie eine vibrierende, lebendige Person. Ihre Bewegungen waren entschieden und sie handelte entschlossen. Aber das erwies sich nur als Oberflächenphänomen. Im Lauf der Therapie brach es zusammen, und Mary war monatelang erschöpft. Ihr Körper tat ihr weh. Sie konnte die Tage nur gerade eben überstehen, obwohl sie nichts weiter tat, als sich um sich selbst zu kümmern. Danach, wie ihr Körper aussah, war nichts anderes zu erwarten. Er war starr und unbeweglich. Die Schultern waren hochgezogen und so eckig wie die eines Footballspielers. Ihr Brustkorb wirkte übergroß, und sie hatte relativ schmale Hüften. Ihre Schamhaare hatte sie sich abrasiert. Ihre Beinmuskeln waren wie Stahlseile; sie konnte den ganzen Abend tanzen. Mary war einmal Lehrerin für Gesellschaftstanz gewesen, aber dieser Umstand konnte die extreme Verspanntheit ihrer Bein- und Wadenmuskeln nicht erklären.

Mary machte den Eindruck einer starken, fähigen Person. Eckige Schultern, starke Beine und ein großer Körper trugen zu diesem Eindruck bei. Aber es war nur Schein. Als ich sie kennenlernte, entdeckte ich unter dieser Maske ein kleines Mädchen, das Angst vor Männern hatte und versuchte, anderen Frauen Eindruck zu machen und ihnen Angst einzujagen. Ihre ganze homosexuelle Einstellung beruhte auf dem Bedürfnis, zu beweisen, was für ein großer, starker »Mann« sie war, und wie liebevoll und beschützend sie sich anderen ängstlichen kleinen Mädchen gegenüber benehmen konnte. Leider wurden diese Gefühle nicht erkannt, da sie alle in Form von Sex »ausagiert« wurden – von »nachgemachter Sexualität«, wie Edmund Bergler es nennt. Auf diese Weise konnte Mary ersatzweise geringe sexuelle Sensationen erlangen. Wenn ihre Geliebten durch ihre Liebkosungen erregt wurden, reagierte Mary mit einer gewissen Empfindung.

Marys Körper war wie der Johns relativ abgestorben. Ihre Muskeln waren angespannt und kontrahiert, sie hatte eine schlechte Hautfarbe – fahl, nicht strahlend, ihre Atmung war flach. Sie hatte große Augen, und wenn sie mich ansah, waren sie unschuldig und weit aufgerissen. Aber zwischen unseren Augen ging nichts hin und her. Sie fürchtete sich vor jedem

Kontakt mit mir; instinktiv versuchte ich nicht, ihn zu forcieren. Während der ersten Monate der Therapie (sie kam einmal in der Woche zu mir) trug sie lange Hosen und bemühte sich nicht, weiblich zu erscheinen. Sie hatte absolut keinen Sex appeal an sich. An ihrem Körper war so wenig Weiches, daß ihre Masseuse sich beklagte, wenn sie sie massiert habe, sei sie ganz erschöpft.

Marys Zeichnungen von Menschen und ihre Bemerkungen dazu zeigen, wie sehr ihr Problem mit ihrer Wahrnehmung ihres eigenen Körpers zusammenhing. Abb. 4 ist ihre Auffassung vom weiblichen Körper. Als ich sie fragte, wie sie selber auf die Skizze reagiere, erwiderte sie: »Aus irgendeinem seltsamen Grund sehen alle meine Frauen wie Männer aus. Ich hab' das Gefühl (für einen Frauenkörper) nie herausbekommen können. Ich finde einen Frauenkörper nicht ästhetisch anziehend. Sie sieht mehr wie ein Hermaphrodit aus. Ihr Gesichtsausdruck ist sehr sardonisch, als wollte sie sagen, ›Ich fordere dich heraus, trau' dich nur!‹ Von den Schultern bis zur Taille besteht eine gewisse Ähnlichkeit mit mir selbst.« Die breiten Schultern, die großen Brüste und die knabenhafte untere Hälfte der Zeichnung sahen tatsächlich Marys eigenem Körper ähnlich.

Die männliche Figur, die sie als nächstes zeichnete, (Abb. 5) hatte die gleichen Merkmale (und den gleichen Gesichtsausdruck) wie die Frauengestalt – breite Schultern, keine Hüften, unendlich lange Beine, keine Füße. Nachdem sie lediglich Brustkorb und Schultern fertighatte, hielt sie inne, und ich mußte sie auffordern, die Figur zu vollenden, worauf sie sagte: »Es fällt mir schwer, einem Mann einen Penis zu malen.« Mary beschrieb sich selbst folgendermaßen: »Ich bin eine sehr sinnliche Frau. Ich könnte einen Orgasmus bekommen, wenn ich nur die Hand meiner Geliebten halte. Sie nur anzusehen, erregt mich schon. Ich habe großes Interesse am Körper und an der Anatomie.«

Ich fragte Mary nun, ob sie sich gern im Spiegel betrachte. »Ja«, sagte sie, »wenn ich gut in Form bin, aber ich kann meinen

Abbildung 4

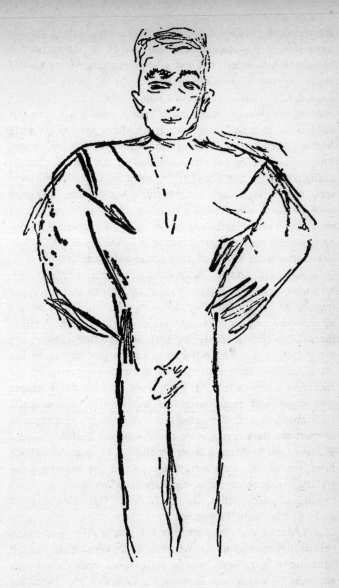

Abbildung 5

Bauch nicht ausstehen. Wenn er heraushängt, kann ich ihn nicht leiden. Als ich ein Kind war, haben sie meine breiten Schultern bewundert. Ich war sehr jungenhaft. Meine Mutter wollte eigentlich einen Jungen, als ich zur Welt kam.« Und sie fügte hinzu: »Ich könnte schon vom Küssen einen Orgasmus bekommen. Wenn Frauen mich lieben, muß ich so tun, als liebten sie mich als Mann. Ich bin ein Mann mit einem vierzig Meter langen Penis.« Der Grad von Marys Wunschdenken und Phantasieleben verriet das Kleinkind in ihr. Ihre Wahrnehmung von Mann und Frau beruhte nicht auf Geschlechtsunterschieden, sondern auf der infantilen Vorstellung, männlich bedeute stark, und weiblich bedeute schwach. Marys Orgasmen waren offensichtlich nicht viel mehr als infantile Reaktionen auf jede lustvolle Stimulierung, z. B. wie bei dem Kind, das gekitzelt werden will, weil es so schön aufregend ist.

Wie so viele andere Homosexuelle benützte Mary Sex, lesbische Sexualbetätigung, zwanghaft, um in ihrem Körper irgendeine Empfindung am Leben zu erhalten. Im Gegensatz zu meinen Erwartungen reagierte sie sofort auf meine Analyse ihres körperlichen Zustands, und sie arbeitete schwer, um etwas Gefühl in ihren Körper zurückzubringen. Sie fing an, ihn als einen weiblichen Körper zu aktzeptieren und ihm ihr Interesse zuzuwenden. Als ihr Körper im Lauf der Therapie lebendiger und reaktionsfähiger wurde, ließ ihre sexuelle Getriebenheit nach. Sie stellte fest, daß sie durch nichtsexuelle körperliche Betätigung, wie z. B. Schwimmen, Gefühl und eine gewisse Lust in ihrem Körper empfinden konnte. Allmählich brauchte sie die Ersatzerregung, die ihr die homosexuelle Betätigung geboten hatte, nicht mehr. Mary war sehr überrascht, als sie feststellte, daß ihre früheren Geliebten sie nicht mehr so sehr sexuell erregten.

Marys Mutter war eine polnische Emigrantin, die ihren Mann verlassen hatte und mit einer Tochter in die Vereinigten Staaten gekommen war. Mary wurde viele Jahre später unehelich geboren. Sie wuchs ohne Vaterfigur auf, die den Wirkungen der Feindseligkeit, die die Mutter ihr gegenüber vielleicht empfand, hätte entgegenwirken können. Das heißt, Marys Homosexualität war auf der Grundlage ihrer Beziehungen zu ihrer Mutter zu erklären.

Mary beschrieb ihre Mutter als eine starke, aggressive Frau, die zugleich auch geduldig und langmütig war. Im Lauf der Therapie erinnerte sich Mary daran, wie sehr sie sich vor ihrer Mutter gefürchtet hatte. Sie wußte, daß sie als Kind viele Einläufe von ihrer Mutter gemacht bekommen hatte. Sie erinnerte sich, daß sie mit sechs Jahren Ausfluß bekommen hatte, den ihre Mutter dadurch behandelte, daß sie Watteträger in ihre Vagina einführte. Mary hatte sehr stark das Gefühl, daß ihre Mutter immer in ihre Körperöffnungen eindrang, selbst auf so unbedeutende Art wie die, daß sie Wattestäbchen benützte, um ihr die Ohren und die Nase zu säubern. Marys größte Angst, über die sie sich im Lauf der Analyse erst allmählich klar wurde, war die, man werde in sie eindringen. Zugleich fürchtete sie sich bei der Vorstellung, etwas aus sich herauszulassen. Es fiel ihr sehr schwer, zu weinen, und sie litt an Verstopfung. Diese Ängste prägten sich körperlich in starken Verspannungen an ihren Körperöffnungen aus. Wenn sie versuchte, sich von einem Gefühl der Übelkeit zu befreien, indem sie sich den Finger in den Hals steckte, zog sich ihre Kehle krampfartig zusammen.

Mary hatte zwar Angst vor ihrer Mutter, aber sie identifizierte sich dennoch durch Mitgefühl und Verständnis sehr stark mit ihr. Sie sprach oft von den Anstrengungen, die ihre Mutter unternommen hatte, um ihren Kindern ein Heim zu bieten. Sie bewunderte den Mut ihrer Mutter, der dazu gehört hatte, ihr Heimatland zu verlassen und in Amerika ein neues Leben anzufangen. Aber es wurde ihr auch klar, daß sie als kleines Kind allein hatte zu Hause bleiben müssen, wenn ihre Mutter zur Arbeit ging. Marys Bedürfnis nach oraler Befriedigung und nach Körperkontakt mit ihrer Mutter war nie erfüllt worden, so daß sie immer noch starke orale Bedürfnisse hatte.

In ihrer lesbischen Betätigung »agierte« Mary ihre infantile Beziehung zu ihrer Mutter aus. In ihrer Rolle als dominante und aktive Partnerin war sie für die ängstlichen kleinen Mädchen, die ihre Liebkosungen passiv aufnahmen, eine Ersatzmutter. Indem sie diese Rolle übernahm, drückte sie außerdem ihre Überlegenheit gegenüber diesen Mädchen aus, wodurch sie ihre frühe Beziehung zu ihrer Mutter umkehrte. Aber Mary war selbst auch ein ängstliches kleines Mädchen, und sie tat für andere das, was sie selber gern gehabt hätte. Ihre Geliebten waren Ersatzmütter, deren Beifall sie dadurch zu gewinnen suchte, daß sie sich bemühte, ihnen sexuelle Erfüllung zu verschaffen. Die lesbische Beziehung bedeutet also für beide Partnerinnen ein Rollendualität. Die aktive Partnerin wie Mary ist die Mutter, aber in ihrer unbewußten Identifizierung mit ihren Geliebten ist sie auch das passive Sexualobjekt, das befriedigt wird. Das gleiche gilt für ihre Partnerin: die untergeordnete Rolle wird dadurch kompensiert, daß sie sich unbewußt mit der dominanten, aktiven Partnerin identifiziert. Der Cunnilingus hat eine doppelte Funktion. Die Zunge wird als Sexualorgan benützt, um die Partnerin zu befriedigen, während der Mund als Saugorgan dient, um das Bedürfnis nach oraler Befriedigung zu erfüllen.

Marys Körper spiegelte den Doppelaspekt ihrer Persönlichkeit wider. Ihre eckigen, breiten Schultern, ihr aufgeblähter Brustkorb und ihr angespanntes, schmales Becken drückten ihre bewußte Identifikation mit dem Männlichen aus. Ich würde diesen Aspekt ihrer Erscheinung nicht so sehr als den Wunsch deuten, ein Mann zu sein, sondern als die Angst, eine Frau zu sein. Eine Frau zu sein, bedeutete, penetriert zu werden; für Mary bedeutete dies eine Vergewaltigung ihrer Persönlichkeit, und sie hatte unbewußt schreckliche Angst davor. Indem sie sich die Schamhaare abrasierte, gab Mary zu verstehen, sie sei erst ein kleines Mädchen, das die Geschlechtsreife noch nicht erreicht hat und in das man noch nicht wie in eine Frau eindringen dürfe. Die Widersprüche in der Persönlichkeit des Homosexuellen sind so komplex, daß man sie sich fast nicht vorstellen kann. Jeder Aspekt, sei er psychisch oder physisch, ist immer zweifach zu interpretieren.

Mary nahm die Pose einer männlichen Frau ein, um das verletzliche kleine Mädchen zu beschützen, das in ihr steckte. Ihre breiten Schultern hatten aber auch noch eine andere Bedeutung. Sie waren ein Ausdruck ihrer Fähigkeit (oder ein Hinweis auf diese), Verantwortung zu tragen, d. h. die Last auf sich zu nehmen, ein Zug, der gewöhnlich der Männlichkeit zugeschrieben wird. In Wirklichkeit ist die normale männliche Schulter weder eckig noch breit. In entspannter Stellung hat die Schulter des Mannes eine natürliche Schräge. Welche Last nahm Mary auf sich? Im Lauf der Analyse wurde deutlich, daß sie die Last der Mühen und Leiden ihrer Mutter trug. Es ist wichtig, zu verstehen, warum Mary diese Bürde auf sich nahm, d. h. warum sie sich auf dieser Ebene mit ihrer Mutter identifizierte. Die psychoanalytische Theorie hat klargestellt, daß sich das Kind unbewußt immer mit dem Elternteil identifiziert, der für es bedrohlich ist. Mary fürchtete ihre Mutter, und diese Angst manifestierte sich auch in den eckigen, hochgezogenen Schultern.

Beim Erleben von Angst treten mehrere Körperreaktionen ein: Der Atem wird eingezogen, der Bauch wird eingezogen und die Schultern werden hochgezogen. Außerdem werden die Augen weit aufgerissen und der Kiefer wird starr. Diesen Anblick bot Mary am Anfang ihrer Therapie. Ohne ihr Problem in Worte zu fassen, vermittelte sie den Eindruck eines verängstigten kleinen Mädchens, das verzweifelt versuchte, diese Angst vor sich selber zu verbergen. Die Veränderung ihrer Persönlichkeit, von der schon die Rede war, war von strukturellen Veränderungen ihres Körpers begleitet. Ihre Schultern entspannten sich und sanken zu einer normaleren Schrägung herab. Mit dem Nachlassen der Anspannung in ihren Schultern war eine Verminderung der Aufblähung ihres Brustkorbs verbunden, hervorgerufen durch eine Verbesserung der Atmung. Die Qualität der Atmung ist ein deutliches Zeichen für den Gemütszustand. Wenn man ängstlich ist, wird die Atemluft eingezogen und festgehalten, so daß sie den Brustkorb aufbläht; der chronisch geblähte Brustkorb ist also ein Zeichen von verdrängter Angst. Bei akuter Angst ist die Atmung rasch und flach; in entspanntem Zustand atmet man langsam und tief. Die Veränderungen der Atmung während des Geschlechtsakts spiegeln die Zunahme der Erregung beim Herannahen des Höhepunkts und das Erlöschen der Erregung nach dem Orgasmus.

Viele Frauen erreichen keine befriedigende sexuelle Entladung, wiel sie, wenn die Erregung ansteigt, den Atem anhalten, aus Angst vor sexueller Hingabe. Das Anhalten des Atems setzt auch alle Empfindungen herab. Dadurch, daß ich Mary veranlassen konnte, tiefer und leichter zu atmen, wurden ihre Körperempfindungen gesteigert. Es war besonders wichtig, ihre Bauchatmung zu entwickeln, da hierdurch die Beckenempfindung gesteigert wird. Bauchatmung ist die natürliche Art der Atmung im Zustand der Entspannung. Aber das gelang bei Mary erst, nachdem ihre sexuellen Ängste und Schuldgefühle durch das analytische Verfahren freigesetzt und verarbeitet worden waren.

Zugleich mit den Veränderungen in ihrem Oberkörper ließen auch die Verspannungen in ihrer Beckenmuskulatur etwas nach. Ihre Hüften wurden breiter, und sie bekam einen kleinen Bauch. Durch diese Veränderungen an Marys Figur sahen ihre Kleider besser an ihr aus, was ihr sehr gefiel. Als ihre Angst vor der Penetration abnahm, stellte Mary fest, daß sie mit Lust auf die sexuelle Annäherung von Männern reagieren konnte. Sie begann eine heterosexuelle Beziehung, die dazu führte, daß sie zum ersten Mal in ihrem Leben ihre Weiblichkeit akzeptierte und genoß.

Marys psychosexuelle Entwicklung kann man auch noch anders verstehen. Zwischen dem vaterlosen Mädchen und der Mutter ohne Ehemann entwickelte sich eine Beziehung, in der jede die andere vervollständigte und die Bedürfnisse der anderen erfüllte. Psychologisch ausgedrückt: Mary wurde insofern zum Ehemann der Mutter, als sie die Lasten auf sich nahm und eine maskuline Einstellung annahm. Die Mutter vertrat für Mary auch den Vater. Sie war der gute Vater, der für den Lebensunterhalt der Tochter sorgte, aber zugleich war sie auch der böse Vater, der die Tochter durch symbolische Geschlechtsakte in Form des Eindringens in ihren Körper verführte.

Weder beim Mann noch bei der Frau erzeugt ein einzelner Faktor die Homosexualität. In der Analyse einer homosexuellen Persönlichkeit muß jede einzelne der neurotischen Kräfte, die die Persönlichkeit verzerren und einschränken, sorgfältig geklärt werden. Man kann jedoch sagen, daß die Vermännlichung der Frau eine Abwehr gegen das Gefühl ist, als Sexualobjekt ausgebeutet zu werden. Der Grad der Maskulinität ist ein Maß für die Schwere der zugrundeliegenden Angst. Aber wenn ein Mädchen sein weibliches Wesen ablehnt, hängt dies auch mit der ödipalen Situation im Elternhaus zusammen. Weiblich zu sein, bedeutet in manchen Situationen die Konfrontation mit zwei Feinden: einem ablehnenden Vater und einer konkurrierenden Mutter. Einerseits handelt sich das Mädchen die Feindseligkeit der Mutter ein, wenn es als weibliches Wesen mit ihr um die Gunst des Vaters wetteifert. Andererseits riskiert es, vom Vater als weibliches Wesen verachtet zu werden und seine Feindseligkeit auf sich zu ziehen, die aus seiner Unsicherheit in bezug auf Frauen herrührt. Die Familienkonstellation, die gewöhnlich dafür verantwortlich ist, daß ein Mädchen seine Weiblichkeit aufgibt, ist ein kritischer, ironischer und autoritärer Vater und eine schwache, hilflose und unterwürfige Mutter. Häufig ist der Vater aggressiv und ehrgeizig und wünscht sich nichts sehnlicher als einen Sohn. Für einen solchen Mann ist die Geburt einer Tochter eine Enttäuschung. Die Mutter neigt gewöhnlich zur Selbstaufopferung, aber unter ihrer Unterwürfigkeit verbergen sich ihr Ressentiment und ihre Rachsucht gegen ihren Mann. Da das Mädchen sich nicht mit der Mutter identifizieren kann und sich vom Vater abgelehnt fühlt, wird es nicht so sehr maskulin, sondern es verliert das Gefühl für sein Selbst. Seine Muskelentwicklung ist ein Ausdruck für sein Bedürfnis, stark, unabhängig und asexuell zu sein. Im Dienst dieser Abwehr verliert der Körper des Mädchens seine persönliche Bedeutung. Er wird zu einem Bollwerk, einer Festung, in der Verlangen, sexuelle Liebe und Erfüllung eingesperrt sind. Die lesbische Beziehung ist gleich ihrem homosexuellen Gegenstück ein Versuch, dieser neurotisch strukturierten Einkerkerung und Isolierung zu entfliehen. Leider ist, wie viele Homosexuelle entdeckt haben, ihre Inversion der Austausch eines Gefängnisses gegen ein anderes. Die lesbische Persönlichkeit manifestiert sich nicht immer in Form der maskulinen Frau. Das »Mannweib« ist nur eine der Charakterstrukturen, die sich infolge der Persönlichkeitsdissoziation entwickeln, welche durch eine ablehnende Umwelt hervorgerufen wird. Psychiatrisch ausgedrückt heißt das: Man kann das »Mannweib« in dem Sinn als Doppelpersönlichkeit ansehen, daß sein Wesen den äußeren Aspekt des Ungeheuers und das innere Gefühl des ängstlichen Kindes umfaßt. Die Dissoziationstendenz erzeugt auch die gespaltene oder schizoide Persönlichkeit. Dies nimmt die Form einer Unreife in der körperlichen Entwicklung an, kombiniert mit einer raffinierten Intelligenz. Dieser Persönlichkeitstypus ist oft kennzeichnend für die feminine Partnerin in der lesbischen Beziehung. Im Gegensatz zum »Mannweib« zeigt die schizoide Persönlichkeit ihre kindliche Natur in der physischen Erscheinung des Körpers. Die Krankhaftigkeit besteht hier in der Verleugnung des Körpers und der Abspaltung des bewußten Verhaltens und Fühlens von den Körperempfindungen. Joan ist ein anschauliches Beispiel für diesen Aspekt des lesbischen Problems.

Joan suchte Rat bei mir, weil sie das Gefühl hatte, im Leben ein Versager zu sein. Sie litt an Depressionen, wie es alle Homosexuellen taten, die ich je behandelt habe. Sie war als Tänzerin in Ausdruckstanz und Ballett ausgebildet, konnte aber nichts damit anfangen. Sie sagte, als kleines Mädchen habe sie immerzu getanzt. Joan hatte sich auch viele Jahre lang als Schauspielerin ausgebildet, und sie war überzeugt, daß sie auf der Bühne alle Gefühle angemessen darstellen könne, aber im normalen Leben machte sie einen dürftigen Eindruck. Sie arbeitete als Bedienung und lebte in einer homosexuellen Beziehung, die schon seit acht Jahren bestand.

Etwa zehn Jahre bevor sie mich aufsuchte, hatte Joan eine heterosexuelle Beziehung gehabt, die sich als »katastrophal« erwies. Sie war allein und voller Angst in einer fremden Stadt. Während sie in diesem schwierigen und verwirrten Zustand war, begegnete sie ihrer Geliebten, die etwas älter war als sie. Beide waren allein und einsam. Ihre Beziehung begann als Kameradschaft. Nur ganz allmählich wurde sie intimer. Eines Abends, als sie miteinander im Bett lagen, liebkoste Joans Freundin sie. Joan spürte, wie sie erregt wurde und ließ es zu. Am Ende empfand sie ein Gefühl der Befriedigung, wie sie es noch nie erlebt hatte. Wie konnte sie dieses neue Gefühl aufgeben? Wodurch konnte sie es ersetzen? Sie hatte nicht die Zuversicht, eine ähnliche Befriedigung mit einem Mann erleben zu können.

Das Element der homosexuellen Verführung darf bei diesem Problem nicht unbeachtet bleiben. Gewiß, der werdende Homosexuelle ist offen und bereit für das Erlebnis. Aber ohne das Erlebnis der homosexuellen Begegnung mit der daraus resultierenden Erleichterung und Befriedigung würde der Homosexuelle sich bemühen, eine heterosexuelle Beziehung einzugehen, obwohl es schwierig sein könnte. Viele Lesbierinnen haben mir erzählt, daß sie ihre erste homosexuelle Begegnung unmittelbar nach einer katastrophalen Erfahrung mit einem Mann hatten.

Homosexualität ist eine letzte Möglichkeit. Joan hätte ein normales Leben mit Mann und Kindern vorgezogen. Es entging ihr. Mary wollte einfach ihrer Verwirrung ein Ende machen und sich selbst finden. Die homosexuelle Begegnung tritt, wie jemand einmal gesagt hat, in Ermangelung eines Besseren ein. Jeder weiß, daß heterosexuelle Liebe besser ist und befriedigender sein kann. Was der Homosexuelle nicht weiß, ist, daß selbst Masturbation besser ist als das homosexuelle Erlebnis – wenn sie ihm möglich ist! Aber sie ist es nicht, und das ist die Wurzel seiner Schwierigkeiten, denn befriedigende Masturbation erfordert ein Sich-selbst-Annehmen, und das ist es ja gerade, was der homosexuellen Persönlichkeit fehlt. Selbstannahme ist eng mit dem Fühlen des eigenen Körpers verbunden. Man kann sich nur schwer selber akzeptieren, wenn man den eigenen Körper nicht mag, und es ist schwierig, den eigenen Körper gern zu haben, wenn er unlebendig ist und wenn es ihm an guten Gefühlen fehlt. Joan erkannte diesen Aspekt ihres Problems. Sie sagte zu mir: »Mittlerweile mag ich meinen Körper ein wenig. Vor zehn Jahren habe ich ihn noch negiert. Ich hab' ihn nie angeschaut. Ich hatte einen ruckhaften Gang, der sich durch das Tanzen gebessert hat. Es war wie bei einer Marionette.«

Joan stellt uns den zweiten Typus der lesbischen Persönlichkeit vor, bei dem die männlichen Züge nicht so hervortreten. Wo Mary Entschlossenheit und Aggressivität an den Tag legte, wirkte Joan verwirrter und abhängiger. Sie brauchte die scheinbare Stärke der scheinbar stärkeren Persönlichkeit, um sich von ihr leiten und stützen zu lassen. Der äußere Anschein kann so trügerisch sein. Je übertriebener er ist, desto berechtigter ist der Verdacht, daß die innere Person genau das Gegenteil ist. Nicht die Erscheinung zählt, sondern der Körper. »Körper« bezeichnet die Qualität der Substanz – wie »Leib«, das in dem Wort »be-leibt« eigentlich aussagt: mit einem Leib begabt. Aber »Körper« bezeichnet auch die Fülle des Gefühls. In diesem Sinn habe ich nie eine Lesbierin gesehen, die eine Frau im vollen Gefühl ihres Leibes gewesen wäre.

Trotz ihrer Fortschritte zeigte Joans Körper ihre Schwierigkeiten. Die untere Hälfte war wie der Körper eines heranwachsenden Jungen. Ihr Becken hatte eine eindeutig männliche Form, ohne weibliche Kurven und ohne Fettpolster. Außerdem war es unbeweglich, und sie hielt es starr in zurückgezogener Stellung. Wenn sie die Knie beugte, begannen ihre Beine zu zittern. Ihr Gleichgewicht war, wie sie bemerkte, höchst gefährdet. Ihre Schultern waren zwar angespannt, aber nicht eckig. Ihre Arme hingen aber nicht an ihr wie Fortsätze ihres eigenen Körpers, sondern wie fremde Anhängsel. Sie hatte ein eckiges Gesicht mit einem fest zusammengepreßten, grimmigen Mund, dessen Winkel herabgezogen waren. Ihre Augen wirkten leer und etwas erschreckt. Joan machte eine Bemerkung über ihren Kiefer. Sie sagte: »Ich habe gefühlt, wie mein Kiefer immer starrer geworden ist. Ich hab' gespürt, wie mein Gesicht anfing, sich angespannt, erstarrt anzufühlen, als wollte ich etwas festhalten.«

Die psychiatrische Diagnose lautete in Joans Fall: schizoide Persönlichkeit. Ich benütze diesen Ausdruck, um einen Verlust des Selbst zu bezeichnen, genauer, einen Verlust des körperlichen Selbst. Die maskuline Frau hat eine Selbsteinschätzung, die die Persönlichkeit zusammenhält; sie beruht auf ihrer bewußten Identifizierung mit männlichen Werten. Dem Schizoiden fehlt es an einer wirksamen Selbsteinschätzung. Das Selbstbild einer solchen Frau ist wirr, und ihre sexuelle Identität ist nicht klar. In ihrer Persönlichkeit manifestiert sich die Bisexualität des Kindes, und in ihren lesbischen Beziehungen kann sie die Rollen wechseln. Ihre bemerkenswerteste Eigenschaft ist ihre extreme Sensibilität.

Ich möchte nachdrücklich darauf hinweisen, daß viele passive Lesbierinnen zur Schizoidie neigen. Sie sind Menschen, die Wärme und menschlichen Kontakt brauchen wie benachteiligte Kinder, die sie ja auch sind, und die lesbische Beziehung bietet gerade dies. Innerhalb ihrer Grenzen können sie etwas Geborgenheit und eine partielle Erfüllung ihres Sexualtriebs erleben. Aber die Beziehung wird ihnen auch zum Gefängnis, das ihnen den Weg zur Selbstverwirklichung versperrt. Da sie sich gegen die neurotischen Geschlechtsrollen ihrer Eltern aufgelehnt haben, sind sie nicht in der Lage, diese selbstauferlegte Knechtschaft abzuschütteln.

Man hat festgestellt, daß lesbische Liebe unter Prostituierten ein allgemein verbreitetes Phänomen ist. Frank S. Caprio gibt an, er habe es in allen Bordellen Europas angetroffen. Harold Greenwald, der eine analytische Untersuchung der Prostitution durchgeführt hat, stellte ebenfalls fest, daß die lesbische Liebe eine häufige Form der Beziehung unter Callgirls ist. Man stellt oft die Frage, ob Prostitution zu Homosexualität führt oder Homosexualität zu Prostitution. Die Verbindung zwischen beiden sollte uns jedoch nicht überraschen. Wenn die obigen Analysen der lesbischen Persönlichkeit richtig sind, d. h. wenn die Lesbierin ein Mensch ist, dem ein Gefühl für das eigene Selbst und ein Gefühl der Identität mit dem eigenen Körper fehlt, bedeutet die Preisgabe des Körpers nichts weiter als eine Bestätigung der Dissoziation von ihm und einen Ausdruck der Verachtung für ihn. Die Verleugnung des Körpers, die für die passive Lesbierin kennzeichnend ist, ist nicht weit von der Preisgabe des Körpers für Geld entfernt, wie die Prostituierte sie betreibt.

Die Verspanntheit und Starrheit von Joans Kiefer drückte ihre Entschlossenheit aus, nicht zu weinen. »Wozu soll das gut sein?« sagte Joan. »Niemand kümmert sich darum. Niemand kommt.« In Wirklichkeit konnte Joan gar nicht weinen. Die Starrheit ihres Kiefers und die Verspanntheit ihrer Kehle machten das Weinen zu schmerzhaft und zu schwierig. Es hätte auch ihre Atmung beeinträchtigt, denn es hätte die Luftwege zusammengezogen. Infolgedessen war ihr Brustkorb aufgebläht und ihre Atmung war flach. Beim Weinen ereignete sich der erste Durchbruch, als Joan versuchte, mit dem Mund Saugbewegungen zu machen. Im Gefühl ihrer Frustration und Eingeschränktheit begann Joan jämmerlich zu schluchzen. Ihre Unfähigkeit zu weinen, die Gehemmtheit ihrer Atmung und die Schwierigkeit, verlangend den Mund zu spitzen, waren Ausdruck ihrer Unfähigkeit, ihr Bedürfnis nach Liebe und Erfüllung geltend zu machen. Ihr lesbische Beziehung bot ihr nur Kameradschaft und eine gewisse sexuelle Befriedigung.

Joan behauptete, ihre Beziehung zu ihrem Vater sei aller Gefühle bar gewesen. Sie versicherte, er habe gar nichts von ihrer Existenz gewußt. Ein andermal sagte sie jedoch, die übrige Familie habe sie als den Liebling des Vaters angesehen. Und sie gab zu, daß ihr Vater sie »die Prinzessin« genannt hatte. Ich vermutete, daß ihre Gefühlsleugnung gleichbedeutend war mit der Verdrängung ihrer sexuellen Gefühle ihrem

Vater gegenüber. So erklärte sich auch, warum Vater und Tochter in Gegenwart des anderen jeweils verlegen waren. Einmal verspürte Joan die Sehnsucht, von ihrem Vater im Arm gehalten zu werden, und sie wurde sehr wütend. Sie wandte sich mit einer drohenden Geste gegen mich, als sei ich nicht nur für dieses Gefühl verantwortlich, sondern auch für ihre Frustration. Diese Episode brachte Joan die Erkenntnis ein, daß ihre lesbische Einstellung eine Abwehr gegen die Angst vor Enttäuschung und Ablehnung durch den Mann war. Aber ihre Feindseligkeit gegen die Männer, die auf ihrem Gefühl beruhte, vom Vater abgelehnt zu werden, machte spätere Ablehnungen und Enttäuschungen unvermeidlich. Wenn diese Feindseligkeit behoben werden sollte, mußte zunächst ihr Wesen verstanden werden. Joans Männerfeindlichkeit hatte, wie sich herausstellte, einen bedeutsamen Zusammenhang mit ihrem starren, festgehaltenen Kiefer.

Ein Traum, den Joan etwa zu dieser Zeit hatte, lieferte einen Anhaltspunkt: »Ich träumte, ich sei im Bett mit einer Frau, die einen Penis hatte, an dem ich saugte. Es fühlte sich sehr gut an. Dann änderte sich die Szene, und sie hatte keinen Penis mehr. Ich fühlte mich frustriert und war wütend.« Die Deutung dieses Traumes zeigte die Komplexität dieses Problems. Die Frau mit dem Penis ist ein uroborisches Symbol, die Große Mutter, die männliche und weibliche Aspekte in sich vereinigt und die daher eine Vertreterin des vorbewußten Zustands ist, des Zustands vor der Trennung der Gegensätze. Die erste Szene bezieht sich auf die im Mutterleib und im frühen Säuglingsalter erlebte Lust und drückt Joans Wunsch aus, in diese Situation zurückzukehren. In der zweiten Sezene ist die Realität in der Form eines bewußten Wissens um Unterschiede (Frau ohne Penis) mit Frustration und Wut verbunden, weil das begehrte Objekt (Penis=Brustwarze) verlorengegangen ist. Das Gefühl der Wut weist auf das Vorhandensein feindseliger Impulse hin, die sich gegen den Penis richten; da er verschwindet, kann man sie als Impulse deuten, ihn abzubeißen.

Da der Traum mit Frustration und Wut endete, wird man

annehmen können, daß diese Gefühle für Joans unbewußte Einstellung während dieser Zeit ihres Lebens charakteristisch waren. In ihrer lesbischen Beziehung war Joan frustriert und wütend, weil die Frau keinen Penis hatte. Sie konnte jedoch keine sexuelle Beziehung zu einem Mann eingehen, da der Umstand, daß er einen Penis hat, sie vielleicht in Versuchung geführt hätte, ihn ihm abzubeißen. Bei der lesbischen Persönlichkeit blockiert die Verdrängung feindseliger Impulse gegen den Penis jedes erotische Verlangen nach diesem Organ. Indem Joan sich im Traum die Frau ohne Penis vorstellte, konnte sie sowohl ihren Impuls leugnen, ihn abzubeißen, als auch ihre Schuldgefühle wegen dieses Wunsches. Der Cunnilingus befriedigt symbolisch den Wunsch, den Penis abzubeißen und zu verschlucken; zugleich beruhigt er die Lesbierin, sie brauche keine Angst vor einem solchen Wunsch zu haben, denn es ist ja kein Penis da. Natürlich spielt sich das alles in der unbewußten Phantasie ab.

Joans verspannter, festgehaltener Kiefer stellte sowohl eine Abwehr gegen ihren Beißimpuls als auch gegen den Wunsch, zu saugen, und das Bedürfnis, zu weinen, dar. Joan bestätigte diese Interpretation der Bedeutung der Verspannung ihres Kiefers. Sie sagte: »Ich weiß, daß ich einen starken Drang zum Beißen habe, aber es war mir nicht klar, daß ich den Penis beißen wollte.« Die Angst vor dem Beißen spielt bei der Genese der Orgasmus-Impotenz der Frau eine wichtige Rolle. Die Bedeutung des Beißens tritt in vielen Redensarten zutage: »Sich in etwas verbeißen«, »In den sauren Apfel beißen« usw. Die Unfähigkeit zu beißen muß für eine Unfähigkeit stehen, sich agressiv auf eine Situation einzulassen. In gewissem Sinn »beißt« die Frau in den Penis, d.h. sie kommt mit ihm in Kontakt und bekommt ihn zu fassen. Man kann sich nur schwer vorstellen, wie ein Orgasmus zustandekommen soll, wenn eine Frau vor ihren Impulsen des Zugreifens oder Zubeißens Angst hat.

Joans Beziehung zu ihrem Vater war dadurch belastet, daß sie ihre unerfüllten oralen Bedürfnisse auf ihn übertrug. Ihre sexuellen Empfindungen für ihren Vater wurden durch ihr Verlangen nach oraler Erfüllung kompliziert und verstärkt. Das ödipale Problem wird unüberwindbar, wenn es sich aus oralen und genitalen Gefühlen zusammensetzt. Das Dilemma des Homosexuellen, sei er männlichen oder weiblichen Geschlechts, besteht in der Unfähigkeit, auf die ersteren zugunsten der letzteren zu verzichten, auf die infantilen zugunsten der erwachsenen Funktionen. Joan berichtete von einem anderen Traum, in dem dieser Konflikt zum Ausdruck kam: »Meine Freundin B. hatte mich zu einer ›Triole‹ eingeladen. Das Mädchen masturbiert im Stehen und lutscht zugleich am Daumen. Sie nähert sich mir, aber ich sage zu ihr, ›ich hab' kein Interesse‹.« In diesem Traum wird die homosexuelle Haltung abgelehnt.

Homosexualität aller Art manifestiert sich in Beziehungen von Dominanz und Unterwerfung. Es trifft zu, daß »aktiv« und »passiv« irreführende Ausdrücke sind. Homosexuelle oder Lesbierinnen, die das eine Mal aktiv sind, können ein andermal bei dem gleichen oder anderen Partnern passiv sein, oder ihre Rollen können bei ein und derselben Begegnung wechseln. Aber in jeder homosexuellen Beziehung ist der eine Partner beherrschend und der andere unterwürfig. Damit wird die Interaktion ihrer Gesamtpersönlichkeiten bezeichnet. Man kann sagen, daß dies oft auch für heterosexuelle Partner zutrifft. Soweit diese Konstellation in einer heterosexuellen Beziehung besteht, wird diese dadurch verzerrt. Ich behaupte, daß Homosexualität keine Verbindung von Gleichgestellten ist. Ebenbürtigkeit gehört zur Heterosexualität, denn nur in einer solchen Beziehung kann ein Partner den anderen ganz respektieren.

Empfindet die Lesbierin die gleiche Verachtung für Männer, wie der Homosexuelle sie für Frauen empfindet? Ganz allgemein lautet die Antwort »ja«. Die Verachtung der Lesbierin für Männer beruht auf ihrer Erfahrung der männlichen Impotenz, des männlichen Egoismus und der Ängste der Männer. In ihr schlägt sich die bewußte oder unbewußte

Einstellung ihrer Mutter zum Vater nieder. In dieser Hinsicht identifiziert sie sich mit ihrer Mutter. Die Lesbierin »agiert« die unbewußten Phantasien ihrer Mutter aus. Die Mutter, die sich unbewußt wünscht, ein Mann zu sein, und die vor ihrer eigenen weiblichen Natur keine Achtung hat, ist eine Kraft, die die Tochter in die Homosexualität treibt. Aber die Verachtung für Männer kennt ihre Ausnahmen. Sie schwindet gegenüber einem sexuellen Mann, einem, der nicht angibt und sich seiner Männlichkeit sicher ist. Ich habe vor einigen Jahren eine Lesbierin behandelt, die bei einer unserer führenden Zeitschriften Redakteurin war. Sie hatte in Psychologie promoviert; das gab ihr, zusammen mit einer aufgeweckten Intelligenz und fundierten Literaturkenntnissen, mir gegenüber ein Gefühl der Überlegenheit. Ich stellte diese Einstellung am Anfang der Therapie nicht in Frage; die Folge war, daß die Therapie scheiterte.

Frauen gegenüber hegt die Lesbierin gemischte Gefühle. Im Vergleich mit normalen Frauen fühlt sie sich unzulänglich und unterlegen, aber zugleich fühlt sie sich ihnen auch überlegen. Ohne dieses Gefühl der Überlegenheit könnte sie eine homosexuelle Beziehung nicht ertragen; sie wäre zu demütigend. Dieses Gefühl der Überlegenheit gegenüber anderen Frauen, das einem Gefühl der Verachtung gleichkommt, rührt daher, daß sie das Versagen ihrer Mutter als Frau miterlebt hat. Da der Homosexuelle und die Lesbierin von den Bestrebungen des Durchschnittsmenschen, für den Status und äußere Erscheinung wichtig sind, Abstand haben, durchschauen sie die Maskeraden, die für den Normalen der gesellschaftlichen Szenerie Glanz verleihen. Aber Verachtung und Überlegenheitsgefühl verschwinden in Gegenwart einer wahrhaft sexuellen Frau.

Homosexualität ist eine Form der zwanghaften Sexualität. Zwanghaftigkeit gibt es in mancher Form auch in vielen heterosexuellen Beziehungen. Die Zwanghaftigkeit des Homosexuellen entsteht aus der Notwendigkeit, den Körper zu stimulieren, d. h. unterdrückte sexuelle Gefühle wiederzugewinnen. Wir bezeichnen einen Hungrigen nicht als zwanghaft, weil er mit Genuß oder Eifer ißt. Der zwanghafte Esser ist jener, dessen Essen ein anderes Bedürfnis befriedigt als den Hunger. Ähnlich sucht der Homosexuelle nicht sexuellen Kontakt, weil er sexuell erregt ist; er sucht den Kontakt vielmehr um der sexuellen Erregung willen. Homosexualität ist ein sinnliches Phänomen, das aus der Unterdrückung sexueller Gefühle entsteht.

Wenn das sexuelle Gefühl schon in der Kindheit unterdrückt wird, bleibt das Gewahrsein der Sexualität erhalten; der Homosexuelle macht keine normale Latenzperiode durch. Als Junge zeigt er mehr als normale Neugier in bezug auf die Sexualität der Erwachsenen; das endet in der seltsamen überwiegenden Beschäftigung mit der Sexualität, von der das Denken und Verhalten des Homosexuellen gekennzeichnet ist. Es ist, als feierten die sexuellen Gefühle, die dem Körper verlorengegangen sind, in der Bilder- und Phantasiewelt ihre Auferstehung. Geschichten, die Homosexuelle erzählen, weisen eine lebhafte sexuelle Bilderwelt auf. Der Normale kümmert sich mehr um seine Körperempfindungen als um Symbole und Phantasien. Das ist so, weil er Körperempfindungen *hat*. Das Umgekehrte gilt für Homosexuelle.

Wenn man lesbische Beziehungen analysiert, ist man beeindruckt, in welchem Grad sie von sadomasochistischem Verhalten beherrscht werden. Emund Bergler, der diesen Faktor zum Mittelpunkt seines Angriffs auf die homosexuelle Problematik macht, hat ganz recht, wenn er seine Bedeutung betont. Alle Homosexuellen und Lesbierinnen haben in ihrer Persönlichkeit eine gewichtige masochistische Komponente. Sadismus ist die Kehrseite der Medaille. Wie kommt dieser Masochismus zustande? Bergler behauptet, seine Grundlage sei der infantile Größenwahn. Der Säugling, der sich als Mittelpunkt des Universums betrachtet, reagiert mit rasender Wut auf jede Frustration oder Weigerung, ihm seine Bedürfnisse zu erfüllen. Aber da seine Muskulatur noch nicht so weit entwickelt ist, daß er diese Wut in aggressivem Verhalten ausdrücken könnte, reagiert der Säugling mit Weinen, Schreien, Spucken, Schlagen usw. Diese Verhaltensweise ruft gewöhnlich bei der Mutter Unwillen hervor und kann zu weiteren Deprivationen oder Strafen führen. Die Folge ist ein Konflikt, in dem das Kind nur verlieren kann. Schließlich kehren sich seine Feindseligkeit und Aggression nach innen und erzeugen den Zustand, den man als psychischen Masochismus bezeichnet.

Ein Masochist ist jemand, dem Schmerz oder Leiden Lust zu bereiten scheinen. Der klassische Masochist ist derjenige, der während der sexuellen Betätigung geschlagen werden will. Seine sexuelle Lust ist abhängig davon, daß er geschlagen wird. Vor Wilhelm Reich hat man geglaubt, dem Masochisten bereite der Schmerz wirklich Lust. Reich zeigte jedoch, daß der Masochist nicht Schmerz sucht, sondern sexuelle Erregung. Seine Lust stammt von der sexuellen Erregung, die das Geschlagenwerden begleitet, nicht vom Geschlagenwerden selbst. Der psychische Mechanismus, der diese seltsame Verbindung zwischen Schmerz und Lust schafft, läßt sich einfach ausdrücken: »Wenn du mich schlägst, akzeptierst du meine sexuell ungezogene Natur, und du schlägst mich nur, anstatt mich dafür zu kastrieren«. Die Strafe, die der Masochist sucht, steht immer an Stelle der gefürchteteren Bestrafung – der Kastration. Angesichts der klinischen Beobachtung, daß alle Homosexuellen, ob männlich oder weiblich, an schwerer Kastrationsangst leiden, ist es kein Wunder, daß man tatsächlich soviel Masochismus bei ihnen vorfindet.

Der psychische Masochist unterscheidet sich von der obigen Schilderung insofern, als sein Schmerz und seine Leiden nicht von körperlichen Mißhandlungen stammen, sondern von seelischen. Demütigungen, nicht Schläge, dienen als auslösender Reiz für die sexuelle Erregung. Der Mechanismus ist jedoch der gleiche: »Wenn du mich demütigst und entwürdigst, akzeptierst du meine sexuelle Natur, und du wirst mich nicht auf andere Weise dafür bestrafen – du wirst mich nicht kastrieren.« Unter beiden Bedingungen ist das Problem des Masochisten im wesentlichen die Unfähigkeit, sexuelle Gefühle auszudrücken, außer unter Bedingungen der Demütigung, der Entwürdigung, des Schmerzes und des Leidens, Bedingungen also, unter denen die Selbstachtung des Individuums verlorengeht. Man kann den Masochismus als jenen Seelenzustand bezeichnen, in dem die Selbstachtung fehlt. Er ist daher von starken Minderwertigkeitsgefühlen begleitet, die durch eine innere Haltung der Überlegenheit kompensiert werden. Es mag so scheinen, als sei das Problem hiermit allzusehr vereinfacht worden, aber der Verlust der Selbstachtung läßt sich in jedem klinischen Fall von Masochismus nachweisen.

In seinem Buch *Homosexuality: Disease or Way of Life?* scheint Bergler anzudeuten, daß ein gewisses Maß an Masochismus im Zusammenleben unvermeidlich sei: »Die objektive Realität stößt mit subjektiven magischen Vorstellungen zusammen. Das unvermeidliche Ergebnis ist, daß die Realität gewinnt.« Wenn nicht alle Kinder Masochisten werden, liegt es daran, daß es manchen »gelingt, sich an eine stärkere Realität diplomatisch anzupassen«. Aber warum manchen diese Anpassung gelingt und anderen nicht, ist für Bergler eine »Streitfrage«. Ich habe deshalb etwas gegen diese Ansicht einzuwenden, weil sie das Ergebnis als einigermaßen unabhängig vom elterlichen Verhalten betrachtet. Dem widerspricht meine klinische Erfahrung. Man kann nachweisen, daß jeder Fall von Masochismus seine Wurzeln darin hat, daß die Eltern die Persönlichkeit des Kindes nicht berücksichtigt haben.

Ein Kleinkind als »größenwahnsinnig« zu bezeichnen, wie Bergler es tut, ist eine Entstellung der Realität. Ein Kleinkind denkt nicht magisch; es denkt überhaupt kaum. Es reagiert mit seinen Gefühlen auf jede Situation, sei sie von Lust oder Schmerz, Erfüllung oder Frustration geprägt. In dieser Hinsicht gleicht das menschliche Kleinkind den Jungen aller Säugetiere. Es wird als animalischer Organismus mit einem angeborenen Gefühl für das geboren, was für es richtig ist. Wenn seine Rechte geachtet werden, wächst es, wie Margaretha Ribble in ihrem Buch *The Rights of Infants* gezeigt hat, zu einem glücklichen, gut angepaßten Kind und Erwachsenen

heran. Die Schwierigkeit besteht darin, wie Freud gezeigt hat, daß das Kind ein sexuelles Wesen ist. Man kann das Kind nicht akzeptieren, wenn man diese wesentliche Qualität seines Seins ablehnt. Und man kann diese Qualität bei einem Kind nicht akzeptieren, wenn man sie bei sich selber ablehnt.
Die Sexualität eines Kindes manifestiert sich in all seinen körperlichen Funktionen. Es ist eine diffuse Körpersexualität, keine genitale. Das Trinken an der Brust ist das ursprünglichste Beispiel für die Beziehung zwischen Körperfunktion und erotischer Lust, aber auch jede andere Körperfunktion hat eine lustvolle Komponente, die man als erotisch bezeichnen kann. Ist nicht jede körperliche Lust in gewissem Sinn erotisch? Jeder Verlust dieser körperlichen Lust wird als körperlicher Entzug oder körperliche Beeinträchtigung erlebt, auf die das Kind mit allen Mitteln reagiert, die ihm zur Verfügung stehen. Man sollte den Sachverhalt nicht durcheinanderbringen, indem man Erwachsenenpsychologie auf infantiles Verhalten anwendet. In diesem Stadium erlebt das Kind die Deprivation nicht als eine Verletzung seines narzißtischen Stolzes. Stolz entwickelt sich erst später; er ist das Produkt eines starken Ichs, das erst im Lauf der Erfahrung entsteht. Der Masochist ist einfach deswegen ohne Stolz, weil er nie Gelegenheit gehabt hat, ein Gefühl des Stolzes auf sich selber und auf seinen Körper zu entwickeln.
Sexualität läßt sich nicht vom Körper trennen, und der Körper nicht von der Persönlichkeit. Der Körper des Homosexuellen hat seine guten, lustvollen Gefühle verloren, d. h. seine sexuellen Gefühle; demgemäß ist der Homosexuelle ein Mensch ohne Stolz. Auf der Ebene der Persönlichkeit wird er zum Masochisten. Aber das ist in der Kindererziehung nicht unvermeidlich. Die Eltern können den Konflikt zwischen Kultur und Natur so behandeln, daß das Kind vor einem Verlust seiner Selbstachtung geschützt bleibt. Dieser kann vermieden werden, wenn die Eltern ihre eigenen Probleme mit Selbstachtung und Würde handhaben können. Es verblüfft mich, daß diese Ausdrücke in Studien über Sexualität gar nicht

vorkommen. Selbstachtung ist *die* Eigenschaft, durch die sich reife Sexualität von der sogenannten »aufgeklärten Sexualität« unterscheidet. Dazu gehört auch der Stolz auf sich selber und auf den eigenen Körper. Er ist ein für das Erleben des sexuellen Orgasmus notwendiges Element.

Die Untersuchungen der Psychologie über das masochistische Verhalten sind begrenzt; sie übersieht den körperlichen Zustand, der dieser Störung zugrundeliegt. Die masochistische Körperstruktur ist durch schwere Muskelverspannungen gekennzeichnet, die den Ausdruck von Gefühlen einschränken. Diese Verspannungen sind besonders ausgeprägt in der Bekkenregion, wo sie die Funktion haben, die vom Masochisten gefürchtete starke sexuelle Erregung zu unterdrücken. Die Unterdrückung sexueller Gefühle erstreckt sich auf alle lustvollen Gefühle und umfaßt schließlich alle Körperempfindungen. Der Masochist ist in einem Gewebe von Verspannungen gefangen, aus dem es kein Entrinnen gibt. Wenn er geschlagen werden will, dann zu dem Zweck, daß er wieder eine Körperempfindung wahrnehmen kann, wenn auch nur Schmerz. Wenn man Schmerz empfinden kann, kann man auch Lust empfinden. Beide sind nicht voneinander zu trennen. Der Schmerz wird als Weg zur Lust gesucht.

Man braucht nur zu beobachten, welche Anziehungskraft melodramatische Fernsehshows, Rührstücke und senitmentale Filme haben, um das Bedürfnis richtig einzuschätzen, das viele Leute nach emotionaler Stimulierung trauriger Art haben. Das Bedürfnis, den Körper wachzurütteln, ihn zum Fühlen zu bewegen und ihn lebendig werden zu lassen, ist so gebieterisch, daß manche Leute alles Erdenkliche unternehmen, um diese Wirkung zu erreichen. Nichts ist schlimmer als Abgestorbensein und das damit einhergehende psychische Gefühl von Depression und Leere. Wir können daher dem Homosexuellen gegenüber nicht allzu kritisch sein. Sein Zustand verdient unser Mitgefühl und verlangt unsere Hilfe. Es ist ein Zustand, der, wie Bergler und andere gezeigt haben, »geheilt« werden kann. Das bedeutet, daß die Tendenz zur Homosexualität stark herabgesetzt, sogar beseitigt werden kann, aber die körperlichen Merkmale der Störung lassen sich nicht ganz ausrotten. Die Aussichten auf Besserung und Heilung sind der Schwere der Störung umgekehrt proportional. Die Tiefe der Unterdrückung des Gefühls ist ein Faktor, der das Ergebnis beeinflußt. Wo der Verlust des Körpergefühls so ausgeprägt ist wie in Johns Fall, ist das Problem schwerer zu bewältigen. In anderen Fällen ist ein günstiges Resultat leichter zu erreichen. Viel hängt auch von Geschick und Verständnis des Therapeuten ab. Warmherzigkeit und einfühlendes Verstehen sind wichtige therapeutische Eigenschaften. Der Homosexuelle ist kein Monstrum, sondern ein psychisch kranker Mensch. Bei einer objektiven Betrachtung seines Verhaltens haben wir seine Handlungweise kritisiert, seine Motive in Frage gestellt und seinen Rationalisierungen mißtraut. Subjektiv erlebt der Homosexuelle sein Verhalten jedoch nicht immer so, wie wir es beschrieben haben. Ist an einer homosexuellen Beziehung überhaupt Liebe beteiligt? Ist der homosexuelle Akt ein Ausdruck von Liebe? Wollte ich auf diese Fragen mit »nein« antworten, würde ich meine eigene Behauptung leugnen, Sexualität sei ein Ausdruck von Liebe. Außerdem beschreibt der Homosexuelle seine Gefühle für seinen Partner mit Ausdrücken der Liebe. John sprach ständig von seiner Liebe zu seinem Freund, und ich hatte keinen Grund zu bezweifeln, daß dieses Gefühl echt war, so echt wie jedes Gefühl, dessen John fähig war. Es war ein ambivalentes Gefühl, eine wirre Mischung aus Liebe und Haß, Verlangen und Ablehnung. John hatte einen gewissen Einblick in seine Gefühle, aber er konnte nichts an ihnen ändern. Er beschrieb sie folgendermaßen.

»Bei M. zu bleiben und mich schließlich davon zu überzeugen, daß es nun einmal so sein wird, daß es eigentlich nicht so schlecht ist. Insgeheim hasse ich ihn für den Verlust meiner Freiheit (will aber auch, daß er da ist, und will selber auch da sein), und liebe ihn zugleich und bereite ihn auf seine Freiheit vor. Mache ich mich jetzt unglücklich als Vergeltung dafür, daß ich meine Mutter unglücklich gemacht habe? Empfinde ich mütterliche Liebe für M.? Weil ich ihm Sachen schenke? Ich nehme an, er ist in Wirklichkeit ein Teil von mir, und dieser Teil ist da, wo ich nicht bin. Aber viele Teile von mir sind verstreut. Ich gehe weiter zum Nächsten, ich zersplittere mich, lasse los, wenn ich fertig bin, und gehe weiter zur nächsten Beziehung.«

Dieses Bekenntnis ist nur in bezug auf seine Widersprüche sinnvoll: jene zu hassen, die man liebt; die abzulehnen, nach denen man sich sehnt; sich über jene zu ärgern, die sind wie man selbst. Das ist Homosexualität, eine verdrehte Art zu leben. Aber es ist das einzige Leben, das der Homosexuelle kennt. Wir müssen ihn akzeptieren, wenn wir in der Lage sein sollen, ihm zu helfen. Das heißt nicht, daß wir sein Verhalten billigen sollen. Es bedeutet vielmehr, daß wir versuchen sollten, sein verzweifeltes Bedürfnis zu verstehen, jemanden zu finden, den er lieben kann. Sein Verlangen nach körperlicher Nähe zu einem anderen Menschen unterscheidet sich in nichts von dem eines Normalen. Aber seine Fähigkeit, diese Gefühle auszudrücken, ist stark eingeschränkt. Denn Liebe läßt sich nur in einer heterosexuellen Beziehung vollständig ausdrücken; diese ist aber für den Homosexuellen so mit Schuldgefühlen beladen, daß sie ihm verschlossen ist. Aber das Bedürfnis, zu lieben und geliebt zu werden, muß auch bei Homosexuellen irgendein Ventil finden. Das geschieht auch, aber durch Hintertüren und durch Nebeneingänge, unter dem Schutz der Dunkelheit, wobei der Homosexuelle den Menschen verachtet, den er braucht, und sich selber wegen des Bedürfnisses haßt. Was für eine tragische Art, zu leben! Was für eine Einschränkung des Potentials der menschlichen Persönlichkeit!

Leider ist die Tragödie nicht auf den Homosexuellen beschränkt. Wenn seine Sexualität geopfert worden ist, um die sexuelle Schuld eines anderen zu sühnen, sind auch andere nicht unberührt geblieben. Die Probleme des Masochismus und der Homosexualität suchen, wie wir im nächsten Kapitel sehen werden, das Unbewußte auch vieler Normaler heim.

7 Latente Homosexualität

Jeder Psychiater kennt die Patienten, die im Lauf der Analyse entdecken, daß sie latente homosexuelle Tendenzen haben. Die sexuelle Betätigung eines solchen Patienten hat immer nur mit Angehörigen des anderen Geschlechts stattgefunden, er hat nie eine homosexuelle Handlung ausgeführt, er hat sich nie von Angehörigen des eigenen Geschlechts angezogen gefühlt, bis irgendein Ereignis oder ein Traum ein verborgenes homosexuelles Gefühl aufdeckt. Diese Erfahrung ist oft sehr schokkierend. Der Patient zweifelt an seiner Männlichkeit, und der Psychiater muß seine diesbezügliche Angst beschwichtigen. Ich will dieses Problem durch ein Beispiel veranschaulichen.
William war mehrere Jahre lang mein Patient. Als er bei mir Rat suchte, hatte er eine sexuelle Affäre mit einer älteren Frau. Er war achtundzwanzig Jahre alt und lebte noch bei seinem Vater, der die Beziehung entschieden bekämpfte. William war in einer verzwickten Lage. Sein Vater wollte, er sollte die Beziehung abbrechen, die Frau wollte, daß sie sich zu einer dauerhafteren Form weiterentwickelte, und William wollte nur frei sein. Er hatte der Frau gegenüber Schuldgefühle, aber er konnte sich seinem Vater nicht widersetzen. William war Architekt; er war zwar tüchtig in seinem Beruf, konnte aber den Erfolg, den er anstrebte, nicht erringen. Er fühlte sich gefangen, als ob er im Sumpf steckte, unfähig, sich zu bewegen. Über seine sexuelle Potenz hatte er jedoch nicht zu klagen, und er verspürte auch keinerlei Unzufriedenheit in bezug auf die Sexualfunktion.
Der Hauptzug von Williams Persönlichkeit war ihre masochistische Komponente; es war psychischer Masochismus im Unterschied zum physischen Masochismus. Er manifestierte sich in starken Minderwertigkeitsgefühlen, in ständigen Sorgen

wegen seines Mangels an Erfolg und in Entscheidungsunfähigkeit. Auf der körperlichen Seite sah man, daß Williams Muskulatur überentwickelt war, obwohl er kein Sportler war. Er war muskelbepackt, und seine Muskeln waren verspannt und zusammengezogen. Sein Körper war groß und stark behaart, was ihn, zusammen mit einem schwachen Hauttonus, schwer erscheinen ließ. Um sich zu bewegen, mußte William sich anstrengen. Ein weiteres körperliches Merkmal im Zusammenhang mit seinem Problem war eine relative Unterentwicklung von Gesäß und Becken. Außerdem schob er das Becken zu weit vor. William fehlte die Keckheit, die man von einem kräftigen jungen Mann erwartet.

Im Lauf der Therapie entspannte sich sein Körper, seine Beckenpartie füllte sich etwas auf und wurde beweglicher. Er gewann mehr Selbstvertrauen, je mehr seine Fähigkeit wuchs, sich durchzusetzen. Die Analyse half ihm, viele seiner Probleme mit seinem Vater zu lösen; außerdem kamen verdrängte Gefühle gegenüber seiner Mutter an die Oberfläche. Er zog aus der Wohnung des Vaters aus, verließ seine Freundin und nahm sich eine eigene Wohnung. Er schloß neue Freundschaften und unternahm Dinge, die neu für ihn waren.

Dann verliebte sich William in eine andere Frau, die ebenfalls mehrere Jahre älter war als er. Sie hatte eine gesellschaftliche Stellung inne, die nach seiner Ansicht der seinen überlegen war. Die Beziehung begann ganz beiläufig, aber die sexuellen Gefühle zwischen ihnen waren so stark, daß sich ein intensiveres Verhältnis daraus entwickelte. Es schien vielversprechend zu sein, aber die Beziehung wurde durch persönliche Schwierigkeiten kompliziert. Außer dem Altersunterschied, der unterschiedlichen gesellschaftlichen Stellung und Herkunft fiel auch noch die Verschiedenheit des religiösen Bekenntnisses ins Gewicht. Gefühlsmäßig war William noch nicht zur Ehe bereit, und als die Frau schwanger wurde, merkte William, daß er unter einem Druck stand, auf den er nur mit Rückzug reagieren konnte.

Es heißt, im Leben jedes Mannes gebe es drei Frauen – die

Frau, die er liebt, die Frau, die ihn liebt, und die Frau, die er heiratet. Ich glaube, das gilt auch für die Frau. Es ist ein Hinweis auf den Umstand, daß die Heirat oft ein Kompromiß ist. Die große romantische Liebe, die erregende sexuelle Beziehung enden oft mit einer Trennung. Ist es die Unterströmung sexueller Schuldgefühle, die einen des Glücks beraubt, von dem man träumt? In diesem Fall war weder William noch die Frau reif genug, um die Beziehung um der positiven Werte willen zu akzeptieren, die sie zu bieten hatte. William widerstrebte es, zu heiraten; er fürchtete, in die Falle zu gehen. Seine Bindung an die Frau war halbherzig, und die Schuldgefühle, die er in der vorhergehenden Beziehung erlebt hatte, kamen wieder und quälten ihn. Er hatte das Gefühl, er habe der Frau lediglich sexuelle Lust zu geben, und er fühlte sich anderen Männern in ihrem Bekanntenkreis unterlegen, die ihr eine Ehe und eine gesellschaftliche Stellung zu bieten hatten. Jedenfalls verschlechterte sich die Beziehung; es gab Streitereien, Eifersüchteleien, Beschuldigungen und Gegenbeschuldigungen und Vorwürfe; die sexuellen Gefühle verschlechterten sich entsprechend. Je mehr die sexuelle Erregung zwischen ihnen sich verringerte, desto mehr schienen sie einander zu brauchen. Ohne seine Freundin war William verzweifelt. Er saß mürrisch in seinem Zimmer und brütete vor sich hin. Die Beziehung dauerte noch eine Weile; vorübergehend flammten noch einmal gute Gefühle und Lust aneinander auf, aber beide wußten, daß das Verhältnis nicht von Dauer sein konnte. Die Angst, abgelehnt zu werden, zog es in die Länge.

Der homosexuelle Vorfall ereignete sich, nachdem William klar geworden war, daß er sich an seine Freundin klammerte, als sei sie seine Mutter. Er erkannte, daß er sich sein eigenes Leben aufbauen mußte, und daß es genug Sinn haben mußte, um ihn als Individuum für sich allein zu stützen. Es wurde ihm bewußt, daß er nicht durch einen anderen Menschen ein sicheres Gefühl seiner selbst bekommen konnte. Er versuchte, neue Freunde zu gewinnen, besonders Männer; bisher hatte er nur wenige Freunde gehabt.

Zu Williams Freunden gehörten zwei Männer, die zusammen lebten. William wußte, daß sie homosexuell waren, aber er nahm doch eine Einladung an, sie zu besuchen. Als sie ihn aufforderten, über Nacht zu bleiben, spürte William, daß er sich dadurch homosexuellen Annäherungsversuchen aussetzen würde, aber er blieb. Während der Nacht machten beide Männer William sexuelle Angebote, die er ablehnte. Trotzdem hatte William das Gefühl, sich absichtlich einer homosexuellen Situation ausgesetzt zu haben, und daß sie eine gewisse Anziehung auf ihn ausübte, obwohl er sie bewußt abgelehnt hatte.

Wie läßt sich Williams Handlungsweise in bezug auf seine Persönlichkeit interpretieren? Wäre es möglich, daß er sich zur Homosexualität verführen ließe, wenn er ihr nicht aktiv Widerstand leisten würde? Auf der Grundlage der Behauptung Berglers, psychischer Masochismus und Homosexualität gingen Hand in Hand, könnte man erwarten, bei William homosexuelle Tendenzen zu finden. Offensichtlich waren sie auch vorhanden. Deshalb war William noch kein Homosexueller. Es war ein Hinweis darauf, daß seine sexuellen Gefühle wirr und ambivalent waren, und es deckte einen Konflikt in bezug auf die Sexualität auf, der vorher nicht klar zutage getreten war.

William war kein Ausnahmepatient. Die meisten Patienten zeigen in ihrer Persönlichkeitsstruktur eine homosexuelle Komponente; das bedeutet, daß man bei jedem neurotischen Menschen ein gewisses Maß an latenter Homosexualität erwarten kann. Wie groß dieses Problem ist, kann man an der herrschenden Ansicht ermessen, daß Neurosen weit verbreitet sind und in gewissem Grad jeden Angehörigen unserer Kultur betreffen. Das Vorhandensein dieser latenten homosexuellen Gefühle beim sogenannten Normalen ist die einleuchtende Erklärung für die Faszination und den Widerwillen, die der offenkundig Homosexuelle auslöst. Man kann die Existenz dieser Tendenzen nicht als logische Untermauerung der Behauptung von Autoren wie Albert Ellis benützen, Homosexualität sei der Heterosexualität gleichzustellen, und der Mann, der die erstere der letzteren vorziehe, bringe lediglich einen anderen Geschmack zum Ausdruck, »wie einer, der blonde Frauen den brünetten vorzieht«.

Welche spezifische Bedeutung die homosexuelle Tendenz in Williams Persönlichkeit hatte, kann man aus einer Untersuchung der Beziehungen zu seinen Eltern erfahren. William hatte Angst vor seinem Vater; er war zwar innerlich trotzig, äußerlich ordnete er sich ihm aber unter. Er hatte seine Mutter als einen Menschen auf ein Postament gestellt, dessen Liebe und Aufopferung für ihn nicht in Frage zu stellen war. Er hatte nur eine undeutliche Vorstellung von ihr. Als kleines Kind hatte er seiner Mutter, die ihn übermäßig beschützte, sehr nahe gestanden. Seine Auflehnung gegen sie nahm die Form häufiger Wutausbrüche an, deretwegen er später schwere Schuldgefühle empfand. Die Entwöhnung war für William schwierig gewesen. Er konnte sich nicht mit der Vorstellung befreunden, seine Mutter aufgeben und auf eigenen Beinen stehen zu sollen. Auf das Abstillen reagierte er mit dem Gefühl, er werde abgelehnt und im Stich gelassen. Die drohende Beendigung seiner Beziehung zu seiner Freundin empfand er als eine ähnliche Ablehnung und ein Im-Stich-gelassen-Werden.

Zwischen Mutter und Sohn bestand eine anale Bindung, die Williams Individualtität und Autonomie untergrub. Seine Sauberkeitserziehung begann früh und hinterließ ihre Spuren darin, daß er sein Gesäß fest zusammenzog und festhielt. Außerdem hatte ihm seine Mutter zahlreiche Einläufe verabreicht, wodurch er ihr gegenüber in eine passive, feminine Position geriet. Durch diese Maßnahmen wurde auch das Fundament für das Gefühl gelegt, von einer Frau in die Falle gelockt zu werden. Die inzestuösen Gefühle zwischen Mutter und Sohn können auch für Williams wiederholte Versuche verantwortlich gewesen sein, als Pubertierender eine ältere Schwester zu verführen.

Diese Erlebnisse belasteten und beschränkten Williams Mög-

lichkeiten, sexuell als Erwachsener zu funktionieren. Sie erschwerten es ihm, sich einem Mädchen mit einem Gefühl der Ungezwungenheit und Selbstsicherheit zu nähern. Als nach der Beendigung seiner Liebesaffäre klar wurde, daß er eine neue sexuelle Beziehung brauchte, geriet William in Verzweiflung. Seine Symptome verschlimmerten sich merklich; er fühlte sich mürrisch, entmutigt und voll Angst. Während er in dieser Stimmung war, ereignete sich die mißglückte homosexuelle Begegnung, von der ich schon gesprochen habe. Unbewußt muß ihm die homosexuelle Art und Weise als eine bequeme Lösung erschienen sein – er hätte sein Bedürfnis nach einer Frau überwunden und wäre physisch einem Mann nähergekommen. Wenn er sich hätte verführen lassen, wäre es ihm möglich gewesen, die Schuldgefühle- wegen seiner sexuellen Empfindungen zu vermeiden, und er hätte seine sexuellen Impulse »ausagieren« können, ohne Ablehnung fürchten zu müssen. Analverkehr mit einem Mann hätte seinen Wunsch nach Rache auf zwei Arten zugleich befriedigen können. Der Mann als Symbol für seinen Vater würde in eine demütigende Unterwerfungslage gebracht, zum Ausgleich für die vielen Demütigungen, die William nach seinem Gefühl von seinem Vater hatte erdulden müssen. Als Symbol für Williams Mutter wäre der Mann das Mittel, mit dessen Hilfe William ihr seinerseits das antun konnte, was sie ihm angetan hatte. Manche Männer können dies mit einer Frau »ausagieren« (Analverkehr), aber im allgemeinen ist die Bedeutung solcher Handlungen den meisten zu deutlich bewußt, als daß sie sie akzeptieren könnten. Homosexualität ist der einfache Ausweg. Wenn William diesen Weg eingeschlagen hätte, hätte es zu einem weiteren Verlust an Selbstachtung und zu einer weiteren Zerstörung seiner Integrität als Mann geführt. Offensichtlich hatte William zuviel Selbstachtung, um diese Richtung zu wählen. Der Vorfall diente jedoch als Warnung und befähigte William, sich seinen Gefühlen unmittelbarer zu stellen.
Manche Patienten offenbaren ihre latenten homosexuellen Gefühle bereitwillig. Andere aber errichten eine starke Ab-

wehr gegen irgendwelche Gefühle dieser Art, die man dann aus Verhaltensweisen oder aus zufälligen Bemerkungen erschließen muß. Ted z. B. kam in mein Sprechzimmer mit dem Gang eines West-Point-Kadetten. Er war ein groß gewachsener Mann; seine Brust war gebläht, der Bauch eingezogen, und sein Rückgrat war kerzengerade. Er war dreißig Jahre alt. Teds Problem war, daß er mit zwei Frauen zu tun hatte und sich nicht für eine entscheiden konnte. Wenn er bei der einen war, wollte er die andere. Wenn er sich der einen sicher war, verlor sie ihre Anziehungskraft. Beide Frauen nützten die Situation aus, um ihn an der Angel zu behalten. Ted war von seiner Großmutter aufgezogen worden, an der er so hing, daß er einen Nervenzusammenbruch bekam, als er auf die Vorbereitungsschule mußte und dadurch von ihr getrennt wurde.

Seine Großmutter verwöhnte und beschützte ihn übermäßig. Sie begleitete ihn jeden Tag zur Schule und holte ihn ab, wenn die Schule vorbei war. Die männlichen Familienangehörigen hatten das Gefühl, er werde mit der Zeit ein Weichling werden, und ermahnten ihn, er solle »ein Mann sein«. Ihre Appelle machten Ted keinen Eindruck. Und nun war er erwachsen und, soviel man sehen konnte, ein Mann, der seine Rolle vollkommen spielte.

Ich entdeckte eine Schwäche in Teds Persönlichkeit, die hinter seiner männlichen Haltung verborgen war. Die Übertreibung der Körperhaltung war ein Anhaltspunkt. Aber er hatte andere Probleme, aus denen er kein Hehl machte. Er hatte Angstanfälle, in deren Mittelpunkt die Vorstellung vom Reisen stand. Als er zu mir kam, konnte er es nicht ertragen, einen Abend allein zu verbringen. Er hatte schreckliche Angst vor dem sexuellen Versagen. Der Gedanke an Streit oder an physische Aggression machte ihm Angst.

Ted hatte niemals homosexuelle Erlebnisse gehabt, ebensowenig Phantasien über Homosexualität. Ihm war ein Mann, der mit anderen Männer zusammen an männlichen Unternehmungen beteiligt war, verdächtig. Teds Privatleben war von seinen Beziehungen zu diesen beiden Frauen völlig in Anspruch genommen, genauso, wie seine Kindheit sich um seine Beziehungen zu seiner Mutter und seiner Großmutter gedreht hatte. Er hatte das Gefühl, ein Mann zu sein, weil er sich für Frauen interessierte.

Im Verlauf der Therapie offenbarten sich seine homosexuellen Ängste bei mehreren Gelegenheiten. Als Ted sich einmal mit dem Rücken zu mir bückte, um etwas aufzuheben, hatte er plötzlich Angst, ich würde einen analen Angriff auf ihn unternehmen. Ein andermal, als er an seinem Knöchel lutschte, sagte er, es erinnere ihn daran, wie es sei, an einem Penis oder an einem Schnuller zu lutschen, dann erstarrte er. Diese Anzeichen und seine Körperhaltung genügten, um uns beide zu überzeugen, daß Ted sich vor latenten homosexuellen Tendenzen in sich selber fürchtete.

Welchen Wert hat es, latente homosexuelle Gefühle bei einem Patienten ans Licht zu bringen? Zugegeben, Ted war nie ein Homosexueller gewesen und würde höchstwahrscheinlich nie einer werden. Sein wirkliches Problem schien seine Unfähigkeit zu sein, sich selbst anzunehmen, einen persönlichen Sinn in seinem Leben zu finden und Lust und Befriedigung daraus zu ziehen, daß er es lebte. Aber das war Ted nicht möglich, da ein Großteil seiner psychischen und physischen Energien in die Bemühung investiert wurde, seine homosexuellen Gefühle zu unterdrücken. Die homosexuelle Tendenz ist außerdem unmittelbar mit der Kastrationsangst verknüpft und ihr direkt proportional. Ted konnte diese Definition des Problems nicht akzeptieren, weil er lediglich seine Angst vor dem Alleinsein und seine Furcht, im Stich gelassen zu werden, empfinden konnte. Angst vor dem Alleinsein hängt, wie Brigid Brophy sagt, mit Schuldgefühlen in bezug auf Masturbation zusammen. Sie weist darauf hin, daß man masturbiert, wenn man allein ist, und daß das Alleinsein die Versuchung aufsteigen läßt, zu masturbieren. Ted litt an schwerer Masturbationsangst. Als Heranwachsender hatte er geglaubt, Masturbation werde ihn schwächen, seine sexuelle Potenz zerstören, ihn zum Krüppel machten, ihn sogar geisteskrank machen. Mit dreißig Jahren glaubte er immer noch, sie habe eine ungünstige Wirkung auf ihn. Er behauptete, sie führe dazu, daß er sich am nächsten Tag müde, schwach und nervös fühle. Es war schwere Arbeit, ihn davon zu überzeugen, daß diese Reaktion die Folge seiner Angst war und nicht der Masturbation als solcher zugeschrieben werden konnte.

In Teds Fall ging die Angst vor dem Verlassenwerden auf die Kindheitsangst zurück, wegen seiner sexuellen Betätigung abgelehnt zu werden. Psychische Kastration ist die Folge der Drohung, wenn das Kind seine sexuellen Gefühle nicht aufgebe, werde die Mutter fortgehen. Teds Großmutter benützte dieses Mittel, um den Jungen zu gängeln. »Wenn du kein braver Junge bist, geh' ich weg.« Bedauerlicherweise starb sein Vater, als er fünf Jahre alt war, und stand ihm nicht als Gestalt zur Verfügung, mit der er sich hätte identifizieren können. Er hatte eine ältere Schwester, die ihm oft drohte, sie werde ihn »bestrafen« (»penalize«). Sehr lange glaubte Ted, dies bedeute, daß sein Penis abgeschnitten werden würde. Teds Kindheitssituation war so, daß er zur homosexuellen Persönlichkeit hätte werden können. Sein früherer Analytiker war überrascht gewesen, daß dies nicht geschehen war.

Unter der Belastung seiner schweren Kastrationsangst konnte Ted keine befriedigende Beziehung zu einer Frau herstellen. Wenn eine Frau, mit der er ein Verhältnis hatte, drohte, ihn zu verlassen, erstarrte er und geriet in panische Angst. Ich hoffte, dieses Problem dadurch überwinden zu können, daß ich ihn von seiner unbewußten Angst vor der Kastration durch die Frau befreite. Es ist jedoch wahrscheinlich, daß er in Wirklichkeit größere Angst vor analer Penetration durch einen Mann hatte als davor, von einer Frau im Stich gelassen zu werden, und daß seine Angst vor dem Alleinsein eine Abwehr gegen seine latenten homosexuellen Gefühle war. Ich habe vorhin darauf hingewiesen, daß unter der Androhung des Verlassenwerdens ein »braver Junge« zu sein, bedeutete, sich jeder erotischen Selbstbefriedigung zu enthalten, aber es hatte auch noch eine andere Bedeutung. Ted war ein »braver Junge«, wenn er seiner

Mutter gestattete, ihm einen Einlauf zu machen, um seine Verstopfung zu beheben. Diese Einläufe, sagte er mir, kamen regelmäßig jede Woche vor. Er war ebenso fest davon überzeugt, daß sie notwendig und nützlich waren, wie er davon überzeugt war, Masturbation sei schädlich und gefährlich. Die Tatsache, daß Ted anale Penetration in irgendeiner Form als normales Verfahren betrachtete, verrät, in welchem Maß er als Kind seine männliche Natur seiner Mutter gegenüber aufgegeben hatte.

Ted wurde in gewissem Sinn von den beiden Frauen, mit denen er sich abgab, fortwährend kastriert; d. h. sie demütigten ihn, kritisierten ihn und verursachten ihm Schuldgefühle. Er unterwarf sich masochistisch der Erniedrigung seiner Persönlichkeit, um das zu vermeiden, was er für die gefährlichere Drohung hielt – allein gelassen zu werden. Als er bei mir Rat suchte, wiederholte er das Kindheitsmuster. Ted erkannte nicht, daß seine passive Unterordnung gegenüber den Frauen eine Wiederholung dessen war, daß er den Einlauf akzeptiert hatte. Er hatte Schuldgefühle, weil er sich durchaus dessen bewußt war, daß er die eine Frau als Abwehr gegen die andere benützte. Er verstand beide, und er sah ein, daß ihre Klagen berechtigt waren. Als Kind hatte er dasselbe getan. Er konnte sein Verhalten dermaßen rationalisieren, daß man Angst bekommen konnte, denn seine Unfähigkeit, seine verzwickte Lage zu erkennen, hielt ihn in einer hoffnungslosen Lage gefangen.

Wäre Ted ein offenkundiger Homosexueller mit den gleichen Problemen, hätte er ihre Beziehung zu seiner Sexualangst erkennen können, aber er glaubte, auf sexueller Ebene funktioniere er wie ein Mann. Diese Täuschung erhielt seine Neurose aufrecht. Ted bot das schwierige Problem eines Menschen, der eine »Gehirnwäsche« hinter sich hat. Das einzige Element, das nicht zu seiner Vorstellung von sich selbst paßte, war seine homosexuelle Furcht vor einem analen Angriff. Solange er die bewußte Wahrnehmung dieser Furcht vermeiden konnte, konnte er den Status quo aufrechterhalten,

einen Zustand, der nur für einen Menschen mit einer homosexuellen Persönlichkeit erträglich sein konnte.
Teds Verhalten ist nur gemäß den sadomasochistischen Tendenzen zu verstehen, die der Homosexualität zugrundeliegen. Er manipulierte die Situation mit den beiden Frauen so, daß jede finanziell an ihn gebunden war. Durch ständige Telefonanrufe drang er gewaltsam in ihr Privatleben ein. Psychologisch gesehen, agierte er an ihnen die Kränkungen und Verletzungen aus, die er von seiten seiner Mutter und seiner Großmutter hatte erleiden müssen. Tatsächlich war Ted in dem Sinn ein latenter Homosexueller, daß sein Verhalten alle Merkmale der homosexuellen Einstellung aufwies, die in heterosexuellen Beziehungen »ausagiert« wurden. Es ist also augenfällig, daß die Aufdeckung einer latenten Homosexualität bei einer neurotischen Persönlichkeit ein Schlaglicht auf die Bedeutung von Störungen in der heterosexuellen Funktion wirft. Bei William bedeutete die homosexuelle Versuchung einen tiefen Wunsch, die Bemühung um eine reife Sexualität aufzugeben und auf das infantile Verhaltensmuster dessen zu regredieren, der versorgt und beschützt wird. Sie drückte seine Sehnsucht nach dem einfachen Ausweg aus. Bei Ted stellte seine Furcht vor dem homosexuellen Angriff die unbewußte Erkenntnis seines wahren Problems dar. In solchen Fällen kennzeichnet die homosexuelle Phantasie, der homosexuelle Wunsch, die homosexuelle Angst oder der homosexuelle Impuls das Innerste des sexuellen Problems des betreffenden Menschen. Es ist daher nicht überraschend, daß diese Tendenzen so heftig verdrängt werden. Die Aufdeckung latenter homosexueller Gefühle und die Analyse ihrer Elemente macht den Weg frei für eine Lösung der heterosexuellen Probleme.
Rose war eine Patientin, die ihre homosexuellen Gefühle ohne Angst akzeptierte, obwohl sie keine offenkundige Homosexuelle war. Sie hatte viel größere Schwierigkeiten, ihre sexuellen Beziehungen zu ihrem Ehemann zu akzeptieren. In bezug auf diese Situation sagte sie: »Ich fühle mich wie ein Brett, wenn ich da liege und mich ihm unterwerfe.« Dann sagte sie über ihre

Beziehungen zu einer Freundin, die sie seit ihrem sechzehnten Lebensjahr kannte: »Sie ist ein hübsches Mädchen mit männlichen Tendenzen; sie ist Lesbierin. Als ich jünger war, wollte ich Kontakt zu ihr haben. Eines Abends vor etwa einem Jahr küßten wir einander. Es fühlte sich für mich sehr gut an, und wegen meines Gefühls auch richtig, aber auch nicht richtig, weil mir klar wurde, daß es nicht weiter gehen konnte.«

Der Gegensatz zwischen Roses Empfindungen in bezug auf ihr homosexuelles Erlebnis und ihren Empfindungen in der heterosexuellen Beziehung zeigte ihre unbewußten Konflikte. Als sie ihre lesbische Freundin küßte, fühlte sich Rose als frei Handelnde und sah ihr Mitmachen als etwas an, das die Würde einer freiwilligen Handlung hatte. Der Geschlechtsakt mit einem Mann war für sie eine masochistische Unterwerfung. Der Unterschied zwischen diesen Reaktionen muß Roses Angst vor dem Penis zugeschrieben werden. Für sie war dieses Organ ein Symbol der Macht und Autorität, dem sie sich nicht unterwerfen konnte. Ihr Konflikt entstand aus einem unbewußten Bedürfnis, die sexuelle Situation zu beherrschen, und aus dem Gefühl, durch sexuelle Beziehungen mit einem Mann werde sie zu einem unpersönlichen Sexualobjekt reduziert. Die Analyse ihrer homosexuellen Tendenz befähigte sie, die Bedeutung ihrer Schwierigkeit zu verstehen, und sie sagte: »Meine Mutter hat mir immer eingeprägt, ich sollte die Beste sein. Ich war also im Bett immer gut – ich hab' meine Rolle gut gespielt. Die wenigen Male, als ich entspannt war, hab' ich den Sex genossen. Nach meinem letzten Besuch hab' ich mit meinem Mann Verkehr gehabt. Ich merkte, daß ich mir meines Körpers nicht bewußt war, also gab ich meine Beherrschung auf. Ich hatte einen großartigen Orgasmus, und mir wurde mit einer Flut von Gefühlen klar, daß ich wie meine Mutter war – sie mußte auch immer alles beherrschen.«

Roses Aussage zeigte, daß ihr Bedürfnis, die sexuelle Situation zu beherrschen, von einer unbewußten Einstellung zu ihrem Körper herrührte. Sie mußte ihren Körper beherrschen, damit sie ihren sexuellen Impulsen nicht nachgab. Die Analyse

brachte ans Licht, daß die von ihr gefürchteten Impulse auf Selbstbefriedigung gerichtet waren. Bei unseren Unterredungen bezeichnete Rose ihre sexuelle Betätigung als »Ficken«, aber sie hatte das Gefühl, Masturbation sei unzulässig. Die »sexuelle Aufgeklärtheit«, die eine vulgäre Bezeichnung für den normalen Geschlechtsverkehr akzeptiert, aber die natürliche Funktion des Selbstgenusses ablehnt, ist typisch für den heutigen Neurotiker. Rose konnte sich in der lesbischen Situation entspannen, weil es dabei keine vaginale Penetration gab. Ihre homosexuelle Tendenz brachte ihre Ablehnung ihres eigenen weiblichen Körpers zum Ausdruck. Diese Einsicht befähigte Rose, besser auf ihren Mann einzugehen.
Rose erkannte und erlebte ihre homosexuelle Tendenz bewußt. In anderen Fällen muß man das homosexuelle Element aus der Angst vor engem Kontakt mit einer Person des gleichen Geschlechts ableiten. Der Widerwille einer Frau gegen das Berührtwerden durch eine andere Frau kann auf das Vorhandensein einer latenten homosexuellen Tendenz hinweisen. Die Bemerkungen einer anderen Patientin namens Anna offenbarten einige Aspekte dieses Problems. Ich bat Anna, über homosexuelle Gefühle zu sprechen, die sie vielleicht einmal gehabt habe. Ihre Erwiderung:

»Was für verdrängte Wünsche ich auch haben mag, eine Frau zu lieben oder von einer Frau geliebt zu werden, es ist soviel Mißtrauen gegen Frauen und konkurrierende Eifersucht in mir, daß das andere gar nicht in Frage zu kommen scheint. Ich glaube, ich fühle mich auch im Grunde nicht begehrenswert, unerwünscht, und das bei Frauen noch mehr als bei Männern. Ich habe das Gefühl, ich hab' sowohl Angst, nicht verführt zu werden, als auch, in Versuchung zu kommen, mich verführen zu lassen. Wenn mich z. B. eine Ärztin anrührt, finde ich es so beruhigend, daß ich denke, vielleicht würde ich es gern haben, wenn sie mich liebte und begehrte. Aber ich weiß, dazu wird es nicht kommen, denn in Wirklichkeit hat mich noch keine Frau geliebt – oder wenn es vielleicht eine getan hat, also im Ferienlager, dann als ein unschuldiges kleines Mädchen. Aber wenn ich jemals auch nur eine Ahnung davon verspüre, daß sie mich vielleicht begehren könnte, erstarre ich vor Verlegenheit und Angst. Ich kann mir vorstellen, daß ich die Brust einer anderen Frau berühren möchte, aber nichts weiter.

Vielleicht hätte ich es auch gern, wenn mich eine andere Frau berührte, aber nur, wenn sie mir z. B. den Rücken reibt, nicht, wenn sie meine Brüste berührt, weil das mein Gefühl der Unzulänglichkeit weckt.«

Die Gefühlsverwirrung, die an Annas Bemerkungen zu erkennen war, zeigte das Ausmaß ihrer psychischen Krankheit. Sie spiegelte ihre Konflikte und Schwierigkeiten auf der heterosexuellen Ebene und lieferte den Schlüssel zum Verständnis dieser Schwierigkeiten. Ohne ein Wissen um die latenten homosexuellen Tendenzen in einem Menschen wie Anna wären die Störungen ihrer heterosexuellen Funktion weniger verständlich. An der Oberfläche war Anna eine lebhafte, muntere und gescheite junge Frau. Sie war vierundzwanzig Jahre alt, war verheiratet gewesen und geschieden und hatte ein Kind von fünf Jahren. Unter ihrem fröhlichen, aufgeregten Äußeren steckte ein kleines Mädchen, schrecklich traurig, wütend und verwirrt. Sie litt an schweren Depressionen, die an Melancholie grenzten. Diese Gefühle verschwanden jedoch in Gegenwart eines neuen Mannes. Sie stellte fest: »Ich fühle mich so erschöpft und deprimiert. Ich weiß, Tom kann nichts dafür. Aber ich weiß, daß die Müdigkeit sofort verschwinden würde, wenn ich mit einem anderen Mann oder einer Gruppe zusammen wäre. Ich würde eine Schau abziehen.«. In dieser Situation pflegte Anna der »Star des Abends« zu werden und alle anderen anwesenden Frauen in den Schatten zu stellen. Wenn ihr dies nicht gelang, wurde sie depressiv und fiel in sich zusammen. Sie hatte die Rolle der »fröhlichen kleinen Prinzessin« für ihren Vater gespielt, als sie jünger war, um seine Verzagtheit aufzuhellen und um seine Zuneigung zu gewinnen. »Bei einem neuen Menschen gibt es eine neue Erfahrung, eine neue Entdeckung, die einen aufrichtet«, sagte sie. »Proust sagt von jeder neuen Beziehung: ›Vielleicht ist dies der Schlüssel, um das Tor zum goldenen Schatz aufzuschließen.‹ Hoffnung.« Proust war selbst ein Homosexueller. In dieser Äußerung drückt er die Hoffnung und das Scheitern der homosexuellen Lebensweise aus.

Anna reagierte stark auf das Gefühl, sexuell begehrt oder gebraucht zu werden. Das trat klar zutage in den masochistischen Phantasien, deren sie sich bediente, um zum Höhepunkt zu kommen. In einer typischen Phantasie wurde ihr Partner zum »Ehemann-Geliebten, der tyrannisch, aber voller Anbetung ist. Ich bin unwiderstehlich schön, besonders mein Körper. Der Ehemann-Geliebte will mich immer in seiner Macht behalten. Er erregt mich, hält aber dann inne, bevor wir irgendwohin gehen. Dann, wenn wir ausgegangen sind, beschließt er, mich dort zu lieben, manchmal als Strafe dafür, daß ich jemand anders angesehen habe oder von jemand anders angesehen worden bin. Seine Fähigkeit, mich zu erregen und mich dazu zu bringen, daß ich komme, ist ein Zeichen seiner Macht.«

Der zweite Teil dieser Phantasie verlief auf verschiedene Weise. Eine Szene wurde folgendermaßen beschrieben:

»Wir waren im Umkleideraum eines Warenhauses. Er beschließt, es dort zu machen. Ich bin nicht ganz nackt, habe vielleicht nur ein Unterkleid an, und ich muß mich mit dem Rücken an den Spiegel stellen, die Arme sind ausgestreckt oder hinter mir. Meine Beine sind immer etwas gespreizt. Manchmal befiehlt er jemand, sie auseinanderzuhalten. In dieser Phantasie und in einigen anderen ist es eine Frau, die das tut, vielleicht die Verkäuferin. Dann kitzelt er mich mit den Händen am Genitale, schnell und leicht. Dann, im letzten Moment, führt er seinen Penis ein. Aber irgendwie bringe ich den eindringenden Penis mit der Vorstellung zusammen, daß er mir wehtut, als sei er zu groß, so daß ich diesen Teil der Phantasie nicht oft benütze.«

In einer anderen Variante dieser Phantasie »kitzelt (der Ehemann-Geliebte) meine Brüste, oft durch ein Kleidungsstück hindurch, wie z. B. ein Unterkleid, dann, beim Höhepunkt, steckt er seine Hand in den Unterrock hinein oder in den Büstenhalter. Manchmal erregt er meine Brüste, bis ich sie selber entblöße.«

Viele Elemente in dieser Phantasie offenbaren Annas Persönlichkeitsprobleme. Erstens war sie offensichtlich exhibitionistisch. Am Anfang ihrer Therapie war Anna in einer Schauspielerausbildung. Sie entdeckte, daß sie auf der Bühne, während sie etwas darstellte, lebendig wurde. Zweitens rührte ein Großteil ihrer Erregung vom Verlangen und von der Leidenschaft des Mannes her. Sie war der köstliche Bissen, den der Mann mit seiner sinnlichen Begierde verschlingen sollte. Die Austauschbarkeit ihres Erlebens verlieh ihm einen homosexuellen Beigeschmack. Drittens kam ihre Angst vor dem Penis deutlich zum Ausdruck. Da der Penis gewöhnlich in ihrer Phantasie weniger wichtig war als die Hände und als die Rolle des Sich-zur-Schau-Stellens, und da die Phantasie nicht immer im Koitus endete, wäre sie auch bei einem homosexuellen Erlebnis zu gebrauchen gewesen.

Angesichts der Gefühle, die Anna in bezug darauf hegte, daß eine Frau ihre Brüste berührte, sind ihre Phantasien besser auf Homosexualität bezogen zu verstehen. Der Ehemann-Geliebte, der ihre Brüste kitzelte und erregte, bis sie sie freiwillig entblößte, war eine weibliche Gestalt, die niemand anders als die Mutter sein konnte. Das ergibt sich von selbst, weil jede homosexuelle Beziehung auf einer bestimmten Ebene eine Wiederholung der kindlichen Erfahrung mit der Mutter ist. Anna identifizierte sich mit dieser Mutter-Geliebten und bezog ihre Erregung aus der Lust, die es der Mutter-Geliebten bereitete, ihre Brüste zu liebkosen. Diese Identifikation machte deutlich, daß die Rollen vertauschbar waren. Anna war auch die Mutter, deren Brüste gestreichelt wurden, und sie war das Kind, das gern die Brüste der Mutter gestreichelt hätte. Mit anderen Worten, diese Phantasie drückte Annas verdrängtes infantiles Verlangen nach der Brust ihrer Mutter aus. Diese Deutung wurde durch die Kenntnis ihrer homosexuellen Angst erleichtert.

Es könnte so scheinen, als seien die anderen Teile der Phantasie heterosexuell ausgerichtet. Eine solche Deutung stimmt jedoch nicht mit ihrer oralen Charakterstruktur überein. Annas Beziehung zu ihrem Ehemann-Geliebten in der Phantasie stellte die Erlebnisse eines Kindes mit einer Mutter dar. In ihrer Passivität drückte sich die Hilflosigkeit des Säuglings aus. Die

Macht und die Herrschaft, die Anna dem Mann zuschrieb, gehörte ursprünglich der Mutter. Der Penis bedeutete die Brust, und Anna war der Säugling, geneckt und ausgenützt von ihrer Mutter (ihrem Ehemann). Diese Ausnutzung des Kindes durch die Mutter um der sexuellen Lust der Mutter willen war bei jedem der bisher besprochenen Fälle vorhanden. Im wirklichen Leben funktionierte Anna als erwachsene Frau, aber ihr Phantasieleben und ihre Angst vor der Homosexualität offenbarten die Sehnsucht des unerfüllten Kindes.

Die Spaltung in Annas Persönlichkeit schlug sich in einer Abgetrenntheit von ihrem Körper nieder. Sie zeigte einen Mangel an Körpergefühl, der für die schizoide Persönlichkeit kennzeichnend ist, aber ihre Persönlichkeit enthielt auch eine wichtige orale Komponente, die in der Ausdrucksstärke und Lebendigkeit ihres Gesichts und ihres Mundes zutage trat. Anna schwankte zwischen schizoider Distanzierung und oralem Verlangen hin und her. Wenn ihr Ausgreifen nach Lust und Erregung keine Reaktion hervorrief, zog sie sich in die Depression und ins Nichtsein zurück. Als sie ein stärkeres Selbstgefühl als Person gewann, fing sie an, ihre Stimmungsschwankungen zu begreifen. Sie sagte: »Früher hab' ich mich immer nichtexistent gefühlt, wenn ich nicht mit einem anderen Körper in Kontakt war. Bei meinem Mann pflegte ich immer so nah zu liegen, daß ich ihn fühlen konnte. Jetzt fühle ich mich nicht nichtexistent. Wenn ich traurig bin oder den Kontakt zu mir selber verliere, möchte ich Tom berühren. Ich kann aber auch mehr an mich selber denken – an das, was ich kann. Das ist eine Besserung gegenüber dem Gefühl, alleingelassen zu werden. Ich kann jetzt mit dem Gefühl fertigwerden.«

Anna hegte eine Wut, die mit dem Mangel an Erfüllung in ihrem Dasein zusammenhing. Sie richtete sich immer gegen den Mutter-Ehemann-Geliebten, wenn es ihm nicht gelang, sie zu befriedigen. Wie sie ihr Gefühl beschreibt, ist fast erschreckend: »An einem Abend vor einigen Tagen, als es Tom nicht gelang, seine Erektion beizubehalten, fühlte ich, wie ich mich in einen Panther verwandelte. Es war wie im Film, wenn man mitansieht, wie sich jemand in einen Werwolf verwandelt. Ich hatte das Gefühl, meine Hände würden zu Krallen, und ich wollte ihn kratzen. Ich hab' ihn tatsächlich am Rücken gekratzt. Ich fühlte mich böse und mächtig.«

In allen Menschen steckt eine latente Wildheit, die dem Maß ihrer Deprivation entspricht. Und Anna war ein hungriges Kind, hungrig nach Liebe, und ihre Phantasie überstieg das, was in ihrer Reichweite lag. Wenn sie kannibalistisch wurde, wie das folgende zeigt, spiegelte sie lediglich das Verlangen eines Säuglings nach einer dicken Brust und einem vollen Bauch. Eines Tages berichtete sie: »Ich hatte eine entsetzliche Phantasie beim Masturbieren. Ich spürte, daß meine Beine ganz riesenhaft waren und sich über mir ausbreiteten wie die Beine eines Insektenungeheuers. Meine Vagina war wie eine Falle, in die ich den Mann hineinsaugen wollte, um ihn zu vernichten. Wenn er erst einmal drin wäre, wäre er verloren, verschlungen.«

Die Verschiebung vom Mund zur Vagina könnte nicht deutlicher ausgedrückt werden. Angesichts einer solchen Phantasie ist es kein Wunder, daß manche Männer eine Furcht vor der Vagina zeigen. Aber der Mann ist nur in dem Ausmaß seiner eigenen Ängste verwundbar. Sein Geschlechtsorgan ist nicht so leicht zu zerstören. Anna konnte nur einem Mann Angst einjagen, dessen Kastrationsangst in bezug auf Frauen bereits bestand.

Trotz der Stärke ihrer latenten homosexuellen Gefühle behielt Anna eine heterosexuelle Einstellung bei, weil es in ihrem Leben einen wichtigen Einfluß gab – die positive Reaktion ihres Vaters auf ihre Weiblichkeit. Das ermöglichte ihr eine Übertragung ihrer oralen Gefühle von der Mutter auf den Vater, wenn auch später der Mann in all ihre Probleme hineingezogen wurde. Sie hatte auf diese Weise auch eine positive Vorstellung von sich selber als einer sexuell begehrenswerten Frau bekommen, an die sie sich verzweifelt klammerte.

Als Anna durch die Therapie mehr Selbstgewahrsein gewann, bekam sie Schuldgefühle, weil sie während des Geschlechtsakts

Phantasien benützte. Denn, wie sie sagte: »Ich hab' in Wirklichkeit nicht mit ihm geschlafen und kann daher nie meine Liebe zu ihm und mein Verlangen nach ihm ausdrükken.« So sehr die Phantasie auch notwendig zu sein schien, um ihre Empfindungen zu intensivieren, in einer anderen Hinsicht diente sie auch dazu, Annas Reaktion einzuschränken. »Wenn Tom zu rasch vorgeht, ziehe ich mich völlig zurück, als wenn ich meine Gefühle nicht die Regie übernehmen lassen könnte. Ich muß die ganze Sache in meiner Vorstellung im Griff haben, so daß ich, nicht Tom oder mein Körper, beschließe, wann ich loslassen will.«

Annas Problem war so auf den Mann konzentriert, daß man sich fragte, ob ihre Heterosexualität nicht ein Abwehrmanöver sei. Ihre Unfähigkeit, sich bewußt mit ihrer Mutter zu identifizieren, erklärte ihre Unzufriedenheit mit ihrer eigenen Rolle als Mutter und Hausfrau. Ihre Angst vor und ihr Mißtrauen gegen Frauen waren Projektionen ihrer eigenen verdrängten oral-homosexuellen Impulse. Anna akzeptierte sich als Frau, als sie erkannte, daß sie an ihrem Kind die Ablehnung »ausagierte«, die ihr von ihrer Mutter zuteil geworden war. Daß sie ihre Mutterfunktion in ihre Persönlichkeit einbauen konnte, gab ihr die Möglichkeit, die infantile Position von Sexualobjekt und hungrigem Kind aufzugeben.

Die Beziehung zwischen Homosexualität und den psychischen und physischen Traumata, die zu Neurosen führen, wird gewöhnlich durch die Deutung von Träumen, Phantasien und Einstellungen erschlossen. Im folgenden Fall tritt diese Beziehung sehr lebendig in einer Phantasie und in einem Traum zutage, die der Patient berichtete:

»Nach der letzten Sitzung hab' ich mich sehr gut gefühlt. Wir hatten viel Körperarbeit gemacht. Meine Beine zitterten, und ich konnte meinen Körper gut spüren. Ich fühlte mich sehr erotisch. Ich hatte sehr großes Bedürfnis nach einer Frau, aber ich konnte meine Freundin nicht erreichen. Ich ging nach Hause und onanierte. Ich wollte etwas in meinen After stecken, während ich onanierte, etwas wie eine Kerze. Es fiel mir ein, daß ich vielleicht homosexuellen Analverkehr genießen würde. In dieser Nacht hatte ich einen Traum.

In dem Traum half ich jemand anders, sich mit einer Salbe zu bedecken, die ihn unsichtbar machen sollte, damit er einige alte Feinde umbringen könnte. Ich fragte ihn, wen er zuerst angreifen würde. Er sagte: ›Ich würde meine Mutter umbringen.‹ Später sah ich, wie er einem Mann ein Messer in den Hals stieß. Als ich aufwachte, merkte ich, daß *ich* der Mann war.«

Eine Kerze im After führt zu einem Messer im Hals, der Wunsch, die Mutter zu töten, endet als Angriff auf einen Mann – die Umstellungen und Verwandlungen, die das homosexuelle Gefühl hervorrufen, sind unglaublich! Daß eine Mutter in einem Traum oder in einer Phantasie durch einen Mann dargestellt wird, beruht auf dem Vorhandensein einer starken männlichen Komponente in der Persönlichkeit der Mutter. (Diese Umstellung war in Annas Fall ein auffallender Zug.) Die maskuline Mutter ist die Mutter mit einem Penis, die in der Mythologie und in der Psychiatrie eine bekannte Gestalt ist. Ich werde ihre Bedeutung später besprechen. In diesem Fall war sie eine Mutter, die das Kind anal erregte, indem sie eine Klistierspritze in seinen Darm einführte. Dies ist eine Art und Weise, wie sich eine anale Fixierung entwickelt. Sie wirkt sich so aus, daß libidinöse oder erotische Gefühle auf den Anus konzentriert werden, so daß sie für genitale Befriedigung nicht zur Verfügung stehen. Dem Wunsch nach einer homosexuellen Penetration, um diese erotischen Gefühle freizusetzen, wirkt die Wut über die Vergewaltigung entgegen, die auf den Homosexuellen projiziert wird. Dies mag einer der Hauptgründe für Morde in der Welt der Homosexuellen sein.
In Pauls Fall habe ich darauf hingewiesen, daß übertriebene Männlichkeit eine Abwehr gegen latente homosexuelle Gefühle sein könnte. Die Übertreibung wird bewirkt durch starre Haltungen und Muskelverspannungen. Die Verspannungen haben auch den entgegengesetzten Erfolg. Sie grenzen die Bewegung ein und beschränken die Bewegungsfähigkeit, wodurch Gesten und Geziertheiten entstehen, die weibisch wirken. Ein weiteres Zeichen der Verweiblichung bei einem Mann ist leicht als ein sanfter, gedehnter Stimmklang zu

erkennen, der ans Zischeln grenzt. Er kommt durch eine Starrheit der Muskulatur in Brust und Bauch und durch Muskelverspannungen in Hals und Kehlkopf zustande, die den Luftstrom verringern und die Stimmresonanz vermindern. Manchmal wird dadurch die Stimme höher. Die Rigidität des gesamten Körpers vermindert die normale Aggressivität des Betreffenden und erzeugt eine Charakterstruktur, die man als passiv-feminin bezeichnen kann. Die homosexuelle Tendenz des passiv-femininen Charakters steht in direktem Zusammenhang mit der Dynamik seines Körpers.

Ähnlich lassen Anzeichen von Maskulinität bei einer Frau auf latente homosexuelle Gefühle schließen. Das am weitesten verbreitete dieser Anzeichen ist eine Überentwicklung der Muskulatur. Diese überentwickelten Muskeln sind verspannt und kontrahiert. Ihre Überentwicklung dient nicht nur dazu, der Frau den Anschein und die Illusion von Kraft zu verleihen, sondern auch dazu, das sexuelle Empfinden zu beherrschen und herabzusetzen. Weitere Zeichen von Maskulinität bei einer Frau sind breite Schultern, schmale Hüften, gerade Körperlinien, starke Körperbehaarung usw. In ausgeprägter Form kennzeichnen diese Züge oft die maskuline Partnerin in einer lesbischen Beziehung. Aber übertriebene Weiblichkeit, besonders eine Übertreibung der sexuellen Aspekte der Persönlichkeit, deutet auch auf latente Homosexualität hin. Analytisch läßt sich zeigen, daß die sexuelle Übertreibung darauf abzielt, sowohl die Frau als auch den Mann zu verführen. Ein psychologischer Grundsatz besagt, daß jede Übertreibung einer Einstellung sich als Ausgleich für den entgegengesetzten Zustand entwickelt. Ich habe noch nie erlebt, daß dieser Grundsatz nicht zutraf. Er wird gestützt durch die wiederholte Beobachtung, daß übertriebene Männlichkeit beim Mann verdrängte homosexuelle Tendenzen verdeckt. Er gilt ebenso für die Frau – übertriebene weibliche Merkmale wie die der »Sexbombe« müssen ebenfalls als Deckmantel für latente maskuline Tendenzen homosexueller Art betrachtet werden.

Wer ist frei von jeder Spur von Homosexualität? Ich würde sagen, daß in unserer Kultur nur sehr wenige Menschen ganz frei sind. Bedeutet das also, daß der Mensch im Grunde bisexuell ist? Haben wir nicht die These unterstützt, jeder Durchschnittsmensch würde sich einen gewissen Grad an homosexuellen Praktiken gestatten, wenn ihn nicht soziale Kräfte daran hinderten? Kinseys Zahlen über Homosexualität, die scheinbar besagen, daß 37% der amerikanischen Männer und 28% der amerikanischen Frauen im Lauf ihres Lebens einen oder mehrere homosexuelle Kontakte gehabt haben, werden gewöhnlich zur Unterstützung der These von der Bisexualität angeführt. Gibt es Menschen, die von Natur aus bisexuell sind, die aus sexuellen Beziehungen zu beiden Geschlechtern volle Befriedigung beziehen können? Frank S. Caprio stellt fest: »Da jeder Mensch primär bisexuell ist, ergibt sich, daß in uns allen latente Homosexualität existiert.« Er gründet diese Behauptung auf die Schriften Wilhelm Stekels, von dem er sagt, dem Sinn nach heiße es bei ihm, alle Menschen seien in ihrer Prädisposition ursprünglich bisexuell ... der Heterosexuelle verdränge dann seine Homosexualität. Er sublimiere auch einen Teil seiner homosexuellen Sehnsüchte zu Freundschaft, Nationalismus, sozialen Bestrebungen, Geselligkeit usw. Wenn diese Sublimierung versage, werde er neurotisch. Diese Denkrichtung soll die logische Erweiterung der Ansicht Freuds sein.

Wenn man behauptet, eine Neurose sei die Folge dessen, daß es einem mißlingt, seine homosexuelle Sehnsucht zu sublimieren, zäumt man das Pferd von hinten auf. Ich behaupte, daß Homosexualität die Folge der Neurose ist, nicht umgekehrt. Jede der von mir vorgelegten Fallgeschichten zeigt, daß die gleichen ätiologischen Faktoren, die die Neurose hervorgebracht haben, auch für die Homosexualität verantwortlich sind. Die Sublimierung des homosexuellen Verlangens zu Freundschaft hat eine neurotische Freundschaft zur Folge, die durch die verdrängten (sublimierten) homosexuellen Einstellungen korrumpiert wird. Die Behauptung, der Mensch sei primär bisexuell, müßte durch Beweise gestützt werden, daß der sogenannte Bisexuelle in seiner sexuellen Betätigung volle Befriedigung erlangt. Mir ist nie einer begegnet, bei dem es so war. In jedem Fall von bisexuellem Verhalten, den ich untersucht habe, war der Betreffende, wie sich erwies, in bezug auf seine Geschlechtsrolle verwirrt, in seiner Persönlichkeit unreif und als Sexualwesen unzulänglich. Die Probleme des Bisexuellen werden in den folgenden kurzen Fallstudien deutlich veranschaulicht.

Jim war ein ziemlich gutaussehender junger Mann von achtundzwanzig Jahren, der häufig Beziehungen zu Mädchen hatte, ergänzt durch homosexuelle Abenteuer. Jim wußte, daß er verwirrt und gestört war und Hilfe brauchte, aber er hatte noch nie eine Situation ernst genommen, und in der Therapie war es nicht anders. Er sah sehr jugendlich aus, so daß ich ihn »Babyface« nannte. Sein Körper war an der Oberfläche weich; seine tiefere Muskulatur war aber angespannt und hart. Er machte spontan eine Zeichnung von sich selbst, um mir zu zeigen, wo seine Körperprobleme lokalisiert waren (siehe Abb. 6). Die Pfeile bezeichnen gestörte Bereiche.

Seinen Füßen, sagte er, fehle es an Gefühl. Er sei nicht »geerdet«. Er stellte sich als »flüchtig« dar, als jemand, der vor Situationen davonläuft. Auf der Zeichnung sind seine Knie durchgedrückt. Die »Knie-Aktion« oder Elastizität fehlt den Beinen. Das Becken ist nach hinten gezogen, das Gesäß steht heraus. Tatsächlich hatte sein Becken ein sehr weibliches Aussehen. Ein Pfeil weist auf die hängenden Schultern mit ihrem offensichtlichen Mangel an Männlichkeit. Mit ihrem aufgetriebenen Bauch vermittelt die Gestalt den Eindruck von einem hungrigen Kind. Die zweite Zeichnung zeigt Jim beim Weglaufen; die dritte zeigt ihn ohne Kopf (Ich).

Wir wollen uns, mit diesen Bildern von Jim vor Augen, einige Einzelheiten seiner persönlichen Geschichte ansehen. Er sagte, als er vier oder fünf war, habe man Maßnahmen (keine näheren Angaben) ergreifen müssen, um ihn am Daumenlutschen zu hindern. Er erinnerte sich, daß er mit fünf Jahren mit seiner

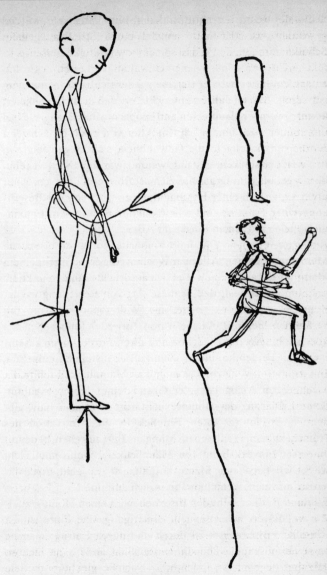

Abbildung 6

Schwester gestritten hatte und daß sein Vater sehr wütend geworden war. Er hatte einmal einen Streit mit einem Schulkameraden, den er mit seiner Gewalttätigkeit erschreckte. Das Erleben seiner eigenen Gewalttätigkeit erschreckte ihn. Er sagte, seither habe er sich nie wieder richtig mit jemandem geprügelt. Mit elf Jahren entdeckte er, daß er nicht urinieren konnte, wenn er glaubte, jemand beobachte ihn. Er sagte, es sei ihm immer noch unmöglich. Im Alter von zwölf bis achtzehn Jahren entwickelte er die Gewohnheit, sich Gegenstände in den After zu stecken. Erst mit zweiundzwanzig Jahren war er in der Lage, bis zum Orgasmus zu masturbieren. In diesem Alter unterzog er sich einer Beschneidung zum Zweck der Beseitigung einer Phimose und schmerzhafter Erektionen. Er onanierte auch mit einem Finger im After.

Jim sagte, er spiele eine halb-weibliche Rolle, um bisexuelle Männer anzuziehen. Alle paar Wochen ging er mit irgendeinem Mann ins Bett, der ihn, wie er sich ausdrückte, anal »punktierte«. Jim stellte fest, daß er diese Art von Beziehung wollte, wenn er das Gefühl hatte, die Welt ziehe sich um ihn zusammen. Seine Probleme waren entweder finanzieller Art oder sie hingen mit Mädchen und ihren Forderungen zusammen; mit beiden konnte er nicht zufriedenstellend umgehen. Jim gab bereitwillig zu, daß es ihm an Männlichkeit fehlte. Er sagte, dieser Mangel sei der Grund seiner Homosexualität. Seine Erklärung der Homosexualität ist zwar sehr naiv, gibt aber einen interessanten Einblick in die Motivation des Homosexuellen: »Mit einem Mann ins Bett zu gehen, bedeutet eine Art Einverleibung von Männlichkeit. Wenn man nicht weiß, wie sich ein Mann anfühlt, ist es eine Art, das herauszufinden, wenn man ihn in sich aufnimmt.«

Edmund Bergler sieht den Bisexuellen als einen Homosexuellen an, dessen heterosexuelle Betätigung eine Finte ist. Er schreibt: »Bisexualität ist durch und durch Betrug; manche naive Homosexuelle üben ihn unfreiwillig, andere, die nicht so naiv sind, begehen ihn absichtlich.« Nach Bergler heiraten viele Homosexuelle einfach nur, um den Anschein der Achtbarkeit zu wahren und schaffen sich so eine Tarnung für ihre Homosexualität. Das mag zwar in manchen Fällen zutreffen, aber ich glaube, es ist eine übermäßige Vereinfachung des Problems der Bisexualität.

Jeder Mann ist dazu geboren, sich mit einer Frau zu paaren, und all seine Triebe drängen ihn in diese Richtung. Leider entstehen zwischen instinktiven Gefühlen und der Erziehung oft Konflikte von solchem Ausmaß, daß der normale Ausdruck des Triebes manchmal schwierig, wenn nicht gar unmöglich wird. Jim heuchelte nicht in bezug auf seine sexuellen Gefühle für Frauen. Sie waren ebenso echt wie sein homosexuelles Bedürfnis, von einem Mann anal »punktiert« zu werden. Sie brachen angesichts von Belastungen zusammen, die in ihm das Gefühl hervorriefen, die Welt rücke ihm bedrohlich auf den Leib. In solchen Zeiten konnte Jim sich von seinem Spannungszustand nicht durch ein nach außen gerichtetes heterosexuelles Erlebnis befreien. In einer Zelle voller Spannung eingesperrt, brauchte Jim die homosexuelle Penetration, die ihn öffnete, so daß er wieder einen neuen Versuch machen konnte, seine Männlichkeit zu beweisen.

Der Bisexuelle hat die Hoffnung auf eine heterosexuelles Leben im Gegensatz zum eingefleischten Homosexuellen nicht aufgegeben. Die meisten Psychiater stellen fest, daß die analytische Behandlung des Bisexuellen bessere Resultate erzielt als die Behandlung des eingefleischten Homosexuellen. Man sollte den Bisexuellen daher als jemanden ansehen, der kein zuverlässiges heterosexuelles Verhaltensmuster aufbauen kann, sich aber nicht völlig mit dem »einfachen Ausweg« abgefunden hat.

Robert war ein weiterer Patient, den ich nur kurz behandelt habe; seine heterosexuelle Funktion brach immer dann zusammen, wenn er sich den Forderungen einer reifen Beziehung gegenübersah. Robert war zweimal verheiratet gewesen und hatte aus jeder dieser Ehen ein Kind. Seine erste Frau hatte ihn wegen seiner heftigen Wutausbrüche verlassen, und seine zweite Ehe war aus den gleichen Gründen gescheitert. Ich kannte Robert und seine zweite Frau und war daher in der Lage, die Situation zu verfolgen, die zum Zusammenbruch seiner Ehe führte. Seit er erwachsen war, hatte Robert immer homosexuelle Interessen gehabt, aber er betätigte sich nicht offen homosexuell, solange bestimmte Bedingungen in der heterosexuellen Beziehung aufrechterhalten werden konnten. Das Scheitern der zweiten Ehe war für Roberts Frau ein Schock. Sie liebte ihren Mann innig, und sie war sich dessen sicher, daß er ihr sehr zugetan war. Sie war ein Mädchen aus reichem Haus, das gegen den Rat der Familie und der Freunde einen »armen Jungen« geheiratet hatte. Sie tat es, weil ihre sexuelle Erfahrung mit Robert während der Zeit vor der Ehe die beste war, die sie jemals gemacht hatte. Robert war kultiviert und intelligent. Er machte einen aufrichtigen und überzeugenden Eindruck, obwohl er in bezug auf seine Herkunft Tatsachen verheimlichte und falsche Angaben machte. Er schien ein Mensch der Art zu sein, wie ihn sich seine Frau wünschte.

Während der ersten Ehemonate waren beide Partner ziemlich glücklich. Robert übernahm die Führung seiner Frau und des Haushalts und besorgte die Einrichtung und Ausstattung der Wohnung. Die einzigen Konflikte, die sie störten, waren finanzieller Art. Zwar verdiente Robert etwas Geld, trug aber nichts zum Unterhalt seiner Frau bei. Er zögerte auch nicht, ihr Geld für das Heim in einer Weise auszugeben, an die sie nicht gewöhnt war. Die sexuellen Beziehungen zwischen ihnen waren ziemlich regelmäßig, wenn auch nicht völlig zufriedenstellend. Das änderte sich jedoch, sobald seine Frau schwanger wurde. Robert sagte, er könne kein Verlangen nach einer schwangeren Frau empfinden. Er fing an, abends mit einer flotten Gesellschaft auszugehen, zu der auch eine Reihe von Homosexuellen gehörte.

Nach der Geburt des Kindes verschlechterte sich die Lage rasch. Nach dem Scheitern einer geschäftlichen Unternehmung schien sich Robert damit zufriedenzugeben, vom Geld seiner Frau zu leben. Er bemühte sich nicht, Arbeit zu finden. Es gab keine sexuellen Kontakte zwischen Mann und Frau. Robert ließ sich immer mehr mit seinen homosexuellen Freunden ein und kam manchmal sehr spät nach Hause. Nach einem Streit, in dessen Verlauf Robert gewalttätig wurde und seine Frau sich vor körperlichem Schaden fürchtete, trennten sie sich.

Ich bin sicher, daß Robert zwar diese Ehe nicht einging, ohne ein Auge auf die Bequemlichkeit und den Komfort zu werfen, die diese ihm bieten konnte, daß er aber auch durchaus die Absicht hatte, sie als sinnvolle Beziehung aufrechtzuerhalten. Ehe ist jedoch kein Kinderspiel. Und Robert war ein unreifer Mensch, der keine Verantwortung zu übernehmen gedachte, wenn er eine Möglichkeit finden konnte, sie zu vermeiden. Solange Robert in der führenden Position und frei von Verantwortung und Verpflichtungen war, konnte er in gewissem Grad heterosexuelle Funktionen aufrechterhalten. Das war ihm jedoch nicht möglich, wenn er sich der Forderung gegenübersah, eine erwachsenere Haltung einzunehmen. Sein Ressentiment gegen die Macht, die das Geld seiner Frau darstellte, war stark. Ebenso stark war sein Ressentiment gegen sie, weil sie die Macht nicht mit ihm teilte. Diese Faktoren genügten schon, um die Ehe zu zerstören. Was jedoch jeden Versuch von seiner Seite, ein Mann zu sein, untergrub, war die Schwangerschaft seiner Frau. Dieser Umstand verwandelte seine Frau aus einem Mädchen in eine Frau und ließ in seinem Unbewußten das Gespenst seiner inzestuösen Gefühle für seine Mutter wiedererstehen. Robert floh in die Homosexualität.

Sowohl Jim als auch Robert konnten in einer heterosexuellen Beziehung funktionieren – unter der Bedingung, daß ihre Unreife von der Partnerin akzeptiert wurde. Dieses Akzeptieren beseitigte die Drohung der Kastration oder des Verlassenwerdens. Die Forderung der Frau nach einer verantwortlicheren Haltung wurde als Herausforderung angesehen, auf die die Männer unbewußt wie auf eine Gefahr reagierten. Homosexualität war ein Ausweg.

Wenn man den Homosexuellen beschuldigt, er heirate nur um

der Bequemlichkeit willen, wie Bergler es tut, übersieht man den Wunsch jedes Menschen nach einem normalen Leben mit einer Familie. Wenn ein Homosexueller eine Ehe mit geheimen Vorbehalten eingeht, liegt es an seiner Angst vor den Ergebnissen. Die Verantwortung und die Verpflichtungen, die Ehe und Vaterschaft mit sich bringen, werden, so vermutet er, zuviel für ihn sein. Die Schwäche und Unreife seiner Persönlichkeit erklären seinen Rückfall oder seine Flucht in die aktive Homosexualität. Das Problem beim Bisexuellen wie beim Homosexuellen ist nicht die homosexuelle Tendenz, sondern die Unreife und die neurotische Struktur der Persönlichkeit. Homosexualität ist in jeder Form ein Symptom der Unfähigkeit, als reifer und verantwortlicher Erwachsener zu funktionieren. Sie ist keine Krankheit an sich, sondern das Symptom einer Erkrankung der Gesamtpersönlichkeit. Man kann sie nicht nur als eine Abweichung von der sexuellen Norm behandeln, sondern nur vollständig im Hinblick auf die Verzerrung der ganzen Persönlichkeit.

Man kann Homosexualität und Heterosexualität als entgegengesetzte Enden einer Wertskala ansehen, die ein fortlaufendes Spektrum bildet. Beide sind nicht Kategorien, sondern Grenzen. Die Menschen zeigen in dem Maß homosexuelle Tendenzen, in dem sie neurotisch sind. Da niemand den kulturellen Kräften völlig entgehen kann, die Neurosen verursachen, kann niemand behaupten, vollkommen zu sein. Es gibt ebensowenig hundertprozentige Heterosexuelle, wie es hundertprozentige Homosexuelle gibt. Wenn in jedem Menschen, wie Caprio behauptet, latente homosexuelle Tendenzen vorhanden sind, stecken auch in jedem Homosexuellen latente heterosexuelle Tendenzen. Die Orgasmuspotenz ist der spezifische Wert, der den Heterosexuellen vom Homosexuellen unterscheidet. Je größer die Potenz ist, desto mehr tendiert das Individuum zum heterosexuellen Verhaltensmuster; je geringer die Potenz ist, desto mehr manifestiert es homosexuelle Tendenzen. Man kann die Persönlichkeitsstrukturen auf einer Potenzskala aufreihen, an deren einem Ende die Homosexualität und an deren anderem Ende die Heterosexualität steht, bisexuelles Verhalten und latente homosexuelle Tendenzen liegen dazwischen. Dies liefert eine gute Arbeitsgrundlage, denn auf diese Weise wird vermieden, die Menschen in Klassen einzuteilen. Die Menschen sind nicht Heterosexuelle oder Homosexuelle; sie sind Individuen mit verschiedenen Graden orgastischer Potenz, verbunden mit entsprechenden Graden der Neurose. Dieses Konzept wird in dem untenstehenden Diagramm veranschaulicht:

Skala der sexuellen oder orgastischen Potenz

Homosexualität   Bisexualität   Latente Homosexualität   Heterosexualität
Persönlichkeitsmerkmale

Vermindert ←——————— Selbstgefühl ———————→ Vermehrt
Vermindert ← Identifizierung mit dem Körper → Vermehrt
Vermindert ←——— Effektive Aggression ———→ Vermehrt
Vermindert ←——— Orgastische Befriedigung ——→ Vermehrt

Ich habe versucht zu zeigen, daß Homosexualität mit dem Verlust des Selbstgefühls, dem Fehlen einer angemessenen Identifizierung mit dem Körper und einer Verminderung der Effektivität der Gesamtpersönlichkeit verknüpft ist. Der letzte Punkt der Tabelle, die orgastische Befriedigung, erfordert vielleicht eine Erklärung. Die Fähigkeit, eine befriedigende orgastische Entladung zu erlangen, ist eine Funktion der sexuellen Potenz. Obwohl Homosexuelle das Gegenteil behaupten mögen, ist sie auf die heterosexuelle Funktionsweise beschränkt. Der Homosexuelle mag durch Identifizierung und »Ausagieren« eine gewisse Lust und Befriedigung erleben, aber es entgeht ihm die Erfahrung des Selbst. Seine Befriedigung wird auf einer Ich-Ebene erlebt, nicht auf einer körperlichen Ebene. Der Orgasmus ist eine Funktion der Selbsterfahrung und der Selbstverwirklichung in ihrer tiefsten Form.
Diese Analyse der Homosexualität bringt wichtige therapeutische Folgerungen mit sich. Wenn es ein Patient zu einer besseren

Identifizierung mit seinem Körper bringen, wenn er ein stärkeres Gefühl seiner selbst und eine besser funktionierende Persönlichkeit erlangen kann, wird sich sein sexuelles Verhaltensmuster automatisch zum heterosexuellen Ende der Skala hin verschieben. Zu diesem Zweck ist einerseits die Durcharbeitung von Persönlichkeitsproblemen, andererseits die Durcharbeitung körperlicher Verspannungen erforderlich. Auch das Umgekehrte trifft zu: Jede Zunahme heterosexueller Gefühle oder Verhaltensweisen hat eine Verbesserung aller Persönlichkeitsfunktionen zu Folge. Wenn dies unser Ziel sein soll, müssen wir mehr über heterosexuelle Einstellungen und Verhaltensweisen wissen.

8 Heterosexualität

Heterosexualität wird als so selbstverständlich hingenommen, daß sie selten in der gleichen Weise analysiert wird wie die Homosexualität. Aber es wäre angebracht, einmal zu fragen, worin sie sich von der Homosexualität unterscheidet. Dies ist das gleiche Problem, dem wir uns bei unserem Versuch gegenübersehen, die Gesundheit zu verstehen. Es ist soviel leichter, eine Krankheit zu beschreiben, als Gesundheit zu definieren. Ohne eine solche Definition wird jemand als gesund angesehen, wenn er nicht an einer erkennbaren Krankheit leidet. Ähnlich hält man einen Menschen für heterosexuell, wenn er sich keiner offenkundigen homosexuellen Betätigung hingibt. Solche Unterscheidungen sind psychologisch unrealistisch. Sie sind ähnlich, als wollte man die Menschen in Diebe und Ehrliche einteilen und jeden, der kein Dieb ist, als ehrlich betrachten. Viele Menschen sind auf eine Weise unehrlich, die nichts mit Diebstahl zu tun hat.
Es wäre einfach, zu sagen, daß Heterosexualität die Anziehung und Vereinigung unter Gegensätzen sei, Homosexualität dagegen die Anziehung und Vereinigung unter Gleichen oder Ähnlichen. Man hat jedoch bewiesen, daß hinter jedem homosexuellen Akt das Vorstellungsbild der sexuellen Vereinigung mit dem Gegengeschlecht steht. Natürlich können zwei Homosexuelle nicht dieselbe Rolle spielen. Kann man erwarten, daß hinter der Fassade der Heterosexualität einer oder beide Partner homosexuelle Einstellungen und Gefühle ausagieren?
Das homosexuelle Gefühl bezieht einen Großteil seiner »Ladung« aus dem Prozeß der Identifizierung. Die maskuline Partnerin in einer lesbischen Beziehung gewinnt den größten

Teil ihrer Erregung und Lust aus den Reaktionen ihrer Partnerin. Ihr Erleben ist als stellvertretend bezeichnet worden. Eine ähnliche Lage herrscht bei der männlichen Homosexualität. Der Mann, der die weibliche Rolle spielt, hat die stellvertretende Befriedigung, die Pseudomännlichkeit seines Partners zu erleben. Identifizierung kommt auch in vielen heterosexuellen Beziehungen vor. Der Mann, dessen Erregung von der Erregung der Frau abhängig ist, dessen Lust durch ihre Befriedigung bedingt ist, agiert eine homosexuelle Einstellung aus. Diese Einstellung kennzeichnet den Mann, der mehr über weibliche Sexualität weiß als über seine eigene, der weniger an seinen Gefühlen als an denen der Frau interessiert ist.

Ein Patient, den ich nur kurz behandelt habe, brachte eine solche Einstellung zum Ausdruck und verteidigte sie. Dieser Mann hielt sich für einen »großartigen Liebhaber«, und er behauptete, auch die Frauen seiner Bekanntschaft seien dieser Ansicht. Er verfuhr so, daß er die Genitalien der Frau durch seine oralen Praktiken erregte, bis sie zum Höhepunkt kam oder diesem sehr nah war. Koitus war für ihn eine sekundäre Art der sexuellen Betätigung. Seine ausdrückliche Sorge galt bei allem, was er tat, der Erregung und Befriedigung der Frau, und seine Lust war von ihren Reaktionen abhängig. Er sagte, seine eigene genitale Reaktion sei relativ unwichtig, denn er beziehe mehr Lust aus der Reaktion der Frau. Es fiel mir schwer, mir diesen Patienten als »großartigen Liebhaber« vorzustellen; seine Erscheinung war unromantisch, und sowohl seine Körperhaltung als auch seine Bewegungen waren unmännlich. Tatsächlich wirkte er auf mich, wie er mir in sich zusammengesunken gegenüber saß, selbstgefällig und selbstzufrieden, wie ein »altes Weib«. Eine Frau sagte mir jedoch, es überlaufe sie ein Schauer, wenn dieser Mann sie ansehe. Sie sagte, er verschlinge sie mit den Augen.

Diese Art der sexuellen Betätigung ist ziemlich weit verbreitet. Tatsächlich beklagte sich einmal eine meiner Patientinnen, »jeder Mann, der sich von mir angezogen fühlt, gibt mir zu verstehen, er wolle ›mich essen‹. Ein Freund hat mir einmal gesagt, ich sei wie die Flasche in *Alice im Wunderland*, die ein Etikett trägt, auf dem steht ›Iß mich‹. Ein Mann sagte, es liege an meinem Hohlkreuz-Hintern. Einer dieser Männer, der sich gern mit anderen schlägt und mit jedem im Handumdrehen einen Streit anfängt, bot mir an, meinen Fußboden zu bohnern. Er ist mir sehr ähnlich. Dies sind alles Männer, die sich erniedrigen und demütigen. Warum suchen sich solche Männer mich aus?«

Die Frau, die diese Bemerkung machte, hatte ein starkes masochistisches Element in ihrer Persönlichkeit. Es fehlte ihr das Gefühl des Stolzes auf sich als Person und als Frau. Es war offensichtlich, daß die Männer, die sich von ihr angezogen fühlten, ähnliche Persönlichkeitsstrukturen hatten. Meine Antwort auf ihre Frage lautete: »Gleich und gleich gesellt sich gern.«

Wie sich diese Art sexueller Aktivität von der der maskulinen Partnerin in einer lesbischen Beziehung unterscheiden läßt, weiß ich nicht. Die Lesbierin kann sogar versuchen, die männlichen Genitalien nachzuahmen, indem sie eine als »Dildo« bekannte Vorrichtung benützt, die sie sich an den Körper schnallt und die mit einem künstlichen Penis ausgestattet ist. Ebenso kann man nicht sagen, daß der Mann, der mit einer Frau koitiert, allein durch diese Tatsache heterosexuell handelt. Wenn der Mann seinen Penis benützt wie die Lesbierin ihren Dildo, d. h. nur zur Befriedigung seiner Partnerin, kann man die Beziehung ebensogut als homosexuell bezeichnen. Sie wird sogar noch homosexueller, wenn der Mann andere Körperteile zu diesem Zweck benützt. Identifizierung mit den Gefühlen des Sexualpartners ist das Kennzeichen der Homosexualität, denn sie leugnet die gegensätzliche Natur der Geschlechter.

Außer der Identifizierung ist eine andere homosexuelle Einstellung oft bei heterosexuellen Aktivitäten zu finden, die Vorstellung vom »Bedienen«. Der Homosexuelle bezeichnet seine Betätigung als »Bedienen« seines Partners. Aber das gilt auch für einen Mann, dessen wichtigstes Anliegen bei der heterosexuellen Betätigung darin besteht, die Partnerin zum Höhepunkt zu bringen. Der Zwang, sexuelle Beziehungen zu einer Frau einfach deswegen zu haben, weil sie sexuell erregt ist, verrät das Bedürfnis, sie zu »bedienen«. Unter der Flagge der Liebeskunst befürworten manche Sexologen eine Sex-Technik, die auf dieser Auffassung vom »Bedienen« beruht. Albert Ellis z. B. schreibt: »Das zutiefst einfühlsame Individuum bemerkt nicht nur passiv, was sein oder ihr Bettgenosse braucht, sondern sucht aktiv nach seinen oder ihren Bedürfnissen, forscht sie aus und *erfüllt sie dann*«.* Ich habe schon immer geglaubt, daß die sexuelle Beziehung eine Vereinigung Gleicher sei, von denen jeder in der Lage sei, für seine eigenen Bedürfnisse zu sorgen. Die oben angeführte Aussage macht jeden Sexualpartner zum Diener des anderen.

Einer Frau zu helfen, Sex zu genießen oder zum Höhepunkt zu kommen, ist in unserer Kultur schon fast zum gesellschaftlich akzeptierten Vorgehen geworden. Das muß man zum Teil aus der heutigen Angst vor der frustrierten Frau erklären, vor dem Ungeheuer, das seine Kinder verschlingen und seinen Mann vernichten kann und es manchmal auch tut. Aber die Angst hat nur eine weitere Kastration des Mannes zur Folge, und diese wiederum führt zu einer weiteren Frustration der Frau. Ein Mann muß darauf achten, daß er nicht in seinem Verlangen nach gegenseitiger Lust und Befriedigung seine eigene männliche Identität aufgibt oder in der Beziehung eine unterwürfige Rolle annimmt. Der »gute Liebhaber« ist im allgemeinen ein mäßiges Mannsbild. Leider scheint es zu der homosexuellen Tendenz in unserer Kultur zu gehören, männliche Sexualität mit der Fähigkeit gleichzusetzen, eine Frau zu befriedigen. Die Frau wird jedoch durch eine solche »Darbietung« des Mannes niemals wirklich befriedigt, weder im Verlauf koitaler Beziehungen noch in irgendeiner anderen Hinsicht. Die sogenannten Sex-Techniken enden damit, daß der Mann mehr verliert als er gewinnt, und daß die Frau verliert, was sie wirklich will – einen Mann.

* Hervorhebung von Alexander Lowen.

Wegen dieser invertierten Männlichkeit vieler Männer tun Frauen oft so, als hätten sie einen Orgasmus. Die Rechtfertigung dafür ist, daß es den Stolz des Mannes verletzen würde, wenn er wüßte, daß er die Frau nicht befriedigt hat. Eine meiner Patientinnen klagte, ihr Liebhaber bestehe darauf, sie müsse drei- oder viermal zum Orgasmus kommen, bevor er sich gestatte, selber zum Höhepunkt zu kommen. Ihre eigene Unsicherheit in der Beziehung veranlaßte sie, Gefühle zu heucheln, die sie gar nicht hatte. Die Folge war, daß keiner von beiden wirklich zufrieden war. Die sexuelle Betätigung wurde zu einem Spiel, in dem jeder eine Rolle spielte, anstatt zu einem gemeinsamen Erlebnis der Vereinigung. Meine Patientin sagte, sie sei nicht glücklich bei diesem Arrangement, aber da ihr Liebhaber so beharrlich sei, spiele sie eben mit. Befriedigung ist nicht etwas, das man einem anderen geben kann. Sie ist von der Fähigkeit abhängig, sich dem sexuellen Erlebnis völlig hinzugeben, und sie entgeht dem, dessen sexuelle Betätigung eine »Schau« ist. Keine Mann kann eine Frau befriedigen oder ihr einen Orgasmus »schenken«. Er kann die Bedingungen schaffen, die ihre Selbsterfüllung ermöglichen, aber der Rest bleibt ihr überlassen. Die Hauptbedingungen sind, daß er ganz er selbst ist, aufrichtig in seiner Beziehung zu der Frau und fähig, den sexuellen Kontakt mit ihr zu genießen. Lassen wir uns nicht von dem Märchen vom mehrfachen Orgasmus täuschen. Er ist ausnahmslos der Ausdruck einer Frau, die so tut, als ob. Unter Umständen macht sie sogar sich selber etwas vor und hält irrtümlich geringe Anflüge von Erregung für das tiefe Gefühl der Entspannung, das der Gipfel eines genußreichen Erlebnisses ist.

Das Bedürfnis auf Seiten eines Mannes, die Frau zu befriedigen, hängt unmittelbar mit seiner Angst vor der Frau und mit der Angst um seine eigene Potenz zusammen. Hinter diesem Verhalten und diesem Bedürfnis kann man bei dem Mann immer die Angst vor der verfrühten Ejakulation finden. Dieser Zweifel an seiner eigenen Potenz macht ihn empfindlich für die Reaktion der Frau. Aber auch dies gehört wieder zu einem

Teufelskreis. Furcht und Angst vor der Vorzeitigkeit und vor dem Versäumnis, die Frau zu befriedigen, steigern den Spannungszustand und vermehren die Fälle von vorzeitiger Ejakulation. Schließlich hemmt der Mann seine eigene Erregung und opfert seine sexuelle Lust, um in den Augen einer unglücklichen Frau das Bild seiner Potenz zu erhalten.

Die vorzeitige Ejakulation oder *ejaculatio praecox* ist eins der am weitesten verbreiteten sexuellen Probleme, von denen Männer in unserer Kultur betroffen werden. Die Angst, zu früh zu kommen, ist zum Teil irrational, denn es gibt bei einem Geschlechtsakt keine Zeitgrenzen. Die Ejakulation ist verfrüht, wenn sie eintritt, bevor man den Höhepunkt der sexuellen Erregung erreicht hat. Wenn man den Zeitpunkt der Ejakulation dadurch bestimmen läßt, wie die Frau reagiert, zerstört man das natürliche Fließen des Gefühls, das allein eine beiderseitige Befriedigung gewährleistet. Diese Tatsache kann man gar nicht zu sehr betonen. Wenn man um der Frau willen die Entwicklung der Erregung hemmt, wird die Möglichkeit der gegenseitigen Befriedigung eingeschränkt, während das Gegenteil diese Möglichkeit erhöht.

Ein Patient, der fürchtete, zu früh zu ejakulieren, zugleich das unvermeidliche Bedürfnis hatte, die Frau zu befriedigen, nahm gewohnheitsmäßig beim Geschlechtsakt die weibliche Position ein. Nachdem seine Einstellung analysiert worden war und nachdem ich ihn etwas ermutigt hatte, probierte er die Stellung auf der Frau aus. Sein Bericht lautete folgendermaßen: »Ich war oben, um es auszuprobieren, und ich könnte spüren, daß die Reibung anders war und dazu führen würde, daß ich ›komme‹. Ich wurde erregt, und nach zwei Minuten spürte ich, daß ich ›kommen‹ konnte. Ich hörte auf, mich zu bewegen, um nicht zu ›kommen‹, und meine Erektion ließ nach. Also ging ich raus und wechselte die Stellung. In der Stellung unter der Frau konnte ich eine halbe Stunde aushalten.«

Während dieser Patient einerseits seine Gefühle der Unterwürfigkeit gegenüber Frauen zum Ausdruck brachte, äußerte er andererseits seine Auflehnung: »Zur Hölle mit den Frauen!

Sie wollen nur einen Zuchthengst. Ich wünschte, ich hätte nie was von Sex gehört.«

Ein Dildo kann länger aushalten als irgendein Mann. Was für einen Wert hat die bloße Dauer, wenn die Erregung verlorengeht? Sex ist kein Wettbewerb in Ausdauer. Immerhin begriff er, daß sein Aufhören mit der Bewegung, als sich seine Erregung dem Höhepunkt näherte, eine Panikreaktion war, da sie zum Nachlassen seiner Erektion führte. Ein Geschlechtsakt, der nur zwei Minuten dauert, ist völlig in Ordnung. Nachdem er ermutigt worden war, es noch einmal zu probieren, kam er in der nächsten Woche mit einer anderen Geschichte wieder:

»Wir fingen nebeneinander an, aber bald rollte ich mich hinüber und legte mich auf sie. Ich bewegte mich immerzu und wurde sehr erregt. Ich kam ganz rasch, aber ich stellte fest, daß meine Erregung meine Partnerin auch anregte und ihre Klimax auslöste. Sie kam mit mir zusammen. Ich hatte einen starken Orgasmus und verlor mich fast in der Entspannung.«

Die Identifizierung mit den Gefühlen der Frau und ein »Bedienen« ihrer Bedürfnisse sind nicht nur der Niederschlag einer homosexuellen Einstellung des Mannes, sondern auch einer Schwäche der Gesamtpersönlichkeit. Ein anderer Patient beschrieb diese Beziehung deutlich, als er seine sexuelle Haltung mit mir besprach: »Ich bin ein großer Beginner«, sagte er, »und auch in der Mitte bin ich gut, aber bei mir gibt's keinen Finish. Meine Sorge war immer, der Frau zu gefallen. Ich hab' nur selten Erfüllung gespürt. Als ich Reich* las, bin ich mir dieses Mangels bewußt geworden. Nach sexuellen Beziehungen – selbst nach mehreren Akten in einer Nacht – bin ich immer noch erregt und kann nicht schlafen. Ich empfinde keine orgastische Entspannung. Ich hab' das Gefühl, daß das für meine ganzes Leben typisch ist. Ich kann Situationen nicht zur Lösung bringen. Ich bleibe in ihnen stecken. Ich würde gern

---

* Wilhelm Reich, *Die Funktion des Orgasmus (Leipzig, 1927)*, Fischer Taschenbuch 6191.

über mein eigenes Leben entscheiden. Während eines so großen Teils meines Lebens bin ich meinem Körper entflohen. Ich war ein mystischer Denker.«

Der Unfähigkeit dieses Patienten, orgastische Entspannung zu finden, lief seine Unfähigkeit parallel, in anderen Tätigkeitsbereichen Befriedigung zu erlangen. Die Fähigkeit, durch die eigenen Unternehmungen Befriedigung zu finden, ist das Kennzeichen einer reifen Persönlichkeit, die auf der Grundlage des Realitätsprinzips funktioniert. Sie fehlt jenen, die anderen Eindruck machen oder ihnen gefallen wollen. Dieses Ziel zeigt an, wie bei meinem Patienten, daß die Persönlichkeit nicht »innengeleitet«, sondern »außengeleitet« ist. Er sah zu Recht die Ursache seiner Schwierigkeiten darin, daß es ihm, weil er vor seinem Körper geflohen war, an einem adäquaten Gefühl für das eigene Selbst fehlte.

Was über den Mann gesagt worden ist, gilt genauso für die Frau. Ihre Identifizierung mit dem Mann beraubt die sexuelle Beziehung ihrer heterosexuellen Bedeutung und vermindert die Möglichkeit der Befriedigung oder orgastischen Erfüllung beim sexuellen Erlebnis. Wo die Identifizierung mit dem Mann ein bewußtes »Anliegen« ist, ist eine echte lesbische Situation gegeben. Bei weitem häufiger ist jedoch eine unbewußte Identifizierung, die nur im Verhalten und in der Einstellung der Frau zutage tritt.

Die unbewußte Identifizierung mit dem Mann zeigt sich in der Nachahmung männlicher Aktivitäten, Interessen, Einstellungen und Verhaltensweisen. Das populärste Beispiel ist die sogenannte Karrierefrau – nicht die berufstätige Frau, sondern jene, die ihren Wert dadurch beweisen muß, daß sie mit Männern in Wettbewerb tritt. Sie ist aggressiv, rauhbeinig, logisch und entschlossen. Männliche Wertvorstellungen bestimmen ihr Denken. Sie spricht wie ein Mann, geht wie ein Mann, raucht wie ein Mann und trinkt wie ein Mann. Kleider im maskulinen Stil passen gut zu ihr. Es ist nicht verwunderlich, daß diese Frauen oft im Geschäftsleben oder in ihren freien Berufen recht erfolgreich sind. Sie sind frei von der Ich-Spannung, die den Mann belastet. Sie können nicht scheitern, da ein Mangel an Erfolg keine Schande ist.

Die Frau mit einer maskulinen Identifikation beherrscht oft auch die Lage im eigenen Heim. In ihren sexuellen Beziehungen zu einem Mann neigt sie dazu, die Initiative zu ergreifen. Und weil ihre genitalen Empfindungen mehr an die Klitoris als an die Vagina gebunden sind, zieht sie die Position »oben« vor. Eine Analyse offenbart im allgemeinen, daß in ihrer Persönlichkeit unbewußte Gefühle des Penisneids vorhanden sind. Freudianische Analytiker nehmen an, Penisneid sei für alle Frauen typisch, aber ich habe festgestellt, daß er auf die neurotische Frau beschränkt ist. Diese maskuline Frau braucht keine Lesbierin zu sein, wenn sie auch latente homosexuelle Gefühle hat. Oberflächlich ist ihre Ausrichtung heterosexuell, und im allgemeinen ist sie eine verheiratete Frau mit Kindern. In einer Analyse oder Psychotherapie stellt man fest, daß sie unzufrieden ist, sexuell unerfüllt, und sich über die Unzulänglichkeit ihres Mannes beklagt. Ihre Klage mag zwar in gewissem Maß berechtigt sein, aber sie übersieht den Umstand, daß ihre eigene Einstellung zu den Schwierigkeiten beiträgt. Sie ist nur dem Anschein, nicht dem Gefühl nach heterosexuell. Ich habe festgestellt, daß es sehr nützlich ist, eine solche Patientin darauf hinzuweisen, daß ihre maskuline Identifikation ihre sexuelle Beziehung zu einer homosexuellen Beziehung macht. Es fällt ihr nicht schwer, einzusehen, daß dort, wo beide Parteien die gleichen Wertvorstellungen haben, die sexuelle Beziehung zu einer Vereinigung Gleicher wird. Der Vorwurf der Homosexualität hat in den meisten Fällen genug Durchschlagskraft, um die Rationalisierungen der meisten sexuell »aufgeklärten« Menschen zu erschüttern, ausgenommen den echten Homosexuellen.

Die maskuline Frau wird in Edward Albees Stück *Wer hat Angst vor Virginia Woolf?* scharfsinnig porträtiert. In dem Stück werden die Einstellungen und Verhaltensweisen eines Ehepaars geschildert. George, der Ehemann, ist Collegeprofessor; Martha seine Frau, ist die Tochter des College-Präsidenten. Die erste Szene beginnt damit, daß Martha unverblümt ihre Verachtung für ihren Mann ausdrückt. Sie macht sich über seine Männlichkeit lustig, und George verteidigt sich und schlägt zurück. Martha ist ehrgeizig und aggressiv, während George sich damit zufriedengibt, ein Gelehrter zu sein. Der vorgebliche Grund für ihre Verachtung ist, daß es George nicht gelingt, Chef der Abteilung für Geschichte zu werden. Am Anfang proklamiert Martha ihre Überlegenheit, indem sie erklärt, sie könne George »unter jeden verdammten Tisch trinken«. Es ist bedeutsam, daß man Martha fast während des ganzen Stücks in Hosen zu sehen bekommt.

Martha spielt das Spiel des Lebens nach den Regeln der Männer. Während sich die Handlung entfaltet, erfahren wir, daß Martha mit vielen der jüngeren Collegedozenten Affären gehabt hat. Ihre Vorliebe gilt dem »männlichen Mann«, jung, muskulös und sportlich. Ein neuer Dozent, der diese Eigenschaften zu haben scheint, kommt mit seiner Frau morgens um zwei Uhr, um mit Martha und George etwas zu trinken. Als der Alkohol fließt, werden die Reden ungehemmter und das Verhalten unbeherrschter. Die Vorspiegelungen, die Schwächen und die Feindseligkeiten aller Personen kommen deutlich zum Vorschein. George verkündet, es sei keine fette Pfründe, mit der Tochter des Präsidenten verheiratet zu sein, und der Preis, den er für dieses Privileg zu zahlen gehabt habe, sei der Verlust seiner Männlichkeit. Martha bringt ihre Bewunderung für ihren Vater zum Ausdruck, der wie sie ehrgeizig und aggressiv ist. Es ist unverkennbar, daß sie sich stark mit ihm identifiziert hat.

Martha und George haben ein Geheimnis, das, wie man sich denken kann, ihre Ehe zusammenhält. Das Geheimnis scheint zu sein, daß sie einen Sohn haben, der in einem Internat ist und am nächsten Tag, seinem einundzwanzigsten Geburtstag, zurückkommen soll. Beide haben sich jedoch verpflichtet, von diesem Sohn in Gegenwart Dritter nicht zu sprechen. Martha verstößt gegen diese Verpflichtung, indem sie der anderen Frau anvertraut, daß es diesen Sohn gibt. Dieser Schritt ist, so

scheint es, für George der letzte Tropfen, der das Faß seiner Demütigung zum Überlaufen bringt. Als er davon hört, beschließt er, sich zu rächen.
Während des ganzen übrigen Ablaufs des Stückes wird immer wieder auf ungewöhnliche und seltsame Weise auf diesen Sohn Bezug genommen. George korrigiert Martha, indem er den Sohn ausdrücklich »er«, nicht »es« nennt. Aber im nächsten Atemzug bezeichnet er seinen Sohn als den »kleinen Lumpen«. Martha reagiert darauf, indem sie behauptet, George sei nicht sicher, daß der Sohn »sein eigenes Kind« sei. Aber George sagt, das sei das einzige in seinem Leben, dessen er sicher sei – sein Anteil an der Erschaffung seines Sohnes. Es gibt einen Streit über die Farbe der Augen des Jungen – blau, sagt George; grün, wie meine, sagt Martha.
Im zweiten Akt werden die Charaktere weiter ausgebaut. George benützt den Ausdruck »heterosexuell« so, als wollte er die Möglichkeit des Gegenteils andeuten. Später beschuldigt George Martha in bezug auf ihren Sohn, sie »fummle immer an ihm herum«, wenn sie im Négligé sei und nach Alkohol rieche. Aber George gibt zu, daß jeder von ihnen dieses Spiel gespielt hat, wenn er allein war. Martha betont, das masochistische Element in Georges Persönlichkeit sei der Grund gewesen, warum er sie geheiratet habe. Ihre Beleidigungen sind offensichtlich darauf angelegt, George herauszufordern. Das gelingt auch, und im Schlußakt begegnet er ihrer Herausforderung mit Erfolg.
Marthas Charakter offenbart sich deutlich in ihrem sexuell aggressiven Verhalten gegenüber dem jungen Collegedozenten. Um ihn zu verführen, steckt sie ihre Hand zwischen seine Beine oberhalb des Knies, eine sehr provozierende Geste. Im Verlauf des zweiten Akts hat es den Anschein, als verführe sie ihn wirklich, aber das Ergebnis sei bei weitem nicht befriedigend gewesen. Man kann sich auch nur schwer vorstellen, daß es anders hätte sein können, angesichts der angespannten und häßlichen Situation, die sich dadurch entwickelt hat, daß alle übermäßig trinken. Das ist die Schwäche des Stücks, denn

Martha wird als Frau so wenig anziehend geschildert, daß man sich fragt, wie sich ein Mann überhaupt sexuell für sie interessieren kann. Trotz seines sexuellen Inhalts und des freien Gebrauchs sexueller Ausdrücke fehlt es dem Stück ebenso an sexuellem Gefühl wie seinen Personen.

Die Handlung beginnt um zwei Uhr morgens und endet einige Stunden später. Das Spiel der gegenseitigen Demütigung ist fast vorbei. Im dritten Akt ist der Zeitpunkt für die Schlußabrechnung gekommen. Martha gibt zu, daß George der einzige Mann ist, der sie jemals glücklich gemacht hat, und daß sie ihn gehaßt hat, weil er sie liebte; weil er sie verstand, verachtete sie ihn. Aber es ist zu spät. George nimmt seine Rache an Martha. Er verkündet, daß er ein Telegramm bekommen hat, in dem ihm mitgeteilt wurde, ihr Sohn sei tot. Martha protestiert, aber es bleibt eine Tatsache, und angesichts dieses *fait accompli* bricht Martha zusammen und wird zu einem verängstigten kleinen Mädchen.

Es wird rasch klar, daß der Sohn eine reine Erfindung ist. Es ist ein Spiel, das Martha und George einundzwanzig Jahre lang gespielt haben, und das George nun beendet. Das So-Tun-als-ob ist vorbei. Es wird nicht mehr gespielt. George und Martha stehen vor der Tatsache, daß sie ein kinderloses Paar sind und daß sie niemanden haben als einander. Man kann jedoch mit dieser offensichtlichen Interpretation nicht zufrieden sein. Zwei intelligente und weltkluge Erwachsene wie George und Martha sind zu realistisch, um eine so seichte Fiktion zu schaffen, wenn sie nicht eine tiefere Bedeutung hat, eine Bedeutung, die ihre Beziehung zueinander erklären würde.

Ich glaube, daß der fiktive Sohn eine Anspielung auf Georges Penis ist, auf den Martha ebensoviel Anspruch erhebt wie sein Eigentümer. Die Beziehung zwischen Mann und Frau gründet sich auf dieses Objekt gemeinsamer Verehrung. Martha hat das Gefühl, sie könne ihn jederzeit in Besitz nehmen, da er »ihren Sohn« darstellt. Ihre Aggressivität gleicht Georges sexuelle Passivität aus und erklärt, warum die Ehe so lange gehalten hat. Diese Deutung ermöglicht uns das Verständnis früherer

Bezugnahmen auf den Sohn als »es« und »der kleine Lump«. Marthas Besessenheit von der Größe des männlichen Genitalorgans ist in dem Stück gut belegt.

Man hat *Wer hat Angst vor Virginia Woolf?* als eine homosexuelle Anschauung von den Frauen bezeichnet. Aber es gibt viele Frauen wie Martha und viele Männer wie George, die eine verzerrte sexuelle Beziehung im Namen der »sexuelle Aufgeklärtheit« rationalisieren. Das Stück ist keine homosexuelle Ansicht, sondern eine Darstellung von Homosexualität in der Ehe. Jedes Element der Homosexualität, das in den vorangehenden Kapiteln herausgestellt worden ist, wird in der Beziehung von George und Martha geschildert: die Identifizierung, die Feindseligkeit, die Verachtung, die übertriebene Beschäftigung mit den Genitalien, die sexuelle Promiskuität, der Mangel an Selbstachtung, die sexuelle Unzufriedenheit usw. Martha zeigt diese Kennzeichen stärker als George, der um seine Integrität kämpft. In diesem Sinn schildert das Stück eine kulturelle Tendenz zur Vermännlichung der Frauen und die Gefahren, die dieser Tendenz innewohnen.

Wenn die Frau nicht auf dieselbe Weise sexuell aggressiv sein soll wie der Mann, heißt dies doch nicht, daß sie sexuell passiv sein soll. Dem sexuellen Bedürfnis eines Mannes oder einer Frau kann man nicht »dienen«. Eine solche Haltung auf Seiten der Frau verleugnet ihre Persönlichkeit und verhindert die sexuelle Befriedigung. Wenn das Konzept von der Gleichberechtigung der Geschlechter irgendeine Bedeutung haben soll, muß es in dieser höchst wichtigen Beziehung angewandt werden. Die Frau braucht nicht so sexuell erregt zu sein wie der Mann, um mit den Vorbereitungen zu beginnen, die zum Geschlechtsverkehr führen, aber sie muß die sexuelle Betätigung bewußt zur eigenen Lust und Befriedigung wollen. Man findet auch heute noch nicht selten bei verheirateten Frauen die Ansicht, der Geschlechtsakt sei eine Unterwerfung ihrerseits gegenüber den sexuellen Leidenschaften des Mannes. Manche sind aus dem Irrtum heraus unterwürfig, sexuelle Lust sei ein Vorrecht des Mannes, während andere sich fügen, um den ehelichen Status quo aufrechtzuerhalten. Das Ergebnis ist in beiden Fällen, daß die Gefühle verlorengehen, die zu der Verbindung geführt haben, so daß die Ehe in ihren Grundlagen bedroht ist.

Eine Frau kann nur dann sexuell unterwürfig sein, wenn sie sich von ihrem Körper distanziert. Dies ist der Mechanismus, der dem Verhalten von Prostituierten und Homosexuellen zugrundeliegt. Durch ein solches Handeln versagt sich die Frau selber die Möglichkeit jeder befriedigenden sexuellen Reaktion. Es ist viel besser für die Frau, wenn sie jede Teilnahme am Geschlechtsakt vermeidet, bis sie ein Verlangen danach verspürt. Dies erfordert von ihr die Durchsetzung ihres Rechts als Person, in Übereinstimmung mit ihren eigenen Gefühlen zu handeln. Sie ist eine Person, und sie hat dieses Recht, aber wenn sie es nicht geltend macht, wird es nicht als natürlich empfunden. Psychiatrische Erfahrungen zeigen, daß es nicht lange dauert, bis positive sexuelle Gefühle aufsteigen, wenn die Frau erst einmal angefangen hat, dieses Recht geltend zu machen. Wenn die Frau ihren Körper wiedergewonnen hat, kann sie dessen natürliche Bedürfnisse und Gefühle als ihre eigenen erleben. Dies kann latente sexuelle Schuldgefühle zutage treten lassen, die dann mit therapeutischer Hilfe bewältigt werden können.

Oft fordert der Ehemann die Haltung der sexuellen Unterwürfigkeit, auch wenn er sich dann vielleicht über den Mangel an sexuellen Reaktionen seiner Frau beklagt. Eine Patientin klagte, ihr Mann wolle immer dann Geschlechtsverkehr, wenn es ihr nicht passe oder wenn die Kinder in der Nähe seien. Abends, wenn man die Sorgen des Tages hinter sich gelassen habe, und wenn man sicher sein könne, nicht gestört zu werden, sei er zu müde. Man kann annehmen, daß er bewußt oder unbewußt gerade die Gelegenheiten aussuchte, wo sie keine sexuellen Gefühle aufbringen und nur mit Unterwerfung reagieren konnte. In diesem besonderen Fall bestand der Ehemann auch in anderen Bereichen der Beziehung auf der Unterwerfung seiner Frau; sie konnte sich nirgends erfolgreich wehren, solange sie sich ihm sexuell unterwarf. Jeder ihrer Versuche, sich durchzusetzen, veranlaßte ihn zu dem Vorwurf: »Du kastrierst mich!«

Solche Beziehungen sind zwar dem Anschein nach heterosexuell, der Einstellung nach jedoch homosexuell. Die heterosexuelle Beziehung ist ihrem Wesen nach keine Beziehung von Herrschaft und Unterordnung. Heterosexualität bedeutet die Vereinigung der Verschiedenen. Wenn der Geschlechtsunterschied eine Bedeutung haben soll, muß er respektiert werden. Einfach ausgedrückt, eine heterosexuelle Einstellung ist eine, bei der der Mann die Frau als Frau respektiert, und die Frau den Mann als Mann. Man kann die Bedeutung des Respekts in der sexuellen Beziehung gar nicht zu sehr betonen. Er erlaubt es den Partnern, nicht als gleiche, aber als Gleichberechtigte zusammenzukommen. Er macht die Art des sadomasochistischen Verhaltens unmöglich, die in Albees Stück so deutlich dargestellt wird. Wegen ihres Respekts für das andere Geschlecht beleidigt die heterosexuelle Frau einen Mann nicht, und sie würde auch nichts tun, um ihm ein Gefühl der Unzulänglichkeit oder der Unterlegenheit zu geben. Wenn er ihr wegen irgendwelcher Fehler oder Schwächen leid tut, behält sie ihre Gefühle für sich. Mit Mitgefühl und Hilfsbereitschaft einzugreifen, wie es so viele Frauen mit Eifer zu wollen scheinen, um »einen Mann aus ihm zu machen«, ist demütigend und herabsetzend. Solche Hilfe sollte man nur anbieten, wenn man darum gebeten wird. Unter dem Vorwand, einem Mann dazu zu verhelfen, sich selbst zu finden, kann eine Frau einen dafür empfänglichen Mann beherrschen und ihn auf den Status eines abhängigen Kindes reduzieren.

Die logische Folgerung ist, daß der heterosexuelle Mann eine Frau als Gleichberechtigte respektiert, die in der Lage ist, ihre eigenen Angelegenheiten zu regeln, und stark genug, um ihre Interessen zu wahren. Der Mann, der »dem hilflosen kleinen Geschöpf« gegenüber eine Vaterrolle einnimmt, drückt dadurch sowohl seine Angst vor Frauen als auch seine Verachtung für Frauen aus. Es ist rührend, mitanzusehen, wie viele reife

Männer im Namen der romantischen Liebe junge Mädchen heiraten und ihr Leben dem Schutz dessen weihen, was sie als das »schwache Geschlecht« ansehen. Offensichtlich kann, solange sie sie in der Position der Schwächeren halten können, ihr Anspruch auf Mannhaftigkeit nicht bestritten werden. Es gibt aber auch den Mann, der von der Frau erwartet, sie solle ihn versorgen, den Mann, der seine Frau in eine Mutter verwandelt und dabei seine sexuellen Gefühle für sie verliert. Diese Haltung beruht auf dem Mangel an Respekt des Mannes für seine Mutter als Frau. Er hat in ihr als Kind die Hausherrin, die Köchin, die Dienerin, das Aschenbrödel, die Ehefrau gesehen, aber nicht das Sexualwesen, dessen Gefühle der Lust und der körperlichen Erregung Gegenstücke seiner eigenen waren.

Heterosexualität kann man als jene Einstellung bezeichnen, die durch eine Identität mit dem eigenen Körper, der eigenen Persönlichkeit und der eigenen Sexualfunktion und mit Respekt vor ihnen gekennzeichnet ist. Die Folge davon ist Respekt vor den gleichen Aspekten des anderen Menschen. Ich sage ohne Bedenken, daß diese heterosexuelle Einstellung die Grundlage von orgastischer Potenz und sexueller Befriedigung ist. Leider ist es leichter, eine richtige Einstellung zu beschreiben, als eine zu erlangen.

Wie kommt es dazu, daß ein Mensch die Identität mit seinem Körper und dabei den Respekt vor seiner sexuellen Natur verliert? Jahrelange klinische Erfahrung hat gezeigt, daß dies im Säuglingsalter und in der Kindheit geschieht. Der neugeborene Säugling ist ein animalischer Organismus, dessen Körper amorph sexuell ist. Abgesehen von dem Brennpunkt der erotischen Lust im Mund, der mit dem primären Bedürfnis nach Nahrung zusammenhängt, reagiert der ganze Körper des Säuglings mit Lust auf den Kontakt mit dem Körper der Mutter. Wenn dieser Kontakt eingeschränkt wird, verliert der Säugling das Lustgefühl in seinem Körper. Wenn man dem Säugling diesen Kontakt verweigert, wird ihm sein Körper zu einer Quelle von Unlustgefühlen. Es ist schmerzlich, sich verzweifelt nach Kontakt und Nähe zu sehnen, die nicht eintreten. Es verursacht Schmerz, nach einer Mutter zu schreien, die nicht auf das Geschrei reagiert. Wenn der Schmerz zu stark wird, betäubt sich das Kind selbst, indem es sein Körperempfinden abstellt. Es macht sich steif, schränkt seine Atmung ein und bemüht sich nicht, sich lustvolle Stimulierung zu verschaffen. Später im Leben, als Erwachsener, vermeidet ein solcher Mensch jede körperliche Erregung, weil sie das verdrängte Schmerzgefühl, das er im Säuglingsalter erlebt hat, wieder hervorrufen kann oder hervorruft. Er strebt verzweifelt nach genitaler Stimulation und Erregung, weil dies für ihn der einzige Weg zu der körperlichen Empfindung ist, lebendig zu sein und Lust zu spüren.

So wichtig das Bedürfnis des Kindes nach totalem Körperkontakt mit der Mutter auch ist, sein Bedürfnis nach oraler erotischer Befriedigung ist eben so groß. Das Stillen bestätigt das Kind durch die Lust, die es an der Brust seiner Mutter erlebt, in seiner sexuellen Natur. Dies ist der erste Punkt, an dem sich in der Mutter gegenüber der sexuellen Natur des Kindes ein bewußter Konflikt entwickelt. Wie lange soll sie diesem Lustverlangen auf Seiten des Kindes nachgeben, wenn sie es überhaupt tut? Wie wichtig ist körperliche Lust im Leben eines Kindes – oder, was das anbelangt, im Leben eines Erwachsenen? Besteht nicht die Gefahr, daß man, wenn man sich den eigenen biologischen Funktionen hingibt, alle höheren Werte der Zivilisation und der Kultur verliert? Mütter stellen sich diese Fragen nicht bewußt, aber sie erheben sich im Unbewußten jedes zivilisierten Menschen. Sind wir Tiere oder sind wir Menschen? Das Tier funktioniert nur auf Grund seiner Instinkte. Der Mensch hat einen Geist, den er zum Steuern seiner Handlungen benützen kann und sollte. Aber benützen wir ihn so vernünftig wie möglich! Unser Geist hat sich nicht entfaltet, damit wir unglückliche, sexuell frustrierte und geschlagene Menschen werden. Unser spezifisch menschliches Erbe ist nicht entstanden, um unserer animalischen Natur zu widersprechen und sie zu zerstören. Die Werte der Natur und der Kultur brauchen keine Konfliktquelle zu werden. Die Körperlust des Kindes an der Brust der Mutter oder im Kontakt mit ihrem Körper ist die Grundlage, auf der seine Persönlichkeit und seine Intelligenz wachsen. Man kann in einem Haus mit einem unzureichenden Fundament leben, man kann ohne die Unterstützung durch einen lustfähigen Körper verstandesmäßig funktionieren, aber die Gefahr des Zusammenbruchs ist stets gegenwärtig. Emotionale Erkrankungen sind heute zu weit verbreitet, als daß wir die ehemals allgemein anerkannten Grundsätze nach wie vor blind akzeptieren könnten.

Kultur entsteht nicht aus der Sublimierung der Sexualität, wenn man mit »Sublimierung« eine Abnahme der sexuellen Gefühle meint. Im Gegenteil, bei einem gesunden, normalen Menschen erhöht kulturelle Betätigung die sexuellen Gefühle. Ähnlich liefern die Leidenschaften, Erregungen und Dramen der Sexualität Inspiration und Inhalt für schöpferische Betätigung in Kunst, Musik und Literatur. Unser moralisches Erbe gründete sich auf eine Einstellung des Entweder-Oder. Entweder man bekannte sich zu den höheren Werten des Lebens, zu Kultur, Leistung und Moral, oder man war verworfen, ein Schwein, ein sexuell haltloser Mensch. Entweder blieb ein Mädchen bis zur Heirat Jungfrau, oder sie war eine Hure. Und die alte Dichotomie von gut und böse, richtig und falsch, Gott und Teufel quält uns immer noch.

Der Mensch ist jedoch nicht Tier *oder* Mensch. Er ist beides. Er muß auf beiden Beinen stehen, wenn er überhaupt eine Weile stehen soll. Er ist nicht kultiviert *oder* sexuell. Er ist sowohl kultiviert *als auch* sexuell. Sein sexuelles Verhalten spiegelt ebenso seine Kultur, wie seine Kultur seine sexuellen Gefühle und Einstellungen spiegelt. Ich bin überzeugt, daß für den Heterosexuellen die Sexualität seine Lebensweise ist. Er ist nicht aufgespalten in den asexuellen Geschäftsmann von neun bis fünf, den Verführer der Cocktail-Bars von fünf bis sieben und den ernsthaften Vater, wenn er nach Hause kommt. Er hat nicht ein Verhältnis mit seiner Sekretärin in New York,

während er zu Hause den Schein wahrt. Er hält nicht seine Kinder in Zucht, während er sich selber das Recht nimmt, zu tun, was er will. Er braucht keinen Alkohol, um seine sexuellen Gefühle äußern zu können. Er ist kein Pyramidenkletterer, kein Statussucher, kein Mensch, dem »seine Firma über alles geht«, und kein Konformist. Er ist kein Rebell oder Außenseiter. Er ist ein Mensch, der genießt, was er tut, weil er alles genießt, was er tut. Er erfreut sich hauptsächlich der Befriedigung des Handelns, und nur zum Teil der Belohnung oder des Gewinns. Er trägt seine guten Gefühle mit sich: Sie sind ein Teil seiner selbst, nicht von anderen abgeleitet. Er liebte jene, die ihm nah sind, denen er nah ist, denn er kennt keine andere Art des Einander-nah-Seins als durch Liebe.
Bei seiner sexuellen Betätigung versucht der heterosexuelle Mann nicht, irgendetwas zu beweisen – einfach deswegen, weil es nichts zu beweisen gibt. Er genießt eine Frau, weil er seine Mutter genossen hat. Er liebt eine Frau, weil er seine Mutter geliebt hat. Der Ausdruck seiner sexuellen Gefühle ist frei und ungehemmt, weil der Ausdruck von Zuneigung und Zärtlichkeit für ihn immer die natürliche Art und Weise war. Er gibt sich ohne Hemmungen dem Geschlechsakt hin, denn alles, was er tut, tut er spontan und von ganzem Herzen. Im Gegensatz zu den Aussagen mancher Psychologen ist er kein »gebender« Mensch. Er verschenkt sich nicht an andere – er ist einfach, was er ist. Seine positiven Eigenschaften wohnen einer Seinsweise inne, nicht einer Handlungsweise. Und da Lust und Befriedigung die Ziele sind, die sein Handeln motivieren, erlebt er sie bei seiner sexuellen Betätigung ebenso wie bei anderen Tätigkeiten. Natürlich ist er orgastisch potent, denn das ist nur ein anderer Ausdruck dafür, daß seine sexuellen Erlebnisse ganz und gar befriedigend sind – körperlich, emotional und seelisch.
Man hat dem heterosexuellen Mann verschiedene Bezeichnungen gegeben. Man hat ihn das »sexuell adäquate Individuum« genannt. Reich bezeichnete ihn als den »genitalen Charakter«, den gesunden Charaktertypus, der frei ist von allen neuroti-

schen Komplikationen. Leider gibt es ihn nicht. Man kann die Menschen nicht als neurotisch oder gesund, heterosexuell oder homosexuell, orgastisch potent oder impotent einordnen. Man kann niemanden in unserer Kultur als »reinen« Typus betrachten. Was ich beschrieben habe, ist ein Idealtypus, ein Mann von freudiger Sinnesart, glücklich in seinen Beziehungen und zufrieden mit seinem Dasein.

Psychiater brauchen Kriterien und Maßstäbe, wenn sie ihre Patienten durch das komplexe Labyrinth neurotischer Rationalisierung geleiten wollen, aber es ist schwierig, psychologische Maßstäbe anzuwenden. Ich empfinde es als nützlich, zur Messung der emotionalen Gesundheit körperliche Kriterien anzuwenden. Die Falldarstellungen haben den Zusammenhang zwischen psychischen Problemen und ihren körperlichen Manifestationen in der Körperhaltung, im Muster der Muskelverspannungen und in der Einschränkung der Bewegungsfähigkeit deutlich gemacht.

Das Vorhandensein chronischer Muskelverspannungen ist ein konkretes, handgreifliches und nachweisbares Zeichen einer Störung im Organismus. Man kann nicht behaupten, diese Störung sei auf der einen Ebene vorhanden, auf der anderen aber nicht, sie sei auf das Körperliche beschränkt und schließe das Seelische nicht ein. Ein gesunder Körper ist lebendig und vibrierend. Seine Züge sind harmonisch, und sein Ausdruck ist angenehm. Spannung und Farbe der Haut sind gut, die Augen sind glänzend, die Muskeln sind entspannt, so daß der Körper weich und geschmeidig ist. Ein gesunder Körper ist gekennzeichnet durch seine Schönheit und Anmut. Wenn diese Kriterien auch subjektiver Bewertung unterliegen, sind sie doch zumindest deutlich sichtbar.

Die heterosexuelle Frau oder die sexuell reife Frau, wie man sie auch nennen mag, unterscheidet sich in den von mir beschriebenen Eigenschaften wenig von ihrem männlichen Gegenstück. Sie beneidet einen Mann nicht mehr, als ein normaler Mann eine Frau beneiden würde. Sie ist zufrieden, sie selbst zu sein, weil ihre Existenz ihr in den bedeutsamen Bereichen ihres

Lebens emotionale Befriedigung bietet. Sie erreicht während des Liebesakts fast immer einen vaginalen Orgasmus, der »tief in der Vagina beginnt und sich auf alle Teile ihres Körpers ausdehnt.«* Nicht nur im sexuellen Bereich findet eine reife Frau ihre Erfüllung. Ihre Beziehungen zu ihrem Mann und ihren Kindern geben ihr ebenfalls tiefe Befriedigung. Die reife Frau hat Realitätssinn und ein Gewahrsein der Persönlichkeit, das sie, wie Marie Robinson erklärt, befähigt, »einen Ehemann zu wählen, der gut für sie, ja, fast vollkommen ist.« Man kann auch sagen, daß ein reifer Mann fast ohne Ausnahme eine gute Ehefrau wählt.

Die Eigenschaft der Reife, die die richtigen Einstellungen und Entscheidungen im Leben gewährleistet, ist das vollständige Annehmen der Realität. Für jeden Menschen ist die Grundrealität der Umstand seiner physischen Existenz in einem Körper. Eine sexuell reife Frau identifiziert sich mit ihrem Körper. Sie weiß, daß ihre Lust von ihrem Körper stammt und hat diese Lust durch Selbstbefriedigung erfahren. Die Ansicht Marie Robinsons, daß Masturbation für die ideale Frau ein »geschmackloses und sinnloses Experiment« sei, ist eine theoretisch falsche Stellungnahme. Es trifft zu, daß eine glücklich verheiratete Frau keine Masturbation nötig hat, außer bei einer längeren Abwesenheit ihres Mannes. Aber was soll man bei Witwen oder geschiedenen Frauen sagen? Wenn eine Frau nicht durch ihre eigenen Hände im eigenen Körper Lust erleben kann, dann hat sie sich selber nicht völlig angenommen. Nach meiner Erfahrung ist eine solche Frau nicht fähig, jedesmal einen vaginalen Orgasmus zu erreichen. Wenn die sexuelle Lust einer Frau vollständig von einem Mann abhängig ist, verliert sie die Unabhängigkeit, die für die Reife charakteristisch ist.

Der Umstand, daß die reife Frau die Realität akzeptiert, manifestiert sich in einem Gefühl der Liebe zum eigenen Körper und im Stolz auf ihn, die sich sowohl in ihrer

* Marie N. Robinson, *The Power of Sexual Surrender*, Garden City, 1959. Dt. *Die erfüllte Frau*, München 1966.

Erscheinung als auch in ihrem körperlichen Wohlbefinden niederschlagen. Sie achtet auf sich, so daß sie nicht erschöpft oder abgehetzt ist. Trinken, langes Aufbleiben und häufige Parties passen nicht zum Stolz auf den eigenen Körper, der die Grundlage befriedigender Sexualität darstellt. Die Identifikation der sexuell reifen Frau erstreckt sich aufs Kinderkriegen und Kindererziehen. Dies sind die natürlichen Funktionen ihres Körpers, die nur sie vollziehen kann. Ihre positive Einstellung zu ihren Verantwortlichkeiten ist kein Beispiel von »weiblichem Altruismus«, wie Marie Robinson behauptet, und erfordert kein Loblied. Wegen ihrer Identifikation mit ihren natürlichen Funktionen »will (die reife Frau) ihr Kind an der Brust stillen und tut es auch.« So wird die sexuelle Befriedigung, die sie mit ihrem Mann erlebt hat, der Frucht dieser Vereinigung unmittelbar zur Verfügung gestellt. Marie Robinsons Feststellung, die sexuell reife Frau altere anmutig, ist richtig. Da sie frei von neurotischen Konflikten und Ängsten ist, behält ihr Körper seine Vitalität und seinen Zauber bis ins Alter. Aus dem gleichen Grund bringt das Klimakterium für sie keine Verminderung der Fähigkeit zum sexuellen Genuß.

Dies ist keine idealisierte Darstellung. Hier wird eine Frau beschrieben, die die Fähigkeit zur sexuellen Erfüllung hat. Aber diese Fähigkeit läßt sich nicht getrennt von der Erfüllung der Gesamtpersönlichkeit verwirklichen. Trotzdem besteht auch die umgekehrte Beziehung. Die Persönlichkeit wird durch sexuelle Erfahrungen geformt und bestimmt, und im gleichen Maß, in dem diese größere Befriedigung gewähren, reift die gesamte Persönlichkeit. Das Erleben des vollen sexuellen Orgasmus verwandelt das Ideal in ein erreichbares Ziel.

9 Männliche und weibliche Sexualität

Wer wie Professor Higgins fragt: »Warum kann eine Frau nicht wie ein Mann sein?« ist ein trauriger und ängstlicher Mann. Nur eine abgelehnte Frau würde diese Frage ernst nehmen und versuchen, wie ein Mann zu sein. Die Werte der Männlichkeit und der Weiblichkeit sind in dem allgemeinen Identitätsverlust, der die aktuelle Situation in der westlichen Gesellschaft kennzeichnet, ein wenig verlorengegangen. Die sexuellen Rollen, die für frühere Generationen noch klar definiert waren, sind heute durcheinandergeraten. Auf der einen Seite behauptet Simone de Beauvoir, die Frau sei auf Grund ihres Ausgeschlossenseins von der Welt der männlichen Aktivität zum »zweiten Geschlecht« geworden. Auf der anderen Seite schreibt der Schriftsteller Robert Graves: »Eine wirkliche Frau verachtet die Männer nicht und betet sie auch nicht an, aber sie tut, was sie kann, um nicht wie ein Mann zu handeln.« Die heutige Verwirrung stammt daher, daß die sogenannte doppelte Moral, auf die sich die alte Ordnung gründete, abgeschafft worden ist. Aber das ist nicht unbedingt eine Tragödie, da durch die »doppelte Moral« die Frau als Person negiert und der Körper als Quelle der Wahrheit unbeachtet gelassen wurde.

Die Unsicherheit darüber, was die normale soziale und sexuelle Einstellung sei, ist nicht auf Frauen beschränkt. Die Männer leiden an einer ähnlichen Verwirrung in bezug auf ihre Rolle in der ehelichen Beziehung. Wenn z. B. ein Mann in seinem Haus herrscht, wird er als diktatorisch angesehen; wenn er passiv und unterwürfig ist, wird er als unzulänglich kritisiert. Es sieht so aus, als müsse er einen Drahtseilakt vollführen. Wenn jedoch solche Probleme in einer Familiensituation auftauchen, sind gewöhnlich Störungen der sexuellen Beziehung zwischen Mann und Frau und fehlende Klarheit über die sexuellen

Erwartungen der Partner daran schuld. Der Mann, der in seinem Haus herrscht, verhält sich so, weil er bewußt glaubt, es sei die Rolle der Fau, sich unterzuordnen, sowohl sexuell als auch persönlich. Er glaubt, sie erwarte von ihm, er solle »die Hosen anhaben«, was er als »der Chef sein« interpretiert. Der Mann, der seiner Frau erlaubt, ihre Beziehung zu steuern, handelt in dem Irrglauben, es werde von ihm erwartet, er müsse die Frau »bedienen«, d. h. sie befriedigen. Eine passive Haltung wird sowohl vom Mann als auch von der Frau häufig als ein Ausdruck des Altruismus rationalisiert. Selbstdurchsetzung wird mit Selbstsucht verwechselt, auf Grund der falschen Annahme, man sei im Ausgleich für die Rechte der Beziehung verpflichtet, den Sexualpartner zu befriedigen. Diese neurotische Einstellung entsteht aus einem Nichtverstehen der biologischen Faktoren, die die Beziehung eines Geschlechts zum anderen bedingen. Um diese Faktoren richtig einzuschätzen, muß man die unterschiedliche psychosexuelle Entwicklung des einzelnen männlichen und weiblichen Wesens verstehen.

Ich unterteile die psychosexuelle Entwicklung des Individuums in drei Abschnitte: die prägenitale, die Latenzperiode und die genitale Periode. Diese Einteilung entspricht wichtigen biologischen Veränderungen, die während jeder dieser Perioden im Organismus stattfinden.

Die prägenitale Periode umfaßt die Zeit von der Geburt bis etwa zum Alter von sechs Jahren. Im Alter von etwa sechs Jahren tauchen die bleibenden Zähne auf, ein Ereignis, das man als das Ende dessen ansehen kann, was im weitesten Sinn als Säuglingsalter gelten kann. Daß man gerade dieses Alter wählt, um das Kind in die Schule zu schicken, muß einen gewissen Zusammenhang mit diesem Ereignis und zu den emotionalen Veränderungen haben, die zu diesem Zeitpunkt eintreten. Die prägenitale Periode ist der fortschreitenden Integration der Körperbewegung und des Körpergefühls in koordinierte und zielgerichtete Aktivität gewidmet. Gleichzeitig werden die prägenitalen libidinösen Impulse in ein einheitliches Luststreben integriert, das seinen Brennpunkt im genitalen Bereich hat. Wenn diese Stufe abgeschlossen ist, ist der genitale Primat etabliert. Das bedeutet, daß der genitale Bereich alle anderen erogenen Bereiche des Körpers als Quell erotischer Lust ersetzt hat. Am Ende dieser Periode hat das Kind also sein Verlangen nach oraler Befriedigung aufgegeben und braucht nicht länger an einer Brust, am Schnuller oder an seinem Daumen zu lutschen. Die Sauberkeitserziehung ist abgeschlossen, und die Ausscheidungsfunktionen beanspruchen die Aufmerksamkeit des Kindes nicht mehr. Das Kind ist psychisch seiner Mutter entwöhnt. Es kann sicher auf eigenen Füßen stehen, und es hat die motorische Koordination entwickelt, die es befähigt, als unabhängiger Organismus innerhalb der Familiengruppe zu funktionieren. Die Realitätsfunktionen sind an beiden Enden des Organismus verankert: oben im Ich, unten in der Genitalität.

In der zweiten Hälfte der prägenitalen Periode wird sich das Kind seines Genitalbereichs bewußt und erkennt, daß es durch Masturbation Lust erlangen kann. Dies ist eine Zeit erheblicher masturbatorischer Betätigung, infantiler Sexualspiele mit anderen Kindern und sexueller Neugier. Das Interesse des Kleinkindes an der Sexualfunktion fördert sein Akzeptieren der Realität und vermindert seine Abhängigkeit von der Mutter in bezug auf erotische Befriedigung. Masturbation hat während dieses Stadiums nicht die Bedeutung der Erregungsabfuhr wie beim Erwachsenen; sie ruft vielmehr im ganzen Körper eine lustvolle Erregung sinnlicher Art hervor. Die masturbatorische Betätigung des kleinen Mädchens richtet sich nicht auf die Klitoris, die ein winziges Organ ist, sondern auf den gesamten Genitalbereich, einschließlich der Klitoris. Der kleine Junge berührt seinen Penis, macht aber keinen Versuch, ihn bis zum Höhepunkt zu streicheln.

Während dieser Periode haben die Eltern die Aufgabe, die oralen Bedürfnisse des Kindes zu erfüllen: nach Nahrung, Geborgenheit, Zuneigung, Aufmerksamkeit usw. Diese sind die narzißtischen Zufuhren, die für das Wachstum und die Entwicklung des Ichs und der Persönlichkeit notwendig sind.

Jede schwerwiegende Entbehrung in diesem Stadium fixiert das Kind auf diese prägenitale oder orale Ebene. Die Persönlichkeit ist dann gekennzeichnet durch Tendenzen, sich anzuklammern und abhängig zu sein. Sexuelle und persönliche Beziehungen werden benützt, um Unterstützung für ein inadäquates Ich zu erlangen. Das Bedürfnis nach Körperkontakt bei der sexuellen Betätigung stellt das Verlangen nach orgastischer Lösung in den Schatten. Solche Menschen werden zu »Sensualisten«, zu sinnlichen Menschen. Es ist bedauerlich, daß die einzige natürliche Art und Weise, diese Bedürfnisse des Kindes zu erfüllen, das Stillen, zu einer vergessenen Kunst geworden ist. Bei dieser einen Handlung bekommt das Kind Nahrung, Beachtung, Geborgenheit und Zuneigung. Der Kontakt mit dem Körper der Mutter fördert sowohl die körperliche Entwicklung als auch das Ich des Kindes. Das Kind entdeckt seinen Körper; d. h. es entwickelt eine Körpervorstellung, die aus den lustvollen Erfahrungen des Kontakts mit dem Körper seiner Mutter erwächst. Wenn dieses Entwicklungsstadium vorbei ist, hat das Kind normalerweise seinen Körper in der Sinneswahrnehmung und in der motorischen Koordination »gefunden«.

Im prägenitalen Stadium gibt es zwischen männlich und weiblich keine funktionellen Unterschiede. Die Unterschiede sind zwar vorhanden, aber das Kind funktioniert nicht diesen Unterschieden gemäß. Im Verhalten eines Jungen oder eines Mädchens von vier oder fünf Jahren ist nur wenig, was auf sein Geschlecht hinweist. In unserer Kultur zieht man Jungen und Mädchen unterschiedlich an und gibt ihnen verschiedene Spielsachen, aber diese Unterschiede werden von außen herangetragen. Kleinkinder funktionieren in erster Linie als sexuell undifferenzierte Individuen, obwohl ihr Gewahrsein der Sexualität den durchschnittlichen Erwachsenen überraschen würde. Sie sind mit ihrer entstehenden Individualität beschäftigt, die sie, wenn keine Gefühle Erwachsener sich einmischen, in ihren eigenen Augen als männlich und weiblich erscheinen läßt.

Die meisten Psychiater und Psychoanalytiker glauben heute, daß über die Persönlichkeit eines Menschen im Alter von sechs Jahren völlig entschieden ist. Dies bedeutet, daß die Wurzeln aller Persönlichkeitsstörungen in traumatischen Erlebnissen zu suchen sind, die sich während der prägentialen Periode ereignet haben. Gleichgültigkeit gegenüber den Gefühlen des Kindes ist wahrscheinlich die wichtigste Verletzung der Bedürfnisse des Kindes. Zum Beispiel kommt es häufig vor, daß Eltern auf die Vorlieben und Abneigungen des Kindes in bezug auf seine Ernährung keine Rücksicht nehmen, und das kann schädlich sein. Wenn Eltern darauf bestehen, das Kind müsse essen, was es nicht essen möchte, wird dies vom Kind als eine Negierung seiner Persönlichkeit erlebt. Das Eindringen in seine Körperöffnungen mit Wattestäbchen, Klistierspritzen oder anderen Geräten ist eine Verletzung seiner Person. Ein Nichtbeachten seiner Ängste oder ein Nichteingehen auf sein Schreien zeigt einen Mangel an Respekt für das Kind als fühlenden Menschen. Jedes Erlebnis dieser Art schwächt den Glauben des Kindes, es sei wichtig, erwünscht und geliebt.

Die prägenitale Periode endet in einer psychischen Erscheinung, die man die ödipale Situation nennt. Das Mädchen wird sich seiner Weiblichkeit bewußt und fühlt sich sexuell, nicht genital, von seinem Vater angezogen. Das bedeutet, daß es körperliche Nähe zum Vater anders genießt als Nähe zur Mutter. Der Junge hat ähnliche Empfindungen in bezug auf seine Mutter. Tatsächlich ist die Herstellung des Primats der Genitalität mit einem Gipfel sexuellen Fühlens verknüpft, das sich über den ganzen Körper verteilt, zu dem aber auch eine leichte Betonung der Genitalien gehört. Infolgedessen hat der Junge vielleicht die Vorstellung, er könne den Vater als Liebhaber der Mutter ersetzen. Ähnlich hat das Mädchen gewisse Konkurrenzgefühle gegenüber der Mutter im Hinblick auf den Vater als Sexualobjekt. Ich weiß nicht, ob dies ein verfrühtes Keimen der Genitalität ist oder ein Hinweis darauf, daß in einer früheren Phase der Evolution des Menschen in diesem Alter die Pubertät erreicht wurde. Analytische Unter-

suchungen haben gezeigt, daß ein Kind von fünf oder sechs Jahren in seinen Vorstellungen und Phantasien ein volles Gewahrsein der erwachsenen Sexualität hat. Seine Phantasien entsprechen jedoch seinen sexuellen Gefühlen, die, vorausgesetzt, es greift kein Erwachsener ein, über seinen ganzen Körper verteilt und nicht stark auf den Genitalapparat konzentriert sind. Der Wunsch eines Mädchens, seinen Vater zu heiraten, bedeutet also nicht, daß es sexuelle Beziehungen mit ihm haben will, sondern das Gefühl, gehalten und geliebt werden zu wollen. Das zweifache Aufblühen sexueller Gefühle, zunächst in der prägenitalen Periode und später in der Adoleszenz, ist dem zweimaligen Zähnekriegen ähnlich. Seine psychologische Bedeutung ist noch nicht völlig erforscht.
Wenn die normale Entwicklung weitergeht, werden die ziemlich starken sexuellen Phantasien und Vorstellungsbilder des Kindes verdrängt, wenn es in das nächste Stadium eintritt, aber das Wissen um die Sexualität geht nicht verloren. Das Kind kennt sein Geschlecht und es weiß über die sexuellen Unterschiede Bescheid. Die Bedeutung dieser Unterschiede wird jedoch ins Unbewußte gedrängt. Wenn das Kind auf diese Weise seinen ersten Stützpunkt im genitalen Funktionieren aufgibt, tut es dies im Interesse des Realitätsprinzips, das ihm später einen größeren Gewinn verspricht. In Wirklichkeit gibt es seine Position nicht auf; es zieht nur sein Interesse ab.
Dies Entwicklung beweist, daß Individualität und Sexualität eng miteinander verknüpft sind. Die eine kommt nicht ohne die andere vor. Der Begriff vom Primat der Genitalität ist funktionell identisch mit dem Wachstum der Individualität. Wenn die prägenitale Phase eine Phase der Undifferenziertheit ist, endet sie also, wenn eine Differenzierung eintritt.
Vom Alter von sechs Jahren bis zur Pubertät durchläuft das Kind ein Stadium, das in der Sprache der Psychoanalyse als Latenzperiode bezeichnet wird. Sie ist gekennzeichnet durch ein Nachlassen des sexuellen Interesses und Gefühls, das in den vorhergehenden Jahren einen Gipfel erreicht hatte. Das Kind ist sich der Geschlechtsunterschiede bewußt, aber sein Haupt-

interesse gilt jetzt der Erkenntnis der Rolle von Junge oder Mädchen. Das Schwergewicht verlagert sich auf die Gesamtpersönlichkeit und auf die wichtige Aufgabe, Wissen zu erwerben und die Fertigkeiten zu erlernen, die für ein tüchtiges Funktionieren in unserer komplizierten Welt notwendig sind. Man kann behaupten, wie Reich es tat, dies sei eine unnatürliche Entwicklung, bedingt durch den antisexuellen Moralkodex unserer Kultur.

Eine solche Anschauung geht von der Annahme aus, die einschränkenden Einflüsse in einer hochentwickelten Kultur seien lebensfeindlich. Sie können auf diese Weise wirken, aber sie müssen es nicht. In einer Kultur, die für das Leben in der Gesellschaft eine ausgedehnte Erziehung und Ausbildung erfordert, erleichtert die Verminderung der sexuellen Interessen und Gefühle die Übertragung der Aufmerksamkeit auf diese Aufgabe.

Der Grad der Latenz ist verschieden, je nach dem Individuum. Wo das ödipale Problem nicht gelöst worden ist und keine Verdrängung eintritt, ist das Latenzphänomen gestört. Ich hatte einmal einen Patienten, der mir erzählte, während dieser Periode habe er bis zu zweiundzwanzigmal am Tag onaniert, jedesmal bis zu einem gewissen Höhepunkt. Das ist nicht normal, und dieser Patient entwickelte als Erwachsener eine akute Art paranoider Schizophrenie. Seine Krankheit war keineswegs auf übermäßige Masturbation zurückzuführen. Vielmehr erzeugten die Störungen seiner Persönlichkeit, die später seinen geistigen Zusammenbruch verursachten, in seiner Kindheit solche Ängste, daß er gezwungen war, im Übermaß zu onanieren, um sie in Schach zu halten. Die sexuelle Situation in seinem Elternhaus war eine Situation des offenen Konflikts. Er wurde von seiner Mutter gefühlsmäßig verführt; zugleich verletzte sie seine Gefühle, indem sie ihn zwangsweise fütterte und ihm übermäßig viele Einläufe verpaßte. Er wurde von seinem Vater abgelehnt und fürchtete sich vor ihm. In einem solchen Gefühlsklima sind gesundes Wachstum und gesunde Entwicklung kaum zu erwarten.

Viele Kinder zeigen während der Latenzperiode eine gewisse sexuelle Aktivität wie z. B. Masturbation oder Sexualspiele mit anderen Kindern. Im allgemeinen ist das ein Hinweis auf das Fortbestehen eines ungelösten sexuellen Problems aus der vorhergehenden Stufe. Sexuelle Betätigung während dieser Periode ist ein Versuch des Kindes, die von dem Problem geschaffene Spannung zu lösen. Und da Kinder in verschiedenem Tempo reifen, gibt es keine absoluten Kriterien für das Normale. In dem Maß, in dem eine derartige sexuelle Betätigung die Fähigkeit des Kindes beeinträchtigt, sich den normalen Beschäftigungen dieser Periode hinzugeben, ist sie ein Zeichen einer Störung seiner Persönlichkeit.

Die Latenzperiode ist die Zeit, in der das Individuum seine bewußte Identifikation mit seinem Körper entwickelt. Bei Jungen wie bei Mädchen beherrscht die körperliche Aktivität den größten Teil dieser Periode; sie weicht nur langsam intellektuellen und kulturellen Interessen. Das Körperbild ist zu dieser Zeit fast vollendet. Die dem Körperbild zugrundeliegenden Gefühle und Empfindungen liefern die somatische Grundlage für die Klärung und Ausprägung der Persönlichkeit. Die unbewußten Ziele des Kindes in diesem Stadium sind Stärke und Zutrauen zur eigenen Persönlichkeit, und sie hängen eng mit seinen Empfindungen in bezug auf seinen Körper zusammen.

Der dritte Abschnitt wird als genitales Stadium bezeichnet. Man kann ihn noch weiter in Adoleszenz, spätes Jugendalter und sexuelle Reife unterteilen. Um der Kürze willen wollen wir diese Unterscheidungen beiseitelassen.

Beim Jungen geht die Entwicklung in der gleichen Richtung weiter wie bisher. Die Empfindung in den Genitalien bekommt eine Dringlichkeit, die in der Erektion des Penis als äußere Kraft erlebt wird. Bei diesen frühen Erektionen streckt sich die Vorhaut, und die Eichel tritt hervor. Masturbation aktiviert den Ejakulationsmechanismus; die Ejakulation ist für den Neuling eine überwältigende Offenbarung. Energetisch kann man den Penis als eine Erweiterung des Körpers ansehen. Diese

Vorstellung beruht auf dem Gefühl des Beckenstoßes beim Mann. Die Erregung für diesen Stoß wird als etwas wahrgenommen, das durch den Körper und das Becken in den Penis hineinströmt. Sie kann auch als zwei unterschiedliche Empfindungen wahrgenommen werden. Die eine ist ein Gefühl an der Rückseite des Körpers, die eine gewisse Aggressivität hat und mit Empfindungen im Gesäß und im Beckenboden verknüpft ist. Die andere ist ein Gefühl des Schmelzens und Strömens an der Vorderseite des Körpers, das einen Charakter der Zartheit hat. Beide Empfindungsströme vereinigen sich und schaffen im Penis einen nach außen gerichteten Antrieb.

Beim Mädchen treten in der Pubertät ausgeprägte Veränderungen ein, im Gegensatz zum Jungen, dessen Entwicklung geradlinig verläuft. Das Becken des Mädchens vergrößert sich unverhältnismäßig und kippt nach hinten. Infolgedessen liegt die Vagina, die beim kleinen Mädchen wie der Penis vorn liegt, nun zwischen den Oberschenkeln. Die Abwärtsdrehung des Beckens bringt eine Drehung der Oberschenkel nach innen mit sich, so daß sie in der Mitte zusammenkommen. Von noch größerer Bedeutung ist die Richtungsänderung im Erregungsfluß. Anstatt, wie beim Jungen, nach außen zu fließen, wendet sie sich *nach innen*, entlang den Wänden der Vagina. Dieser Richtungswechsel dient der Funktion der reifen Sexualität und Fortpflanzung. Der Ausdruck »Vagina« stammt von der gleichen Wurzel ab wie das Wort »invaginate«, das »nach innen falten« bedeutet. Es mag daher überraschen, daß sich die Vagina embryologisch nicht als eine Einstülpung von der Oberfläche aus entwickelt. Sie bildet sich in Wirklichkeit durch die Verschmelzung der Müllerschen Gänge beim Embryo, von denen auch beim Jungen Spuren erhalten bleiben. Obwohl sich die Vagina schon früh im Leben des Embryos entwickelt, wird sie erst funktionstüchtig, wenn Empfindungen (oder Energien) nach der Pubertät in sie eindringen. Wenn dies stattfindet, nehmen die stärkeren genitalen Gefühle ihren Platz tief in der Vagina ein. Diese Gefühle werden nur durch das völlige Eindringen des Penis geweckt. Das Vorhandensein dieser starken vaginalen Gefühle ermöglicht eine Unterscheidung zwischen einer oberflächlichen und einer tiefen Reaktion. Dieser Unterschied fehlt bei den Empfindungen des Mädchens in der Vorpubertät. Diese Entwicklung erklärt auch die sogenannte Übertragung der Erregung von der Klitoris auf die Vagina. In Wirklichkeit findet gar keine Übertragung statt. Die Klitoris behält auch bei der reifen Frau ihre Empfindlichkeit; ihre Bedeutung schwächt sich jedoch angesichts der stärkeren, tieferen und intensiveren Empfindungen ab, die die Vagina erfüllen.

Die normale Entwicklung des Mädchens, wie wir sie oben beschrieben haben, ist von der ungestörten Reifung seiner Individualität und Persönlichkeit in den früheren Stadien abhängig. Neurotische Elemente in der Familiensituation können diese normale Wendung der sexuellen Gefühle nach innen verhindern oder beeinträchtigen. Wenn die Eltern die weibliche Rolle als minderwertig betrachten, wird das kleine Mädchen versuchen, das Gefühl seiner Unannehmbarkeit dadurch auszugleichen, daß es sich mit Jungen oder mit dem Männlichen identifiziert. Es wird eher aggressiv durchsetzungsfähig als rezeptiv, eher hart als weich, eher vorwärtsdrängend als nachgiebig. Das bewirkt, daß seine Gefühle oder Energien eher nach außen als nach innen gelenkt werden. Die genitale Erregung wird, anstatt unter Umgehung der Klitoris die Vagina zu erfüllen, an die Oberfläche und an die Klitoris fixiert. Durch dieses Organ kann das Mädchen seine Identität mit dem Männlichen spüren, aber seine Vagina bleibt unlebendig und reaktionslos. Die Unterschiede zwischen Mann und Frau werden verzerrt: Es wird unterschieden zwischen dem überlegenen Mann (großer Penis) und dem minderwertigen Mann (kleiner Penis=Klitoris), anstatt zwischen Mann und Frau als Gleichwertigen.

Eine der Schwierigkeiten, die Sexualforschern das Verstehen dieser Entwicklung der weiblichen Sexualität erschwert, stammt aus einer mechanischen Betrachtung der Sexualität. Das Argument lautet, in den Wänden der Vagina seien keine

Nervenendigungen (Sinneskorpuskeln), daher sei sie gefühllos. Andererseits sind in der Klitoris viele Nervenendigungen, wie im Penis, und sie ist deshalb bei der Frau das Organ mit der größten Empfindlichkeit. Aber Berührungsempfindlichkeit ist ein sensuelles Phänomen; es wird nur dann sexuell, wenn Erregung den ganzen Körper auf einer tieferen Ebene auflädt. Das gilt auch für den Mann. Seine sexuelle Erregung ist ein emotionales Phänomen, das den ganzen Körper einbezieht und nicht auf die Erektion des Penis begrenzt ist. Die Vagina ist nicht nur ein Organ; sie ist auch der Eingang zum Körper der Frau. Nur durch ihre Vagina kann eine Frau voll auf einen Mann reagieren. Sexualität ist in erster Linie eine Funktion von Bewegung und erst in zweiter Linie eine Funktion von erotischem Kontakt. Die tiefsten Gefühle bei Mann und Frau werden durch absichtliche und unabsichtliche sexuelle Bewegungen mobilisiert. Bei keiner anderen körperlichen Beziehung zwischen zwei Menschen gibt es zugleich den intimen Kontakt und die starke Bewegung, die für den normalen Geschlechtsverkehr kennzeichnend sind. Der Kontakt zwischen dem Mund und dem Genitale, der Hand und dem Genitale oder andere Formen sexueller Betätigung bieten weder den gleichen Grad an körperlichem Kontakt noch die Bewegungsfreiheit, die durch den Penis-Vagina-Kontakt erlebbar werden, wenn er normal funktioniert. Darum kann man feststellen, daß nur die Beziehung zwischen Vagina und Penis den Rahmen und die Bedingungen für eine vollständige orgastische Entladung bei Mann und Frau bietet.

Wie hängen die Unterschiede zwischen männlicher und weiblicher Sexualität mit der oben skizzierten Entwicklung zusammen? Erstens erklärt der Umstand, daß sich die Erregung bei einem Mann auf einen Punkt konzentriert und nach außen gerichtet ist, seine Tendenz, rascher genital erregt zu werden als eine Frau. Diese Tendenz läßt sich mit elektrischer oder elektrostatischer Energie vergleichen, die sich rascher auf einen Punkt konzentriert und sich von ihm aus rascher entlädt als von einer runden oder flachen Oberfläche aus. Zweitens wird durch den Umstand, daß der Mann das Penetrationsorgan besitzt, ihm die Initiative zugewiesen, den Geschlechtsakt einzuleiten. Drittens erklärt die Tatsache, daß sein Körper muskulär stärker entwickelt ist, warum er in sexuellen Beziehungen im allgemeinen der Aggressor ist.

Das Wort »Aggression« wird hier in der psychiatrischen Bedeutung von »vorwärtsschreiten, sich annähern, sich durchsetzen« gebraucht. »Aggressiv« wird in der Psychiatrie als das Gegenteil von »passiv« benützt und hat nicht die Wörterbuchbedeutung von »feindselig«. Die Aggression wird bei einem Menschen als positive Eigenschaft angesehen; sie bedeutet eine Fähigkeit, sich auf Objekte in der Welt zuzubewegen. Bewegung ist eine Funktion der Muskulatur. Da der Mann eine stärkere Muskelentwicklung hat als die Frau, kann man annehmen, daß die Bewegungsfunktion für seine Natur wichtiger ist als für ihre. Es ist interessant, über den nach außen gerichteten Fluß der Energie beim Mann und seine stärkere Muskelentwicklung zu spekulieren. In allen Mythologien ist der Mann oder das männliche Prinzip als Vertreter des sich bewegenden Geistes angesehen worden. Andererseits hat man die Frau oder das weibliche Prinzip als das Behältnis betrachtet, das jenen Geist umwandelt. Die weiblichen Funktionen des Empfangens, des Umfassens und der Umwandlung sind beim Geschlechtsakt an und für sich ebenso wichtig wie beim Hervorbringen von Nachkommenschaft.

Ich will damit nicht zu verstehen geben, die Rolle der Frau sei passiv oder untergeordnet. Soviele Frauen lehnen bewußt oder unbewußt ihre sexuelle Natur ab, weil sie glauben, sie erlege ihnen eine unterwürfige Haltung auf. Keine Frau will das Gefühl haben, ein Objekt zu sein, weder ein sexuelles noch ein anderes. Die alltägliche Beobachtung zeigt, daß Frauen beim Vorschlagen sexueller Beziehungen ebenso aktiv sind wie Männer. Frauen haben ihre eigene Art, Verlangen nach oder Bereitschaft für sexuelle Beziehungen zu erkennen zu geben: ein Blick, eine Geste – selten das gesprochene Wort. Bei der sexuellen Begegnung zwischen einem Mann und einer Frau kann man unmöglich wissen, wer den Kontakt angebahnt hat. Sobald der Kontakt jedoch hergestellt ist, wird der Mann gewöhnlich zum Verfolger und die Frau zur Verfolgten, aber sie hat ihre eigenen Möglichkeiten, die Verfolgungsjagd für den Mann aufregend und herausfordernd bleiben zu lassen. Da eine Frau ebensogut ein Individuum ist wie ein Mann, ist sie in Lebenssituationen fast ebenso aggressiv wie der Mann. Man kann ihre Haltung als aggressiv-rezeptiv bezeichnen. Wenn dieser Ausdruck auch verwirrend wirkt und wie ein Oximoron klingt (eine Kombination von unvereinbaren oder widersprüchlichen Wörtern wie in »donnernde Stille«), deutet er doch an, daß die weibliche Funktion des Aufnehmens kein passiver Vorgang ist. Die Frau ist ebenso begierig darauf, den Mann in sich aufzunehmen, wie er begierig darauf ist, in sie einzudringen. Ihre Aggression ist subtiler, aber nicht weniger wirksam.

Andererseits können die meisten Männer die Frau nicht leiden, die sexuell übermäßig aggressiv ist und versucht, in der sexuellen Beziehung die Initiative zu ergreifen. Sie haben das Gefühl, man fordere von ihnen, sie sollten eine Leistung erbringen, und dagegen leisten sie unbewußt Widerstand. Die Wirkung dieses unbewußten Widerstands besteht darin, daß das Verlangen des Mannes herabgesetzt wird; gelegentlich wird er auch impotent. Allzuoft heiraten Männer, deren Persönlichkeit passive Tendenzen enthält, übermäßig aggressive Frauen. Das mag zwar theoretisch wie eine gute Kombination aussehen, aber in der Praxis funktioniert es nur selten. Der Mann grollt der Frau unbewußt, wenn sie die beherrschende Rolle annimmt. Ihrerseits grollt sie ihm wegen seiner Passivität. Sie reagiert mit zunehmenden Forderungen, er solle sich beweisen; das entfremdet ihn nur noch mehr und vermindert sein Interesse. Die Frustrationen, die sich in solchen Ehen entwickeln, führen zu schweren Konflikten; oft endet eine solche Ehe mit der Scheidung oder mit Alkoholismus. Man könnte leicht sagen, der Mann dürfe keine passive oder abhängige Haltung annehmen. Aber ein solcher Rat ist angesichts der Schwere

dieser emotionalen Probleme gewöhnlich sinnlos; oft ist die sachverständige Hilfe eines Eheberaters oder eines Psychiaters notwendig.
In den meisten sexuellen Situationen ist die Reaktion der Frau durch das Verlangen des Mannes nach der Frau bedingt. Normalerweise wird eine Frau stärker sexuell erregt, wenn ein Mann aggressiv ist und auf sie zugeht. Es heißt manchmal, Frauen wollten erobert werden. Ich glaube, daß diese Aussage die weibliche Haltung übertreibt. Die Frau will gebraucht, begehrt werden. Sie reagiert auf die sexuelle Erregung und das sexuelle Verlangen des Mannes. Es kann auch andersherum funktionieren (d. h. ein Mann kann durch das sexuelle Begehren der Frau erregt werden), aber das ist nicht der gewöhnliche Weg. Es kann sein, daß die Wendung der Energie nach innen und das Fehlen eines deutlichen Brennpunkts für die sexuelle Erregung der Frau sie in bezug auf die volle Erregung vom Mann oder der Vorstellung von ihm in gewissem Maß abhängig machen. Wenn das zutrifft, würde es erklären, warum primitive Völker den Phallus als Symbol von Leben und Fruchtbarkeit ansahen. Seine Erektion ist der sichtbare Beweis für das Fließen des schöpferischen Impulses.
Unter den Säugetieren nimmt das Männchen beim Geschlechtsakt die beherrschende, deckende Stellung ein. Das gilt auch für die meisten sexuellen Beziehungen unter Menschen. Die beherrschende Stellung (auf der Frau) bedeutet, daß der Mann Tempo und Rhythmus der sexuellen Betätigung bestimmt. Er entscheidet in der willkürlichen Phase über die Qualität der Beckenbewegung, über Tempo und Stärke des Stoßes und über den Augenblick des Rückzugs. Die Frau muß ihre Bewegungen dem Rhythmus des Mannes anpassen, solange er auf ihr liegt. Sie kann ihm mit Worten oder durch eine Berührung zu verstehen geben, daß sie einen langsameren oder schnelleren Rhythmus bevorzugen würde, aber es ist ihm überlassen, die Veränderung herbeizuführen. Sie kann sich nicht gegen seinen Rhythmus bewegen, ohne die Harmonie ihrer gemeinsamen Handlungen zu zerstören. Wenn sie auf seine Bewegungen

eingeht, dann wird häufig sein Höhepunkt mit seinen starken unwillkürlichen Beckenbewegungen den ihren auslösen. Wenn in unserer Kultur der gleichzeitige Orgasmus selten ist, dann beruht das auf neurotischen Störungen, die normale sexuelle Gefühle und Funktionen stören.

Auf der psychischen Ebene schlagen sich die obengenannten Unterschiede in der Einstellung der Frau zum Mann nieder. Sie fühlt sich auf eine Weise von ihm abhängig, die bei einem Mann in bezug auf eine Frau nicht vorhanden ist. Dieses Abhängigkeitsgefühl hat seine Wurzeln in der Sexualfunktion. Es wird durch einen oben noch nicht erwähnten Unterschied belegt: Sein Versagen beim Geschlechtsakt hat ihr Versagen zur Folge. Das Umgekehrte trifft offensichtlich nicht zu. Ein Aufhören der Erektion bedeutet das Scheitern des Geschlechtsakts für beide Partner; wenn eine Frau keine sexuellen Gefühle mehr empfindet, hat das keine solche Wirkung. Wegen dieser Abhängigkeit reagiert jede Frau früher oder später, bewußt oder unbewußt, mit Feindseligkeit auf jede Schwäche bei einem Mann, mit dem sie sich gefühlsmäßig eingelassen hat. Eine Frau kann mitfühlend, verständnisvoll und hilfreich sein, wenn ein Mann in Not ist, und sie wird es auch sein. Sie wird ihn bei jeder Bemühung unterstützen, seine Schwierigkeiten oder Mängel zu überwinden. Aber wenn das nicht funktioniert, und wenn die Schwäche andauert, verläßt sie ihn oder macht ihn kaputt. Ich glaube, daß die Männer dieser Tendenz der Frauen unbewußt gewahr sind. Ihre Sorge um die sexuelle Befriedigung einer Frau spiegelt ihre Furcht vor ihrer Feindseligkeit für den Fall ihres Versagens. Aber eine Frau läßt sich von einer solchen Taktik nicht täuschen. Ihr intuitives Gefühl für das Natürliche durchdringt alle Vorspiegelungen. Kein Mann kann seine Schwäche vor einer Frau verbergen. Wenn er es versucht, wird sie mit unheimlicher Instinktsicherheit seine Persönlichkeit ausloten und seine Abwehr mit der Kraft eines Rammbocks niederwalzen. Das ist die Psychologie des Weibchens. Diese Verhaltensweise mag von irgendeinem obskuren biologischen Trieb herstammen, die Art zu verbessern, indem man sich mit dem Besten paart, aber welchen Ursprung dieses Bedürfnis auch haben mag, es kennzeichnet das Verhalten einer Frau. Trotz aller Gleichheit und Gleichberechtigung unter Mann und Frau stehen sie auf entgegengesetzten Seiten der Gleichung: Ihre natürliche Antithese kann leicht in Konflikt und Streit ausarten.

Auf Seiten eines Mannes findet man selten Feindseligkeit gegen eine Frau wegen eines Versagens in ihrer sexuellen Funktion. Männer beklagen sich vielleicht, daß eine Frau sexuell nicht reaktionsbereit oder frigide ist, aber dieses Gefühl verwandelt sich selten in Feindseligkeit. Normalerweise neigt der Mann dazu, die Verantwortung für den Erfolg der sexuellen Beziehung auf sich zu nehmen. Er hat das Gefühl, es sei an ihm, die Frau zu erregen und sogar, sie zu befriedigen. Ich habe zwar vor einer Weile gesagt, diese Einstellung sei der homosexuellen ähnlich, aber ich muß anerkennen, daß sie eine gewisse Grundlage in der Dynamik der normalen sexuellen Beziehung hat. Dem Mann ist nämlich klar, daß eine Frau wenig zu klagen hätte, wenn er mannhaft genug wäre. Wenn es eine Frau manchmal nötig hat, ihre Weiblichkeit von einem Mann bestätigt zu bekommen, kann das nur ein »Vollblutmann« tun. Diese Situation wird im folgenden Vorfall deutlich. Im Verlauf einer Therapiesitzung berichtete eine Patientin über ihre Schwierigkeiten mit ihrem Mann. Sie sagte: »Er wollte gestern abend mit mir schlafen. Er schlängelte sich an mich heran und versuchte dann zögernd, mich zu liebkosen. Der Wurm! Ich war so angeekelt, daß ich ihn aus dem Bett geschubst hab'.«

Ich spürte, wie sie ihn verachtete, und es machte mich wütend. Ich erwiderte spontan: »Wenn ich Ihr Mann wäre, hätte ich Sie verprügelt.«

Zu meiner Überraschung sagte sie: »Wenn er das doch nur getan hätte!«

In all den Jahren meiner klinischen Erfahrung ist mir keine Frau begegnet, die einem Mann eine starke, aggressive Äußerung einer Absicht oder eines Gefühls übelgenommen hätte. Im Gegenteil, ihr ist eine solche Haltung willkommen, und sie nimmt ihm Furcht und Schwäche übel. Es ist keine körperliche Gewalt erforderlich; der Mann, der eine Frau schlägt, ist ein Feigling, es sei denn, er tut es in Notwehr, aber der Mann, der einer Frau erlaubt, ihn zu schlagen oder ihn lächerlich zu machen, ist ein Narr.

Es gibt noch einen Bereich, in dem die psychischen Unterschiede zwischen den Geschlechtern sich offenbaren, nämlich in ihren jeweiligen Einstellungen zur Untreue. Eine Frau kann sexuelle Untreue leichter ertragen als die Übertragung der Zuneigung ihres Mannes auf eine andere Frau. Für einen Mann scheint das Gegenteil zu gelten. Ein Mann wird durch die sexuelle Untreue seiner Fau mehr verletzt als durch ihre Zuneigung zu einem anderen Mann. Dies sind natürlich ganz grobe Verallgemeinerungen, aber sie weisen auf einen wichtigen psychischen Unterschied hin. Die sexuelle Untreue einer Ehefrau gefährdet die Mannesehre des Ehemanns. Sie wird als Verletzung seines Stolzes auf seine Männlichkeit empfunden, also auf seine Fähigkeit, eine Frau zu halten und sexuell zu befriedigen. Ein Ehemann, den seine Frau zum Hahnrei macht, ist ein Gegenstand des Spotts; die Frau, die um einer anderen willen verlassen wird, ist ein Gegenstand des Mitleids. Andererseits wird die Ehefrau, solange ihr Mann sie in ihrer gewohnten Stellung erhält, von der Gemeinschaft respektiert, ohne daß man sich um seine Liebeleien kümmert.

Wenige Fraue bezweifeln ihre Fähigkeit, einen Mann sexuell zu befriedigen. Der Stolz einer Frau beruht auf einer breiteren Grundlage: der Anziehungskraft ihrer Persönlichkeit, wie sie sich in ihrer Rolle als Ehefrau und Mutter ausdrückt. Ihr Stolz ist nicht mit ihrer sexuellen Funktion allein identifiziert, sondern mit ihrem ganzen Körper. Ihr Körper repräsentiert die beiden Funktionen der Sexualität und der Fortpflanzung. Diese beiden Funktionen ihres Körpers bestimmen ihre zwiefältige Natur – die eine, die auf ihrer Beziehung zum Mann beruht, und die andere, die sich von ihrer Beziehung zu ihren Kindern herleitet. Kraft dieser zwiefachen Beziehung kann man sagen, die Frau ist durch die Kinder die Brücke des Mannes zur Zukunft.

Dualität besteht auch in der Natur des Mannes. Sie wohnt seiner Beziehung zu seinem Körper und zu seinem Geschlechtsorgan inne. Der Mann identifiziert sich mit seinem Penis als einer Fortsetzung seiner selbst. Da er nicht seinem Willen oder seinem Ich unterworfen ist, spricht er oft von ihm wie von etwas, das eine eigene Existenz hat. Er wird vielleicht mit einem anderen Namen bezeichnet – Peter, John oder, wie die Franzosen sagen, *mon petit frère*. Seine Identifikation mit seinem Körper ist unmittelbarer, aber sie bezieht sich auf die Fähigkeit seines Körpers, in der Welt der Männer zu funktionieren. Sein Stolz auf dieser Ebene hängt mit seiner Muskelentwicklung und Muskelkoordination zusammen. Sein Körper gehört zur Welt; er ist auf das Handeln gegenüber anderen Menschen oder gegenüber der Natur eingestellt. Sein Geschlechtsorgan aber gehört der Frau. Wegen seiner dualen Beziehung zur Welt und zur Frau ist der Mann die Brücke der Frau zur Außenwelt. Er bringt deren Romantik und Erregung der Frau mit nach Hause. Die notwendige Beschäftigung der Frau mit der Geburt und Versorgung von Kindern begrenzt zwar ihre Bewegungsfreiheit, aber sie kann dem Mann andere Werte vermitteln, Werte, die ebenso wichtig und notwendig sind wie jene, die er ihr zu bieten hat. Seinem Intellekt fügt sie ihre Weisheit hinzu, die aus ihrer engen Verbindung mit den wesentlichen Vorgängen von Leben und Tod stammt. Und sie ist es, die ihn zum Handeln inspiriert und die Früchte seines Handelns entgegennimmt.

10 Sinnlichkeit kontra Sexualität

Die Ausdrücke »Sinnlichkeit« und »Sexualität« werden manchmal austauschbar gebraucht, als bezögen sie sich auf dasselbe. Sexualität wird von manchen Menschen für eine sinnliche Erfahrung gehalten, und Sinnlichkeit wird oft irrtümlich für Sexualität gehalten. Das Wörterbuch gibt für den Ausdruck »Sinnlichkeit« zwei Bedeutungen an, die etwas widersprüchlich sind. Bei der einen wird Sinnlichkeit mit den animalischen Trieben oder Begierden verknüpft. Bei der anderen wird Sinnlichkeit mit Sinnenfreude, Wollust gleichgesetzt und mit dem freien Genuß sinnlicher, also fleischlicher Lüste gleichgesetzt. Die Vorstellung von Wollust ist jedoch nicht mit dem normalen Genießen fleischlicher Lust gleichzusetzen; sie deutet eher auf übermäßigen als auf freien Genuß hin. Ich habe die Begriffe »Sinnlichkeit« und »Sexualität« gewählt, um zwei verschiedene Wege zum sexuellen Erlebnis zu bezeichnen.

Der »Sinnliche« ist in erster Linie an jenen Aspekten des Geschlechtsakts interessiert, die Stimulierung und Erregung der Sinne mit sich bringen. Er ist bestrebt, seinen Erregungszustand so lange wie möglich auszudehnen. Der sexuelle Mensch strebt nach der Lust, die aus der Entladung der Erregung entsteht. Bei sexuellen Beziehungen konzentriert sich der »Sinnliche« auf Betätigungen, die das betreffen, was man als »Vorlust« bezeichnet. Das Ziel des sexuellen Menschen ist die Befriedigung durch die »Endlust«, den Orgasmus. Das heißt nicht, daß er sich sinnliche Lust ganz und gar versagt. Ich möchte hier unterscheiden zwischen der Einstellung dessen, der ständige Erregung sucht, und der des anderen, der nach Erfüllung und Befriedigung strebt.

Das sexuelle Erlebnis besteht aus zwei Phasen. In der ersten liegt die Betonung auf dem Ansteigen der Erregung durch Sinnesreizung. Die zweite Phase ist auf die Abfuhr der Erregung durch Bewegung gerichtet. Normalerweise gehen diese beiden Phasen so ineinander über, daß man zwischen ihnen keine scharfe Trennungslinie ziehen kann. Der Geschlechtsakt stellt vom ersten erotischen Kontakt über Vorlust, Penetration, Bewegung und Entladung für das Individuum ein einheitliches Erlebnis dar – aber krankhafte Störungen der Persönlichkeit können den Menschen auf die eine oder die andere dieser Phasen des sexuellen Erlebnisses fixieren, so daß die andere verhältnismäßig unwichtig wird. Für manche Menschen ist Stimulierung wichtiger als Entladung, während für andere das Bedürfnis nach Entladung so gebieterisch ist, daß die Lust der erotischen Stimulierung übergangen wird. Um diese Störungen zu verstehen, muß man die sexuellen Vorgänge in bezug auf die Erregungsphänomene analysieren, die jeder dieser Phasen zugehören.

Die beiden Phasen des Geschlechtsakts entsprechen einem dualen Aspekt in der Natur der Lustfunktion selbst. Einer der Gründe für die Verwirrung, die in bezug auf die Natur des Orgasmus besteht, ist das mangelnde Verständnis der Dynamik und der Mechanismen der Lust. So wichtig die Lust auch im Leben der Menschen ist, sie wird in keinem der Standardlehrbücher der Physiologie besprochen. Als Medizinstudent habe ich das Wort kaum zu hören bekommen. Der Begriff der Lust scheint in der wissenschaftlichen Anschauung, die den Körper als eine Maschine betrachtet, keinen Platz zu haben. Nur in der analytischen Literatur und in der Psychologie wird ein Versuch gemacht, das Wesen der Lust zu verstehen.*

Freud hat die Vorstellung formuliert, Lust sei das Ergebnis von Spannungsabfuhr. Er brachte die Menge der Lust in Zusammenhang mit der Stärke der Spannung, die abgeführt wurde, und mit der Zeitspanne, in der diese Abfuhr stattfand. Je

* Das Buch des Autors zu diesem Thema aus dem Jahr 1970 liegt bereits in dt. Ausgabe vor: Alexander Lowen, *Lust. Der Weg zum kreativen Leben*. München: Kösel, 1979.

kürzer die Zeit, desto größer die Lust. Beispiele sind leicht zu finden. Es steckt Lust in der Stillung des Hungers. Man kann den Hunger als einen Spannungszustand ansehen, der durch den Vorgang der Befriedigung »entspannt« oder durch den Entspannungsvorgang befriedigt wird. Die durch eine befriedigende Entleerung des Darms gewonnene Lust stammt von der Entladung eines Spannungszustands. Selbst das Vergnügen der Erledigung einer schwierigen Aufgabe läßt sich zu der Abfuhr der Spannung in Beziehung setzen, die aus der Konfrontation mit der Aufgabe und der Herausforderung durch sie entstanden ist. Das gleiche Prinzip gilt für die sexuelle Lust. Sexuelle Erregung wird als Spannungszustand erlebt.

Wenn man im Zustand der Hungerspannung ist, ruft die Aussicht auf eine gute Mahlzeit ein Lustgefühl hervor. Die Erheiterung angesichts einer gefährlichen oder herausfordernden Situation wird als lustvoll erlebt. Lust wird während des Ansteigens der Erregung ebenso erlebt wie bei ihrer Entladung. Ich will zur Beschreibung dieser Reaktion den Ausdruck »antizipatorische Lust« verwenden. Sie stellt eine Mobilisierung von Energie dar und steht für ein Gefühl, das Abfuhr sucht. Die Entladung dieser Energie oder Spannung durch ein befriedigendes sexuelles Erlebnis ruft das wichtige Lustgefühl hervor, das man Orgasmus nennt.

Es gibt also doch eine Art der Lust, auf die Freuds Definition nicht paßt, was zu einer gewissen Modifikation seiner Theorien geführt hat. Freuds Aussage, Lust sei das Ergebnis der Spannungsabfuhr, ist so gedeutet worden, als strebe das Leben nach dem Nirwana, einem Zustand ohne Spannung und ohne Kampf. Dieser Schluß, der sich logisch aus dem gebieterischen Wesen des Lustprinzips zu ergeben scheint, veranlaßte Freud, seine Auffassung von einem Todestrieb zu formulieren. Viele Tatsachen sprechen jedoch gegen diese Folgerung. Psychologen und Analytiker haben darauf hingewiesen, daß der Mensch oft Situationen voll Stress und Spannung aufsucht. Tatsächlich kann man unter bestimmten Bedingungen auch im Spannungszustand eine gewisse Lust empfinden.

Die Spannung einer Herausforderung ist lustvoll, wenn man die befriedigende Lösung der Spannungssituation voraussehen kann. Die antizipatorische Lust an einem Spannungszustand ist abhängig von der Aussicht auf ihre Abfuhr. Nimmt man diese Aussicht weg, dann wird jeder Zustand der Spannung oder Erregung unlustvoll und frustrierend. Tatsächlich kann man Frustration als einen Zustand der Spannung oder Erregung definieren, bei dem *keine* Aussicht auf Abfuhr besteht. Wenn die Aussicht auf Entspannung gegeben ist, kann man die Spannung aushalten, bis die Möglichkeit der Entladung eintritt. Dies ist technisch als Realitätsprinzip bekannt, welches eine Modifikation und Erweiterung des Lustprinzips ist. Gemäß dem Lustprinzip sucht der Organismus Schmerz zu vermeiden und Lust zu empfinden. Das Realitätsprinzip besagt, daß der Organismus die Verwirklichung der Lust aufschiebt oder einen Schmerzzustand erträgt, um in der Zukunft eine größere Lust zu gewinnen oder einen größeren Schmerz zu vermeiden. Die Suche nach Lust ist ein Ausdruck der Lebenskraft eines Organismus. Im Gegensatz zur Ansicht Freuds leugnet das Lustprinzip die Gültigkeit eines Nirwanaprinzips. Auf seiner Suche nach Lust schafft der Mensch oft ganz bewußt Spannungssituationen in Erwartung der lustvollen Abfuhr.

Lust hat ein Doppelwesen. Erstens ist da die Lust der Erregung, vorausgesetzt, man kann mit ihrer Abfuhr rechnen; dann ist da die Lust der Spannungsabfuhr oder der Erregungsabfuhr. Die erste Art der Lust, die antizipatorische Lust, ist verknüpft mit dem Ansteigen der Erregung. Die zweite Art der Lust wird spezifisch als Befriedigung wahrgenommen und hängt mit der Erregungsabfuhr zusammen. Es ist das Wesen lebender Organismen, daß die Entstehung eines Erregungszustands die unbewußte Aussicht auf seine Abfuhr oder seine Erfüllung mit sich trägt.

So gesehen, ist Lust nicht das Erleben eines statischen Zustands, sondern eines dynamischen. Der Organismus ist nicht auf Spannungsabfuhr als Selbstzweck aus; er will auch nicht als Selbstzweck Spannung aufbauen. Wenn ein Erregungszustand nicht abgeführt würde, könnte der Organismus nicht wieder erregt werden. Wenn der Organismus, teleologisch gesehen, etwas sucht, sucht er das Strömen des Gefühls, das Ansteigen und Abnehmen der Erregung, die Bewegung von einem Zustand zum anderen, innerhalb der Grenzen seiner verfügbaren Energie. Lust läßt sich nicht von Bewegung trennen, weder von körperlicher noch von seelischer. Bewegung ist für die Funktion des lebenden Organismus grundlegend. Ein Organismus ist lebendig, weil er sich spontan bewegt, und er bewegt sich, weil er lebendig ist. Gefühle lassen sich als Bewegung und Erregung definieren. Frustration z. B. ist die Unfähigkeit, sich aus einem Erregungszustand herauszubewegen oder die Erregung zu vermindern. Depression andererseits ist die Unfähigkeit, sich in einen Erregungszustand hineinzubewegen oder die Erregung zu steigern.

Im Organismus ist Bewegung das Ergebnis einer Zunahme oder Abnahme seines Erregungszustands. Eine Zunahme der Erregung bewegt einen Organismus in die Richtung des erregenden Objekts, während eine Abnahme der Erregung ihn von diesem Objekt wegbewegt. Das ist das Wesen des Lebens und der Sexualfunktion. Die Folge ist eine beschleunigte Bewegung, die ein stärkeres Gefühl der Lebendigkeit erzeugt und vom Organismus als lustvoll erlebt wird. Bewegung, Erregung und Lust tragen zu einer erhöhten Selbstwahrnehmung bei, weil sie verschiedene Aspekte des Lebensvorgangs sind.

Erregung und Bewegung sind energetische Phänomene. Der Sexualtrieb ist auch ein energetisches Phänomen; er ist abhängig vom Vorhandensein überschüssiger Energie im Organismus, d. h. von der Verfügbarkeit von Energie über jene hinaus, die zur Erhaltung des biologischen Lebens notwendig ist. Die Erzeugung überschüssiger Energie ist eine natürliche Funktion des lebenden Organismus. Jeder Faktor, der die Energie des Organismus herabsetzt, setzt seinen Sexualtrieb herab. Krankheit, Erschöpfung, neurotische Spannungen und

Schlafmangel gehören zu den Faktoren, die in dieser Richtung wirken. Die in der entgegengesetzten Richtung wirkenden Faktoren sind jene, die die natürliche Gesundheit und Vitalität des Organismus fördern. Ich kenne kein künstliches Anregungsmittel, das Energie für den Sexualtrieb liefert. Alkohol mag das Verlangen steigern, aber er setzt die Funktion herab. Normalerweise verteilt sich diese überschüssige Energie über den ganzen Organismus, oder man kann sagen, sie existiert als Zustand latenter Erregung, die gewöhnlich als ein Zustand des Wohlbefindens oder der Lebendigkeit erlebt wird. In ihrer verteilten Form ist sie für jede beliebige Situation verfügbar. Wenn die Energie bei einem Erwachsenen ein bestimmtes Maß der Intensität erreicht, strömt sie ihrem natürlichen Abfuhrweg zu, also zum Genitalapparat. Das erklärt spontane Erektionen beim Mann, spontanes Verlangen bei der Frau, nächtliche Samenergüsse und dergleichen. Im täglichen Leben gibt es genug Reize, um die überschüssige Energie auf die Genitalien zu konzentrieren. Sobald dies eintritt, d. h. wenn die Energie die Geschlechtsorgane auflädt, wird man sich der Empfindung sexueller Erregung und sexuellen Verlangens bewußt. Erregung ist kein Vorgang, bei dem man einem anderen Leben oder Gefühl einflößt; das Gefühl oder das Leben muß zuerst vorhanden sein. Erregung ist ein Vorgang der Konzentration von Stimulation auf die Genitalien, entweder durch psychische oder durch physische Anregung oder durch beide.

Sobald die Konzentration erfolgt ist, wirkt jeder weitere Kontakt mit dem Sexualobjekt verstärkend und hebt das Niveau der sexuellen Erregung. Genitale Erregung ist daher ein lustvolles Erlebnis, obwohl sie von einem Gefühl der Spannung begleitet ist, solange die Aussicht auf Abfuhr vorhanden ist. Die meisten Paare benützen verschiedene sexuelle Betätigungen, um den Grad der sexuellen Erregung zu steigern. Dies ist unter der Bezeichnung »Vorspiel« bekannt.

Das Vorspiel dient bei der Sexualfunktion zwei Zwecken. Erstens wird durch den erotischen Kontakt der verschiedenen Körperteile der beiden Beteiligten all die überschüssige Energie, die sich normalerweise über den ganzen Körper verteilt, für die genitale Aktivität mobilisiert, die folgen soll. Die Stimulierung des Mundes, des Gesichts, des Halses, der Brüste, des Rückens, der Beine usw. weckt Empfindungen, die in den Genitalbereich strömen. Zweitens wird das Erregungsniveau angehoben, so daß ein dringlicheres Bedürfnis nach sexueller Vereinigung und sexueller Entladung verspürt wird. Dieses Anwachsen der Erregung durch Mechanismen der Vorlust wird lustvoll als positive Lebenskraft im Körper erlebt, sofern man mit der Spannungsabfuhr durch die sexuelle Entladung rechnen kann.

Die zweite Phase der sexuellen Betätigung umfaßt jene Handlungen, die zur sexuellen Entladung führen. Dies sind Endlust-Mechanismen, deren Ziel nicht eine Erhöhung der Spannung ist, sondern ihre Aufhebung. Die Lust der Entladung unterscheidet sich von der Lust der Erregung. Die erste kann man als das Gefühl der Erfüllung und Befriedigung bezeichnen, die zweite, im Gegensatz dazu, als Gefühl der Erregung und Erwartung.

Die Endlust der Entladung ist nur so intensiv wie die Erregung, die ihr vorangegangen ist. Ich will aber nicht den Eindruck hervorrufen, als sei der Sexualvorgang leicht in zwei verschiedene Abschnitte zu teilen. Der Prozeß der Erregung setzt sich während des gesamten Koitus fort, bis die unwillkürlichen Entladungsbewegungen eintreten. Die Entladung findet, im Vergleich zu der relativ langen Periode der Steigerung, in Sekunden statt. Die Einteilung der sexuellen Betätigung in zwei Perioden in bezug auf das Anwachsen und die Entladung der Erregung dient nur dem Zweck, die Probleme zu beschreiben und zu verstehen, denen man bei Störungen der Sexualfunktion begegnet.

»Sinnlichkeit« ist eine der Manifestationen einer gestörten Sexualfunktion. Normalerweise ist Sinnlichkeit Teil des Sexualvorgangs. Die Anregung aller Sinne spielt in der Einleitungsphase der sexuellen Erregung eine wichtige Rolle. Vorlust ist überwiegend ein sinnliches Erlebnis, aber Sinnlichkeit kann in

Widerspruch zur Sexualität geraten, wenn das Streben nach Erregung zum Selbstzweck wird. Der »Sinnliche« unterscheidet sich insofern vom sexuellen Menschen, als er weniger an der Endlust der Entladung interessiert ist als an der Ausnutzung der Möglichkeiten, Spannung und Erregung zu erzeugen.
Sexorgien (als Extrembeispiel) sind keine sexuellen Erlebnisse im wahren Sinn des Wortes, sondern »Sinnlichkeits-Übungen«. Die wichtige Funktion der sexuellen Entladung wird auf eine untergeordnete Stellung verwiesen, und das Erlebnis der Endlust ist leer, seicht und bedeutungslos. Man kann mit Recht sagen, daß unter diesen Bedingungen nur wenig oder gar kein orgastisches Erleben möglich ist. Intimität, die Abgeschlossenheit erfordert, bleibt völlig unbeachtet. Man giert wie verrückt nach Erregung, und alles ist möglich, aber die Befriedigung entgeht dem sinnlichen Menschen. Seine Erregung klingt unweigerlich ab. Sie muß mit neuen Tricks, weiteren Manövern und zusätzlichen Reizmitteln neu angefacht werden, damit die ermattete Sensibilität wieder zum Fühlen erweckt wird. Orgien enden nur in Erschöpfung oder betrunkener Stumpfheit, denn der wahre Sinn der Sexualität ist zugunsten einer verdrehten Auffassung von sexueller Erregung verleugnet worden.
Der »Sinnliche« hofft, die Erregung so weit steigern zu können, daß er außer sich gerät. Er strebt nach einer Ekstase, die ihm stets entgeht. Jeder Mißerfolg wird als Folge mangelnder Stimulierung interpretiert. Jeder erneute Versuch ist zu einem noch größeren Mißerfolg verurteilt. Da die Sinnlichkeit auf die Sinne beschränkt ist, kann sie nur eine Funktion der Oberfläche sein. Ihrem Wesen nach läßt sie die inneren Gefühle des Körpers unberücksichtigt, die allein den wahren Schlüssel zur Sexualität liefern. An einer sinnvollen Sexualität sind die Eingeweide, das Herz und der Geist des Menschen beteiligt. Aber das sind genau die Bereiche, die der »Sinnliche« von seinem Fühlen abgeschnitten hat.
Sexorgien sind in unserer Kultur relativ selten – zumindest sind sie im Leben von Durchschnittsmenschen kein alltägliches Ereignis. Aber Sinnlichkeit ist im Sexualverhalten vieler Leute

sowohl als Versuchung wie auch als störende Kraft vorhanden. Die Verlängerung des »Vorspiels« um der Erregung willen hat für die Endlust-Befriedigung ihre Gefahren. Normalerweise sollten die Vorspiel-Handlungen aufhören, sobald die Geschlechtsorgane für den Koitus bereit sind. Sobald die Vagina gut befeuchtet und der Penis voll erigiert und geladen ist, bedeutet jede Verzögerung des Koitusbeginns die Gefahr einer Abnahme des Erregungszustands und nicht eine Steigerung. So sehr man auch bedauern mag, eine Lust aufgeben zu müssen, die so verlockend und reizvoll ist, man läuft Gefahr, das Schiff am anderen Ende der Reise zu versäumen.

Sinnlichkeit ist auch ein Element der promiskuösen Suche nach neuen sexuellen Kontakten und Erfahrungen. Sicherlich liegt die Neuheit nicht in den andersartigen sexuellen Reaktionen neuer Partner, denn die sexuelle Reaktion ein und desselben Partners ist jedesmal wieder anders. Die Neuartigkeit eines neuen Partners ist in erster Linie ein sinnliches Phänomen, das gewöhnlich die erstrebte intensive Erregung nicht liefert. Und ein Großteil des Geredes oder des Geschreibes über verschiedene Positionen oder Ansätze beim Geschlechtsverkehr läßt sich mit der gleichen Begründung kritisieren.

Welche Persönlichkeitsfaktoren eines Menschen lassen ihn eher zu einer sinnlichen Einstellung als zu einer sexuellen tendieren? Auf Grund meiner klinischen Erfahrung würde ich zwei Faktoren nennen. Der eine ist ein Mangel an Lebendigkeit oder Gefühl im Körper; der andere ist eine Angst vor dem sexuellen Orgasmus. Die Suche nach Erregung ist typisch für Menschen, die unlebendig, emotional gehemmt und körperlich wenig reaktionsbereit sind. Da es ihnen an einem inneren Gefühl der Erregung fehlt, finden sie das Leben langweilig und leer. Sex gibt ihnen wie jeder andere starke Reiz vorübergehend ein Gefühl der Erregung oder Lebendigkeit. Sie benützen die Sexualität wie der Alkoholiker den Alkohol, zwanghaft und ohne Rücksicht auf die Empfindlichkeiten anderer. Da die Stimulation nur vorübergehend ist, wird das Streben nach Erregung weiter ausgedehnt. Das Vorspiel wird so weit gestreckt, daß es zur Perversion wird, wie Freud erklärt hat. Wenn dies noch nicht genügt, sucht sich der »Sinnliche« dadurch Erregung zu verschaffen, daß er äußere Spannungssituationen schafft. Er gibt sich der sexuellen Betätigung an exponierten Orten hin oder in Gegenwart Dritter. Der Geschlechtsakt wird vor Spiegeln vollzogen, so daß die visuelle Erregung die Empfindung steigern kann. Besondere Techniken werden angewandt, um den Partner zu erregen und um eine Ersatzsensation zu gewinnen.

Die volkstümliche Vorstellung, der »Sinnliche« sei gelangweilt, weil er mit sexueller Lust überfüttert sei, ist völlig falsch. Das Gegenteil trifft zu. Je mehr sexuelle Lust ein Mensch empfindet, desto kritischer ist er in seiner Einstellung. Ich habe noch nie jemanden kennengelernt, der sich über zuviel sexuelle Lust beklagt hätte. Wenn auch der Schein trügt: der Sinnliche ist jemand, der nicht fähig ist, die volle Lust des sexuellen Erlebnisses zu genießen.

Ich bin kein Sexualmoralist, und ich habe nicht die Absicht, diese Menschen zu verdammen. Der Sinnliche braucht solche Praktiken, um genug Erregung anzusammeln, so daß überhaupt eine Sexualfunktion möglich wird. Er braucht die Sexualität wie wir alle, um die Isolierung und Einsamkeit seines individuellen Daseins zu überwinden. Aber seine Mittel machen seinen Zweck zunichte. Die unmäßige Verwendung der Sinnlichkeit führt, wie die des Alkohols, nur zu Enttäuschungen und zum Kater. Der »Sinnliche« wacht am nächsten Tag nicht mit einem Gefühl der Sauberkeit, nicht mit einem Gefühl der Erfüllung, nicht mit einem Gefühl der Erneuerung oder des Neugeborenseins auf. Seine Betätigung hat ihm nicht zur Überwindung seines Charakterzustands der Unlebendigkeit und Langeweile verholfen.

Der zweite Grund für die »sinnliche Einstellung« ist die Angst vor der orgastischen Entladung mit ihren starken unwillkürlichen und krampfartigen Bewegungen. Reich nannte diese Furcht »Orgasmusangst«. Es mag seltsam erscheinen, daß sich jemand vor der Lust fürchten soll, aber wenn wir bedenken, daß Lust, besonders sexuelle Lust, mit Gefühlen der Sünde und der Schuld verknüpft ist, läßt sich diese scheinbare Merkwürdigkeit leicht erklären. Klinische Studien über Patienten zeigen immer wieder, daß Lustangst für Neurotiker kennzeichnend ist. Sexuelle Schuldgefühle haben zwar seit den Zeiten der Queen Victoria erheblich abgenommen, aber sie sind keineswegs beseitigt. Unter der Oberfläche unserer heutigen »sexuellen Aufgeklärtheit« kann man bei den meisten Menschen tiefe Schichten sexueller Schuldgefühle finden. Aus Gründen, über die wir im nächsten Kapitel ausführlicher sprechen wollen, ist diese Art von Schuldgefühlen stärker mit orgastischer Sexualität verbunden als mit sinnlicher Sexualität. Nach meiner Erfahrung hat die »sexuelle Freizügigkeit« die Schranken gegen die Sinnlichkeit herabgesetzt, ohne daß die Orgasmusangst wesentlich berührt oder gelindert worden wäre.

Patienten erleben manchmal die Orgasmusangst unmittelbar, wie an den folgenden Beispielen zu sehen ist. Eine junge Frau bemerkte vor kurzem: »Ich habe einen Höhepunkt, und es ist einfach zuviel – also bewege ich mich nicht, ich halte mich still. Selbst wenn der Höhepunkt anfängt näherzukommen, sage ich, ›Nein, nein, nein!‹« Das »Nein« drückt die Angst der Patientin aus, von dem Orgasmusgefühl überwältigt zu werden. Die Mittel, die angewandt werden, um das Gefühl einzuschränken und die Angst zu bekämpfen, sind Unbeweglichkeit, Stillhalten und Erstarren angesichts der steigenden sexuellen Erregung. Hier folgt noch ein Bericht (von einer geschiedenen Frau):

»Ich fing mit angezogenen Beinen an zu masturbieren. Zuerst hatte ich den fast überwältigenden Wunsch, die Beine auszustrecken und sie steif zu halten. Ich ließ sie jedoch gebeugt und spürte bald ein warmes Aufwallen von Erregung im ganzen Genitalbereich. Ich konnte immer noch eine gewisse Anspannung an der Rückseite meiner Beine spüren. Ich wußte nicht genau, wieviel Suggestion aus unseren Gesprächen war, aber ich glaube durchaus, daß ich das Gefühl hatte, zu fürchten, daß von meinen Beinen zuviel Energie heraufkommen würde, und daß der Orgasmus, wenn er auch langsamer kam, zu mächtig sein würde, als daß ich mit ihm fertigwerden könnte, wenn ich meine Beine nicht ausstreckte.«

Die meisten Patienten halten unbewußt das Ansteigen der Erregung in Schach, so daß es sie nicht überwältigt. Mir wurde von einem Fall berichtet, wo es zu erschreckenden Folgen kam, weil die Erregung überwältigend wurde. Diese Patientin beschrieb eine Szene mit ihrem Mann, der ein starrer, gehemmter Mensch war: »Bei John hab' ich mich zweimal gehen lassen. Ich hatte ein Gefühl der Hingabe, und John reagierte sehr seltsam. Wir hatten uns geliebt, aber ich wollte noch mehr, also fing ich nochmal von vorne damit an. John verspürte am ganzen Körper ein Kribbeln und dann fühlte er sich taub und gelähmt. Ich machte mir Sorgen und rief einen Arzt. Als der Arzt kam, fühlte John sich wieder besser, und der Arzt ließ es dabei bewenden.«

Der Orgasmus ist eine Reaktion des ganzen Wesens, des ganzen Körpers. Genitale Sexualität strebt diese Reaktion an. Sinnlichkeit ist auf die Oberfläche des Körpers und auf die oberflächlichen Aspekte der Persönlichkeit beschränkt. Ich habe gesagt, der »Sinnliche« habe Angst vor einer tiefen persönlichen Beteiligung, vor einer vollen Hingabe an die Sexualität und die Liebe. Im Orgasmus vereinigen sich Liebe und Sexualität in der stärksten physischen Äußerung dieser Gefühle. Ist Orgasmusangst also eine Angst vor der Liebe? Auf den ersten Blick erscheint dies als die logische Folgerung. Eine Analyse der Charakterstruktur des sinnlichen Menschen liefert eine andere Erklärung.

Liebe und Sexualität gehören zum innersten Kern jedes lebenden Organismus. Sie geben seinem Leben einen Sinn und liefern die stärksten Lust-Motivationen für sein Verhalten. Leider werden Kinder in zivilisierten Gemeinwesen mit autoritären Einstellungen erzogen, die dem Kind Furcht einflößen und zur Entwicklung negativer und feindseliger Gefühle führen. Wenn im Verlauf der notwendigen Anpassung an das Familienleben diese negativen Gefühle verdrängt werden, bilden sie eine Schicht von Haß in der Persönlichkeit, die die tieferen Gefühle der Liebe und der Sexualität umschließt und abriegelt. Die Oberflächenschicht der Persönlichkeit, die den

Abbildung 7

Inhalt des Bewußtseins bildet, ist höflich, positiv und angepaßt. Diese Schichtung der Persönlichkeit läßt sich in vereinfachter Form in einer Zeichnung darstellen. Sie wird uns sehr helfen, das Problem der Sinnlichkeit zu verstehen (siehe Abb. 7).

Wenn der verdrängte Haß tief und intensiv genug ist, kann der Mensch nicht an das Zentrum seines Wesens herankommen, wo Liebe und Sexualität ihre Ort haben. Er ist auf die Oberfläche und auf eine sinnliche Einstellung zum Leben beschränkt. Jeder Versuch, zum Kern seines Wesens durchzudringen, droht diese mächtigen und verdrängten negativen Gefühle zu mobilisieren, und damit auch die mit ihnen verbundenen Elemente der Furcht und Angst. Psychologisch rührt die Orgasmusangst von der Angst her, die mit diesen verdrängten feindseligen Gefühlen verknüpft ist. Jede psychotherapeutische Bemühung, gleichgültig, um welche Form der Therapie es sich handelt, zielt darauf ab, diese negativen Gefühle in der gesteuerten therapeutischen Situation freizusetzen. Körperlich ist die Orgasmusangst die Unfähigkeit rigider, angespannter und kontrahierter Körper, starke sexuelle Erregung zu ertragen. Jede Art von Körpertherapie, die chronische Muskelverspannungen aufweicht und löst, trägt zur Steigerung der sexuellen Lust bei.

Wenn die negativen Gefühle in die Oberflächenschicht der Persönlichkeit eindringen, entwickelt sich echte sexuelle Impo-

tenz: Erektionsimpotenz beim Mann und Frigidität bei der Frau. Beim Mann ist es relativ einfach, zwischen Erektionsimpotenz und Orgasmusimpotenz zu unterscheiden. Der erste Zustand weist auf eine negative Einstellung zur Frau in der Oberflächenschicht der Persönlichkeit hin. Bei dem zweiten Zustand sind die negativen Gefühle verdrängt, so daß zwar eine Sexualfunktion möglich ist, sexuelle Befriedigung aber ausbleibt. Bei der Frau ist die Situation kompliziert, weil ihre Fähigkeit, den Geschlechtsakt auszuführen, nicht von äußerlich sichtbaren Zeichen ihres Verlangens abhängig ist. Ihr Nachgeben gegenüber dem Sexualpartner kann eine Beziehung zu ihren sexuellen Gefühlen haben oder auch nicht. Aber es gibt doch einen körperlichen Beweis für ihr sexuelles Verlangen. Die Befeuchtung der Vagina ist insofern mit der Erektion des Penis vergleichbar, als beide Phänomene ein Ergebnis des Blutandrangs in den Geschlechtsorganen sind. Wenn man einen Mann, der eine Erektion hat, nicht impotent nennt, glaube ich, daß man eine Frau, deren Vagina feucht wird, nicht als frigide bezeichnen darf.
Wahrscheinlich ist keine Fiktion in unserer Kultur mehr ausgenützt worden als die Vorstellung, eine Frau, die sich keine sexuellen Beziehungen wünscht, sei frigide. Der Hauptausbeuter dieser Fiktion ist der Mann, der vergeblich versucht, eine Frau zu verführen. Sie mag frigide sein oder nicht, aber ihre Reaktion auf einen bestimmten Mann oder auf mehrere ist kein Kriterium für das Vorhandensein oder Fehlen sexueller Gefühle. Desgleichen trifft es nicht zu, daß die Frau, die sexuelle Beziehungen hat, darum nicht frigide ist. Das Durcheinander rührt daher, daß man sexuelles Gefühl mit sexueller Betätigung gleichsetzt. Ich habe eine Reihe von Frauen behandelt, die in ihrer sexuellen Betätigung promiskuös waren, gerade weil es ihnen an sexuellem Gefühl fehlte. Ihre Promiskuität konnte als Suche nach sexuellem Gefühl verstanden werden. Sie war vorbei, sobald die Frau spontane sexuelle Erregung erleben konnte. Promiskuität ist die verbreitetste Form der Sinnlichkeit.

Bei den Sexologen herrscht heutzutage eine Tendenz, eine Frau als frigide zu bezeichnen, die keinen sexuellen Orgasmus erlebt. Man kann zwar sagen, eine Frau, die frigide ist, erreicht keinen sexuellen Orgasmus, und eine Frau, die einen Orgasmus hat, kann nicht frigide sein, aber ein klares Denken erfordert eine Unterscheidung zwischen Frigidität und Orgasmusimpotenz bei der Frau und desgleichen zwischen Erektionsimpotenz und Orgasmusimpotenz beim Mann. Frigidität bezieht sich auf die Unfähigkeit der Frau, erregt zu werden, und nicht auf ihre Unfähigkeit, diese Erregung abzuführen oder einen vaginalen Orgasmus zu erleben. Diese beiden Dinge haben zwar offensichtlich miteinander zu tun, sie sind aber, streng genommen, nicht das gleiche. Frauen, die ich für warmherzige und zärtliche Menschen hielt, konnten keinen befriedigenden Orgasmus erleben, doch waren ihre sexuellen Gefühle stark genug, so daß man sie nicht frigide nennen konnte. Der Orgasmus erfordert ein Maß an Integrität der Persönlichkeit und eine Art aggressiver Stärke, die durchaus bei Frauen fehlen können, die im übrigen weich, warmherzig und nachgiebig sind.

Wenn Worte als sinnvolle Kommunikationsmittel dienen sollen, sollte man sie buchstäblich nehmen. In der eigentlichen Bedeutung heißt »Frigidität« »Kälte«, und eine Frau, die frigide ist, ist sexuell kalt. Aber man kann nicht sexuell kalt und emotional warm sein, und die sexuell kalte Frau ist auch emotional kalt. Ich habe genug von diesen gefühlskalten Frauen gesehen, bei denen eine sexuelle Annäherung nicht ratsam wäre. Sie sind harte, rigide und aggressive Persönlichkeiten, denen man schon von außen ansehen kann, daß ihnen weiche, zärtliche Gefühle fehlen. Anders ausgedrückt, die Härte oder Rigidität prägt sich so sehr in ihrem Körper aus, daß sie am Verhalten und an der Bewegung ohne weiteres zu sehen ist. Diese körperliche Rigidität ist das somatische Äquivalent zu psychischen Einstellungen der Negativität und Feindseligkeit, die die ganze Persönlichkeit durchdringen und sich bis in die äußere Erscheinung erstrecken. Selbst bei diesen Menschen ist der innere Wesenskern lebendig durch Liebe und Sexualität, aber diese können nicht an die Oberfläche kommen. Da das sexuelle Fühlen nur dann ins Bewußtsein dringt, wenn die Erregung die erogenen Zonen an der Körperoberfläche auflädt, ist ein so stark »gepanzerter« Mensch, um Reichs Ausdruck zu benützen, zu sexueller Erregung unfähig. Dies ist eine richtige Darstellung der frigiden Frau im Unterschied zu der Frau, die nicht zum vaginalen Orgasmus kommt. Die frigide Frau mag sich sexueller Betätigung hingeben; wenn sie es tut, ist sie gefühlsmäßig nicht reaktionsbereit; ihre Vagina ist trocken und ihre Körperbewegungen sind mechanisch.

Oberflächlich ist der »Sinnliche« warm, liebt die Lust und geht aus sich heraus. Der Mann ist nicht unfähig zur Erektion, und die Frau ist nicht frigide. Das Problem des »Sinnlichen« beruht auf einer Fixierung auf die orale Entwicklungsstufe. Diese Fixierung kann entweder durch orale Deprivation oder durch übermäßige Verwöhnung entstehen. Orale Deprivation hält die Entwicklung an, weil sie das Gefühl erzeugt, die Grundbedürfnisse nach Körperkontakt und oral-erotischer Befriedigung würden nicht erfüllt. Der Mangel an Befriedigung in dieser Lebensphase ist verantwortlich für die oralen Tendenzen, die in unserer Kultur so deutlich zutage treten: die Alkohol- und Nikotinsucht, passive Einstellungen beim Vergnügungskonsum, das Bedürfnis nach erotischer Stimulierung und das übermäßige Eßvergnügen. Genau die gleichen Tendenzen entwickeln sich, wenn man den oralen Bedürfnissen eines Kindes übermäßig nachgibt, denn das geschieht immer, um zu verhindern, daß das Kind erwachsen und ein geschlechtsreifes Individuum wird. Übermäßige Verwöhnung ist kein Übermaß an Liebe. Die verwöhnende Mutter gibt den Forderungen des Kindes nach, weil sie Angst hat. Sie ist übermäßig beschützend und einschränkend. Man hat ihre Haltung als »erstickend« bezeichnet. Ihre Wirkung besteht darin, das Kind in Abhängigkeit von ihr zu halten, was den natürlichen Reifungsvorgang untergräbt.

Die orale Persönlichkeit, die sich durch Deprivation oder Erstickung entwickelt, ist ein unreifes Individuum. Es mangelt ihm der aggressive Antrieb, Dinge für sich selbst zu tun, und es fehlt ihm an der aggressiven Lebensauffassung, die nötig ist, um Befriedigung zu erlangen. Das Fehlen dieser aggressiven Komponente in seiner Persönlichkeit zwingt es zur sinnlichen Lebensart. Sinnlichkeit ist im wesentlichen die passive Art und Weise, Lust zu erleben. Der »Sinnliche« wird oft als jemand dargestellt, der zurückgelehnt in einer Laube sitzt, während ihm jemand anders eine köstliche Weintraube reicht. Die einzige Mühe, die man von ihm erwartet, besteht darin, daß er die Hand ausstreckt und zugreift, aber selbst das wird bei dem Bild manchmal weggelassen. Es ist das Bild eines Säuglings; in seinen sexuellen Aktivitäten spielt der Sinnliche ebenfalls die Rolle eines Säuglings. Orale Betätigungen – Fellatio und Cunnilingus – beherrschen seine Auffassung von der Sexualfunktion. Das Vorherrschen dieser beiden Formen der Betätigung ist ein Zeichen von sexueller Unreife, die sich als »sexuelle Aufgeklärtheit« zur Schau stellt.

Sexualität erfordert körperliche und seelische Reife. Der sexuelle Mensch im Gegensatz zum sinnlichen, der genitale im Gegensatz zum oralen, ist ein Mensch, der auf eigenen Beinen steht und aggressiv handelt, um zur Befriedigung seiner Bedürfnisse zu gelangen. Sein Leben ist auf Leistung und Erfüllung ausgerichtet, weil er sich nicht davor fürchtet, seine Aggression im Dienst seines Verlangens einzusetzen. Die Reaktionen des sexuellen Menschen, der sein Augenmerk auf die genitale Entladung richtet, können aber auch durch krankhafte Ängste verzerrt sein. Wenn Sinnlichkeit Abwehr gegen die Angst vor der Sexualität ist, kann sich hinter einer übertriebenen Betonung der Genitalität Angst vor sinnlichem Empfinden verbergen. Dies ist die einzige Deutung, die das Verhalten jener Männer erklärt, die Vorlust vermeiden und auf sofortigem genitalem Kontakt und sofortiger genitaler Entladung bestehen. Viele Frauen klagen bei Ehemännern, die so handeln, über einen Mangel an Zärtlichkeit und Sensibilität. Oberflächlich gesehen, könnte es so scheinen, als sei diese Haltung normal. Aber Frauen bezeichnen eine derartige sexuelle Betätigung als mechanisch und unpersönlich. Nach der Ejakulation zieht der Mann sofort sein Interesse und sein Gefühl von der Frau ab. Das entspricht kaum dem, was man von einem gesunden Mann erwartet.

Die Angst vor der Sinnlichkeit ist die Angst vor Gefühlswärme und körperlicher Nähe. Das sexuelle Verhalten dieser Männer ist zwanghaft und egoistisch. Ihre sexuelle Betätigung zielt darauf ab, angesichts einer zugrundeliegenden Angst vor der Frau ihre Männlichkeit zu beweisen. Sie tun es also, und wenn sie es getan haben, laufen sie davon.

Die Übertreibung der sexuellen Einstellung ist kennzeichnend für den Rigiden, der in bezug auf alle Aspekte des Lebens zwanghaft ist. Seine Errungenschaften wie seine sexuelle Betätigung liefern ihm Ich-Befriedigung, aber niemals emotionale oder physische Befriedigung. Seine Rigidität nimmt der Befriedigung die Lust, genauso, wie sie der Sexualität ihren Sinn nimmt. Der Rigide arbeitet, leistet etwas, spielt und macht Liebe, weil es Dinge sind, die man tut, und nicht, weil er an dem Lustgewinn interessiert ist, den sie zu bieten haben. Anders ausgedrückt: Er handelt zwanghaft.

Rigidität ist eine Abwehr gegen den Zusammenbruch – den Rückfall in infantiles Verhalten. Einfach ausgedrückt: Der Rigide sagt in Wirklichkeit, »Ich werde euch zeigen, daß ich ein Mann bin, und kein Baby«. Er versucht zu beweisen, daß er keine »Heulsuse« ist. Es ist nicht schwer, die Hintergrundfaktoren zu erraten, die diese Persönlichkeitsstruktur hervorbringen. Der rigide Charakter unterdrückt, indem er sich das Verlangen verkneift, zu weinen, alles Gefühl im allgemeinen. Indem der rigide, zwanghafte Mensch die sinnliche Lust ausschaltet, zerstört er seine Möglichkeit zur Selbsterfüllung.

Das Konzept von der orgastischen Potenz ist die wichtigste Entwicklung im analytischen Verständnis der Sexualität und der Persönlichkeit, die seit Freud stattgefunden hat. Es wurde ursprünglich 1927 von Wilhelm Reich formuliert. Nach Reich leidet kein orgastisch potenter Mensch an einer Neurose. Der Gedanke hinter dieser Auffassung ist der, daß der Orgasmus, wenn er vollständig und stark ist, alle überschüssige Energie des Organismus abführt; es bleibt also keine Energie übrig für die Aufrechterhaltung des neurotischen Konflikts oder der neurotischen Verdrängung.

Es läßt sich klinisch beweisen, daß jeder emotional Gesunde orgastisch potent ist; d. h. er bekommt durch seine sexuellen Erlebnisse beständig volle Befriedigung. In dieser Hinsicht wird Reichs Theorie heutzutage ziemlich allgemein anerkannt, denn es wäre unvorstellbar, jemanden als emotional gesund zu bezeichnen, wenn er diese Fähigkeit nicht hätte. Der Umkehrschluß ist jedoch heftig umstritten. Ist der neurotisch Kranke unfähig zu orgastischem Erleben? Reich und seine Anhänger haben diese Frage unerschütterlich mit »Ja« beantwortet. Die frühen freudianischen Analytiker und viele andere haben darauf hingewiesen, daß einige ihrer neurotischen Patienten behaupteten, beim Geschlechtsakt orgastische Befriedigung zu erleben. Was soll man da glauben?

Reich wurde durch zwei Entdeckungen, die er im Verlauf seiner analytischen Arbeit machte, zu seiner Folgerung geführt. Erstens stellte er fest, daß Patienten nur in dem Maß fähig waren, sich die Früchte und Erfahrungen ihrer Analyse zu erhalten und sie zu integrieren, in dem ihre Sexualfunktion infolge der Therapie verbessert worden war. Zweitens fand er eine positive Korrelation zwischen neurotischen Störungen und dem Mangel an sexueller Erfüllung. Das bedeutete, daß keine Neurose bestehen konnte, falls ein befriedigendes Sexualleben vorhanden war. Die Verwirrung und die Streitigkeiten, die über dieses Konzept entstanden, beruhten auf verschiedenen Vorstellungen von dem, was ein »befriedigendes Sexualleben« ist. Eine Denkrichtung behauptete damals und behauptet immer noch, jede Klimax sei ein Orgasmus. Reich hat jedoch die Bedeutung des Begriffs »Orgasmus« auf totales Loslassen und totale Erfüllung beschränkt. Zwischen diesen beiden Denkrichtungen können ungeheure Unterschiede bestehen.

Teilweise läßt sich dieser Unterschied dadurch erklären, daß das Orgasmuserlebnis bei verschiedenen Menschen und bei ein und demselben Menschen unter verschiedenen Bedingungen verschieden ist. Das sollte selbstverständlich sein, da keine zwei Menschen identische Reaktionen haben können, und da kein Mensch immer in der gleichen Weise reagiert. Ein Orgasmus kann also verschieden intensiv sein. Einmal kann er ein sublimes Erlebnis des Ekstatischen sein, ein andermal kann er als ein handfestes Gefühl der Befriedigung erlebt werden, während der Körper losläßt. Alle Orgasmuserlebnisse haben ein Element gemeinsam, das, wie ich glaube, den Schlüssel zum Verständnis dieses Phänomens liefert. Dieses Element ist das körperliche Gefühl der Befriedigung. Eine sexuelle Entladung muß, soll sie die Bezeichnung »Orgasmus« verdienen, körperlich befriedigend sein. »Klimax« oder »Höhepunkt« weist nicht auf ein solches Element hin. Eine vorzeitige Ejakulation beim Mann wird als Klimax betrachtet, was sie ja auch tatsächlich ist, aber sie wird nicht als befriedigend empfunden. Oft trifft geradezu das Gegenteil zu. Eine Frau mag eine klitorale Klimax, den sogenannten klitoralen Orgasmus erreichen, womit ein gewisses Gefühl der Entspannung einhergeht, aber kein Gefühl der Befriedigung.

Wir haben es hier mit subjektiven Erlebnissen zu tun, die keiner objektiven Bewertung zugänglich sind. Wer soll feststellen, ob ein Erlebnis befriedigend oder unbefriedigend ist, außer dem Individuum, das dieses Erlebnis hat? In diesem Bereich sind die Aussagen von Individuen sehr unzuverlässig. Es gibt zuviel Selbsttäuschung; außerdem sind die meisten Menschen nicht leicht bereit, ihr Versagen und ihre Mängel offen darzulegen. Die meisten Patienten behaupten am Anfang der Therapie, ihre sexuellen Reaktionen und Erlebnisse seien zufriedenstellend, nur um später diese Aussagen auf Grund neuer Einsichten zurückzunehmen. Allzuviele Männer sehen sexuelle Erlebnisse als befriedigend an, wenn sie das Gefühl haben, sie hätten die Frau befriedigt. Andere setzen Ich-Befriedigung an die Stelle körperlicher Befriedigung und betrachten die Verführung als befriedigende Erfahrung an sich, ganz abgesehen von ihren eigenen körperlichen Reaktionen. Und viele Frauen sind damit zufrieden, nah bei einem Mann zu liegen, den sie mögen, und von ihm umarmt zu werden, selbst wenn es überhaupt keinen Höhepunkt gegeben hat.

Wenn man persönlichen Mitteilungen nicht trauen soll, kann man sich dann auf die körperlichen Reaktionen des Individuums verlassen? Eine große Gruppe von Sexologen ist der Ansicht, jede unwillkürliche und krampfartige Reaktion bei einem Geschlechtsakt stelle einen Orgasmus dar. Der Orgasmus ist eine Konvulsion, aber eine besondere Art von krampfartiger Reaktion. Zuckungen, Rucke, krampfhafte Zusammenziehungen des Körpers sollte man eher als Abwehr gegen Orgasmusbewegungen ansehen denn als diese selbst. Sie erzeugen nicht die körperliche Empfindung der Befriedigung, wenn sie auch nicht notwendigerweise unlustvoll sind. Seufzer, Schreie, Stöhnen und Ächzen sagen wenig aus, außer daß etwas im Gange ist. Abgesehen von den Überraschungsäußerungen, die oft vorkommen, wenn sich der Höhepunkt nähert und der Orgasmus einen übermannt, kann ein befriedigendes Sexualerlebnis eine ruhige, entspannte, aber intensive Angelegenheit sein. Seufzen und Stöhnen weisen eher auf Leiden als auf Lust hin und sollten auch so gedeutet werden.

So bleibt nur die Vorstellung von Befriedigung als Grundkriterium des sexuellen Orgasmus übrig. Wer einen Orgasmus erlebt hat, ist zufrieden. Er ist nicht reizbar, deprimiert, streitlustig, unruhig oder verstimmt. Ich werde einen Patienten, der selbst Analytiker war, und der mich in bezug auf seine Frau befragte, nie vergessen. Beim Geschlechtsakt seufzte und stöhnte sie und machte in jeder Hinsicht den Eindruck, als hätte sie einen Orgasmus. Auf seine direkte Frage erwiderte sie, ja, das sei so. Aber wenn dies wahr sei, fragte er mich, wie könne sie beim Aufwachen am Morgen so wütend sein? Warum sei sie den Kindern gegenüber so reizbar? So ungeduldig? Warum sei sie nicht zufrieden, befriedigt? Ich bin sicher, auch andere Ehemänner haben sich über diesen Widerspruch bei ihren Frauen schon gewundert. Ich vermutete, daß die Frau meines Patienten keinen Orgasmus gehabt hatte. Es war entweder Vorspiegelung falscher Tatsachen – darüber ist eine Frau nicht erhaben – oder Unwissenheit. Seine Frau ließ sich einige Zeit später von mir beraten, und ich stellte fest, daß mein Verdacht berechtigt gewesen war. Sie war jedoch gekommen, um sich über ihren Mann zu beklagen.

Die Fähigkeit, Befriedigung zu erlangen, ist das Kennzeichen der reifen, integrierten und wirklichen Persönlichkeit. Abgesehen von der wirklich frigiden Frau kann fast jeder am Sex ein gewisses Vergnügen finden. Die sinnliche Einstellung ist eher auf Lust ausgerichtet, und nicht auf Befriedigung. Befriedigung verlangt eine zielgerichtete Anstrengung und die totale Hingabe an dieses Ziel. Man kann sie fast durch jede Art der Betätigung erlangen, aber nur, wenn man seine ganze Energie und sein ganzes Gefühl dieser Tätigkeit widmet, ob es nun ein Tennismatch, das Schreiben eines Buches oder die Neugestaltung einer Wohnung ist. Und das gilt auch dann, wenn das Ergebnis nicht immer gut ist. Ob man gewinnt oder verliert, wenn man sich ganz und gar eingesetzt hat, kann man nur mit seiner Bemühung – und mit sich selbst – zufrieden sein. Alles, was unterhalb des totalen Einsatzes bleibt, kann das körperliche Gefühl der Befriedigung, das unmittelbar mit der Mobilisierung und Verausgabung aller verfügbaren Energie und Gefühle bei der Tätigkeit zusammenhängt, nicht erbringen.

Diese Grundsätze gelten auch für die sexuelle Betätigung. Wenn man sich dem Geschlechtsakt und dem Menschen, den man zum Partner hat, nicht total hingibt, kann man kein befriedigendes Ergebnis erwarten. Natürlich ist jedes Abschweifen der Aufmerksamkeit, wie z. B. das Anhören von Musik oder das Denken ans Geschäft, während der sexuellen Beziehungen ein so offensichtlicher Mangel an Hingabe, daß darüber gar nicht geredet zu werden braucht. Aber auch sexuelle Phantasien während des Geschlechtsakts sind ein Zeichen der Unfähigkeit, sich dem Sexualpartner vollständig hinzugeben. Oft ist diese Zurückhaltung unbewußt. Man kann die Hingabe nur am Ergebnis abschätzen. Subjektiv kann man den Grad der Hingabe daran erkennen, wie stark der Körper mit sexuellem Empfinden erfüllt und geladen ist. Darüber werde ich im nächsten Kapitel mehr sagen. Nur wenn das sexuelle Empfinden und die sexuelle Bewegung den ganzen Körper und das ganze Sein umfassen, bringt das Erlebnis der Klimax die Befriedigung des Orgasmus.

Das Orgasmuserleben kann bei ein und demselben Menschen verschieden sein. Selbst die Hingabe kann mit Gefühlen verschiedener Intensität oder Tiefe verknüpft sein. Man gibt sich nicht jeder Tätigkeit mit der gleichen Gefühlsintensität hin. In ihrer größten Tiefe berührt die sexuelle Reaktion das Herz und bezieht es aktiv mit ein. Das ist keine Metapher. In seltenen Augenblicken kann man spüren, wie das Herz antwortet, und zwar über die normale Tachykardie, den beschleunigten Herzschlag, hinaus, der eintritt, wenn die Atmung sich vertieft und der Höhepunkt naht. Wenn das Herz beim sexuellen Höhepunkt reagiert, hat man das tiefste und vollste Gefühl des Sich-Öffnens und der Entspannung erreicht. Und da die Reaktion buchstäblich vom Herzen kommt, kann man sagen, daß man die Sexualität im Mittelpunkt des eigenen Seins erlebt hat. Dies ist die tiefste Bedeutung der Liebe.

Im zweiten und dritten Kapitel habe ich die Beziehung zwischen Sexualität und Liebe beschrieben. Bei der Analyse dieser Beziehung habe ich auf den Zusammenhang zwischen Herz und Genitalien über das Blut hingewiesen. Ich habe die Sexualität als Ausdruck der Liebe bezeichnet. Das ist sie auch, aber nur in dem Maß, in dem der Einzelne in der Sexualität Lust und Befriedigung erlebt. Wenn dies zutrifft, ist der vollständigste, tiefste und befriedigenste Ausdruck der Liebe in der Sexualität die Reaktion des Orgasmus.

Ich habe den Ausdruck »Befriedigung« benützt, um die Qualität der Lust des Orgasmuserlebnisses zu bezeichnen. Befriedigend ist es wirklich, aber der Ausdruck reicht nicht aus, um das volle Ausmaß dieser Lust zu verdeutlichen. Der Orgasmus ist nicht nur lustvoll, er ist wonnevoll. Er ist es, weil er frei, ungehemmt, unbegrenzt und spontan ist. Er hat die gleiche Qualität wie die Wonne kindlicher Reaktionen: er kommt unmittelbar aus dem Herzen. Im Orgasmus drückt der Erwachsene die Wonne des Kindes in seinem eigenen Inneren aus. Aus diesem Grund ist der Orgasmus das größte Wonneerlebnis, das Erwachsenen zugänglich ist.

Wenn die Handlungen des »Sinnlichen« durch die Suche nach Erregung und Lust gekennzeichnet sind, erkennt man den wirklichen sexuellen Menschen an seiner Freudigkeit.

11 Der sexuelle Orgasmus

Im vorigen Kapitel haben wir uns mit den psychischen Begleiterscheinungen des Orgasmus beschäftigt. Ich habe betont, daß das Orgasmuserlebnis als Empfindung körperlicher Befriedigung wahrgenommen wird, die auf totaler Hingabe des Selbst an den Geschlechtsakt beruht. Die körperliche Reaktion, die diesem Gefühl der Befriedigung zugrundeliegt, ist die Beteiligung des ganzen Körpers an den unwillkürlichen lustvollen Bewegungen der sexuellen Entladung. Diese Betonung des gesamten Körpers unterscheidet die Heterosexualität von der Homosexualität und die Art der Klimax, die sich auf die Genitalien beschränkt, von jener, die Wilhelm Reich als Orgasmus bezeichnet hat.

Diese Unterscheidung ist zwar gültig und wichtig, aber sie ist dennoch unvollständig. Da jeder sexuelle Höhepunkt einige Elemente des Orgasmuserlebnisses in sich schließt, wäre es richtiger, von partiellem und vollständigem Orgasmus zu sprechen. Ein Teilorgasmus ist von Natur aus begrenzt und unerfüllend, und er wird nicht als körperlich befriedigend erlebt. Er ist jedoch eine Form der sexuellen Entspannung, und er setzt zumindest vorübergehend die sexuelle Spannung des Organismus herab. Für Frauen, die beim Geschlechtsakt niemals irgendeine Form der Klimax erlebt haben, ist der partielle Orgasmus oft ein lohnendes und aufschlußreiches Erlebnis.

Verbale Unterscheidungen sind leicht zu treffen; es ist schwierig, sie auf spezifische Fälle anzuwenden. Niemand als der Beteiligte selbst kann endgültig etwas darüber aussagen, ob er oder sie beim Geschlechtsakt einen Orgasmus erlebt hat oder nicht. Die Wahrnehmung des Orgasmus erfordert das subjektive Erleben von Befriedigung. Aber es kommt häufig vor, daß der Beteiligte sich selbst nicht über die Qualität seines subjektiven Erlebens im klaren ist. Das Problem wird manchmal durch das Vorhandensein von Ich-Befriedigungen kompliziert, die vielleicht gar nichts mit den auftretenden körperlichen Empfindungen zu tun haben. Einer Frau verschafft es vielleicht eine gewisse Befriedigung, daß ein bestimmter Mann ihrem Zauber erlegen ist, oder, was noch häufiger ist, ein Mann hat ein Gefühl der Befriedigung, weil ihm eine Verführung gelungen ist. Selbst wenn man diese möglichen Verzerrungen berücksichtigt, gibt es noch eine weitere Quelle der Verwirrung. Subjektive Zustände oder Gefühle sind nicht mit gleichen Maßstäben zu messen. Das Wort »Befriedigung« kann viele Stärkegrade des Fühlens bezeichnen. Der Orgasmus, selbst wenn er vollständig und befriedigend ist, ist für verschiedene Menschen nicht dasselbe; er ist je nach ihrer Persönlichkeit verschieden. Der Orgasmus ist auch bei ein und demselben Menschen je nach der Intensität des anfänglichen Gefühls, der besonderen Zeit, dem Ort und den Umständen des jeweiligen sexuellen Erlebnisses verschieden. Trotzdem muß man sich auf das Gefühl der Befriedigung als einziges Kriterium der Orgasmusreaktion verlassen.

Nun folgt eine kurze Beschreibung der Empfindungen und Bewegungen, die Teil des normalen Geschlechtsakts sind, um uns die Erörterung des Orgasmuserlebnisses zu erleichtern. Die einleitenden erotischen Kontakte, die unter der Bezeichnung »Vorspiel« zusammengefaßt werden, bahnen dem Koitus den Weg. Sie dienen dazu, die über den ganzen Körper verteilten Empfindungen in Gang zu setzen, und machen sie für das Klimaxerlebnis verfügbar. Sie konzentrieren die Erregung auf die Genitalien und bereiten sie für den Vollzug des Geschlechtsakts vor. Wenn jedoch das Vorspiel zu sehr in die Länge gezogen wird, geht die Erregung der Vagina meist verloren, und sie wird trocken, während der Penis übererregt wird und für die Entladung vorbereitet wird. Wenn der Mann nicht den Drang zur Penetration verspürt, kann das ein Hinweis auf eine Furcht vor der Vagina sein. Wenn keine sexuelle

Störung vorliegt, führt die Erregung des Vorspiels ganz natürlich zu dem Verlangen nach dem engsten möglichen Kontakt zwischen den beiden Individuen. Dieser kann nur durch den normalen Akt der Penetration der Vagina durch den Penis erreicht werden. Im Verlauf der Penetration nimmt die sensorische Lust des Kontakts steil zu, bis die Penetration ganz vollzogen ist. Bald nachdem dies erreicht ist, flacht sich der Erregungszustand ab – die Liebe hat ihr erstes Ziel erreicht, die beiden sind so nah wie möglich zusammen.

Wenn man nach den Gefühlen des Mannes zu diesem Zeitpunkt fragt, erfährt man, daß er sich »zu Hause« fühlt. Es besteht ein Gefühl des »Hierhergehörens«, das als Entspannung empfunden wird. In seiner Schrift *Versuch einer Genitaltheorie* (Leipzig, 1924) behauptet Sandor Ferenczi, der Geschlechtsakt sei für den Mann eine symbolische Rückkehr in den Mutterleib, seine ursprüngliche Heimat. Der Mutterleib repräsentiert nach Ferenczi den Ozean, in dem das Leben einst begonnen hat und aus dem es vor langer Zeit hervorgegangen ist. Die Rückkehr in den Mutterleib trifft für die Samenzellen buchstäblich zu. Die Gefühle der Frau sind ganz anders. Bei seiner symbolischen Rückkehr in den Mutterleib kann sie sich nicht mit dem Mann identifizieren. Mehrere von mir befragte Frau sagten, sie fühlten sich vollständig, erfüllt. Andere sagten, sie hätten das Gefühl, nun den Mann in sich zu haben, er sei nun ein Teil von ihnen. Sie bekamen dadurch auch ein Gefühl der Entspannung und der Zufriedenheit. Wenn der Mann beim Akt der Penetration symbolisch in den Mutterleib zurückkehrt, ist die Frau symbolisch der Mutterleib, der ihn empfängt.

Dieses Gefühl der Entspannung wie nach einer beendeten Reise ist nur ein Zwischenspiel. Es ist gefolgt von einem zunehmenden Drang, das Erlebnis zum Höhepunkt zu bringen. Die Situation ruft die spezifischen sexuellen Bewegungen hervor, die neue Empfindungen und stärkere Impulse erzeugen. Zum Erleben der Sinnenlust tritt das neue Erleben der kinästhetischen Lust hinzu, das den Sexualbewegungen entspringt.

Während der ersten Phase des Koitus stehen die Sexualbewegungen unter der Herrschaft des Ichs und sind völlig vom Willen abhängig. Am Anfang sind sie langsam, sanft und entspannt. Im allgemeinen dominieren die Bewegungen des Mannes während dieser Zeit, aber das kann sich ändern, wenn die Frau die aktivere Rolle übernimmt. Welche Position und welchen Rhythmus die Partner wählen, sollte von ihren individuellen Bedürfnissen und Stimmungen zu dieser Zeit abhängig sein. Ich gehe von der Annahme aus, der Mann liege auf der Frau und spiele die aktivere Rolle. In diesem Fall ist die Frau meist passiv, bis der Mann ein rhythmisches Bewegungsmuster hergestellt hat, mit dem sie ihre Bewegungen in Einklang bringen kann. Bevor dies jedoch geschieht, wird der Mann vielleicht seine Bewegungen unterbrechen, um sich auszuruhen oder um eine andere Stellung einzunehmen. Eine Unterbrechung zu diesem Zeitpunkt stört den Verlauf der Erregung nicht, die meist auf einem ziemlich stetigen Niveau bleibt. Aber Unterbrechungen des Geschlechtsakts können die Lust am Ende stören, wenn sie die Herstellung eines rhythmischen Bewegungsmusters beeinträchtigen.

Die willkürlichen Bewegungen dienen der Harmonisierung des Körpers, so daß der Atemrhythmus und der Beckenstoß synchron vor sich gehen. Wenn keine Hemmungen bestehen, fällt der Stoß des Beckens nach vorn mit der Ausatmung zusammen. Im Verlauf der willkürlichen Bewegungen versucht der Mann, seinen Körper zu »erden«, indem er die Vorwärtsbewegung des Beckens mit den Beinen macht, während er sich mit den Füßen ins Bett gräbt. Die Verlagerung der Betonung auf die untere Körperhälfte bahnt den unwillkürlichen Beckenbewegungen den Weg. Während der willensbestimmten Phase richtet sich das Bewußtsein beider Partner auf die Wahrnehmung der Lust im Genitalbereich und auf die Qualität der Beckenbewegung.

Bevor ein endgültiger Rhythmus hergestellt und beibehalten werden kann, muß die Beckenbewegung voll und frei werden. Wenn man das Becken stoßend anstatt schwingend bewegt, verhindert man das Auftreten der unwillkürlichen Bewegungen. Die kinästhetische Lust der Sexualität ist von der Qualität der Beckenbewegung abhängig. Zivilisierte Menschen sind gewöhnlich in ihren Körperbewegungen eingeschränkt. Im Vergleich zu Primitiven sind ihre Hüften weniger beweglich und ihre Beckenmuskulatur ist angespannter. Diese Einschränkung der Beweglichkeit des Beckens muß überwunden werden, wenn der Koitus voll befriedigend sein soll. Das Becken sollte sich mit der Geschmeidigkeit einer gut geölten Türangel bewegen, aber nicht unabhängig, wie ein Bein, das man frei baumeln läßt. Beim Mann kommt der Bewegungsanstoß von den Beinen und ist völlig vom Ich beherrscht. Während der Mann durch seine Beine »geerdet« ist, ist die Frau in der Rückenlage durch den Kontakt zwischen ihren Beinen und dem Körper des Mannes an ihm »geerdet«. Dadurch können sich ihre Bewegungen mit den seinen synchronisieren.

Die Phase der willensgesteuerten Bewegung endet, wenn ein endgültiger Rhythmus hergestellt worden ist, bei dem die Bewegungen beider Partner miteinander im Einklang stehen. Diese Phase nimmt den längsten Zeitraum des Geschlechtsakts ein. Ihre Funktion besteht darin, soviel wie möglich vom Körper an den Sexualbewegungen teilnehmen zu lassen. Sie macht den Weg frei für die Übertragung der Bewegungssteuerung vom Kopf auf das Becken. Sie glättet den Übergang von Ich-Funktion zu Es-Funktion. Diese Phase sollte zu Ende sein, wenn diese Ziele erreicht sind. Bei der *ejaculatio praecox* endet sie früher, weil der Mann die steigende Spannung nicht aushalten kann.

In diesem Augenblick nimmt das Tempo der Sexualbewegungen zu. Zugleich haben Mann und Frau ein Verlangen nach tieferer Penetration und stärkerer Reibung. Die Temposteigerung beginnt als willkürliche Handlung des Mannes, die er einleitet, wenn er spürt, daß er für den Aufstieg zum Höhepunkt bereit ist. Während das Tempo zunimmt, bekommen die Beckenbewegungen plötzlich eine Unwillkürlichkeit und führen eine tiefere Reaktion des Körpers herbei. Zugleich tritt eine starke Zunahme der genitalen Empfindung auf, wenn sich die Reibung zwischen Penis und Vagina verstärkt. Als unmittelbare Vorläufer der Entladung werden im Becken Gefühle des Schmelzens wahrgenommen.

Der Orgasmus beginnt mit der Kontraktion des *musculus bulbocavernosus* beim Mann und bei der Frau. Diese Muskeln umgeben den Penis an der Basis und bei der Frau die Öffnung der Vagina. Der Orgasmus wird wie die Öffnung eines Dammes erlebt, wobei ein Strom von Gefühlen nach unten ausgelöst wird, während der Körper in Reaktion auf jedes unwillkürliche Vorwärtsschwingen als Gesamtheit zuckt. Empfindungen des Schmelzens und des Abwärtsströmens durchziehen nun den ganzen Körper. Wenn der Gipfel intensiv genug ist, nimmt die Hitzeempfindung zu und wird als Glühen im Becken und am ganzen Körper als Helligkeitsempfindung wahrgenommen. Wenn beim Mann die Ejakulation beginnt, steigt seine Erregung und bleibt einige Augenblicke auf großer Höhe. Während dieser Phase kann der Orgasmus als »Fliegen«, »Herumwirbeln« oder ähnliches empfunden werden. Das Orgasmuserlebnis der Frau läuft dem des Mannes in jeder Hinsicht parallel, ausgenommen die pulsierenden Empfindungen der Ejakulation. Die Ejakulation wird durch die Kontraktionen der glatten, unwillkürlichen Muskulatur der Prostata und der Samenbläschen herbeigeführt. Sie besteht aus pulsierenden Spritzern der Samenflüssigkeit. Die Frau erlebt die Ejakulation als zusätzlichen Reiz für ihre Lust.

Der Orgasmus des Mannes besteht gewöhnlich aus zwei unwillkürlichen Reaktionen: der Reaktion des ganzen Körpers bei seinen Zuckungen und der Ejakulation. Es ist eine verbürgte Tatsache, daß eine orgastische Entladung ohne Ausstoßung von Samen stattfinden kann (Kinsey). Es ist auch bekannt, daß man ejakulieren kann, ohne daß die oben beschriebene Körperreaktion eintritt (Reich). Jedes für sich wäre nur ein Teil des totalen Orgasmus. Wenn keine der beiden unwillkürlichen Reaktionen eintritt und der Same ausfließt, anstatt in pulsierenden Strahlen ausgestoßen zu werden, muß man dies als Unfähigkeit des Mannes ansehen, orgastische Entspannung zu finden.

Bei der Frau ist das Gegenstück der Ejakulation die Kontraktion der glatten Muskulatur, die die Vagina umgibt. Dieser Vorgang wird vom Mann als »Pumpen« des Penis wahrgenommen. Es gibt also bei der Frau zwei unwillkürliche Reaktionen, die zusammenwirken, um ihr das Erlebnis eines totalen Orgasmus zu verschaffen: die krampfartige Reaktion des ganzen Körpers, der des Mannes ähnlich, und die rhythmische Kontraktion der die Vagina umgebenden Muskeln und der Muskeln des Beckenbodens. Wenn die Frau ihren Höhepunkt zugleich mit dem Mann erreicht, werden die beiden Reaktionen intensiviert.

Nach der Klimax verschwindet die Erregung rasch, während die Gefühle des Glühens und der Befriedigung unbestimmte Zeit andauern. Die unwillkürlichen Bewegungen können eine Zeitlang weitergehen, dann tritt Entspannung ein, die häufig zu dem Wunsch führt, einzuschlafen.

Auf dem Höhepunkt besteht die Tendenz zum Verlust des Ich-Bewußtseins. Dies ist ein vorübergehendes Untertauchen des Ichs, das nicht mit einem Gefühl der Selbstaufgabe verwechselt werden sollte. Man wird beim Orgasmus nicht bewußtlos. Richtiger wäre es, zu sagen, daß der Mensch dazu neigt, das Bewußtsein seiner selbst zu verlieren. Das Selbst verschwindet bei der Verschmelzung mit dem Liebesobjekt: Die Liebe hat ihr Endziel erreicht. Es besteht nicht nur ein Gefühl der vollständigen Einheit und Verschmelzung mit dem Partner, sondern auch ein Gefühl, Teil des gesamten pulsierenden Weltalls zu sein. Dieses letztere Gefühl spricht für die Vorstellung Reichs, im Orgasmus finde der Mensch seine Identifikation mit kosmischen Prozessen.

Wenn man das erste Stadium des Koitus als eine symbolische Rückkehr des Mannes in den Mutterleib betrachten kann, kann man im zweiten Stadium ein Herauskommen aus dem Mutterleib sehen. Gerade in seiner Intensität läßt der Orgasmus einen an den Geburtsvorgang denken. Der Mensch wird durch den Orgasmus neu geboren. Wenn dies auch ein bildlicher Ausdruck ist, so sollte man doch nicht vergessen, daß der Orgasmus oft als Wiedergeburt erlebt wird. Durch den Orgasmus fühlt man sich erneuert und erfrischt. Man kann den ganzen Geschlechtsakt für den Mann als symbolische Rückkehr in den Mutterleib und als Wiedergeburt ansehen. Was für eine Rolle spielt nun die Frau? Da ihr erstes Stadium eine »Füllung« ist, ist das zweite eine »Leerung«. Während der Mann im Orgasmus neu geboren wird, hat die Frau ihn geboren, natürlich nur symbolisch. Das mag auch erklären, warum manche Frauen den Geburtsvorgang tatsächlich als Orgasmus erleben. Frauen haben berichtet, die Fähigkeit zum Orgasmus erst nach der Geburt eines Kindes erlangt zu haben.

Die Verwirrung, die in der Sexologie über das Wesen des Orgasmus besteht, hat ihre Wurzeln darin, daß die meisten Erforscher der Sexualfunktion die Bedeutung der Bewegung beim Orgasmuserlebnis nicht richtig einschätzen. Die Aufmerksamkeit konzentriert sich auf das sensorische Element in der Sexualität; die motorische Komponente wird fast völlig vernachlässigt. Im allgemeinen wird angenommen, die Funktion der Sexualbewegungen bestehe darin, die Reibung zwischen den Geschlechtsorganen zu vermehren. Nicht jeder macht sich klar, daß die sensorischen Elemente des Kontakts und der Reibung dazu dienen, die Erregung für die Bewegung zu liefern. Die Orgasmusempfindung ist eine Funktion der Bewegung; d. h. wenn die Bewegung unterbrochen wird, verschwindet die Orgasmusempfindung sofort. Kontakt und Reibung allein, z. B. wenn der Penis mit der Hand oder mit dem Mund bis zum Höhepunkt masturbiert wird, können eine Ejakulation hervorrufen, aber niemals einen Orgasmus. Andererseits kann das Orgasmusgefühl durch Bewegung allein hervorgerufen werden. Eine Frau kann z. B. unter Bedingungen einen Orgasmus erreichen, in denen der Kontakt mit dem Penis auf ein Minimum herabgesetzt ist. Wenn der Mann seinen Höhepunkt erreicht hat und der Penis wieder schlaff und zusammengeschrumpft ist und sogar schon aus der Vagina herausgeglitten ist, kann die Frau sich zum Orgasmus bringen, indem sie ihre Bewegungen fortsetzt, bis die unwillkürliche Reaktion eintritt. Bei Tieren, z. B. bei Hunden, kann man beobachten, daß ein Tier, das auf einem anderen masturbiert, durch Bewegung eine Entladung erreichen kann, obwohl sein Geschlechtsorgan gar nicht mit dem Körper des anderen Tieres in Berührung kommt. Welche besondere Qualität der Sexualbewegungen wirkt sich so aus?

Die Antwort auf diese Frage lautet: Nur die unwillkürlichen Sexualbewegungen beziehen den gesamten Körper in die Empfindung des Vorgangs ein. Willentliche Bewegungen sind, wie stark sie auch sein mögen, ihrem Wesen nach der Steuerung des Ichs unterworfen. Diese steuernde Kraft, das Ich, existiert als von der Bewegung getrennte Einheit. Dabei fällt einem die Analogie vom Reiter auf dem Pferd ein. Der Reiter wird von der Bewegung des Pferdes mitgetragen, aber er teilt nicht die kinästhetischen Sinnesempfindungen des Pferdes. Unwillkürliche Bewegungen sind Ausdruck des Körpers auf jenem primitiven Funktionsniveau, auf dem das Ich nicht die Rolle des Leiters innehat, sondern auf die des Teilnehmers beschränkt ist. Dies ist der Bereich des Es, das das Ich als Teil seiner selbst in sich schließt. Auf dieser Funktionsebene ist der Reiter Teil des Pferdes. Beim Orgasmus verschwindet das Ich und wird vom Es absorbiert.

Die besondere Eigenschaft der unwillkürlichen Sexualbewegungen besteht darin, daß sie den ganzen Körper an der Schlußentladung teilhaben lassen. Der Orgasmus ist ein lustvolles Zucken des ganzen Körpers. Der volle Orgasmus, wie Reich ihn definiert hat, ist das Ergebnis der unwillkürlichen Kontraktion des Organismus und der vollständigen Entladung der Erregung. Nicht an allen unwillkürlichen Bewegungen ist der ganze Körper beteiligt. Während der Klimax können viele krampfartige Bewegungen auftreten, die keine Erregung abführen. Ich habe schon von Zuckungen, Zittern und krampfartigen Kontraktionen gesprochen, die eine Abwehr gegen die orgastische Entladung sind. Diese Bewegungen führen nicht zur Befriedigung, weil sie das Ergebnis zweier Kräfte sind: Die eine möchte loslassen, die andere versucht, festzuhalten. Diese Situation gleicht jener, die entstehen würde, wollte man in dem Augenblick, in dem man die Sehne eines Bogens losläßt, zugleich versuchen, sie festzuhalten. Der Bogen würde zittern, aber der Pfeil würde kraftlos zu Boden fallen.

Die Analogie vom Bogen paßt genau zum Geschlechtsakt. Seit alten Zeiten sind Pfeil und Bogen als Symbol der Liebe verwendet worden. Der Pfeil repräsentiert das männliche Geschlechtsorgan; der Bogen entspricht dem Körper des Menschen. Jede Beckenbewegung kann als Entsprechung dem Biegen und Entspannen des Bogens vor dem Abflug des Bogens (sexuelle Entladung) angesehen werden. Das Biegen und Entspannen ist den ichgesteuerten willkürlichen Bewegungen der ersten Phase des Geschlechtsakts analog. Jedes Zurückziehen des Beckens lädt den Organismus auf (gibt dem Bogen mehr Spannung). Je höher man die Erregung ansteigen läßt, bevor die Entladung eintritt, desto größer wird die Lust des Orgasmus sein (je stärker der Bogen gespannt wird, desto weiter fliegt der Pfeil).

In bezug auf seine Bewegung ist der Körper wie ein Bogen gebaut. In dieser Analogie entspricht der Bogen selbst dem Rückgrat mit seinen Sehnen und zugehörigen Muskeln. Die Bogensehne ist funktionell dasselbe wie die großen Rücken- und Lendenmuskeln, die das Rückgrat überstrecken. Die Kraft, die den Körper dehnt, ist die Stärke und Intensität des Gefühls. Um den menschlichen Körper wie einen Bogen in Aktion zu sehen, braucht man nur einem Baseball-Pitcher beim Werfen eines Balls zuzusehen. Die Kraft seiner Bewegung stammt aus der Überstreckung und Lockerung des Rückens, zu denen eine peitschende Armbewegung hinzukommt. Bei dieser Handlung wird die Kraft des Rückens durch den Arm auf die Hand und schließlich auf den Ball übertragen. Das Galoppieren des Hundes veranschaulicht das Prinzip des Bogens in umgekehrter Richtung. Der Rücken des Hundes biegt sich, während die vier Beine zusammenkommen, dann streckt er sich, um die Kraft zu liefern, die, wenn sie in die Hinterbeine fließt, das Tier vorwärtsbewegt. Wenn der Körper gemäß dem Prinzip des Bogens funktioniert, handelt er als integrierte Einheit. Wenn es dem Körper an Einheit und Integration fehlt, geht seine Fähigkeit verloren, nach diesem Prinzip zu funktionieren. Die sexuellen Probleme einer neurotischen Persönlichkeit lassen sich gemäß dem Prinzip des Bogens veranschaulichen. Die chronische Rigidität des Zwanghaften (mit seinem steifen Rückgrat) bewirkt eine starke Abnahme der Flexibilität des Bogens und setzt die Kraft der Ent-Spannung herab. Die Schwäche des oralen Charakters hat eine ähnliche Wirkung, weil der Bogen selbst schlaff ist. Jede Unterbrechung der Integrität der Körperstruktur ist gleichbedeutend mit einem Bruch des Bogens. Man kann sich leicht die daraus resultierende Kraftlosigkeit der Pfeilbewegung vorstellen.

Damit der menschliche Körper wie ein Bogen funktionieren kann, müssen die beiden Enden des Körpers, die den Enden des Bogens entsprechen, genügend verankert sein, um die Spannung auszuhalten. Das obere Ende des Körpers (des Bogens) ist in der Ich-Funktion verankert. Das untere Ende des Körpers ist durch den Kontakt der Beine mit dem Boden verankert. Ein auf diese Weise verankerter Mensch hat in der Realität festen Boden unter den Füßen. Er hat die Füße auf dem Boden, den Kopf auf den Schultern und Gefühl im Körper. Wenn diese Verankerungen der wachsenden Spannung nicht standhalten, erfolgt eine vorzeitige Entladung. Die Ich-Stärke bestimmt daher, wie hoch die erreichbare Spannung und Erregung sein kann.

Die Sexologen sind unsicher in bezug auf die Rolle des Ichs in der Sexualität. Edrita Fried z. B. glaubt, daß ein Mensch mit einem unterentwickelten Ich leichter »loslassen« kann und deshalb leichter zum Orgasmus kommt. Aber was ist das »Loslassen« wert, wenn keine Spannung oder Erregung geschaffen worden ist, die der Rede wert wäre? Das wird gewöhnlich übersehen. Eine weitere Ursache der Verwirrung betrifft die Rolle der Beine beim Geschlechtsakt. Wie kann ein Mann seine Füße erden, wenn er im Bett auf einer Frau liegt? Die Antwort ist ziemlich einfach. Man kann entweder seine Zehen in die Matratze bohren, um eine Verankerung zu gewinnen, oder man kann das Fußende des Bettes oder eine Wand als Stütze für den Stoß benützen. Wenn die Beine ohne dynamische Spannung daliegen, bekommt die Beckenbewegung etwas Schiebendes, wodurch die Empfindung in den Genitalien lokalisiert und der Körper ausgeschlossen wird.

Das Prinzip des Bogens im menschlichen Organismus ist der körperliche Mechanismus, durch den das Realitätsprinzip wirksam wird. Körperbewegungen, die nach dem Realitätsprinzip motiviert sind, sind zielstrebig, gesteuert, koordiniert und wirksam. An diesen Bewegungen ist der gesamte Körper als Einheit beteiligt. Im Gegensatz dazu sind die Bewegungen eines Säuglings, der nach dem Lustprinzip funktioniert, zufällig, wahllos und unkoordiniert. Ein Säugling kann keine Spannung aushalten; sein Körper reagiert sofort auf jede Belastung, die ihm auferlegt wird. Seine Bewegungen sind nicht zielgerichtet oder bewußt gesteuert. Das soll nicht heißen, daß die ziellosen Bewegungen eines Säuglings keine Bedeutung haben. Die Bedeutung muß im Bezug zu dem gesucht werden, was in dem Säugling vor sich geht; man kann sie nicht in bezug auf äußere Güter bestimmen. Diese Bewegungsanalyse kann man benützen, um den Unterschied zwischen den Begriffen Motilität (Bewegungsfähigkeit) und Mobilität (Beweglichkeit) aufzuzeigen.

Mit »Motilität« bezeichnet man die spontanen Bewegungen des lebenden Körpers; dazu gehören unwillkürliche Handlungen wie Atmen, Weinen, Lachen usw. Diese spontanen Reaktionen sind bedingt durch die »Flüssigkeit« des lebenden Körpers, die es zuläßt, daß die Wellen der Erregung oder des Gefühls durch den Körper strömen. Ein Säugling hat eine extreme Motilität; jedes Gefühl wird sofort in angemessenen Körperbewegungen ausgedrückt. Andererseits fehlt ihm die

Stabilität und Rigidität, die es ihm erlauben würde, auf seinen eigenen Beinen zu stehen und sich tatsächlich auf die Befriedigung seiner Bedürfnisse oder Wünsche zuzubewegen. Motilität hängt eng mit dem Ausdruck von Gefühlen zusammen; sie ist die biologische Grundlage für das Lustprinzip. Mobilität bezeichnet Bewegungen, die bewußt motiviert und zielgerichtet sind. Im allgemeinen ist damit der Stellungswechsel eines Körpers im Raum gemeint. Ein sehr kleiner Säugling ist also höchst motil, aber relativ immobil. Ein Erwachsener hingegen kann zwar beweglich (mobil) sein, aber es kann ihm an Motilität fehlen, wenn der spontane Gefühlsausdruck blockiert ist.

Die willkürliche Phase der Sexualität als zielgerichtete genitale Aktivität ist eine Funktion des reifen Organismus. Sie erfordert Mobilität, Stabilität und Tonizität. Dies ist das Prinzip des Bogens, das ich oben beschrieben habe. Es erklärt die Dynamik, die den willkürlichen Bewegungen des Geschlechtsakts zugrundeliegt. Die unwillkürlichen Bewegungen, die zum Orgasmus führen, folgen diesem Prinzip nicht, da sie nicht ichgesteuert sind. Sie sind ein Ausdruck der Motilität des Körpers, da sie, wie die Bewegungen des Säuglings, auf die unmittelbare Spannungsabfuhr abzielen.

Auch hier ist die Analogie des Bogens nützlich. Die willkürlichen Bewegungen entsprechen, wie ich schon gesagt habe, dem wiederholten Anspannen des Bogens, um die Spannung zu vermehren. Die unwillkürlichen Bewegungen sind die Folge des »Loslassens«. Menschen, die Angst davor haben, »loszulassen«, haben keinen Orgasmus.

Die unwillkürlichen Bewegungen folgen unmittelbar auf die willentlichen Bewegungen, ebenso reibungslos, wie die Nacht auf den Tag folgt. Sie entwickeln sich spontan aus den willkürlichen, nachdem eine gewisse Gefühlsintensität erreicht worden ist. Das geschieht, wenn die Empfindung der Erregung im Körper so stark wird, daß sie das Ich überwältigt. Die Erregung ergreift Besitz von Leib und Seele des Individuums und kehrt seine normale Orientierung um. Während die willkürlichen Bewegungen ichgesteuert sind, werden die unwillkürlichen Bewegungen von den Beckenempfindungen gelenkt. Es ist, als entwickle sich im Becken ein Erregungszentrum, das stark genug ist, um die Vormachtstellung des bewußten Ichs zu stürzen. Vor dem Orgasmus ging der Energiestrom und der Erregungsfluß vom Kopf zu den Genitalien. Sobald der Orgasmus einsetzt, kehrt sich diese Strömungsrichtung um. Die Erregung fließt dann vom Beckenbereich in den Körper zurück. Reich hat diese Umkehrung des Energieflusses als eines der Kriterien des vollständigen Orgasmus bezeichnet. Das normale Bewegungsmuster läßt sich durch den Satz ausdrücken: »Der Hund wedelt mit dem Schwanz«. Beim Orgasmus verwandelt sich dieses Muster in: »Der Schwanz wedelt mit dem Hund«. Der Verlust des Ich-Bewußtseins beim Orgasmus ist das Ergebnis dessen, daß ein tieferer Lebensvorgang die Herrschaft über den Körper übernimmt. Beim Orgasmus setzt das Es seine letzte Autorität durch. Man kann es mit einem Erdbeben vergleichen, das das Vertrauen des Menschen zum eigenen Ich erschüttert und ihn erkennen läßt, wie abhängig er von der Stabilität der Erde ist. Es ist interessant, daß Hemingway das Orgasmuserlebnis als die Wahrnehmung beschrieb, die Erde habe sich bewegt. Beim Orgasmus wird das Selbst, nicht das Ich, auf seiner tiefsten Ebene verwirklicht.

Der Organismus ist seiner Natur nach ein isoliertes Individuum. Gleichgültig, wie sehr er sich als Teil seiner Umwelt fühlt, er existiert innerhalb des geschlossenen Systems seiner ihn umgebenden Membran, der Haut. Seine Mobilität und Motilität sind von einem freien und erneuerbaren Energievorrat abhängig, der in einem begrenzten Körper enthalten ist. Wir haben schon darauf hingewiesen, daß jeder animalische Organismus seine Individualität aufgeben muß, um sein Gefühl des Alleinseins und des Getrenntseins zu überwinden und Teil des größeren Ganzen zu werden. Er erreicht dies durch die Sexualität, mit deren Hilfe er sich mit einem anderen Organismus verbindet und sein Gefühl der Isoliertheit und Unvollständigkeit verliert. Aber damit dies ganz und gar geschehen kann, muß sich gerade die Qualität seiner Bewegungen, die seiner Individualität zuinnerst eigen ist, verändern. Er muß sich anders bewegen, auf eine Weise, die Teil einer größeren Bewegung ist, in einer Art, die auf die Art und Weise seines Ursprungs und seiner Zeugung zurückgeht.

Man kann auch durch bestimmte passive Verhaltensweisen das Gefühl des Alleinseins und der Unvollständigkeit überwinden. Meditation, religiöser Rückzug, Einkehr bei sich selbst und Mystik sind einige der dazu verwendeten Übungen. Zu diesen passiven Maßnahmen gehört ein Aufgeben des Ichs, ein Verzichten auf das Bewußtsein des eigenen Selbst. Sie haben ihren Platz im Rahmen eines aktiven Lebens, aber sie können nicht zum Ersatz fürs Leben werden. Passivität ist nicht die natürliche Daseinsweise. Durch die Vereinigung mit einem anderen Organismus wird eine Erregung geschaffen, die den Organismus auf der Ebene seiner biologischen Grundfesten bewegen kann. Bei der passiven Technik geschieht dies nicht, man erlebt dabei innere Ruhe und inneren Frieden. Der Unterschied liegt zwischen aktiv und passiv, zwischen partiell und total. Jede Reaktion, die den ganzen Organismus aktiv einbezieht, wird als ein »bewegendes Erlebnis« wahrgenommen. In diesem Gefühl, *bewegt zu werden*, spüren wir uns selber als Teil des Allgemeinen. Gerade weil religiöse Kommunion uns (im emotionalen Sinn) bewegen kann, erleben wir sie als einen gültigen Ausdruck unserer Verbindung mit dem Universum oder mit Gott. Sexueller Orgasmus ist ein tieferes, biologischeres Erleben der Einheit des Menschen mit der Natur und dem Universum.

In der folgenden Aussage geht es darum, wie eine Frau dieses Phänomen erlebt hat; ihre Beschreibung ist kurz und aufschlußreich:

»Ich hatte einmal beim Beischlaf ein Erlebnis, das so anders war als alles andere, daß ich glaube, ich werde nicht eher zufrieden sein, als bis ich es wieder erlebe. Während dieses Erlebnisses wurde mein Körper, ohne mein Zutun oder irgendeinen Versuch meinerseits, sozusagen von innen heraus bewegt, und alles war in Ordnung. Es herrschte eine rhythmische Bewegung und ein Gefühl der Ekstase darüber, Teil von etwas zu sein, das viel größer war als ich, und schließlich ein Gefühl der Belohnung, wirklicher Befriedigung und wirklichen Friedens.«

Glühen und Leuchten sind weitere Aspekte dieser Phänomens, die eine gewisse Ähnlichkeit mit kosmischen Ereignissen haben. Der vollständige Orgasmus ist im allgemeinen von einem Gefühl des Glühens begleitet, das ein »höheres«, vielleicht heißeres Stadium der »sexuellen Hitze« ist. Wenn Intensität und Ausmaß des Orgasmus einen hohen Gipfel erreichen, kann sich das Glühen über den ganzen Körper ausbreiten und als ein Gefühl des Leuchtens erlebt werden. Die äußere Manifestation dieses Gefühls, zu leuchten, wird als ein Strahlen sichtbar, welches der natürliche Ausdruck eines Menschen ist, der liebt. Glühen und Leuchten sind Eigenschaften von Himmelskörpern. Der liebende Mensch hat das Gefühl, er sei im Himmel. In der Liebe überschreitet das Individuum das Erleben seiner endlichen Existenz; im Orgasmus überschreitet er das Gefühl seiner körperlichen Existenz.

Das orgastische Erlebnis hat noch andere Bedeutungen. Es wird als Wiedergeburt und Erneuerung erlebt. Dieses Erleben kann in gewissem Maß durch die Gefühle des Schmelzens und Strömens erklärt werden, die der Orgasmusreaktion vorangehen und auch Teil von ihr sind. Reich hat einmal gesagt, Struktur sei gefrorene Bewegung. Gewiß ist sie die Antithese der Bewegung und daher auch in einem gewissen Sinn der Antagonist des Lebens. Das Leben beginnt mit sehr wenig Struktur, in Form eines befruchteten Eis. Es endet, wenn die Energie des Organismus die endgültige Struktur, die der Organismus im Lauf seines Lebens entwickelt hat, nicht mehr erhalten und bewegen kann. Wenn im Orgasmus Rigiditäten aufgelöst werden, wird man in dem Maß wiedergeboren, wie es die Wahrnehmung dieses Erlebnisses zeigt. Der Orgasmus wird auch als ein schöpferisches Ereignis erlebt. Manchmal hat er die Erschaffung eines neuen Lebens, die Empfängnis eines neuen Individuums, zur Folge. Immer aber geht aus ihm die

Schaffung einer neuen und frischen Schau des Lebens hervor. Ich habe gesagt, daß man beim Orgasmus zu der Art von Bewegung zurückkehrt, die am Ursprung des eigenen Daseins liegt. Diese Empfindung wird als überwältigend erlebt, als werde man von der tiefsten Lebenskraft *bewegt*. Bei normalen Alltagstätigkeiten sind die Bewegungen des Menschen ichgesteuert und ichgelenkt. Tätigkeiten sind zielbewußt. Der gewöhnliche Mensch geht, um an ein Ziel zu kommen. Wenn man Menschen zusieht, die in einer Stadt herumgehen, ist man oft stark beeindruckt von der mechanischen Art ihrer Bewegung. Sowohl bei uns selber als auch bei anderen bemerken wir oft, daß wir keine Lust zum Gehen haben. Wir bemerken nur den Drang, irgendwohin zu gelangen. Natürlich stellen wir uns, sobald ein Ziel erreicht ist, gleich wieder ein anderes vor. Auf der Ebene der Kultur wird dieses fortgesetzte Streben mit dem Ausdruck »Fortschritt« geadelt. Die Lust des Gehens, das Gefühl der Freude an der Koordiniertheit und Anmut körperlicher Bewegung fehlt unseren normalen Alltagsbewegungen. Wir sind so ichbewußt, daß wir das Bewußtsein des eigenen Selbst, repräsentiert durch den Körper in Bewegung, verloren haben.

Angehörige weniger zivilisierter Völker zeigen in ihren Bewegungen eine andere Qualität der Beziehung zwischen dem Ich und dem Körperselbst. Wenn man z. B. eine Frau aus der Karibik gehen sieht, bemerkt man die Freiheit und Leichtigkeit ihrer Bewegungen. Ihre Hüften schwingen locker, ihre Beine bewegen sich mühelos, während der Oberkörper anmutig von diesem Unterbau getragen wird. Die Eingeborenenfrau empfindet keinen Zwang, irgendwo pünktlich anzukommen. Die meisten Menschen in unserer Kultur bewegen sich zwanghaft. Was uns am meisten am Gang der Frau aus der Karibik auffällt, ist seine sexuelle Qualität. Der Gang ist nicht deswegen sexuell, weil er provozierend ist, sondern weil er lebendig, vital, animalisch aussieht. Er ist sexuell, weil die Frau sich ihres Körpers bewußt ist, ihrer Bewegungen bewußt ist und sich mit der sexuellen Natur ihres Wesens identifiziert.

Sexualität ist die stärkste Verbindung zu unserer animalischen Natur. Das Tier kennt keine anderen Ziele als die Befriedigung seiner Bedürfnisse. Es plagt sich mit keinem Zwang zum Fortschritt. Der natürliche Zustand des Tieres ist Lebensfreude, wie Dostojewski in den *Brüdern Karamasow* so charmant erklärt. In mancher Hinsicht sind wir mehr als Tiere. Wir haben die Erkenntnis von gut und böse gewonnen, und wir richten unser Leben nach unseren Wertvorsstellungen ein. Wir haben ein Bewußtsein von uns selbst und von anderen, von Raum und Zeit, das uns mit den Göttern verbindet. Aber in einem anderen Sinn sind wir nur eine andere Art von Tieren – überlegen, wenn man sich unsere kulturellen Errungenschaften ansieht, unterlegen, wenn man unsere Bestialitäten und Grausamkeiten betrachtet. In der Liebe sind wir menschlich; in der Sexualität sind wir animalisch. Vergessen wir nicht, daß die erstere aus der letzteren erwächst. Sexuelle Betätigung hat kein anderes Ziel als die Lust. Mit sexuellen Bewegungen »geht« man nirgends hin. In der Sexualität – wie im Kinderspiel – gibt man sich der Erregung des Sich-Bewegens und des Fühlens hin. In diesem Zustand sind wir der reinen Animalität am nächsten, aber wir sind auch dem Erleben reiner Wonne am nächsten.

Wer fähig ist, den Körper die Person bewegen zu lassen, ist fähig zum Orgasmuserleben. Aber man kann dies nicht geschehen lassen, wenn man sich nicht in seinem Körper sicher fühlt und mit ihm identifiziert ist. Im Gegensatz zur Ich-Sicherheit hängt die Körpersicherheit von der Integrität und Koordination der Körperbewegungen ab. Sie beruht auf der Stärke des Kontakts mit dem Boden. Genau wie ein Baum seine Sicherheit in seinen Wurzeln hat, hat ein Mensch seine Sicherheit in den Beinen. Sich »geerdet« zu fühlen, bedeutet, in der Erde und in den animalischen Funktionen verwurzelt zu sein. Es ist synonym mit der Fähigkeit, auf den eigenen Füßen zu stehen und sie zu spüren. Identifizierung mit dem Körper erfordert, daß man seine animalische Natur akzeptiert, d. h. sich nicht über sie erhaben fühlt. Jedes Gefühl des Ekels oder des Abscheus gegenüber körperlichen Funktionen zerstört dieses Gefühl der Identität. Vor allem muß man die sexuelle Natur des Seins akzeptieren.

Wenn es so scheint, als legte ich das größte Gewicht auf die physischen, die animalischen und die sexuellen Seiten unserer Natur, liegt es nur daran, daß diese Seiten unseres Seins in unserer Kultur verleumdet worden sind. Der Mensch, der nicht auch ein Tier ist, ist unmenschlich, aber der Mensch, der nur tierisch ist, ist untermenschlich. Die Stärke des Körpers läßt sich nicht von der Stärke der Seele trennen. Die Sicherheit des Körpers ist ebenso von den Ich-Funktionen abhängig wie von den Funktionen der Beine. Emotionale Gesundheit stellt die Fähigkeit dar, an zwei Stellen gleichzeitig zu sein; d. h. man muß die Kraft haben, die Spannung einer polaren Situation auszuhalten. Wenn ich vor einer Zuhörerschaft stehe und einen Vortrag halte, nehme ich die Zuhörer ebenso wahr wie mich selber. Ich bin in Fühlung mit den Zuhörern und in Fühlung mit mir selber. Aber man weiß, daß man nicht an zwei Stellen zugleich sein kann. Es ist aber möglich, die Aufmerksamkeit so rasch hin- und hergehen zu lassen, daß in den dualen Wahrnehmungen kein Bruch entsteht. Die Aufmerksamkeit dreht sich wie ein Leuchtfeuer; einmal ist sie nach innen, dann wieder nach außen gerichtet, und wieder nach innen und nach außen. Wenn man dies geschmeidig macht, gibt es keinen Bruch im Gefühl des Kontakts zwischen dem inneren Selbst und der äußeren Welt.

Ähnlich ist man im einen Augenblick mit dem Körper und dem Boden in Fühlung, und im anderen mit dem denkenden und spürenden Selbst. Auch hier muß die Aufmerksamkeit rasch genug hin- und hergehen, damit eine Lücke in der Kontinuität der Wahrnehmung und des Gewahrseins vermieden wird. In diesem Sinn kann man von einem Gesunden als von einem sexuellen Menschen sprechen. Es bedeutet, daß der Gesunde zugleich ein denkender Mensch und ein sich bewegender animalischer Organismus ist. Es bedeutet, daß seine Bewegungen auch an dieser Doppelbeziehung teilhaben. Sie sind sexuell, tierähnlich und von unten geerdet; sie sind von oben her ausgewogen, gesteuert und zielgerichtet. Wenn diese Erfahrungen zum täglichen Leben eines Menschen gehören, ist der Übergang von der Ich-Steuerung und von der willkürlichen Bewegung zu den starken unwillkürlichen Bewegungen des Orgasmus leicht und nicht erschreckend. Wenn es nicht so ist, droht der Orgasmus wie eine Gefahr, ähnlich der Drohung, von einer Rakete in den Weltraum hinausgewirbelt zu werden. Sexualität ist keine Beschäftigung für die Freizeit oder für einen Teil der Zeit. Sie ist eine Seinsweise.

12 Orgastische Impotenz beim Mann

Sexuelle Störungen lassen sich grob in zwei Kategorien einteilen: (1) jene, die eine Verringerung oder einen Verlust des sexuellen Verlangens mit sich bringen, und (2) jene, die darin zutage treten, daß der Betroffene nicht zum Orgasmus kommt. Zur ersten Kategorie gehören auch die Probleme der Erektionsunfähigkeit beim Mann und der Frigidität bei der Frau. Zur zweiten Kategorie gehören Störungen wie die *ejaculatio praecox* und verzögerte Ejakulation ohne Gefühl des Höhepunkts beim Mann, und bei der Frau die Unfähigkeit, überhaupt einen Höhepunkt zu erreichen oder nur durch Stimulation der Klitoris zur Klimax kommen zu können. Diese Unterteilung ist dadurch gerechtfertigt, daß die der ersten Kategorie zugeordneten Probleme Störungen der Erregbarkeit und der sensorischen Reaktionen sind, während die Orgasmusunfähigkeit oder die Unfähigkeit, einen befriedigenden Höhepunkt zu erreichen, im Grunde eine Störung der motorischen Aspekte der Sexualfunktion ist, die auf einem Mangel entweder der Motilität oder der Mobilität beruht. Aber die beiden Aspekte der Sexualfunktion, die sensorische wie die motorische, sind Bestandteile der einheitlichen Reaktion. Jede Verminderung auf der sensorischen Ebene setzt die Endreaktion herab; jede Einschränkung der Motilität setzt das sensorische Erleben herab. Meine Betonung des Problems der Unfähigkeit zum Orgasmus beruht auf klinischen Feststellungen, die zeigen, daß die mit der vollen Hingabe an den Partner im Geschlechtsakt verknüpften Ängste und Befürchtungen in erster Linie für Störungen der Erregbarkeit und des Verlangens verantwortlich sind. Dieses Kapitel ist daher einer Analyse dieser Befürchtungen und Ängste und ihrer Beziehung zur Unfähigkeit zum Orgasmus beim Mann gewidmet.

Zwei Kriterien entscheiden darüber, ob ein Höhepunkt ein Orgasmus ist oder nicht. Subjektiv muß das Höhepunkterlebnis das körperliche Gefühl der Befriedigung mit einschließen. Objektiv muß die körperliche Reaktion auf dem Höhepunkt den ganzen Körper in eine einheitliche und integrierte Reaktion einbeziehen. Selbst bei diesen Kriterien mag die Frage des Orgasmus im Einzelfall schwierig zu entscheiden sein. »Befriedigung« ist kein absoluter Begriff wie 100 Prozent bei der Beantwortung von Prüfungsfragen. Am einen Ende der Skala ist ein eindeutiges Gefühl der Enttäuschung und Unzufriedenheit. Am anderen Ende ist das Erlebnis des Höhepunkts ein Erlebnis der Erfüllung und der Ekstase. Diese Extreme des Gefühls werden deutlich wahrgenommen. Irgendwo dazwischen geht Befriedigung unmerklich in Enttäuschung über, und die Art der Reaktion ist unbestimmt. Ähnlich kann auch der Punkt, an dem der ganze Körper an der sexuellen Reaktion beteiligt ist, in manchen Fällen schwierig zu bestimmen sein. Die an der Unfähigkeit zum Orgasmus beteiligten Probleme sind in Extremfällen am deutlichsten zu erkennen.

Störungen der orgastischen Potenz hängen eng mit der Angst vor den sexuellen Bewegungen zusammen. Die Vorstellung, sich beim Sexualakt zu bewegen, wird mit vielen der Tabus und Ängste identifiziert, die mit der Sexualität verknüpft sind. Vor einiger Zeit habe ich einmal eine junge Frau behandelt, die neben anderen Schwierigkeiten über einen Mangel an sexueller Befriedigung klagte. Sie hatte noch niemals einen Orgasmus erlebt, obwohl sie ziemlich promiskuös sexuelle Beziehungen gehabt hatte. Um ihr zu helfen, gab ich ihr einen Artikel mit dem Titel »Bewegung und Gefühl im Sex« (Movement and Feeling in Sex), den ich für die *Encyclopedia of Sexual Behavior* geschrieben hatte. Ihre Reaktion auf diesen Artikel brachte viele der Verzerrungen ans Licht, die in unserer Kultur den Begriff und die Funktion der Sexualität umgeben. Sie schrieb ihre Gedanken nieder, wie sie ihr während der Lektüre der Abhandlung einfielen, und zwar in Form eines Zwiegesprächs mit sich selbst:

Begann, Ihren Artikel anzuschauen – der Titel »Bewegung und Gefühl im Sex« gefiel mir nicht. Bewegung! Das macht mir zu schaffen. Gefühl ist fein – aber Bewegung! Bewegung macht mich verlegen. Es ist ein offenes Eingeständnis der Lustabsicht.
Also warum nicht die Absicht offen zugeben?
Weil man es nicht wollen soll.
Warum?
Weil es schlecht ist.
Warum das?
Wenn es einem passiert, ist es in Ordnung, aber man soll es nicht suchen.
Warum soll man sich nicht bewegen?
Wenn ich mich bewege, sieht meine Mutter, daß ich es tue. Wenn ich stilliege, kann ich dafür sorgen, daß es geschieht, und sie merken es nicht. Ich werde nicht erwischt.
Ich hab' einmal eine Geschichte gelesen: Tiere, wenn sie Angst haben – manche von ihnen liegen ganz still, und dann ist es gut. Also liege ich ganz still, und es passiert mir nichts.
Aber wie kannst du da irgendwas fühlen? Bewegst du dich nicht gern? Manchmal tust du es, und dann genießt du es mit einem Mann.
Ja, ich hab' das versucht, aber gerade wenn beinah etwas passieren will, entschlüpft es mir wieder. Das Gefühl ist da und dann ist es wieder weg.
Du bewegst dich, wenn du dich von einem Mann wirklich sexuell angezogen fühlst.
Ja. Ich lege mich auf ihn, und ich bewege mich, aber dann bin ich der Mann. Vom Mann erwartet man, daß er sich bewegt, von der Frau, daß sie stilliegt.
Macht es dich nicht verlegen, wenn du auf einem Mann liegst und dich so bewegst?
Nein. Ich glaube, es ist ihm angenehm, das geschehen zu lassen. Es ist ihm angenehm, daß es mir auch angenehm ist.
Warum bewegst du dich nicht?
Bewegung ist Scheiße! Ich könnte mich bewegen, bis ich einen Herzanfall kriege, wenn ich vesuchen wollte, den Kerl, mit dem ich zusammen bin, zu beeindrucken. Das bedeutet gar nichts. Verbirgt bloß die Leere. So tun, als ob. Bewegung verbirgt das vollständige Fehlen jeder Echtheit beim Akt. Führt die Männer an der Nase herum. Je mehr du dich bewegst, desto mehr glauben sie, du genießt es. Je schneller, manchmal, desto besser. Das ist Arbeit, für die man mich hätte bezahlen sollen, und hätte zugeben sollen, was ich war, anstatt das ganze als Liebesakt zu bemänteln.
Was macht dir wirklich zu schaffen an »Bewegung beim Sex«?

Das offene Zugeben, das Geständnis des Verlangens.
Ist es das, was Bewegung für dich bedeutet?
Ja, und sie bedeutet auch, daß man einem Mann Lust gibt.
Warum ist das falsch?
Nicht falsch, verkehrt. Wenn *ich* mich bewege, ist es gewöhnlich unecht. Ich mach' es nur, um den Mann zu beeindrucken oder zu stimulieren. Tu's selten meinetwegen. Muß sehr »ich selbst« sein, um frei genug zu sein, um's für mich zu versuchen.
Warum?
Schlechter Sex verdient keine guten Gefühle.
Für andere kann es doch nicht so schwer sein – Bücher – Filme, alles so einfach.
Du bist nicht anders. Sex – guter Sex – ist nicht leicht.
Mir macht er keinen Spaß – nur manchmal.
Meistens verlassen sie mich sowieso, wenn's vorbei ist – ob's nun gut oder schlecht war. Was soll man machen.
Lies und hör' auf, dich so verdammt hineinzusteigern.

Es ist also schwierig, sich auf positive Weise zum eigenen Vergnügen zu bewegen. Wie wahr! Es erfordert ein Selbst, das frei und stark genug ist, um Befriedigung zu fordern, nicht nur in der Sexualität, sondern auch auf allen anderen Gebieten des Lebens. Angesichts dieser Bedingung kann man leicht verstehen, warum jede neurotische Behinderung die orgastische Erfüllung beeinträchtigt oder verhindert.
Die große Frage ist, ob diese Bedingung sowohl für Männer als auch für Frauen gilt. Kraft seiner Position auf der Frau beherrscht der Mann die sexuelle Beziehung. Zumindest bewußt hat der Mann keine Hemmungen, sich zu bewegen. Und da er einen Penis hat, der ejakulieren kann, ist er sich fast immer irgendeiner Art von Höhepunkt sicher. Aber die klinische Erfahrung zeigt, daß im Hinblick auf volle Befriedigung der Mann ebenso oft an der Unfähigkeit zum Orgasmus leidet wie die Frau.
Die am weitesten verbreitete Störung der Sexualfunktion beim Mann ist die *ejaculatio praecox*. Wie häufig sie vorkommt, weiß in Wahrheit niemand, da man für die Vorzeitigkeit keine zeitliche Formulierung festgelegt hat. Alfred Kinsey schreibt: »Etwa drei Viertel aller Männer gelangen innerhalb von zwei

Minuten nach Beginn der sexuellen Beziehung zum Orgasmus und zahlreiche Männer können den Höhepunkt in weniger als ein bis zwei Minuten erreichen, ja sogar innerhalb von zehn bis zwanzig Sekunden nach der koitalen Einführung.*

Ich glaube sagen zu können, daß etwa ein Drittel der von mir in meiner Praxis behandelten Männer an dieser Störung litten. Ihre Wirkung geht noch über den Mangel an Befriedigung beim Mann hinaus. Wenn die Vorzeitigkeit schlimm ist, beraubt sie die Frau der Gelegenheit, einen vaginalen Orgasmus zu erleben, selbst wenn sie dazu fähig wäre. Das Gesamtergebnis ist ein Mangel an sexueller Erfüllung bei beiden Partnern, der die Ehe so belastet, daß sie häufig daran zugrundegeht.

Es gibt viele Stufen der Vorzeitigkeit der Ejakulation. Im schweren Fall tritt die Ejakulation ein, bevor der Mann in die Frau eingedrungen ist. Bei der milderen Form dieser Störung tritt die Ejakulation ein, sobald der Mann mit seinen rhythmischen Bewegungen anfängt. In allen Fällen wird die vorzeitige Ejakulation als Enttäuschung erlebt. Normalerweise dauert der Koitusakt zwischen drei und zwanzig Minuten von der Penetration bis zum Höhepunkt. Der Zeitraum ist verschieden, je nach dem Grad der Erregung beider Partner vor dem Beginn des Geschlechtsakts. Vorzeitigkeit läßt sich daher nicht nach einem Zeitplan messen. Der Definition nach bedeutet sie, daß der Mann seine Klimax erreicht hat, bevor er selber bereit war. Offensichtlich tritt die verfrühte Ejakulation ein, bevor die Frau ihren Höhepunkt erreicht hat, aber das ist kein Kriterium für die Vorzeitigkeit, da ihre Reaktion verzögert sein oder gar nicht eintreten kann.

Das Fehlen eines adäquaten Orgasmusbegriffs kann in der Frage der Vorzeitigkeit leicht zu Verwirrung führen. Auf Grund von Berichten, nach denen die meisten Primaten, besonders die Schimpansen, in ihrer sexuellen Reaktion äußerst schnell seien, kamen Kinsey und seine Mitarbeiter zu dem absurden Schluß, die rasche Reaktion dessen, der an

* Alfred Kinsey und Mitarbeiter, *Das sexuelle Verhalten des Mannes*, Berlin, Frankfurt, 1955, S. 530f.

ejaculatio praecox leidet, sei die bessere Reaktionsart: »Das Auffinden von Situationen, in denen ein Individuum mit schnellen und intensiven Reaktionen anders als ›überlegen‹ bezeichnet wird, würde Schwierigkeiten bereiten. Bei dem schnell zur Ejakulation gelangenden Mann handelt es sich in den meisten Fällen wohl gerade hierum« (a. a. O., S. 531).

Es ist nicht schwer, eine Situation zu finden, die der des vorzeitig Ejakulierenden vergleichbar ist. Man stelle sich einen Soldaten an vorderster Front vor, der bei jedem Zeichen von Bewegung oder Geräusch sein Gewehr abfeuert. Seine Reaktion ist rasch und intensiv, aber wer würde sie als überlegen ansehen? Sie ist eher das Verhalten eines sehr ängstlichen Soldaten, ganz ähnlich, wie die verfrühte Ejakulation die sexuelle Reaktion eines ängstlichen Mannes in einer spannungsgeladenen Situation ist. Die übliche Ermahnung: »Es wird erst geschossen, wenn das Weiße im Auge des Gegners zu sehen ist«, ist auf den Geschlechtsakt ebenso anwendbar wie auf das Handeln des Soldaten im Krieg. Aber der schlimmere Fehler in Kinseys Äußerung liegt darin, daß er das Problem mißversteht. Wenn die Vorzeitigkeit ein Zeichen von Überlegenheit wäre, wäre kaum zu erwarten, daß es Männer gibt, die sich über diese Störung beklagen. In Wirklichkeit kommen viele Männer mit der spezifischen Beschwerde in die Therapie, auf Grund der verfrühten Ejakulation fehle ihnen die Befriedigung.

Es bleibt noch zu erklären, warum viele Männer, die an *ejaculatio praecox* leiden, nichts davon wissen. Der Hauptgrund für dieses Nichtverstehen ist der, daß sie keinen Vergleichsmaßstab haben. Mehrere Frauen, die bei mir Rat suchten, berichteten, daß ihre Männer sofort nach oder bald nach dem Eindringen ejakulierten, aber sie dachten, das sei völlig natürlich. Da die Frauen selbst niemals einen Orgasmus gehabt hatten, wußten sie es auch nicht besser. Wenn er es nicht besser weiß, kann ein Mann ohne weiteres annehmen, seine gewohnte Reaktion sei die normale. Oft kann der Deckmantel der Normalität eine Abwehr gegen die Konfrontation mit sich selber sein. Wenn dieser Deckmantel in der Analyse abgelegt wird, tut niemand mehr so, als sei die verfrühte Ejakulation irgendetwas anderes als ein schwerer Mangel an sexueller Befriedigung.

Andererseits gibt es eine Form dieser Störung, die zum Teil durch das Wissen bedingt ist, daß sie wahrscheinlich eintreten wird. Ein Mann, der bei früheren Gelegenheiten bei seiner Partnerin eine verfrühte Ejakulation gehabt hat, wird sich Sorgen machen, sie könnte bei seinem nächsten Versuch wieder auftreten. Seine Sorge und seine Furcht steigern die Spannung der Situation so sehr, daß er die Erregung nicht zügeln kann; die Folge ist eine verfrühte Ejakulation. Ein solcher Mann ist in einem Teufelskreis der Vorzeitigkeit gefangen: Sorge, Spannung, Vorzeitigkeit, und wieder Sorge und Spannung. Dieser Teufelskreis läßt sich oft nur schwer durchbrechen, wenn er einen Menschen erst einmal in den Klauen hat.

Es kommt oft vor, daß ein Mann bei seiner ersten sexuellen Begegnung mit einer neuen Partnerin vorzeitig ejakuliert. Je mehr seine Ängstlichkeit in bezug auf die Partnerschaft abnimmt, und je mehr er sich durch die Reaktion der Frau ungezwungen und sicher fühlt, desto eher kann seine verfrühte Reaktion verschwinden, und seine sexuelle Reaktion kann sich normalisieren. Beobachtungen wie diese weisen auf den engen Zusammenhang zwischen Vorzeitigkeit und Angst hin. Tatsächlich ist die Ejakulation um so verfrühter, je größer die Angst ist. Der augenfälligste Grund für die Angst ist die Furcht, von der Frau abgelehnt zu werden. In Situationen, in denen der Mann die Feindseligkeit der Frau oder ihr Widerstreben spürt, sich sexuell mit ihm einzulassen, wird diese Furcht bewußt erlebt. Wenn er auf seinem Versuch beharrt, trotz ihrer negativen Haltung Verkehr mit ihr zu haben, ist die Wahrscheinlichkeit groß, daß er Angst bekommt und vorzeitig ejakuliert. Solche Situationen kommen bei jungen unverheirateten Männern häufiger vor, für die der Geschlechtsakt auch die Bedeutung einer Eroberung hat. Da die Eroberung vollzogen ist, sobald die Penetration geschehen ist, ist der Orgasmus eine Antiklimax und bestenfalls partiell.

Eine verfrühte Ejakulation kann auch bei einer positiven Haltung der Frau zu der sexuellen Beziehung vorkommen. Anstatt der Furcht vor Ablehnung kann der Mann Angst haben, zu versagen. Er bekommt vielleicht Angst, seine Erektion könnte nicht erhalten bleiben oder er könnte zu früh ejakulieren. Wenn die Angst groß genug ist, tritt, falls ersteres nicht geschieht, letzteres ein. Der gemeinsame Nenner in all diesen Fällen ist die Angst.

Da das Problem der Vorzeitigkeit das Problem der Sexualangst ist, kann der Mann, der sich seiner Angst bewußt ist, sie oft bewältigen, indem er sich der Situation stellt. Wenn er also spürt, daß die Frau für seine sexuellen Annäherungsversuche nicht ganz zugänglich ist, kann er entweder von seinen Absichten Abstand nehmen, bis ihm eine günstigere Reaktion zuteil wird, oder er kann mit seiner Partnerin über die Situation sprechen. Eine ehrliche Erörterung sexueller Schwierigkeiten ist eine der besten Methoden zu ihrer Überwindung. Sie ist auch der beste Rat, den der Arzt Ehepaaren, die Schwierigkeiten haben, anbieten kann. Dieser Ansatz wird auch im allgemeinen von beiden Parteien begrüßt. Wenn der Mann fürchtet, er könnte zu früh ejakulieren, sollte er diese Befürchtung seiner Partnerin gegenüber erwähnen. Ich bin sicher, daß er in der großen Mehrzahl der Fälle zu seiner Überraschung feststellen wird, daß die Frau sehr hilfsbereit sein wird. Die Unfähigkeit, über sexuelle Probleme zu sprechen, ist ein offener Hinweis darauf, daß in der Beziehung jene Gemeinschaft und jenes Annehmen fehlen, die für gesunde Sexualität wesentlich sind. Eine solche Methode kann aber schwierig sein, wenn die Betroffenen in bezug auf die Sexualität nicht frei von neurotischen Konflikten sind und diese als persönlichen Makel ansehen.

In den meisten Fällen rührt die Angst, die die verfrühte Ejakulation bedingt, von unbewußten sexuellen Konflikten her. Das einzige Zeichen der Angst kann die Tatsache der Vorzeitigkeit sein. Aber sie ist Beweis genug, denn ihrem Wesen nach deutet sie auf einen Angstzustand hin. Trotz unserer »sexuellen Aufgeklärtheit« ist sexuelle Lust immer noch die verbotene Frucht. Und obwohl die Frau in den Geschlechtsakt einwilligt, hat der Mann, der »zu früh kommt«, seine Schuldgefühle in bezug auf die Sexualität nicht bewältigt. Sie bestehen in seinem Unbewußten in Form der Angst vor der Frau fort, in Form der Furcht, sie durch seine sexuelle Aggressivität zu beleidigen, und der Furcht, sie durch sein sexuelles Verhalten nicht zu befriedigen. Wenige Männer werden vor sich selbst zugeben, daß sie vor Frauen Angst haben oder ihnen gegenüber Feindseligkeiten empfinden. Auf der bewußten Ebene wird in bezug auf die spezifische Sexualpartnerin weder die Furcht noch die Feindseligkeit erlebt. Unbewußt sind Furcht und Feindseligkeit auf die Frau im allgemeinen bezogen, deren Prototyp die Mutter ist. Dem Phänomen der *ejaculatio praecox* liegt das Problem der ungelösten ödipalen Bindung an die Mutter zugrunde.

Der spezifische Mechanismus der Vorzeitigkeit ist eine Übererregung des Penis. Bei dieser Störung wird der Penis im Anfangsstadium des Geschlechtsakts schon so erregt, wie er es normalerweise erst kurz vor dem Orgasmus wird. Im letzteren Fall ist diese Erregung jedoch das Ergebnis der sexuellen Bewegungen, während sie bei der Störung diesen vorangeht. Der logische Schluß daraus ist, daß der »zu früh kommende« Mann vor den Sexualbewegungen Angst hat, d. h. er hat Angst davor, beim Geschlechtsakt aggressive Sexualbewegungen zu machen. Man kann die verfrühte Ejakulation als den unbewußten Wunsch deuten, die Koitusbeziehung so bald wie möglich zu beenden. Bei der vorzeitigen Reaktion besteht nicht nur eine Angst vor der Sexualbewegung, sondern auch vor der Vagina. Diese letzte Furcht ist noch deutlicher zu erkennen in Fällen, in denen die Ejakulation unmittelbar nach der Penetration oder sogar kurz davor eintritt.

Die Hypothese, Vorzeitigkeit stelle eine Angst vor den Sexualbewegungen dar, wird gestützt durch den körperlichen Zustand des Mannes, der an dieser Störung leidet. Seine Körperstruktur ist durch ihre Rigidität gekennzeichnet. Im allgemeinen entspricht der Grad der Vorzeitigkeit dem Grad der Rigidität. Diese Starrheit manifestiert sich in einem Mangel an Flexibilität des Rückens oder des Rückgrats, was zur Folge hat, daß der Rigide bei der Ausführung von Dehnungsbewegungen, wie ich sie im vorigen Kapitel bei der Besprechung der Analogie vom Bogen skizziert habe, Schwierigkeiten hat. Bei diesen Männern sind die Rückenmuskeln, insbesondere die der lumbosakralen Region, verspannt und kontrahiert. Diese Rigidität setzt sowohl die Motilität als auch die Mobilität des Körpers herab und schränkt die Schwingungsbreite und die Freiheit der Beckenbewegungen ein. Außerdem stellt man bei diesen Leuten fest, daß der Iliopsoas, der das Becken in der Hüfte bewegt, der *levator ani,* der den Beckenboden bildet, und andere damit zusammenhängende Muskelgruppen verkrampft sind. Die Folge dieser Muskelverspannungen ist, daß der Körper die sexuelle Ladung oder Erregung nicht halten kann; diese fließt dann sofort in das Geschlechtsorgan und erregt es übermäßig.

Das Becken dient zusammen mit dem Bauch und dem Gesäß als Reservoir für das sexuelle Gefühl. Wenn diese Strukturen völlig entspannt sind, können sie eine große Menge sexueller Erregung fassen und halten, bis die Sexualbewegungen rhythmisch und unwillkürlich werden. Wenn diese Speicherfunktion fehlt oder wegen Verspannungen stark herabgesetzt ist, wird die Erregung an den Penis abgegeben, sobald der Mann seinen Penis in der Vagina bewegt. Um dieser Neigung zur Übererregung entgegenzuwirken, versucht der Mann, der »zu früh kommt«, sich so wenig wie möglich zu bewegen. Ein solcher Kunstgriff kann die Ejakulation zeitlich hinausschieben, bleibt aber ohne Wirkung auf die funktionelle Vorzeitigkeit des Mannes. Und da die Angst vor der Bewegung die Verspannung erhöht, schließt der Kunstgriff nur den Teufelskreis und fängt den Mann in der Falle seiner Angst.

Die verfrühte Ejakulation spiegelt einen Spannungszustand wider, der die Folge der Angst des Mannes vor seinen aggressiven Impulsen gegenüber der Frau ist. Der normale

Beckenstoß des Mannes ist eine aggressive Handlung. Im Unbewußten des verfrüht ejakulierenden Mannes ist diese aggressive Bewegung mit feindseligen und sadistischen Impulsen gegenüber der Frau verknüpft. Für ihn hat der sexuelle Stoß die Bedeutung, die Frau zu durchbohren oder zu vergewaltigen. Männer, für die der Geschlechtsakt diese Bedeutung hat, und die sich dessen bewußt sind, leiden nicht an *ejaculatio praecox,* brauchen aber oft eine sadistische Phantasie, um zu einem Höhepunkt zu gelangen – der ohne orgastische Befriedigung bleibt. Die Verdrängung der sadistischen Gefühle und Impulse ist für die Rigidität des Beckens und die daraus resultierende Vorzeitigkeit verantwortlich. Mit der Feindseligkeit gegen die Frau ist die Angst gekoppelt, sie könnte sich rächen oder Vergeltung üben. Letzten Endes stellt sich immer heraus, daß diese Angst Kastrationsangst ist.

Das Problem der Vorzeitigkeit läßt sich dadurch lösen, daß man die zugrundeliegende Kastrationsangst analytisch durcharbeitet und die verdrängte Feindseligkeit gegen die Frau freisetzt. Dieses Verfahren wird erleichtert, wenn zugleich die Muskelverspannungen im Rücken und im Beckenbereich durch geeignete Übungen gelockert werden.

Die unbewußte Feindseligkeit gegen die Frau, die dem Symptom der *ejaculatio praecox* zugrundeliegt, stammt von frühen Versagungen erotischer Befriedigung. In dem Kapitel »Liebe und Sexualität« habe ich darauf hingewiesen, daß das Gefühl der Liebe im Kind dadurch entsteht, daß die Mutter seine erotischen Bedürfnisse befriedigt. Das Kind bekommt diese Befriedigung durch seine Nähe zum Körper der Mutter, wenn es im Arm gehalten wird, gestillt wird usw. Wenn diese Bedürfnisse nicht erfüllt werden, entwickelt das Kind Gefühle der Entbehrung und der Wut auf die Mutter. Diese Gefühle werden unterdrückt und schließlich verdrängt, aber sie bedingen die Reaktion des erwachsenen Mannes auf alle Frauen. In dem Wunsch, die Frau zu durchbohren oder sie zu vergewaltigen, vereinigen sich der sadistische Impuls, das Liebesobjekt als Stellvertreterin der Mutter zu verletzen, und der Wunsch, so nah wie möglich an sie heranzukommen. Wenn diese Gefühle verdrängt werden, können beide Ziele nicht verwirklicht werden: Der Mann kann weder die Frau verletzen, noch kann er ihr wirklich nahekommen. Die verfrühte Ejakulation bringt diese Verdrängung ans Licht.

Charakterologisch kann man den Mann, der an *ejaculatio praecox* leidet, als einen »guten« Mann bezeichnen; er war ja auch bei seiner Mutter ein »guter Junge«. »Gut« bedeutet in diesem Zusammenhang, daß er sich Mühe gibt, der Frau zu gefallen. Er arbeitet schwer, ist ehrgeizig und im allgemeinen finanziell ziemlich erfolgreich. Seine Orgasmus-Impotenz bedroht ihn sehr, da sie die Vorstellung, die er von sich als einem verantwortungsbewußten und reaktionsbereiten Menschen hat, untergräbt. Es gibt ein sehr schönes Lied aus dem Stück *Carousel*, in dem diese Vorstellung deutlich zum Ausdruck kommt: »Ein Mädchen, das einen tugendhaften Mann liebt, ist zum Weinen und Klagen verdammt... Nichts ist so schlecht für eine Frau wie ein Mann, der glaubt, er sei gut.« Das soll heißen, ein »guter« Mann macht keinen Spaß. Ich behaupte nicht, daß solche Aussagen immer zutreffen. Sie enthalten ein Körnchen Wahrheit, das, wenn man es richtig versteht, dazu beitragen kann, die Dynamik dieser sexuellen Störung zu klären.

Zur Erklärung der Beziehung zwischen dieser Charaktereinstellung und der Vorzeitigkeit sind mehrere Deutungen möglich. Der sogenannte tugendhafte oder »gute« Mann versucht, mit dieser Haltung seine Feindseligkeit gegenüber Frauen zu verdecken. Psychologisch kann man seine Tugend als Abwehr gegen negative Gefühle ansehen. Eine andere Interpretation würde in seiner Haltung einen Versuch sehen, die Liebe und Anerkennung der Frau dadurch zu gewinnen, daß er tugendhaft ist. Wenn Tugend diesem Zweck dient, ist sie verdächtig, denn hinter ihr verbirgt sich dann ein Mangel an Selbstachtung und Männlichkeit. Man kann in dieser Haltung auch ein Gefühl der Verehrung für die Frau erkennen, die idealisiert und in ihrer Rolle als Ehefrau und Mutter vergöttert wird. In den meisten Fällen von Vorzeitigkeit ist diese Tendenz, die Frau zu idealisieren, tatsächlich vorhanden. Diese Tendenz ist wiederum eine Abwehr gegen verdrängte Gefühle der Feindseligkeit und Verachtung, die von Erlebnissen des Mannes mit seiner Mutter in der frühen Kindheit herrühren.

Wenn die Tugendhaftigkeit und Vortrefflichkeit Abwehr gegen negative Gefühle sind, können wir erwarten, daß die verdrängten Gefühle in anderer Form wieder zum Vorschein kommen. Der sogenannte gute Ehemann ist oft seiner Frau gegenüber kritisch und geringschätzig. Die Feindseligkeit, die nicht direkt ausgedrückt werden kann, wird in heimtückischen Bemerkungen und gehässigen Kommentaren eingeschmuggelt. Selbst seine sexuelle Störung kann man als eine Weigerung ansehen, der Frau Lust zu geben. Und neben der Verehrung läuft bei dem Mann, der »zu früh kommt«, Verachtung und Verleumdung der Frau ab. Jeder Mann, der eine Frau auf ein Podest stellt, tut es, um ihre »tönernen Füße« um so deutlicher bloßzustellen. Während er dies tut, ist er jedoch schon zum Scheitern verurteilt. Seine Vorzeitigkeit führt dazu, daß er sich unzulänglich und unterlegen fühlt, und die Unsicherheit, die sie schafft, zwingt ihn zu noch größeren Anstrengungen, um seine Impotenz zu kompensieren und seine wahren Gefühle zu verbergen. Schließlich gibt er der Frau die Schuld, beschuldigt sie, sie kastriere ihn, und sucht in einer außerehelichen Beziehung Beweise für seine Potenz. Der Umstand, daß bei Männern, die an *ejaculatio praecox* leiden, latente homosexuelle Züge festzustellen sind, sollte nicht überraschen. Viele Elemente, die zur Homosexualität führen, sind auch in ihrer Persönlichkeit vorhanden, wenn auch verdrängt. Es sind die Angst vor der Frau, Feindseligkeit gegen sie und Verachtung für ihre Sexualität.

Diese Analyse der Dynamik der verfrühten Ejakulation weist darauf hin, welchen Rat man bei diesem Problem geben sollte. Da der Zustand von der Angst vor den Sexualbewegungen herrührt, sollte man den Betroffenen auffordern, alle Versuche zu unterlassen, seine Bewegungen zu hemmen oder einzuschränken. Dieser Rat läuft seiner Neigung zuwider, sich so wenig wie möglich zu bewegen, um zu vermeiden, erregt zu werden. Durch ein solches Manöver wird jedoch nur seine Angst gesteigert. Er sollte sich leicht und frei bewegen, ohne Rücksicht auf die Klimax. Wenn er sich auf die Bewegung konzentriert, wird die Übererregung des Penis herabgesetzt. Er sollte auf seine Atmung achten. Wenn die Atmung voll und mit Sexualbewegungen synchronisiert ist, bleibt die Erregung länger im Körper. Eine volle, tiefe und entspannte Atmung ist die beste Vorsichtsmaßnahme gegen die Vorzeitigkeit, da sie die Empfindungen auf den Körper konzentriert. Der Bauch sollte locker sein und sich frei ausdehnen können. Die übliche Praxis, den Bauch fest einzuziehen und unter Spannung zu halten, vermindert die Fähigkeit des Beckens, die sexuelle Ladung zurückzuhalten. Schließlich hindert das Zurückziehen des Beckens und das Wölben des Rückens vor jeder Vorwärtsbewegung die Erregung daran, zu rasch in den Penis zu fließen. Die verfrühte Ejakulation kann vermieden werden, wenn der ganze Körper aktiv am Geschlechtsakt beteiligt ist.

Unter angespannten und belastenden Bedingungen sollte man keinen Geschlechtsverkehr beginnen. Die Beziehung zwischen den Partnern sollte ungezwungen und vertrauensvoll sein. Sonst verliert der Geschlechtsakt seine Qualität als Ausdruck der Liebe und wird zu einem zwanghaften »Ausagieren« von Ich-Trieben. Die Verhältnisse, in denen der Geschlechtsakt stattfindet, sollten freie Bewegung und freie Lautäußerung ermöglichen. Bewegung macht Geräusche, und die Furcht, sich zu bewegen, kann einige ihrer Wurzeln in der Angst haben, gehört zu werden. Diese Angst kann aus den Tagen der jugendlichen Masturbation stammen. Wir können zwar nicht hoffen, daß diese wenigen Empfehlungen jedem Mann helfen werden, der an verfrühter Ejakulation leidet, aber ein Verständnis der physischen und psychischen Faktoren, die diese Schwierigkeit erzeugen, kann jenen helfen, die ihre Gefühle überprüfen und ihre innere Einstellung spüren können.

Eine andere Form der Orgasmus-Impotenz beim Mann wird technisch als *ejaculatio retardans* bezeichnet. Bei dieser Störung wird die Ejakulation zurückgehalten und tritt nicht ein, bis die Erregung nachgelassen hat. Die Folge ist natürlich ein sehr schwacher Höhepunkt ohne Gefühl orgastischer Befriedigung. Im Vergleich zu dieser Störung, bei der oft überhaupt kein Gefühl der Klimax auftritt, ist die verfrühte Reaktion ein aufregendes Erlebnis.

Ich habe gesagt, der normale Geschlechtsverkehr dauere etwa drei bis zwanzig Minuten. Diese Grenzen sind nicht festgelegt; sie sagen lediglich etwas über den Spielraum bei der Mehrzahl normaler Geschlechtsakte aus. Der Zeitraum für den Koitus ist von vielen Faktoren abhängig: dem Alter des Mannes, dem Grad der Erregung, der Häufigkeit sexueller Beziehungen usw. Jüngere Männer erreichen den Höhepunkt meist eher als ältere. Wenn die Ejakulation verzögert ist, kann der Geschlechtsakt bis zum Abschluß von einer halben Stunde bis zu zwei und mehr Stunden dauern. Die erforderliche Zeit ist jedoch kein echtes Kriterium für die *ejaculatio retardans*. Bei diesem Zustand erfolgt die Ejakulation nicht als Produkt einer überwältigenden Erregung, sondern infolge von Erschöpfung.

In der Regel betrachtet der Mann, der an *ejaculatio retardans* leidet, seine Reaktionsweise nicht als Behinderung. Von der Annahme ausgehend, daß er der Frau um so mehr Lust verschafft, je länger er seine Erektion aufrechterhalten kann, hält sich der Mann mit verzögerter Ejakulation oft für einen überlegenen Liebhaber. Das Opfer seiner sexuellen Lust für die Frau stört ihn nicht, da er dieses Opfer häufig bewußt bringt. Er versucht, sich für seinen Verlust zu entschädigen, indem er seine Befriedigung aus den Reaktionen seiner Partnerin bezieht. Ich möchte die an dieser Art des Sexualverhaltens beteiligten Persönlichkeitsprobleme durch eine Fallgeschichte veranschaulichen.

Paul war ein vierzigjähriger Mann, der nach einem gescheiterten Versuch, mit Kohlenmonoxyd aus dem Auspuff eines Autos Selbstmord zu begehen, an mich zur psychiatrischen Behandlung überwiesen wurde. Es gab keine Anzeichen für eine Psychose. Paul litt an einem leichten Gedächtnisverlust infolge der Schocktherapie, der er an der staatlichen Nervenheilanstalt unterzogen worden war, in der er zunächst behandelt worden war. Er war depressiv, aber nicht agitiert. Er hatte vom Jugendalter an unter Kopfschmerzen gelitten, die für Migräne gehalten wurden. Die Kopfschmerzen waren jedoch generalisiert, ohne Sehstörungen oder Auren. Sie dauerten verschieden lange, mehrere Stunden bis mehrere Tage. Häufig wachte er durch Kopfschmerzen zu früh auf. Sie waren meist an Wochenenden schwerer, wenn er mit seiner Familie zusammen war, und bei der Arbeit, wo es oft Schwierigkeiten gab, die Entscheidungen notwendig machten. Paul war seit jungen Jahren wegen dieser Kopfschmerzen immer wieder im Krankenhaus gewesen, wo sie gewöhnlich aufhörten. Er war von vielen Psychiatern und anderen Ärzten behandelt worden, und oft hatte er sich durch die Medikamente, die er nahm, und nach denen er heftig zu verlangen schien, ziemlich stark vergiftet. Placebos brachten ihm häufig erstaunliche Erleichterung. Er hatte nie ein volles Arbeitsjahr hinter sich gebracht, ohne daß er ins Krankenhaus gemußt hätte, und oft mußte er mehrmals im Jahr ins Krankenhaus.

Als Paul zu mir zur Beratung kam, sprachen wir über seinen Selbstmordversuch. Er sagte, er habe einem sinnlosen Leben des Mißerfolgs ein Ende machen und etwas für seine Frau tun wollen. Nach seinem Tod hätte sie viel Geld von der Versicherung bekommen. Ich wies ihn darauf hin, daß seine Motive fragwürdig seien. Das Geld, das seine Frau bekommen würde, sei Blutgeld. Jedes Vergnügen, das sie durch das Geld haben könnte, wäre mit seinem Leben bezahlt gewesen. Ob er glaube, seine Frau könnte das Geld genießen? Ich fragte Paul, ob er mit seinem Selbstmordversuch seiner Frau habe Schuldgefühle verursachen wollen, aber er antwortete mir nicht.

Paul war ein hochgewachsener Mann mit etwas hängenden Schultern. In der Taille war er ziemlich mager. Sein Gesäß war zusammengekniffen und sehr verspannt. Sein Bauch war flach und zusammengezogen. Er hatte ein sehr steifes Rückgrat, einen gerundeten, verspannten Schultergürtel, und er war vornübergebeugt, als trüge er schwere Lasten auf dem Rücken. Pauls Benehmen war freundlich und sanft, und zuweilen konnte er äußerst humorvoll sein. Er trug ein ziemlich zynisches Lächeln zur Schau. Er redete gern; bevor er depressiv wurde, hatte er den Ruf eines guten Erzählers gehabt. Er empfand sein Leben als Mißerfolg, und er war fasziniert von den Erfolgen anderer.

Pauls psychosexuelle Entwicklung war gekennzeichnet von einer ungewöhnlichen Furcht vor der Onanie. Er konnte sich nicht erinnern, in der frühen Kindheit und Jugend jemals onaniert zu haben. Das Problem war so schwerwiegend, daß er in seiner Therapie nicht darüber sprechen konnte. Er sagte, das sei ihm widerlich. Als junger Mann hatte er eine sexuelle Liaison mit einer älteren Frau gehabt. Während seiner Kindheit war seine Mutter die beherrschende Gestalt in seinem Elternhaus gewesen. Sein Vater war ein schwerfälliger Mann, der hart arbeitete und sich trotz wiederholter Mißerfolge an alte Geschäftsmethoden klammerte. Seine Mutter verglich ihren Mann zu dessen Ungunsten mit ihrem älteren Bruder, der ein erfolgreicher Geschäftsmann war. Mit zwanzig Jahren machte Paul eine leichte Tuberkulose durch. Nach seiner Rückkehr aus dem Sanatorium war er von seinen Angehörigen als Invalide betrachtet worden, zunächst wegen der Tuberkulose, und später wegen seiner chronischen Kopfschmerzen.

Paul heiratete eine Frau, die viel jünger war als er, und die er als attraktiv und lebhaft bezeichnete. In den ersten Ehejahren bemühte er sich, sie vom Einfluß ihrer Familie zu befreien. Aus der Verbindung gingen drei Kinder hervor. Bei der Besprechung seines Sexuallebens sagte Paul, der Geschlechtsverkehr dauere gewöhnlich eine Stunde oder länger, manchmal sogar zwei Stunden. Er war sehr stolz darauf, daß seine Erektion sich so lange aufrechterhalten ließ, und daß seine Frau oft während eines Akts mehrmals einen Orgasmus hatte. Sein eigener Höhepunkt war, wenn er überhaupt zustandekam, ohne Lust oder Sinn, aber er sagte, das sei nicht wichtig, angesichts der Lust und Befriedigung, die er seiner Frau verschaffe. Er verlor jedoch allmählich das Interesse an sexuellen Beziehungen zu seiner Frau, und im Lauf der Jahre nahmen die sexuellen Kontakte erheblich ab. Zugleich wurde Paul immer depressiver.

Im Verlauf der Therapie kam Pauls Muster des sexuellen Verhaltens und Fühlens deutlich zum Vorschein. Als seine Depression verflog, kam sein sexuelles Empfinden spontan zurück; er hatte morgendliche Erektionen und »feuchte Träume«. Das führte zu sexuellen Beziehungen mit seiner Frau. Nach mehreren sexuellen Erlebnissen entwickelte sich bei Paul ein Gefühl der Verzweiflung, und er verfiel in einen Depressionszustand, der mehrere Monate anhielt; während dieser Zeit hatte er kein sexuelles Verlangen. Während der Depression traten seine Kopfschmerzen häufiger und heftiger auf. Sie beanspruchten all seine Aufmerksamkeit und sein ganzes Interesse. All seine Bemühungen richteten sich darauf, durch Medikamente Erleichterung zu erlangen. Er konnte nicht verstehen, warum man ihm Beruhigungsmittel vorenthielt. Selbst seine Phantasien drehten sich darum, durch Medikamente von seinen Kopfschmerzen befreit zu werden. Während dieser ganzen Zeit behauptete Paul, Sexualität sei für ihn kein Problem, er habe kein sexuelles Verlangen, und das einzige, was er wolle, sei Befreiung von seinen Kopfschmerzen. Die Beziehung zwischen der Depression, den Kopfschmerzen und dem Verlust der sexuellen Empfindungen wurde deutlich sichtbar durch die Beobachtung, daß Paul immer dann, wenn er mit einer Erektion erwachte, am gleichen Tag nicht an Kopfschmerzen litt. Diese Beobachtung wiederholte sich im Verlauf der Therapie häufig. Man könnte annehmen, daß die Kopfschmerzen die Folge von Pauls Unfähigkeit waren, seine sexuelle Erregung auf das Geschlechtsorgan zu konzentrieren. Stattdessen setzte sich die Erregung in seinem Kopf fest, wo sie eine unerträgliche Spannung erzeugte. Die Muskeln seines Halses und seiner Kopfhaut wurden übermäßig verspannt. Angesichts seiner übertriebenen Erektionspotenz und seinem Mangel an Befriedigung konnte man annehmen, daß die

Kopfschmerzen auftraten, wenn Paul seine sexuellen Empfindungen unterdrückte. Die Unterdrückung war natürlich unbewußt. Paul spürte nur die Spannung der Anstrengung.
Es war möglich, sowohl die Häufigkeit der Kopfschmerzen als auch ihre Heftigkeit durch eine Therapie herabzusetzen, zu der Körperübungen und Muskelmassage gehörten, um seine Verspannung herabzusetzen. Durch seine Identifizierung mit dem Therapeuten konnte er in seinem Geschäft aggressiver werden. Er konnte z. B. Angestellte entlassen, die ihn jahrelang ausgenützt hatten. Gelegentlich war er sogar seiner Frau gegenüber aggressiver geworden und hatte ihre finanziellen Forderungen weniger widerstandslos hingenommen. Auf jede seiner Behauptungen seiner Männlichkeit und Individualität war jedoch jedesmal ein Zusammenbruch und ein Rückzug in Passivität und Abhängigkeit vom Therapeuten und von seiner Frau gefolgt. Obwohl er mehrmals nah daran zu sein schien, gab er nie zu, daß ihm sein Ressentiment gegenüber seiner Frau oder seiner Familie klar geworden war.
Paul beklagte sich über die finanziellen Forderungen, die seine Frau an ihn stellte, aber er gab ihnen immer nach. Er äußerte den Wunsch, seine Frau solle in sexuellen Dingen der Aggressor sein, brachte es aber nicht fertig, ihr gegenüber eine sexuell passive Rolle zu spielen, wenn sie seine Tendenzen zu Passivität und Abhängigkeit lächerlich machte. Bewußt wollte Paul wie ein Kind versorgt werden: Seine Forderung nach medikamentöser Behandlung, sein Wunsch, sexuell passiv zu sein und seine dauernde Kränklichkeit sind Beweise für dieses Element in seiner Persönlichkeit. Auf einer anderen Ebene war Paul unbewußt von dem Bedürfnis besessen, zu beweisen, daß er ein Mann war. Er nahm beim Geschlechtsverkehr die obere Position ein, er erhielt seine Erektion über ungewöhnlich lange Zeit aufrecht, und er war überzeugt, daß er seiner Frau beim Sex Lust und Befriedigung verschaffte. Als er dann seine sexuellen Empfindungen verlor, zog er sich in Phantasien zurück, die entweder fast offenkundig homosexuell waren oder in denen der Therapeut oder irgendjemand anders eine

sexuelle Beziehung zu seiner Frau hatte. Paul schwankte hin und her zwischen dem Versuch, als verantwortlicher Erwachsener zu funktionieren, und dem Wunsch, auf die Stufe eines Säuglings zu regredieren. Keine der beiden Bemühungen war erfolgreich. Regression bedeutete einen Verlust nicht nur der Männlichkeit, sondern des Selbst. Er glaubte, die »Mutter« werde ihn verschlingen. Andererseits war Paul überzeugt, es sei ihm ganz unmöglich, den unersättlichen Appetit der Frau zu befriedigen. Das ist die Bedeutung der Phantasien, in denen er sich vorstellte, ein anderer Mann befriedige seine Frau.

Pauls Beziehung zu seiner Frau war eine Parallele und eine Spiegelung seiner früheren Beziehung zu seiner Mutter, die er idealisierte und vergötterte. Es war zu keiner Zeit möglich, seine Vorstellung von der guten, aufopfernden und hingebungsvollen Mutter vom Thron zu stoßen. Er machte niemals negative Bemerkungen über seine Mutter, aber zugleich sagte er auch nie etwas Positives über sie. Wenn wir annehmen, daß seine Feindseligkeit gegen seine Mutter – wie die gegen seine Frau – tief verdrängt war, dann könnte man seine Mißerfolge und sein selbstzerstörerisches Verhalten als Versuch ansehen, sich durch Bosheit an ihr zu rächen. Diese Annahme wird dadurch gestützt, daß Paul Nahrung ablehnte, die ein universelles Muttersymbol ist. Er aß so wenig, daß er zeitweise völlig abmagerte.

Wie ist die verzögerte Ejakulation zu erklären? Wie kann ein Mensch während des Geschlechtsverkehrs zwei Stunden lang eine Erektion aufrechterhalten, ohne daß sie nachläßt und ohne daß er zu einem Höhepunkt kommt? Das Phänomen erscheint so seltsam, daß man seine Vorstellungskraft anstrengen muß, um es zu begreifen. Man kann unschwer erkennen, daß der Geschlechtsakt für Paul ein Mittel war, seine Frau zu »bedienen«. Tatsächlich konnte Paul die Erektion nur dadurch aufrechterhalten, daß er seine Aufmerksamkeit auf ihre Bedürfnisse, ihre Empfindungen und ihre Reaktionen konzentrierte, anstatt auf seine eigenen. Natürlich hätte er ihr nicht dienen können, wenn er »zu früh gekommen« wäre oder wenn seine Erektion nachgelassen hätte. Paul rationalisierte, diese Fähigkeit sei etwas, auf das man stolz sein könne.

Wenn der Penis benützt wird, um jemand anders zu dienen, verliert er seinen Chararakter als Geschlechtsorgan und wird funktionell zur Brust oder Brustwarze. In diesem Sinn stillte Paul den Hunger seiner Frau nach sexueller Lust, und die Erektion blieb so lange erhalten, wie das Bedürfnis bestand. Zwei Träume bestätigten die Vorstellung, daß sein Penis als Brust funktionierte. In dem einen Traum stellte er sich vor, sein Hund sauge an seinem Penis. Paul besaß einen Hund, dem er sich näher fühlte als seiner Frau. Jedesmal, wenn seine Frau sich darüber beklagte, daß der Hund mit in ihrem gemeinsamen Bett schlief, verließ Paul sie, um mit dem Hund zusammen in einem anderen Zimmer zu schlafen. Er erlebte den Umstand, daß seine Frau den Hund ablehnte, als Ablehnung seiner selbst, und er identifizierte sich offensichtlich mit dem Tier. In dem Traum projizierte Paul seinen eigenen verdrängten Wunsch, gestillt zu werden, auf den Hund. Aber angesichts seines sexuellen Verhaltens gegenüber seiner Frau kann auch sie mit dem Hund im Traum identifiziert werden. Demgemäß kann man den Traum als unbewußten Ausdruck der Verachtung für seine Frau deuten. In dem zweiten Traum stellte Paul sich seinen Penis als dreieckig und in Alufolie eingewickelt vor. Seine Assoziationen zu diesem Traum waren Erinnerungen an seine Schulzeit und an Geometrie, in der er sich hervorgetan hatte. Für seine hervorragenden Leistungen in der Schule wurde Paul von seiner Mutter bewundert und anerkannt. Sein Penis in der Form eines geometrischen Objekts und wie etwas Eßbares eingewickelt, war die Gabe, die er nun seiner Frau anbot.

In anderen Fällen, in denen der Mann die Haltung dessen einnimmt, der seine Frau bedient, läßt sich die Errektion nicht so leicht aufrechterhalten. Zusätzlich zu der Vorstellung vom Dienen ließ die fortgesetzte Erektion in Pauls Fall noch an die Vorstellung der Herausforderung denken. Es war, als wolle Paul zu seiner Frau sagen: »Du kannst mich nicht besiegen, du kannst mich nicht zerstören.« Das war ein weiteres Beispiel für Pauls Ambivalenz – Unterwürfigkeit im Dienen, aber Rebellion in der Ausdauer. Ich glaube, daß das Problem der *ejaculatio retardans* ohne den Begriff der Herausforderung nicht zu verstehen ist. Am Ende muß die Herausforderung scheitern, wie sie es in Pauls Fall ausnahmslos tat, denn der Mangel an Befriedigung führt zum Gefühl der Nutzlosigkeit und Verzweiflung und endet in der Fallgrube der Depression. Das physiologische Muster, das in diesem Fall so auffiel, d. h. das Abwechseln von Kopfschmerzen und sexuellen Empfindungen, veranlaßte mich zu Mutmaßungen über die Mechanik eines solchen Phänomens. Psychodynamisch war klar, daß Paul, wenn er sich in seiner Herausforderung der Frau besiegt fühlte, mit Kopfweh reagierte, wobei er in seinem Verhalten auf Hilflosigkeit regredierte (Kränklichkeit) und seine Symptome als Waffe benützte, um seinen Willen durchzusetzen. Seine Körpergestalt vermittelte mir den Eindruck, all seine Energie sei aus der unteren Hälfte seines Körpers nach oben gezogen und werde in Brustkorb, Hals und Kopf unbeweglich festgehalten. Seine Beine waren dünn, mit angespannten Muskeln, und er hatte eine schlechte Hautfarbe. Sein Becken war schmal und verspannt. Die Motilität des Beckens war stark herabgesetzt. Die Vorwärtsbewegung des Beckens erreichte er, indem er die Bauchmuskeln kontrahierte, um es nach vorn zu ziehen, und das Gesäß zusammenkniff, um es nach vorn zu schieben. Dieser Bewegung fehlte jede Ähnlichkeit mit einem aggressiven Stoßen. Die Verspannung in der unteren Körperhälfte beschränkte seine Atmung auf den Thorax. Als Paul ein Muster einer natürlicheren Bauchatmung erwerben konnte, und als er durch Übungen eine gewisse Lebendigkeit und Bewegung in den Beinen zu spüren begann, kamen seine sexuellen Empfindungen zurück.

Paul bot ein Bild des masochistischen Trotzes – des unbewußten »Zurückhaltens«. Seiner Unfähigkeit, seine Gefühle spontan in die untere Hälfte seines Körpers hinunterzulassen, lief die Unfähigkeit parallel, beim Sex »loszulassen«. Der Rigidität seines Körpers entsprach genau die Starrheit seines Penis. Als das Muster des »Zurückhaltens« verschwand, trat sofort ein Gefühl der Befreiung auf. Um dies zu erreichen, wurde eine spezielle Technik angewandt. Wenn man Paul leicht auf den Rücken klopfte, um die Rigidität »aufzurütteln«, reagierte er sofort positiv. Seine Augen erhellten sich, sein Ausdruck wurde klarer, und er hatte ein Gefühl der Erleichterung und Entlastung. Das ist eine typische masochistische Reaktion. Man mußte Paul veranlassen, »lockerzualssen«, denn er konnte dies nicht selbständig tun. Der gleiche Mechanismus erklärt das »Bedürfnis, geschlagen zu werden« des echten Masochisten, für den Prügel ein notwendiges Vorspiel zu sexueller Lust sind. Pauls Zustand beruhte auf einer schweren Blockierung der genitalen Aggressivität und auf schwerer Kastrationsangst. Seine masochistische Unterwürfigkeit war eine Abwehr gegen seine Kastrationsangst; d. h. indem Paul die Frau »bediente«, vermied er die Wahrnehmung seiner zugrundeliegenden Kastrationsangst. Auf einer anderen Ebene war Pauls Rigidität ein Versuch, seine masochistische Unterwürfigkeit auszugleichen.

Wir haben jetzt zwei Probleme der orgastischen Potenz untersucht – die verfrühte und die verspätete Ejakulation. Bei der ersten kommt der Höhepunkt zu früh, bei der zweiten kommt er fast gar nicht zustande. Es gibt noch eine weitere Störung, die weniger schwer ist als die bereits besprochenen, aber vielleicht noch weiter verbreitet ist, wenn sie auch gewöhnlich nicht als Störung erkannt wird. Für dieses Phänomen benütze ich den Ausdruck »lokale Klimax«, um es von der Orgasmusreaktion zu unterscheiden, an der der ganze Körper beteiligt ist. Eine kurze Beschreibung dessen, was geschieht, wird zeigen, welcher Art das Problem ist. Eine Ejakulation, die weder verfrüht noch verspätet ist, findet statt, kurz bevor die unwillkürlichen Bewegungen einsetzen. Dem Mann entgeht das volle Gefühl der Befriedigung, weil nicht sein ganzer Körper an der sexuellen Reaktion beteiligt ist. Er wird nicht bewegt. Das Gefühl auf dem Höhepunkt ist jedoch ein

Lustgefühl, und aus diesem Grund wird eine derartige Reaktion gewöhnlich nicht als Störung angesehen. Unter dem Gesichtspunkt der orgastischen Potenz muß man sie jedoch als Teilorgasmus betrachten.
Dieser lokale Orgasmus ist es, der soviel Verwirrung in bezug auf die Reichsche Orgasmustheorie geschaffen hat. Wenige Sexologen oder Psychologen würden behaupten, eine verfrühte oder verzögerte Ejakulation sei normal. Denn bei keiner dieser Reaktionen kommt ein Gefühl der Befriedigung zustande. Bei der lokalen Klimax ist es jedoch anders. Wenn man nicht weiß, wie das volle Orgasmuserlebnis sein sollte, kann man sie leicht für die vollständige Reaktion halten. Und leider ist die Kenntnis des vollen Orgasmus selten.
Beim Teilorgasmus beschränkt sich die Körperempfindung auf den Genitalbereich oder breitet sich ein wenig auf das Becken und die Beine aus. Der Mann empfindet vielleicht ein gewisses Strömen im Becken und in den Beinen, aber es dehnt sich nicht bis in seine obere Körperhälfte aus. Insbesondere ist das Bewußtsein nicht getrübt, und es tritt kein Gefühl der Auflösung der Persönlichkeit oder der Körpergrenzen auf. Das Erleben von Gefühlen des Schmelzens ist auf den Genitalbereich beschränkt. Es gibt kein Gefühl des Glühens oder Leuchtens infolge der Klimax-Reaktion. Andererseits folgt bei diesem Teilorgasmus immer ein Gefühl der Befreiung und der Entspannung auf den Höhepunkt. Das kann sogar ein Gefühl der Schläfrigkeit herbeiführen, und der Mann schläft nach einer solchen Klimax vielleicht ein.
Der Unterschied zwischen der lokalen Klimax und dem vollen Orgasmus ist das Auftreten oder Fehlen der unwillkürlichen Beckenbewegungen und Körperzuckungen, die ich im vorigen Kapitel beschrieben habe. In diesem Zusammenhang ist es wichtig, zwischen diesen unwillkürlichen Bewegungen und anderen unwillkürlichen Reaktionen zu unterscheiden, die oft irrtümlich für die Orgasmusreaktion gehalten werden. Kinsey führt bei den von ihm untersuchten Männern sechs Arten der Orgasmusreaktion an. Wenn wir diese sechs verschiedenen

Reaktionen analysieren, werden wir sehen, daß keine von ihnen der vollen Orgasmusreaktion nahekommt. Es sind die folgenden Reaktionen:

(1) die Reaktion beschränkt sich auf die Genitalien, mit wenig oder gar keiner Körperreaktion. Im Penis sind einige leichte Pulsationen zu spüren, und der Same fließt ohne die normalen ejakulatorischen Schübe aus. Der Höhepunkt ist nicht mit irgendwelchen besonderen Gefühlen verbunden. Kinsey stellt fest, daß etwa ein Fünftel aller Männer oder mehr diese höchst inadäquate Reaktion erlebt.

(2) Eine zweite Reaktion, von der es heißt, sie sei sehr weit verbreitet, bringt eine gewisse »Spannung oder Zucken in einem oder beiden Beinen, der Mundregion, der Arme oder anderer Körperteile« (a. a. O., S. 137). Bei dieser Reaktion wird der ganze Körper steif. Es gibt ein paar krampfartige Bewegungen, aber keine Nachwirkungen. Diese Reaktion soll bei etwa 45 % aller Männer eintreten. Man sollte beachten, daß die Versteifung des Körpers eine Abwehr gegen die Hingabe an die orgastischen Zuckungen ist, aber keine orgastische Reaktion. Dies ist die Art von Reaktion, die ich als lokale Klimax bezeichnet habe.

(3) Der dritte Reaktionstypus scheint heftiger zu sein als der vorige, ist aber von der gleichen Art. Die von Kinsey verwendeten deskriptiven Ausdrücke, die auf Aussagen seiner Versuchungspersonen beruhen, sind folgende: »die Beine (werden) oft steif..., wobei die Muskeln kontrahiert und hart sind, Schulter und Nacken steif und oft nach vorn gebeugt, der Atem angehalten wird oder keuchend ist, die Augen starr sind oder fest geschlossen, die Hände klammernd, der Mund verzerrt... der ganze Körper oder Teile in spastische Zuckungen geraten, manchmal synchron mit der Pulsation oder den heftigen Stößen des Penis« (a. a. O., S. 137).

Außerdem wird gestöhnt, geschluchzt oder heftig geschrien. Die Nachwirkungen sind nicht ausgeprägt. Von dieser Art der Reaktion berichten etwa ein Sechstel der Versuchspersonen Kinseys.

Auch hier behaupte ich wieder, daß Erstarrung, Verspannung und Krampf dem Wesen der Orgasmusreaktion zuwiderlaufen. Wie lustvoll kann ein Höhepunkt sein, wenn er von den oben beschriebenen Manifestationen begleitet ist? Man würde solche Reaktionen eher von jemandem erwarten, der gefoltert wird, als von einem, der die Wonnen eines ekstatischen Erlebnisses fühlt. Nein, das ist kein Orgasmus, sondern Angst – Angst vor einem Orgasmus, der droht, das Ich zu überwältigen.

(4) Ein kleiner Prozentsatz der Männer, etwa fünf Prozent, berichtete von Reaktionen wie Lachen, Reden, sadistischen oder masochistischen Gefühlen und raschen Bewegungen, die bis zu Raserei gingen. Solche Reaktionen sind hysterisch und bedürfen keiner weiteren Bemerkung.

(5) Eine kleinere Gruppe von Männern berichtete ebenfalls von den oben erwähnten Reaktionen, die aber in heftigem Zittern, physischem Zusammenbruch, Erblassen und manchmal in Bewußtlosigkeit der Versuchsperson endeten. Das hört sich nach einer Panikreaktion an, was es nach meiner Vermutung auch ist.

(6) In der Untersuchung wird auch erwähnt, daß einige Männer über Schmerzen und Furcht beim Herannahen des Orgasmus klagten. Es scheint, als sei der Penis kurz vor dem Orgasmus sehr empfindlich geworden, und Kinsey sagt, manche Männer leiden qualvolle Schmerzen und fangen an zu schreien, wenn die Bewegung fortgesetzt oder der Penis auch nur berührt wird. Manche dieser Männer machen sich beim Herannahen der Klimax gewaltsam von der Partnerin frei, obwohl sie von »eindeutiger Lust« an dem ganzen Erlebnis berichten.

Kinsey hat einen wertvollen Beitrag geleistet, indem er diese Forschungsergebnisse zum Studium verfügbar gemacht hat. Aber wie er sie mit Orgasmus verwechseln kann, kann ich nicht begreifen. Die theoretische Grundlage für seine Einstellung ist das Argument, der Biologe habe sich nur mit physiologischen Reaktionen zu befassen und nicht mit subjektiven Erlebnissen.

Aber selbst der Biologe muß sich darüber klar sein, daß zur Physiologie mehr gehört als das Messen oder Beschreiben isolierter Organreaktionen. Zum Beispiel ist die Reaktion des Organismus bei Flucht und Kampf ähnlich: gesteigerte Adrenalinproduktion, erhöhter Blutdruck, beschleunigter Puls, gesteigerte Atmung; aber man würde doch vom Biologen erwarten, daß er zwischen Flucht und Kampf zu unterscheiden weiß. Kinsey glaubt, es sei ein Irrtum, wenn in der Literatur der Orgasmus mit orgastischer Lust gleichgesetzt wird. Trennt man aber die Lust vom Orgasmus ab – sollte man dann nicht besser von »Klimax« reden, die als physiologische Reaktion angesehen werden kann, anstatt von Orgasmus? Zu dieser Frage sagt Kinsey ausdrücklich, alle Fälle von Ejakulation sind als Beweis für einen Orgasmus genommen worden. Dies ist ein Mißbrauch des Ausdrucks »Orgasmus«.

Soviel zu Kinsey und dem Versuch, das Sexualverhalten als mechanische Reaktion zu untersuchen. Das Problem der lokalen Klimax oder des Teilorgasmus ist dadurch gekennzeichnet, daß der Betroffene beim Herannahen des Orgasmus erstarrt. Anstatt daß die rhythmischen Bewegungen stärker, schneller und unwillkürlich werden, wird der Körper steif, die Bewegung hört auf oder verlangsamt sich, und meistens wird die Luft angehalten. Dieser Reaktionstypus ist ein deutliches Zeichen für irgendeine Angst vor der Orgasmusreaktion. Welcher Art ist diese Angst?

Der Orgasmus ist, wie viele Psychologen und Psychoanalytiker wissen, ein Vorgang der Selbstaufgabe, ein Vorgang der Hingabe an die Frau, an das Unbewußte und an die Tiernatur des Menschen. Es ist gerade die Furcht vor der Hingabe, die den Durchschnittsmann daran hindert, beim Geschlechtsakt den vollen Orgasmus zu erleben. Ohne Hingabe ist die volle Vereinigung mit der Partnerin unmöglich. Aber Hingabe in dem Sinn, wie das Wort hier gebraucht wird, ist keine bewußte Handlung. Es gehört die Fähigkeit dazu, sich dem Sexualpartner ganz hinzugeben, ohne unbewußte Vorbehalte. Man kann sich nur hingeben, wenn man den Sexualpartner liebt. Gleichermaßen ist jedoch auch die volle Hingabe an die Frau beim Geschlechtsakt ein Ausdruck der Liebe auf einer Ebene, die so tief liegt, daß sie mit Worten nicht zu erreichen ist.

Die Unfähigkeit, sich der Frau hinzugeben, rührt von unbewußter Angst vor und unbewußter Feindseligkeit gegen Frauen her. Wir nehmen diesen Zustand als so selbstverständlich hin, daß wir vom »Krieg der Geschlechter« reden. Wir brauchen keine Psychiater zu sein, um der Feindseligkeit gewahr zu werden, die die meisten Ehen und sexuellen Beziehungen durchzieht. Es fällt mir schwer, dem Patienten eine Antwort zu geben, der mich auffordert, ich solle ihm eine glückliche Ehe zeigen. Es gibt solche Ehen, und ich kenne einige, aber sie sind so selten, daß ich mir albern vorkäme, wollte ich auf der Grundlage ihrer Anzahl behaupten, die Ehe sei ein glücklicher Zustand. Meine Psychiatriepatienten sind nicht die Ausnahmen; sie sind nur insofern außergewöhnlich, als sie Hilfe gesucht und ihre Schwierigkeiten aufgedeckt haben.

Der Ausspruch trifft zu, kein Mann könne eine Frau lieben, wenn er nicht alle Frauen liebe. Ich verstehe darunter das weibliche Geschlecht. Jede Frau ist ein Individuum, und doch ist für den Mann jede Frau auch ein Abbild seiner Mutter. All seine ungelösten Konflikte mit seiner Mutter werden unbewußt auf seine Frau oder Partnerin übertragen. Auf der bewußten Ebene kann er sehr gut zwischen den beiden unterscheiden. Auf der unbewußten Ebene verschmelzen sie zu einer ununterschiedenen Vorstellung. Aber der Orgasmus geschieht ja gerade auf der unbewußten Ebene. Und es ist die Angst vor dem Übergang zum unbewußten Verhalten, zur unwillkürlichen Bewegung, die den Mann an der Schwelle zur Orgasmusreaktion innehalten läßt. Er klopft an die Tür, und sie wird ihm aufgetan, aber er bekommt Angst, hindurchzugehen. Sein Körper erstarrt, seine Beine versteifen sich, sein Kiefer spannt sich an, sein Bauch zieht sich zusammen, er hält den Atem an oder atmet stoßweise, und sein Brustkorb verspannt sich. Wenn das sexuelle Gefühl stark genug ist, wird er vielleicht partiell reagieren, mit dem, was ich als »lokale Klimax«

bezeichnet habe, aber die Angstschranke ist nicht überwunden worden.

Während der neurotischen Anpassung in der Kindheit lernt das Ich, die Absicht an Stelle von Taten zu akzeptieren. Es schafft ein Bild von der »guten Mutter«, um den negativen Erfahrungen entgegenzuwirken, die der »bösen Mutter« zugeschrieben werden. Diese Erlebnisse müssen im Interesse des Überlebens und der Anpassung notwendigerweise verdrängt werden. Aber sie sind verdrängt, nicht verschwunden, selbst wenn sie vergessen werden. Das Ich befiehlt das Verhalten, wie der Kapitän sein Schiff befehligt. Alles ist gut und gefahrlos, solange die Befehle ausgeführt werden. Aber das Ich wagt nicht, das Steuer aus der Hand zu geben, denn seltsame Kräfte lauern in der dunklen Nacht des Unbewußten. Wenn man seine eigenen negativen Gefühle und die Vorstellung von der »bösen Mutter« fortwährend in der Gewalt gehabt hat, kann man diese Beherrschung auch im Geschlechtsakt nicht aufgeben.

Auf der Ebene des Ichs wird die Sexualität als der natürliche Ausdruck von Liebe zwischen zwei Menschen akzeptiert. Das Ich hat recht, wenn es dies akzeptiert, ebenso wie es in seinem Wissen um die Liebe zur Mutter recht hat. Aber die Persönlichkeit ist zweigeteilt. Das Ich stellt sich dem Unbewußten entgegen, um Frieden und Stabilität aufrechtzuerhalten, aber es herrscht nur ein Waffenstillstand in einem unentschiedenen Krieg. Die Grenzwachen dürfen niemals schlafen oder das Bewußtsein verlieren. Wenn sie es tun, wird der neurotische Mensch von einer Panik ergriffen, als dringe ein Feind in sein Territorium ein. Dies ist die Panik, die der Neurotiker angesichts des Orgasmus erlebt. Sie erscheint unvernünftig, ebenso unvernünftig wie die Angst des Kindes im Dunkeln. Aber noch so viele logische Argumente können dem Kind seine Angst nicht nehmen. Man kann nur die Dunkelheit mit dem Kind zusammen erforschen und ihm zeigen, daß dort keine Ungeheuer lauern. Die Kenntnis der Natur des Orgasmus ist ein Licht, das die Finsternis erhellt.

13 Orgastische Impotenz bei der Frau

Die orgastische Impotenz des Mannes ist oft durch das Erlebnis der Ejakulation verdeckt, das an sich schon eine Form der Klimax ist. Bei der Frau ist jedoch das Problem der orgastischen Impotenz genauer definiert. Es gibt viele Frauen, die beim Geschlechtsakt noch nie irgendeine Art von Höhepunkt erlebt haben. Manche haben keine Ahnung, daß eine Frau einen Orgasmus haben kann, und daß ihr Orgasmuserlebnis dem des Mannes parallel läuft. Andere Frauen kommen gelegentlich zum Orgasmus, wenn die Beziehung zwischen den Sexualpartnern harmonisch und zärtlich ist. Wieder andere haben Orgasmuserlebnisse nur während eines bestimmten Zeitabschnitts in ihrem Sexualleben oder in einer bestimmten Beziehung gehabt. Die in dem Sinn orgastisch potente Frau, daß sie bei fast all ihren Sexualerlebnissen sexuelle Befriedigung erfährt, ist selten. Aber auf der Grundlage des Kinsey-Reports, der Beobachtungen Reichs und meiner klinischen Erfahrung würde ich sagen, daß der Mann, der bei seinen sexuellen Erlebnissen voll befriedigt wird, wahrscheinlich ebenso selten ist.

Ein Ergebnis der sexuellen Revolution, die seit dem Ersten Weltkrieg im Gang ist, ist der Umstand, daß die Frauen zunehmend ihr Recht auf sexuelle Erfüllung erkennen. Die Folge ist, daß sie sich auch des Mangels an sexueller Erfüllung oder sexueller Befriedigung bewußt geworden sind. Das gilt besonders für die jüngere Generation von Frauen, die in diesen Dingen aufgeklärter sind als ihre Mütter. Die Unfähigkeit, einen richtigen Orgasmus zu haben, wird von diesen Frauen als Zeichen sexueller Unreife angesehen. Sie setzen orgastische Potenz mit Fraulichkeit gleich.

Eine meiner Patientinnen brachte diese Vorstellung sehr

deutlich zum Ausdruck. Sie bemerkte eines Tages: »Ich habe immer noch keinen Orgasmus. Statt dessen bin ich traurig und muß weinen. Ich glaube, daß ich mich wie eine Frau fühlen würde, wenn ich beim Geschlechtsverkehr einen vaginalen Orgasmus hätte.«

Die Bedeutung des Orgasmus für den Begriff des Frau-Seins hat sich erst vor relativ kurzer Zeit entwickelt. In viktorianischen Zeiten waren Ehe und Familie die Symbole des Frauenstandes. Diese Symbole wurden durch psychoanalytische Untersuchungen untergraben, die die Abwehrhaltungen und Rationalisierungen aufdeckten, hinter denen sich die inneren Gefühle der Frustration und Leere verbargen. Im gleichen Maß, in dem das Wissen um Wesen und Funktion des Orgasmus ins moderne Bewußtsein eingedrungen ist, sind Frauen sich dessen bewußt geworden, daß persönliche Erfüllung und sexuelle Erfüllung nicht voneinander zu trennen sind.

Das Problem der orgastischen Potenz bei der Frau wird durch den Umstand kompliziert, daß einige Frauen durch Stimulierung der Klitoris zu einem sexuellen Höhepunkt kommen können. Diese Art der Reaktion nennt man, im Unterschied zum vaginalen Orgasmus, einen klitoralen Orgasmus. Welcher Unterschied besteht zwischen diesen beiden Reaktionen? Ist ein klitoraler Orgasmus befriedigend? Warum erleben manche Frauen nur einen klitoralen Orgasmus? Diese Fragen müssen beantwortet werden, wenn wir das Problem der orgastischen Impotenz bei der Frau verstehen sollen.

Eine klitoraler Orgasmus wird durch Stimulierung der Klitoris vor, während oder nach einem Koitusakt entweder manuell oder oral hervorgerufen. Manche Frauen reagieren auf diese Stimulierung und erreichen einen Höhepunkt, den sie durch Stimulierung der Vagina oder durch die Reibung zwischen Penis und Vagina nicht erreichen können. Die meisten Männer empfinden jedoch die Notwendigkeit, eine Frau durch Stimulierung der Klitoris zum Höhepunkt zu bringen, als Belastung. Wenn es vor dem eigentlichen Verkehr geschieht, der Mann aber schon erregt und zur Penetration bereit ist, erlegt es seinem natürlichen Verlangen nach Nähe und Intimität Beschränkungen auf. Er verliert durch diesen Aufschub nicht nur etwas von seiner Erregung, sondern der darauffolgende Koitusakt wird auch seiner Gemeinsamkeit beraubt. Stimulierung der Klitoris während des Geschlechtsakts mag der Frau zu einer Klimax verhelfen, lenkt aber den Mann von der Wahrnehmung seiner genitalen Empfindungen ab und behindert stark die Beckenbewegungen, von denen sein eigenes Gefühl der Befriedigung abhängt. Die Notwendigkeit, eine Frau durch Stimulierung der Klitoris nach dem Geschlechtsakt zur Klimax zu bringen, nachdem der Mann seinen Höhepunkt erreicht hat, ist lästig, da es ihn daran hindert, die Entspannung und den Frieden zu genießen, die der Lohn der Sexualität sind. Die meisten Männer, mit denen ich gesprochen habe, die diese Methode praktizierten, waren verdrießlich darüber.

Ich will hiermit die Methode der Klitoris-Stimulierung nicht verdammen, wenn eine Frau feststellt, daß sie auf diese Weise sexuelle Entspannung erreichen kann. Sie sollte vor allem keine Schuldgefühle haben, weil sie diese Methode verwendet. Ich rate meinen Patientinnen jedoch von dieser Praxis ab, da sie die Empfindungen auf die Klitoris konzentriert und die vaginale Reaktion verhindert. Dies ist kein voll befriedigendes Erlebnis und kann nicht als Äquivalent eines vaginalen Orgasmus angesehen werden. Über diesen Punkt sollten nach meiner Meinung Frauen für sich selber sprechen, denn sie allein wissen, wie es sich anfühlt. Die folgenden Bemerkungen stammen von mehreren Patientinnen, die aufgefordert worden waren, den Unterschied zu beschreiben:

(1) »Den klitoralen Orgasmus fühlt man auf der Oberfläche der Vagina wie ein Geriesel süßer Lust. Es erfolgt keine befriedigende Entspannung. Der vaginale Orgasmus ist wie das Aufspringen eines Damms, das meinen Körper mit Lust überflutet und in mir ein Gefühl tiefer Entspannung und Befriedigung hinterläßt. Es gibt nichts Vergleichbares. Am Tag nach einem klitoralen Orgasmus bin ich heiß, gestört. Nach dem anderen wache ich in einem Stück auf, ganz entspannt.«

(2) »Der vaginale Orgasmus, den ich erlebe, mag er auch begrenzt

sein, erfüllt mich mit einem Gefühl der Vollständigkeit, der Befriedigung. Ich habe das Gefühl, voll zu sein – gefüllt. Der Klitoris-Orgasmus ist auf einer höheren Erregungsebene, mir bleibt aber keine Nachwirkung der Vollständigkeit. Ich habe das Gefühl, ich könnte einen klitoralen Orgasmus nach dem anderen haben.«

(3) »Ich fange mit der Klitoris an zu masturbieren; das erregt mich zwar – es gibt mir ein wahnsinniges Gefühl, das zu keinem Schluß führt; es ist zu sehr an der Oberfläche – aber es macht, daß ich tiefer gehen möchte. Dann masturbiere ich vaginal, und das fühlt sich gut an. Der Orgasmus ist tief und befriedigend. Ich fühle mich warm, schmelzend und entspannt, zufrieden, daß es alles zu Ende ist.«

Diese Beobachtungen von Frauen unterstützen die Vermutung, daß zwischen einem vaginalen und einem klitoralen Orgasmus ein wichtiger Unterschied besteht: Der vaginale Orgasmus wird in der Tiefe des Körpers erlebt, die Klitoris-Reaktion ist auf die Oberfläche beschränkt. Nach den Aussagen der Frauen scheint es so, als rufe nur der vaginale Orgasmus die Gefühle des Erfülltseins, der vollständigen Entspannung und Befriedigung hervor. In all meinen Jahren klinischer Erfahrung als Psychiater habe ich nie gehört, daß eine Frau etwas Gegenteiliges gesagt hätte.

Angesichts der von den Frauen selbst gemachten Unterschiede ist schwer zu verstehen, warum viele Sexologen behaupten, der klitorale Orgasmus sei dem vaginalen Orgasmus gleichwertig. Die Behauptung beruht auf der Theorie, jeder Orgasmus gehe im Grunde, da die Klitoris ein empfindlicheres Organ ist als die Vagina, auf irgendeine Form klitoraler Stimulation zurück. Daher findet sich in Kinseys Erörterung der sexuellen Reaktion der Frau folgende Aussage: »Angesichts des Befundes, daß die Wände der Vagina gewöhnlich unempfindlich sind, ist offensichtlich, daß die Befriedigung durch vaginales Eindringen auf einem Mechanismus beruhen muß, der außerhalb der eigentlichen Vaginawände liegt.«* In dieser Aussage ist eine

---

* Alfred C. Kinsey (Mitarb.), *Das sexuelle Verhalten der Frau*, Berlin/Frankfurt/Main, S. 436.

offensichtliche Wahrheit enthalten, aber außerdem ein weniger offensichtliches Mißverständnis. Die Wahrheit ist, daß der Mechanismus des Orgasmus von einer Stimulation der Wände der Vagina unabhängig ist. Der Orgasmus ist ein motorisches Phänomen, dessen Mechanismus eine besondere Art der Körperbewegung ist, die bereits beschrieben wurde. Der Irrtum liegt in der Unterstellung, der weibliche Orgasmus müsse von der Stimulation irgendeines anderen Bereichs herrühren, da die Wände der Vagina unempfindlich sind. Kinsey stellt vier Bereiche als Quelle der Erregung zur Diskussion, die zum Orgasmus führt: (1) taktile Stimulation der Körperoberfläche, wenn die Partner aufeinander liegen; (2) taktile Stimulation der Klitoris, der kleinen Schamlippen und des Scheiden-Vorhofs (*vestibulum*); (3) Stimulation der Hebemuskeln des Afters (*levatores ani*) und (4) Stimulation des Beckenbodens und des Dammes (*perineum*).

Die Betonung der taktilen oder andersartigen Stimulation als Mechanismus der sexuellen Erregung und Entspannung verzerrt die wahre Natur der Sexualität. Sie bringt ein mechanisches Element in einen Akt hinein, der nur als Ausdruck eines Gefühls Bedeutung hat. Im Namen der Physiologie übersieht eine solche Betrachtungsweise die emotionale Bedeutung der Sexualfunktion. Es ist eine Einschränkung durch die Wissenschaft, wenn man eine Liebkosung als taktile Stimulierung bezeichnet. Der Unterschied zwischen beiden ist der Unterschied zwischen dem mechanischen Geschlechtsakt und dem Ausdruck der Liebe zum Sexualpartner. Kinseys Aussage gibt zu verstehen, Handlung und Gefühl seien voneinander getrennt. Eine Liebkosung unterscheidet sich von anderen Formen der taktilen Stimulierung sowohl durch ihre Qualität als auch durch das spezielle Gefühl, das die Handlung motiviert. Dieses spezielle Gefühl (Liebe, Zuneigung, Zärtlichkeit) gibt der Liebkosung ihre besondere Qualität. Aber selbst wenn man diese Unterscheidung im Sinn hat, ist es unrichtig, das Phänomen des Orgasmus nur auf den Körperkontakt zurückzuführen.

Taktile Stimulation an sich ist nicht der verursachende Faktor bei der erotischen Erregung. Das wird ganz deutlich, wenn man den Umstand bedenkt, daß der schlaffe Penis nach dem Verkehr für jede Form der Stimulierung relativ unempfindlich ist. Aber in diesem Zustand enthält er dieselben Nervenendigungen und Sinnesorgane, die im Zustand der Angeschwollenheit vorhanden sind. Aber wie anders ist das Gefühl. Die Erregung oder Energieladung im Organismus, die sich im Gefühl des Verlangens manifestiert, bestimmt die Tatsache und den Grad der Erregung, und nicht die Stimulationshandlung an sich. Wenn die Stimulierung einen Erregungszustand hervorzurufen scheint, geschieht dies, weil ein latentes Liebesverlangen in dem Individuum vorhanden ist. Die Handlung des Berührens oder Küssens dient dazu, dieses Gefühl ins Bewußtsein zu bringen. Der erotische Kontakt ruft die Vorstellungen und Phantasien der Liebe herauf. Da es nicht möglich ist, die Handlung von der zu ihr gehörigen Vorstellung zu trennen, kann man die Geste mit dem Gefühl verwechseln, den mechanischen Akt mit dem emotionalen Ausdruck.

Der vaginale Orgasmus unterscheidet sich darin vom klitoralen Orgasmus, daß er eine Liebesreaktion des ganzen Körpers ist. Er ist daher relativ unabhängig von irgendeinem einzelnen Teil des Körpers, sei es die Klitoris oder die Vagina, sondern er hängt ab von dem gesamten Körpergefühl von Kontakt, Intimität und Verschmelzung mit einem anderen Menschen. Sonst könnte man den Umstand nicht erklären, daß Männer und Frauen sexuelle Träume mit dem Erlebnis orgastischer Befriedigung ohne jede tatsächliche Stimulierung und ohne jeden Kontakt mit dem anderen Geschlecht haben können. Obwohl man auf Stimulation verzichten kann, ist Bewegung unentbehrlich. Damit jemand im Schlaf ein Orgasmuserlebnis haben kann, muß er träumen, daß er die Sexualbewegungen ausführt. Aber selbst das genügt noch nicht. Ich glaube, daß der Schläfer, der von sexueller Entspannung träumt und einen Orgasmus erlebt, im Schlaf die Sexualbewegungen ausführt. Diese Vorstellung ist leicht zu akzeptieren, da bekannt ist, daß sich die Menschen während des Schlafs ziemlich stark bewegen, ohne es zu merken. Die Grundlage des orgastischen Empfindens ist das kinästhetische Erlebnis der unwillkürlichen Sexualbewegungen.

Wenn es möglich ist, ohne Kontakt zwischen Penis und Vagina einen vaginalen Orgasmus zu haben, wie z. B. in einem Traum, ist es nicht möglich, daß eine Frau durch klitorale Stimulierung zu einem vaginalen Orgasmus kommt, wenn sie die richtigen Sexualbewegungen macht? Diese Frage muß mit »ja« beantwortet werden: Es ist möglich, aber nicht wahrscheinlich. Wenn eine Frau nicht auf die Klitoris fixiert ist, wird die Stimulierung dieses Organs das Verlangen nach tieferem Kontakt herbeiführen. Die Frau wird das Gefühl der Penetration durch den Mann haben wollen. Wenn sie dieses Verlangen wegen unbewußter Ängste in bezug auf die vaginale Penetration hemmt, setzt sie das Erregungsniveau herab und erreicht keinen vollen Orgasmus. Eine Frau kann auch durch Masturbation eine befriedigende orgastische Entspannung erreichen. Wenn das so ist, was ist dann der besondere Wert des normalen Koituskontakts? Dient er nur der Fortpflanzungsfunktion? Der normale Geschlechtsverkehr wird der Masturbation vorgezogen, weil er ein tieferes, reicheres, erfüllenderes Erlebnis ist. Der Kontakt zwischen Penis und Vagina ermöglicht die Übertragung der Erregung von einem Körper unmittelbar auf einen anderen. Dieses Einander-Mitteilen des Gefühls steigert die Intensität der Erregung. Wenn einige Menschen zu einer Methode geringerer Befriedigung greifen, obwohl die Möglichkeiten für eine größere Befriedigung vorhanden sind, liegt es an neurotischen Ängsten und Befürchtungen, die mit der befriedigenderen Art und Weise verbunden sind.

Die meisten Psychoanalytiker behaupten, es sei eine Manifestation einer unreifen Persönlichkeit, wenn die Klitorisreaktion die einzige Möglichkeit ist, sexuelle Entspannung zu erleben. F. S. Kroger und S. C. Freed schreiben: »Dem Kind gibt die Klitoris daher sexuelle Befriedigung, während bei der normalen erwachsenen Frau die Vagina das hauptsächliche Sexualorgan sein soll ... Bei frigiden Frauen findet die Übertragung der sexuellen Befriedigung und Erregung von der Klitoris auf die Vagina, die gewöhnlich mit der emotionalen Reife zusammen eintritt, nicht statt.«* Freud hatte schon früher ähnliche Aussagen gemacht: »Die Clitoris des Mädchens spielt übrigens im Kindesalter durchaus die Rolle des Penis... Es kommt für die Weibwerdung des kleinen Mädchens viel darauf an, daß die Clitoris diese Empfindlichkeit rechtzeitig und vollständig an den Scheideneingang abgebe.«** Und: »... in der phallischen Phase des Mädchens (ist) die Klitoris die leitende erogene Zone. Aber so soll es ja nicht bleiben, mit der Wendung zur Weiblichkeit soll die Klitoris ihre Empfindlichkeit und damit ihre Bedeutung ganz oder teilweise an die Vagina abtreten...«*** Die Beweise, mit denen diese Aussagen unterstützt werden, waren die wiederholten Beobachtungen in der Analyse, daß Patientinnen, die berichteten, sie könnten nur klitorale Erregung und Entspannung erleben, unreife Persönlichkeiten hatten. Aber diese Analytiker irrten sich in einem Punkt. Die Klitoris überträgt nichts von ihrer Empfindlichkeit auf die Vagina. Sie behält ihre Empfindlichkeit während des ganzen Lebens der normalen erwachsenen Frau. Wenn sie ihre angenommene Bedeutung verliert, dann deshalb, weil die Vagina in bezug auf die Sexualität eine Funktion bekommt, die der der Klitoris überlegen ist.

Im 9. Kapitel habe ich darauf hingewiesen, daß zur sexuellen Reife der Frau die Entwicklung einer neuen Funktion gehört, der Funktion vaginaler Rezeptivität (Empfänglichkeit). Das Hinzukommen einer neuen Funktion löscht eine ältere nicht aus. Ein Erwachsener kann fast ebenso gut kriechen wie ein Kind; er zieht das Gehen vor, weil es eine effektivere und befriedigendere Art der Fortbewegung ist. Ähnlich verliert

---

* F. S. Kroger und S. C. Freed: »Psychosomatic Aspects of Frigidity«, *J. Amer. Med. Assn.*, 143, S. 528, 1950.
** Sigmund Freud: *Vorlesungen zur Einführung in die Psychoanalyse*, G. W. Bd. XI, S. 328.
*** Sigmund Freud: *Neue Folge der Vorlesungen zur Einführung in die Psychoanalyse*, G. W. Bd. XV, S. 126.

auch die Klitoris ihre Empfindlichkeit nicht, wenn die Frau erwachsen wird, wie folgende Äußerung zeigt: »Ich fühle, daß meine Klitoris sehr empfindlich ist, so empfindlich, daß ich sie nicht berühren will. Ich bekomme durch die Vagina ein besseres Gefühl.« Ich habe noch andere Frauen gekannt, die ich für sexuell reif hielt, die der gleichen Ansicht waren, nämlich, daß die Empfindlichkeit der Klitoris die sexuelle Lust beeinträchtige. Da diese Frauen sexuell erregt wurden, wenn ihre Zärtlichkeit und Zuneigung zu einem Mann geweckt wurde, brauchten sie keine Stimulation der Klitoris, um ihre erotischen Wünsche auf die Vagina zu konzentrieren. Küssen, Körperkontakt und Liebkosungen erfüllten diesen Zweck hinreichend.

Eine reife Frau kann durch andere Mittel als den Kontakt zwischen Penis und Vagina eine Klimax erreichen. Diese Klimax ist aber nicht das, was sie sich wünscht. Ihre Vorliebe gilt der normalen Form der sexuellen Beziehung. Angesichts dieser Vorliebe ist es belanglos zu sagen, das eine sei so gut wie das andere, ein »Orgasmus sei ein Orgasmus«. Das ist, als wollte man sagen, eine Mahlzeit ist eine Mahlzeit oder: Es ist absurd, lieber ein Steak als Hackfleisch essen zu wollen. Interessanterweise werden die Argumente zugunsten des klitoralen Orgasmus von Männern vorgebracht. Keine Frau, die ich fragte, hat eine ähnliche Ansicht geäußert. Wissenschaftliche Beweise für die Gleichwertigkeit zwischen klitoralem und vaginalem Orgasmus wurden bei den Versuchen von W. H. Masters und V. E. Johnson gesucht. Sie beobachteten unter Laboratoriumsbedingungen die physiologischen Reaktionen von Frauen auf die Stimulierung verschiedener erogener Bereiche. Ihre Folgerung: »Die physiologischen Reaktionen der Frau auf effektive sexuelle Stimulierung entwickeln sich konsequent, ohne Rücksicht auf die Quelle der psychischen oder physischen sexuellen Stimulation.«* Der Fehler solcher

---

* W. H. Masters und V. E. Johnson: »The Sexual Response Cycle of the Human Female; III, The Clitoris: Anatomical und Clinical Considerations«, *West. J. Surg.*, 70, S. 254, 1962

Untersuchungen ist, daß sie die physiologische Reaktion mit der emotionalen Reaktion gleichsetzen. Um diesen Fehler richtig einzuschätzen, sollte man wissen, daß die physiologische Reaktion auf Hackfleisch dieselbe ist wie die auf Steak. Aber das Erlebnis des Essens ist bei beiden verschieden. Wenn wir die Faktoren unbeachtet lassen, die das Fühlen und die emotionale Reaktion bestimmen, verlieren wir die menschlichen und spirituellen Qualitäten aus der Sicht, die dem Leben einen Sinn geben. Die große Wichtigkeit der Sexualfunktion für das Glück des Menschen erfordert, sie in bezug auf ihre emotionale Bedeutsamkeit zu untersuchen, und nicht als mechanischen oder physiologischen Akt der Befreiung oder Entladung.

Einen weiteren Einwand gegen die Gültigkeit von Folgerungen aus der Beobachtung sexueller Betätigung unter Laboratoriumsbedingungen erhebt S. Pagan. Nachdem sie von den Versuchen von Masters und Johnson gehört hatte, schrieb sie ihnen: »Ich weiß einfach, daß das Beste, was ich tun könnte, wenn mir jemand bei der Kopulation mit einem Partner zusehen würde, eine kleine äußerliche klitorale Klimax wäre, so rasch wie möglich, um die alberne Situation hinter mich zu bringen. Das nenne ich keinen Orgasmus.« Wilhelm Reich hatte eine ähnliche Bemerkung gemacht, als es um Versuche ging, die psychogalvanische Reaktion erogener Zonen auf Stimulierung zu messen. Da keine Privatsphäre vorhanden war, tauchte die typische Lustreaktion gar nicht auf. Ich finde es unglaublich, daß jemand das subjektive Erlebnis der Kopulation unter Beobachtung mit dem gleichsetzen kann, das man hat, wenn der Geschlechtsakt eine intime Vereinigung zweier Individuen unter Ausschluß der Öffentlichkeit ist.

Anders als die Harnröhre oder die Speiseröhre ist die Vagina nicht einfach nur ein Organ mit einer Öffnung. Physiologisch ist sie es wohl, aber psychologisch und emotional ist sie ein Zugang zum Körper einer Frau. Ein Mann, der die Vagina penetriert, dringt auch in den Körper der Frau ein. Seine Samenzellen können viel weiter gehen. Wenn keine Hindernisse im Weg sind, steigen sie durch den Zervikalkanal auf, durchqueren den Uterus und befruchten manchmal das Ei im Eileiter. In einem tieferen Sinn ist das Sexualorgan einer Frau ihr ganzer Körper. Wenn eine Frau mit dem ganzen Körper sexuell reagiert, ist ihre Reaktion der vaginale Orgasmus.

Die Klitoris ist das Gegenstück zum männlichen Penis. Anatomisch und physiologisch ist sie dem Penis ähnlich. Sie ist jedoch ein rudimentäres Gebilde; dadurch erklärt sich ihre Kleinheit und das Fehlen funktioneller Bedeutung. Sie dringt weder irgendwo ein, noch entlädt sich etwas durch sie. Und doch werden wir aufgefordert, zu glauben, dieses Gebilde sei sexuell der Vagina gleichwertig. Worin unterscheidet sich die Stimulierung der Klitoris, um eine Frau zum Höhepunkt zu bringen, von der manuellen Stimulierung des Penis zur Herbeiführung des Orgasmus? Die physiologische Reaktion ist in beiden Fällen die gleiche. Sind wir deshalb nicht berechtigt zu der Annahme, die Frau, die nur durch Stimulation der Klitoris zur sexuellen Entspannung kommen kann, könne nur durch Identifizierung mit dem Mann sexuelle Entspannung finden? Anders ausgedrückt, die Unfähigkeit, einen vaginalen Orgasmus zu erreichen, bedeutet die Unfähigkeit der Frau, sich sexuell als Frau zu akzeptieren. Man sollte nicht überrascht sein, wenn eine solche Frau sich beklagt, sie fühle sich nicht wie eine Frau.

Es erscheint notwendig, darauf hinzuweisen, daß die Vagina als Organ ein Behälter ist, um den Mann aufzunehmen. Aber sie ist kein statischer Behälter. Sie empfängt und umfängt den Mann, der durch seinen Penis vertreten wird. Aber Empfangen und Umfangen sind nur Vorbereitungen der vollständigen Vereinigung, die stattfindet, wenn sich die beiden in einem gemeinsamen Orgasmus begegnen. Daß dies in den meisten Fällen sexueller Liebe nicht geschieht, zeigt den Grad der sexuellen Gestörtheit und Fehlanpassung an, der in unserer Kultur herrscht. Die Störungen und Fehlanpassungen beschränken sich nicht auf die Sexualfunktion. Sie durchdringen die Persönlichkeit des Individuums, sei es weiblich oder

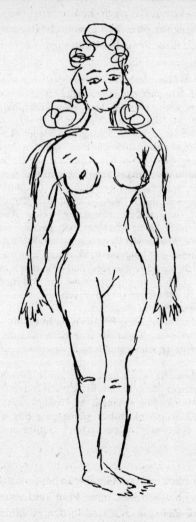

Abbildung 8

männlich. Es besteht eine Wechselbeziehung zwischen Persönlichkeitsstörungen und Störungen der Sexualität, bei der Frau wie beim Mann, wie an dem folgenden Fall zu sehen ist.

May ist eine Frau, die mich konsultierte, weil sie keinen vaginalen Orgasmus erreichen konnte. In Beantwortung meiner Frage nach ihrer Sexualreaktion sagte sie:

»Ich werde beim Geschlechtsakt sehr erregt, aber wenn die Klimax naht, hört's auf. Ich empfinde überall ein herrliches warmes Glühen. Ich kann fühlen, wie es entsteht. Dann, wenn ich fühle, daß er bereit ist, zu kommen, oder daß er zurückhält, gebe ich auf. Ich sage mir, ›Na ja, vergiß es. Wir versuchen's nächstes Mal wieder.‹ Ich glaub', wenn ich mich befreien könnte, würde ich einen vaginalen Orgasmus haben. Die Empfindung beginnt in der Klitoris, aber sie verbreitet sich überallhin. Ich spüre sie um die Vagina herum, aber nicht innen. Es ist ein allgemeines, warmes, erhitztes, glühendes Gefühl.

Jahrelang hab' ich durch Manipulation der Klitoris nach dem Geschlechtsakt eine gewisse Entspannung erreicht. Aber ich hab' das Gefühl, das ist nicht genug. Und jetzt will ich auch nicht, daß mein Mann das macht. Früher war es viel erotischer. Wir haben geschmust und gespielt, und es ging langsam voran. Als ich jung war, brauchte ich viel Vorspiel. Ich wurde sehr erregt, und er auch. Dann kam er zum Höhepunkt, und ich auch, vor oder nach ihm. Mit meinem früheren Mann zusammen hatte ich phantastisch viel Sex, aber es war nie genug. Er schien immerzu Sex zu brauchen.

Jetzt ist es anders. Mein jetziger Mann ist nicht so sinnlich. Der ganze Akt dauert jetzt nicht länger als eine halbe Stunde. Mit meinem früheren Mann lag ich immer stundenlang zusammen, und wir spielten mit dem Sex.

Mein erster Mann war ein Lügner; die ganze Beziehung war eine Farce. Mein jetziger Mann ist sensibel, ehrlich und treu. Von meinem ersten Mann war ich völlig abhängig. Als er ging, brach ich zusammen. Mir war nicht klar, wie unehrlich meine erste Ehe war. Alles war oberflächlich. Jetzt will ich ein tieferes Gefühl und eine tiefere Reaktion.«

Um einen Einblick in Mays Gefühle in bezug auf ihren Körper zu gewinnen, bat ich sie, eine Frau und einen Mann zu zeichnen. Ihre Zeichnungen sind in den Abbildungen 8 und 9 wiedergegeben. Von der weiblichen Gestalt sagte sie:

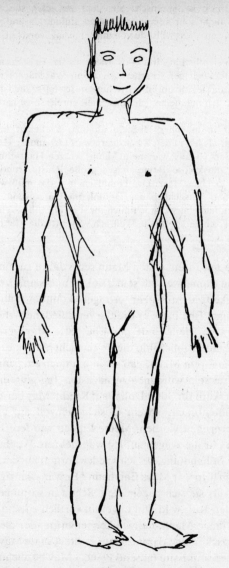

Abbildung 9

»Ihr Ausdruck ist höhnisch. Sie sieht zu eckig aus, irgendwie schlampig, nicht sehr anmutig. Sie steht einfach da und wartet, als wollte sie sagen, ›Was willst du von mir?‹ Ich hab' versucht, sie lächeln zu machen.
Er ist auch ziemlich ausdruckslos. Mehr als sie. Er sieht aus wie ein Junge. Schrecklich leer. Er scheint zu sagen, ›Was machen wir jetzt?‹
Ich nehme an, sie sind unreif. Ich nehme an, ich bin sexuell unreif, aber sonst nicht. Ich nehme an, ich bin sexuell unreif, sonst hätte ich kein Problem.
Sie ist mir in mancher Hinsicht ähnlich. Vielleicht hab' ich so ausgesehen, als ich in den Zwanzigern war. Die andere Gestalt sieht einigermaßen so aus wie mein Mann: kurzer Haarschnitt, breite Schultern, muskulöse Beine. Ich – große Brüste, runde Hüften, flaumiges, lockiges Haar. Das Hohnlächeln – das muß wirklich ich sein. Ich hab' tatsächlich das Gefühl, im Untergrund manchmal höhnisch zu lächeln, wenn ich mich nicht erfüllt fühle. Ich verspotte mich selber, ich verspotte die Welt, ich verspotte die Männer.«

May lebte mit ihrem ersten Mann sechs Jahre zusammen und verließ ihn dann, weil sie sein Trinken und seine Verantwortungslosigkeit nicht länger ertragen konnte. Während der sechsjährigen Ehe hatte er dreißig verschiedene Arbeitsplätze inne. Kurz vor dem Ende der Ehe hatte May gerade 2500 Dollar Schulden abbezahlt, die sie gemacht hatten. Eines Tages erzählte sie ihrem Mann, daß sie in nur noch ein paar Wochen schuldenfrei sein würden. Am nächsten Tag ging er hin und kaufte ein Auto für 3000 Dollar auf Kredit. May berichtet, daß sie zusammenbrach: »Mein Gesicht schwoll an, als sei ich schwer verprügelt worden. Meine Lippen wurden riesig. Fast schwollen mir die Augen zu. Ich war mehrere Wochen lang in ärztlicher Behandlung, bis ich wieder normal aussah.«
Was für ein Typ war Mays Ehemann? Er war zwanzig und May achtzehn, als sie sich begegneten. Schon in so jungen Jahren hatte er den Ruf, wild und unverantwortlich zu sein. »Er war der erste junge Mann, den ich kennenlernte, der die Welt am Schwanz packen und daran ziehen wollte«, sagte May. »Er war voller Ideen und hatte tausend Pläne.« May bezeichnete Jacks Mutter als eine sehr kalte, steife, unweibliche und gefühllose

Person. Sein Vater war ein leerer, geistloser Mann, wie May sagte, der als »Stütze der Gemeinde« posierte.

Sie sagte: »Als mein Mann mir von seinem kalten, gefühllosen Familienleben erzählte, flog ihm mein Herz zu. Ich wollte ihn lieben und ihn für all diese unglücklichen Jahre seines Lebens entschädigen. Ich wollte sein Leben mit Liebe, Wärme, Kindern und einem glücklichen Heim erfüllen.«

Diese Reaktion auf einen unglücklichen Mann wirkt so nobel und großartig, daß man zögert, sie unreif zu nennen. Aber sie ist es, denn sie ist die Art von Gefühl, das man bei einem jungen Mädchen erwarten würde, aber nicht bei einer jungen Frau, die sich ernsthaft überlegt, eine Ehe einzugehen. Sie spiegelt einen Mangel an Selbst – Selbstwertgefühl, Selbstachtung und Selbsterhaltungstrieb. Als sie heirateten, hatte ihr Mann ein halbes Jahr College hinter sich. Alle Welt glaubte, sie sei verrückt, aber Mays Gefühle waren zu stark, als daß sie hätte vernünftig sein können: »Ich glühte, wurde lebendig, wenn er in meiner Nähe war.« May glaubte, er sei ein höheres Wesen. »Ältere Leute fanden ihn höchst charmant«, sagte sie.

Nach der Heirat zog das junge Paar zu Mays Eltern. May ging arbeiten, aber ihr Mann konnte keine Arbeit finden. Sie gab ihm ihr Gehalt, das er auf ein Bankkonto legen sollte. Als er schließlich Arbeit fand, blieben sie weiterhin bei ihren Eltern, damit sie für Flitterwochen und einen eigenen Haushalt sparen konnten. Dann entdeckte May, daß alles Geld weg war. Ihr Mann hatte alles verspielt, mit der Ausrede, er habe ihr wirklich wunderbare Flitterwochen verschaffen wollen.

Nach dieser Beschreibung konnte ich erkennen, daß May einen Mann mit einer psychopathischen Persönlichkeit geheiratet hatte. Gut aussehend, gewinnend, verantwortungslos und ohne Prinzipien – ein solcher Psychopath findet immer eine Frau, die sich hingebungsvoll seiner annimmt. Sobald die Beziehung hergestellt ist, wird der Psychopath zum kleinen Jungen, der erwartet, versorgt zu werden. Und sechs Jahre lang verwöhnte May ihn wie ein Kind. Im Lauf meiner Praxis sind mir etliche Ehen dieser Art begegnet; alle haben unglücklich geendet. Als diese Ehe zerbrach, blieb May ohne Unterhalt für sich und ihre Kinder zurück. Sie kehrte zu ihren Eltern zurück.

Welche Art von Frauen wird von diesem Typus des psychopathischen Mannes angezogen? Mays Selbstbeschreibung war richtig: große Brüste, runde Hüften, eckig, schlampig und nicht sehr anmutig. Ihre Persönlichkeit hatte ein ausgeprägtes passives Element. »Was willst du von mir?« drückte eine Haltung der Unterwürfigkeit aus. Ihr Mangel an Selbstgefühl spiegelte ihren masochistischen Charakter wider. In ihrem Leben mit ihrem ersten Mann stellte May fast keine persönlichen Ansprüche; ihre individuellen Bedürfnisse wurden fortwährend den irrationalen Forderungen ihres Mannes untergeordnet.

May berichtete, sie sei ein sehr braves, ruhiges Kind gewesen, das von seiner Mutter sehr sauber gehalten wurde. »Sie putzte mir die Schuhe zweimal am Tag, drehte mir Locken in die Haare und tat alles, was sie konnte, um mich hübsch und sauber zu machen.« Ihre Passivität zeigte sich schon sehr früh, und ihre Tendenzen in dieser Richtung wurden durch ihre Mutter gefördert, die sie nicht als Person, sondern eher wie eine Puppe behandelte. In einem besonderen Bereich förderte das Eingreifen der Mutter die Passivität des Kindes und vertiefte seine Unterwürfigkeit. May berichtet, daß sie als Kind viel Verstopfung hatte, und daß ihr die Mutter die ganze Zeit Einläufe verabreichte.

Die Praxis, regelmäßig Einläufe zu machen, ist nach meiner Erfahrung außerordentlich schädlich für die psychosexuelle Entwicklung des Kindes. Das Einführen der Klistierspritze in den After des Kindes ist von einer so offensichtlichen Sexualsymbolik, daß ich mich frage, warum Psychologen und Sexologen ihre Bedeutung so beständig übersehen haben. Joan Malleson behauptet, das Einführen von Zäpfchen, Seifenstückchen und Klistieren könne für Vaginismus bei Frauen verantwortlich sein. Sie schreibt: »Jeder, der das einmal beobachtet hat, wird erkennen, welchem extremen Schmerz das Kind ausgesetzt wird. Das Baby, das wiederholt in dieser

Weise attackiert wird, schreit und versteift sich schon, wenn es den angreifenden Gegenstand auch nur sieht.«* Diese Art der Konditionierung in der Kindheit erzeugt bleibende Eindrücke, und der/die Betroffene verknüpft mit jedem Versuch, in seinen Körper einzudringen, Angst und Schmerzen. Die regelmäßige Erfahrung mit Einläufen hat zwei Folgen. Das Kind kontrahiert und verspannt die den After umgebenden Muskeln, einschließlich der Muskeln des Beckenbodens und des Gesäßes, in Abwehr gegen die Drohung der Penetration, und die Bewegungsfähigkeit ist stark eingeschränkt, während die Penetration andauert. Da der After der Scheide so nah ist, erstreckt sich die Angst vor Penetration und Bewegung auf jede Handlung der Penetration, an der dieses Organ beteiligt ist.

Die Reaktion auf die wiederholte Erfahrung mit Einläufen kann die Form von Widerstand oder Fügsamkeit annehmen. Vaginismus kann eine Form des unbewußten Widerstands gegen Penetration sein, der mit dem schmerzhaften und demütigenden Früherlebnis verbunden ist. Häufiger nimmt das Kind eine Haltung der Fügsamkeit gegenüber dem Unvermeidlichen an und akzeptiert die Versicherung der Mutter, es sei gut für das Kind. Man kann leicht erkennen, wie sich diese Haltung der Fügsamkeit später auf den Geschlechtsakt überträgt. Aber während der Einlauf ein Gefühl der Erleichterung nach der Entleerung herbeiführen kann, die durch ihn verursacht wird, endet die passive und fügsame Haltung in der Sexualität nur in Frustration.

May erinnerte sich nicht, vor dem Alter von sieben oder acht Jahren Einläufe bekommen zu haben. Jedoch erlebte sie jedesmal, wenn sie ein Baby bekam, den einleitenden Einlauf als »den schlimmsten Teil« des ganzen Vorgangs. Zweimal versuchte ihr Mann analen Verkehr mit ihr: »Ich fand es schrecklich und sehr schmerzhaft. Er sagte, er habe es genossen, aber ich ließ es ihn nicht mehr machen.« Die alles

---

* Vaginismus: Its Management and Psychogenesis«, *British Medical Journal*, 1942, S. 215.

durchdringende Qualität von Mays unbewußter Angst vor der analen Penetration zeigte sich auch in anderem Zusammenhang. Als May in meiner Praxis eine Übung machte, während ich hinter ihr stand, bemerkte sie: »Mich durchfuhr die Befürchtung, Sie könnten mir etwas in den Mastdarm schieben. Tatsächlich hatte ich dieselbe Befürchtung, als ich zum ersten Mal in Ihrer Praxis war. Der Gedanke an einen erigierten Penis, der eindrang, flog mir durch den Sinn, aber ich drückte ihn sofort wieder weg. Ich hätte es Ihnen nicht sagen können, aus Angst, Sie würden mich für verrückt halten.«
Jetzt sind wir in der Lage, einen wichtigen Aspekt von Mays Persönlichkeit, der sich in ihrer Zeichnung zeigte, zu verstehen. Der höhnische Zug im Gesicht der weiblichen Figur drückte Mays Verachtung für den Mann und ihr Überlegenheitsgefühl ihm gegenüber aus. Zugleich drückte er auch ihre Verachtung für die Frau aus, die sich mit einem unzulänglichen Mann einläßt und die deshalb in der Beziehung dominieren muß. Aber diese Einstellung ist höchst wirksam verdeckt durch eine Haltung der Hingabe und Aufopferung. Trotz ihrer bewußten Anstrengung, anders zu sein, war May ihrer dominierenden Mutter recht ähnlich, mit der sie sich unbewußt identifizierte. Ihre Verachtung für die Männer rührte auch von der Erfahrung mit den Einläufen her. Unbewußt faßte sie den Sexualakt als ein »Hineinschieben des Penis in den Mastdarm« (Vagina) auf, dem sie sich fügte, obwohl es in ihr ein Gefühl der Demütigung erzeugte. Die Verdrängung des Gefühls der Demütigung ließ in ihr Verachtung für sich selbst und für den Mann entstehen. Das komplexe Wechselspiel unbewußter Kräfte in Mays Persönlichkeit wird vielleicht verständlicher, wenn ich ihre Frage: »Was willst du von mir?« beantworte. May glaubte, ein Mann wolle von ihr, sie solle ihn bemuttern, ihn versorgen, seinem Verlangen nachgeben. Das traf für ihren ersten Mann gewiß zu. Zugleich erwartete sie von ihm, er wolle ihr »etwas in den Hintern schieben«, was ja genau das war, was ihr erster Mann versucht hatte.
May konnte ihre Rolle als Mutter ihres Mannes nicht von ihrer

Haltung sexueller Unterwürfigkeit trennen. Dies waren komplementäre Einstellungen, die ihre Minderwertigkeitsgefühle und Überlegenheitsgefühle ausglichen (einerseits hießt das weibliche Sexualobjekt im amerikanischen Slang »piece of ass« = Stück Hintern, andererseits ist die Mutter die Beschützerin). Auf die gleiche Weise spiegelte sich ihre Verachtung für den Mann in ihrer Verachtung für sich selbst. Was in ihrer Persönlichkeit offensichtlich fehlte, war die Vorstellung von einer Frau, die Ehefrau und Gleichberechtigte des Ehemanns und Mutter seiner Kinder sein konnte. In ihrer sexuellen Haltung war May das kleine Mädchen, das einen Einlauf über sich ergehen läßt. May räumte ein, sie sei vielleicht sexuell unreif; sie sah sich jedoch in anderer Hinsicht als reif an. Es war schwierig, ihr klarzumachen, daß sie nur ein kleines Mädchen war, das die Schuhe seiner Mutter trug.

Diese Analyse von Mays Persönlichkeit soll die neurotischen Einstellungen erklären, die für ihre Unfähigkeit verantwortlich sind, einen vaginalen Orgasmus zu erreichen. Ihre Probleme waren nicht rein psychisch, denn sie hatten sich in den Verspannungen ihres Körpers festgesetzt. Ihre Passivität schlug sich in einer allgemeinen Herabsetzung ihrer körperlichen Motilität nieder. Muskelverspannungen im Lumbosakralbereich, im Gesäß und in den Oberschenkeln schränkten die Bewegungen des Beckens stark ein. Durch die Identifizierung mit dem Mann, d. h. indem sie ihre sexuellen Gefühle auf die Klitoris konzentrierte, leugnete May, daß sie ein Sexualobjekt (passiv, unterwürfig) war und setzte ihr Recht durch, als gleichberechtigt mit dem Mann (aktiv, aggressiv) angesehen zu werden. Eine Fixierung auf die Klitoris ist eine Kompensation des Minderwertigkeitsgefühls, das mit dem Penetriertwerden verknüpft ist. Gerade durch diesen Vorgang wurde jedoch Mays Neurose vertieft, und wurden ihre Probleme intensiviert. In meiner klinischen Praxis ist es mir nie begegnet, daß eine Frau in einer Ehe Befriedigung und Glück gefunden hätte, in der die einzige Form sexueller Entspannung für sie durch Stimulierung der Klitoris zustande kam. Jede Ehe, die ich studiert habe, und in der diese Methode als ständiges Verfahren akzeptiert wurde, war gekennzeichnet durch Gefühle des Konflikts, der Frustration und der Unzufriedenheit.

May erzählte, ihr erster Mann habe am College einen Ehekurs besucht, und sie hätten sich nach den sexuellen Methoden gerichtet, die in den empfohlenen Büchern befürwortet wurden. Da es laut diesen Büchern ungewöhnlich für eine Frau war, einen vaginalen Orgasmus zu haben, habe sich ihr Mann darin gerechtfertigt gefühlt, sich auf die Klitoris zu konzentrieren. Ich hatte, als May zu mir kam, vorgeschlagen, sie solle Marie Robinsons Buch *The Power of Sexual Surrender** lesen. Ihre Reaktion war: »Ich wünsche mir nur, Sie hätten mir dieses Buch schon vor zehn Jahren empfehlen können. Mein Sexualleben hätte sich gewiß ganz anders entwickelt.«

Der klitorale Orgasmus stellt eine Form der orgastischen Impotenz bei der Frau dar. Eine andere Form der orgastischen Impotenz liegt vor, wenn die Frau beim Geschlechtsakt oder durch irgendeine Form der Stimulierung überhaupt keinen Höhepunkt erreichen kann. Ich würde solche Frauen nicht als frigide bezeichnen, denn viele von ihnen begrüßen den Geschlechtsakt und finden Lust in der Nähe und Intimität mit Männern. Es gibt aber andere, die insofern frigide sind, als sie durch die sexuellen Liebkosungen des Mannes nicht dazu gebracht werden, erotisches Verlangen zu verspüren. Bei der frigiden Frau ist die Vagina nicht befeuchtet, und der Geschlechtsverkehr ist schmerzhaft. Solche Fälle sexueller Empfindungslosigkeit waren in viktorianischen Zeiten viel häufiger. Die frühen Psychoanalytiker widmeten diesem Problem viele Untersuchungen. Unser Interesse gilt jedoch dem Problem der orgastischen Impotenz, dem viel weniger Beachtung zuteil wurde. Um dieses Problem noch weiter zu veranschaulichen, will ich die Geschichte und die Persönlichkeitsprobleme einer weiteren Patientin vorstellen, die keine sexuelle Klimax erreichen konnte.

---

* Dt. Ausgabe: *Die erfüllte Frau*, München, 1966.

Doris hatte sich schon immer von Jungen angezogen gefühlt, so weit sie sich zurückerinnern konnte. Sexuelle Gefühle waren immer vorhanden. Als Kind pflegte sie ihr Höschen zwischen den Beinen herunterhängen zu lassen, wodurch im Genitalbereich erotische Empfindungen entstanden. Als Erwachsene war sie leicht erregbar und hatte starkes Verlangen nach Geschlechtsverkehr. Ihr Problem kam in ihrem Bericht über eine Phantasie ziemlich deutlich heraus, die sie nach dem Masturbieren hatte. Sie sagte:

»Ich war halb im Schlaf und halb wach, und ich dachte, ich habe den Leuten immer etwas vorenthalten. Ich habe Angst, mein ganzes Selbst hinzugeben. In diesem Augenblick tauchte vor meinem inneren Auge das Bild einer Schachtel mit geschlossenem Deckel auf, die das darstellte, was ich zurückhielt. Ich machte sie auf, und sie war leer. Ich war erschrocken. Ich mußte denken, ich sage mir selbst, ich hielte etwas zurück, aber in Wirklichkeit hab' ich Angst, da sei gar nichts zum Geben da – oder wenn da was ist, weiß ich nicht, was es ist, oder wie ich drankommen soll.«

Diese Vorstellung von Leere beunruhigt viele Menschen. Patienten beklagen sich oft, sie fühlten sich leer. Da niemand wirklich leer ist – wie können wir diese Tatsache mit dem Gefühl einer inneren Leere vereinbaren? Das Gefühl der Leere spiegelt das Fehlen von Gefühlen der Liebe – Liebe zu sich selbst, zu einem Angehörigen des anderen Geschlechts, zur Familie, zu Nachbarn oder Freunden. Die Schachtel in Doris' Phantasie bezog sich nicht nur auf die Vagina, die sie symbolisch darstellte, sondern auch auf den Brustkorb, der das Herz umschließt. Was Doris sagen wollte, schien etwa zu sein: »Ich weiß nicht, ob ich ein Herz habe, oder wenn ich eins habe, weiß ich nicht, was es ist oder wie ich drankommen soll.«
Doris war in bezug auf ihre Weiblichkeit immer ambivalent gewesen. Im Verlauf der Therapie wurde sie sich homosexueller Gefühle bewußt. Die Nähe bestimmter Freundinnen erregte sie sexuell. Glücklicherweise konnte Doris diese Tatsache akzeptieren, und diese Gefühle beunruhigten sie nicht. Sie hatte sich niemals homosexuell betätigt und hatte

sexuell immer mit Männern zu tun. Ihre homosexuellen Gefühle waren Teil ihres Sexualkomplexes, zu dem auch starker Neid auf Männer gehörte. Sie äußerte mehrmals den Wunsch, ein Junge zu sein und einen Penis zu haben. Einmal träumte sie, ihre Schwester habe einen Penis, und sie bemerkte: »Es kam mir gar nicht so seltsam vor. Er war sehr deutlich zu sehen, und er faszinierte mich. Sie hätte auch ich sein können, oder in dem Traum äußerte sich vielleicht mein Wunsch, einen zu haben.« Als Doris zur Welt kam, waren ihre Eltern enttäuscht, daß sie kein Junge war.

Phantasien und Träume sind vielfachen Deutungen ausgesetzt. Die leere Schachtel in Doris' Phantasie könnte sich auch auf das Fehlen eines Penis bei ihr beziehen. Ohne Penis fühlte sich Doris leer und liebesunfähig. Eine solche Deutung ist zwar gültig, aber es wäre richtiger, zu sagen, daß Doris, da sie nicht lieben konnte und sich leer fühlte, dies mit dem Nichtvorhandensein eines Penis in Zusammenhang brachte.

Doris hatte zwei körperliche Leiden. Sie litt an wiederholten Asthmaanfällen und sie kämpfte mit einer Neurodermatitis, die einmal so schlimm war, daß sie nichts anderes tun konnte, als stundenlang in einem Stärkebad liegen. Ihr Asthma war ihrer orgastischen Impotenz ähnlich. Asthma ist eine Unfähigkeit, die Luft herauszulassen, und orgastische Impotenz ist die Unfähigkeit, sexuelle Gefühle zu entladen. Diese beiden Erkrankungen wurden durch die Therapie beseitigt, nachdem im Verlauf der Analyse ihre Bedeutung erhellt worden war.

Ein Traum, den Doris erzählte, lieferte Hinweise auf die Art ihres sexuellen Problems. »Ich ging mit C. (einem kleinen Mädchen) die Straße hinunter«, sagte sie. »Wir hielten an einer Straßenecke an, um eine Zeitung zu kaufen, und ein Mann dort warf uns auffallende Blicke zu. Später erwähnte C., sie kenne ihn, und er habe ihr einmal zehn Dollar dafür gegeben, daß sie an einer Lutschstange gelutscht habe. Ich wußte, was sie meinte, und ich war entsetzt, daß ihr in so jungen Jahren so etwas passiert war, und daß es auf keine Weise ungeschehen gemacht werden konnte. Ich fürchtete, er habe sie vielleicht wirklich angesteckt, und mich schockierte die ungezwungene Art, wie sie darüber sprach. Sie war so unschuldig gewesen.« Doris hatte keine Zweifel an ihrer Identifikation mit C. in dem Traum. Sie war sich dessen bewußt, daß sie als kleines Mädchen der Sexualität Erwachsener ausgesetzt gewesen war, und daß sie sich dadurch besudelt gefühlt hatte.

Eine Erinnerung spielte eine wichtige Rolle für die Entwirrung des durcheinandergeratenen Strangs ihrer Gefühle. Doris erinnerte sich, daß sie, als sie drei Jahre alt war, zusammen mit einem kleinen Jungen auf der Couch zu liegen und zuzusehen pflegte, wie ihre Mutter ihre neugeborene Schwester saubermachte und wickelte. Sie erinnerte sich an das sexuelle Gefühl, das diese Szene in ihr weckte. Sie erinnerte sich aber auch, daß sie zu dieser Zeit stark an Verstopfung gelitten hatte. Sie hatte seit Tagen keinen Stuhlgang gehabt, und sie erinnerte sich, daß ein großer, runder, harter Klumpen von Faezes in ihrem Mastdarm steckte. Sie sagte: »Ich hab' ihn gefühlt. Er war wie ein Teil von mir. Ich hatte auch Angst vor ihm, fürchtete mich, ihn loszulassen, aber ich wußte, daß ich ihn würde herauslassen müssen, und daß es um so schlimmer sein würde, je länger ich wartete. Ich wußte, daß es wehtun würde, und daß Mutter böse oder beunruhigt sein würde.«

Der Ausgang dieses Falles erwies sich als höchst aufregend. Er kam kurz nach dem Auftauchen der oben erwähnten Erinnerung zustande. Die Sitzung begann damit, daß Doris sagte, sie fühle sich anders als andere Mädchen. Sie bemerkte, ihr sei in deren Gegenwart nicht wohl. Sie sagte: »Ich kann nicht plaudern. Ich kann Leute nicht ansehen, wenn ich sie nicht gut kenne. Ich fürchte, ich würde etwas oder das Fehlen von etwas preisgeben. Ich schäme mich wegen meines Hautleidens. Ich will nicht, daß jemand es sieht.«

Dann berichtete Doris von einer Phantasie, die sie seit ihrer Kindheit hatte: »Ich hatte die Phantasie, mein Vater käme in mein Zimmer, während ich schlief, und er würde mich schwängern, ohne daß ich es wüßte. Das erschreckte mich sehr.« Sie fügte hinzu, er habe gewohnheitsmäßig getrunken,

und sie habe gedacht, er könnte den Kopf verlieren und mit einer Axt hinter ihr hersein.
»Was hätte er denn getan?« fragte ich.
»Mir den Kopf abgeschlagen«, sagte sie.
»Was bedeutete das?« wollte ich wissen.
»Er hätte etwas mit mir machen können, ohne daß ich es gemerkt hätte«, antwortete sie.
Meine Deutung war, daß Doris, wenn ihr Vater sie veranlaßt hätte, den Kopf zu verlieren, sexuelle Beziehungen zu ihm gehabt hätte und schwanger geworden wäre. Eine solche Phantasie konnte in einem Kind entstehen, wenn es auf irgendeiner Ebene des Bewußtseins spürte, daß es seinem Vater nicht trauen konnte. Doris mußte »klaren Kopf behalten«, um sich gegen die Möglichkeit zu schützen, daß ihr Vater den Kopf verlieren könnte. Das Bedürfnis, einen »klaren Kopf zu behalten« und das Verlangen, im Orgasmus »loszulassen«, erzeugten einen Persönlichkeitskonflikt, der Doris im Geschlechtsakt unbeweglich machte.
Die oben geschilderte Phantasie könnte man auch als einen Ausdruck des Kindheitswunsches von Doris deuten, von ihrem Vater geschwängert zu werden. Hier haben wir einen der Hauptkonflikte in ihrem Unbewußten: den Wunsch, schwanger zu werden, und die Angst davor. Doris berichtete dann, im Verlauf ihrer Ehe habe sie immer wieder versucht, schwanger zu werden, aber ohne Erfolg. Dieses Gespräch brachte einige Hinweise auf ihren Bauch ans Licht. Doris sagte, ihr Bauch sei ihr immer ein Problem gewesen. Sie hatte immer versucht, ihn einzuziehen, ihn klein und fest zu machen, aber diese Einschränkung hatte ihre Atmung beeinträchtigt und sie ängstlich gemacht. Mein Vorschlag, sie solle den Bauch hängen lassen und nicht versuchen, ihn einzuziehen, half ihr in den Frühstadien der Therapie, eine gewisse Entspannung zu erreichen. Sie bemerkte: »Es sieht immer so aus, als sei ich schwanger, aber ich bin es nicht. Habe ich unbewußt Angst, schwanger zu sein, und daß man es sehen könnte?« Als sie auf der Couch lag, rief sie aus: »Mein Bauch!« und fing an, tief zu schluchzen.

Im Hinblick auf diese Einsicht wurde es möglich, eine Funktion des Hautausschlags in ihrem Gesicht zu verstehen. Mir kam die Idee, es könnte sich dabei um ein Ablenkungsmanöver handeln. Ich fragte sie also: »Warum wollten Sie den Ausschlag im Gesicht haben?« Sie antwortete zögernd: »Um die Aufmerksamkeit von meinem Bauch abzulenken. Ich hab' immer Angst, sie werden es sehen.« Und sie fügte hinzu: »Mein Leben lang hab' ich Angst gehabt, meinen Bauch heraushängen zu lassen, hab' gefürchtet, man wird dann sehen, daß ich schwanger bin. Aber ich bin's nicht«, beharrte sie.

Konnte diese Angst in irgendeinem Zusammenhang mit ihrer Unfähigkeit stehen, orgastische Entspannung zu finden? Ich bat sie, zu dem Wort »Orgasmus« zu assoziieren. »Was bedeutet dieses Wort für Sie?«

»Loslassen, Schmerzen und Schmutz. Verlust der Beherrschung und die Angst, daß etwas rauskommen wird, über das ich mich schämen werde.«

»Was wollen Sie nicht sehen?« fragte ich.

»Den Schmutz, und ich will auch nicht, daß ihn irgendjemand anders sieht«, erwiderte sie.

Der »Schmutz« konnte im Hinblick auf das Vorangegangene nur eine Deutung haben. Er stellte die große, harte Masse von Faezes dar, die in ihrem Darm steckte, und die sie aus Angst nicht herauslassen wollte. Sie fürchtete, sie würde »Schmutz machen«, und ihre Mutter würde böse und beunruhigt sein, und sie fürchtete, es könnte sich herausstellen, daß es ein Baby war. Dieses würde ihre phantasierten sexuellen Vergehen mit ihrem Vater ans Licht bringen. Das psychoanalytische Konzept von der Identität von Faezes und Kind wird in diesem Fall gut veranschaulicht. Aber mir geht es hier um den Zusammenhang zwischen Kot und orgastischer Impotenz. Der Orgasmus stellte für Doris Loslassen, den Kot herauslassen, dar. Kot ist gleich Kind, das wiederum sexuellen Gefühlen gleichkommt. Jede Störung in der Funktion der Kot-Ausscheidung spiegelt sich in einer entsprechenden Störung der Sexualbewegung.

Die Funktionseinheit des Ernährungstrakts ist von der Art, daß sich an beiden Enden der Röhre ähnliche Störungen finden. Der Unfähigkeit, herauszulassen, kann also eine Unfähigkeit parallellaufen, aufzunehmen. Doris hatte eine andere Schwierigkeit, die eine gewisse Beziehung zu ihrer Orgasmusunfähigkeit hatte. Sie hatte sowohl eine Saug- als auch eine Beißhemmung. In einer Sitzung besprach ich dieses Problem mit ihr. Bei dieser Gelegenheit hatte Doris ihre Fingerknöchel an den Mund gebracht. Als sie sie mit den Zähnen packte und heftig an ihnen saugte, wurde ihre Vagina von sexuellen Gefühlen überflutet. Der Mund und die Vagina sind in dem Sinn homologe Organe, daß beide aufnehmende Höhlen sind. Die Bedeutung dieser funktionellen Beziehung in bezug auf die Sexualität habe ich in einem früheren Kapitel besprochen. Als Doris das sexuelle Gefühl wahrnahm, bemerkte sie: »Ich fürchte mich, zu beißen, denn sobald ich zu beißen anfange, beiße ich es ab – die Brust, den Penis. Warum hab' ich so große Schwierigkeiten mit dem Hinunterschlucken gehabt?« Sie begann heftig zu weinen und wiederholte die Frage. Dann fügte sie hinzu: »Ich hab' etwas gespürt. Ich bin schuld. Herunterschlucken ist schwanger werden. Es ist wie ein Orgasmus.«

Doris' tiefsitzender Wunsch und ihre tiefsitzende Angst, schwanger zu werden, war zum Teil verantwortlich für ihre Schwierigkeit beim Hinunterschlucken. Das kleine Kind glaubt, seine Mutter werde dadurch schwanger, daß sie durch den Mund etwas in ihren Körper aufnimmt. Indem das kleine Mädchen nichts schluckt, nichts in sich aufnimmt, glaubt es, vermeiden zu können, daß es schwanger wird. Aber warum wünschte sich Doris, schwanger zu werden? Wenn man sagt, sie wollte wie ihre Mutter sein oder beim Vater den Platz der Mutter einnehmen, erklärt man nur die psychische Motivation. Welche körperlichen Bedürfnisse brachten diesen Wunsch hervor? Ein Baby ist ein Symbol der Liebe. Die Schwangerschaft zeigt, daß eine Frau geliebt worden ist und von Liebe erfüllt ist, d. h. von dem Produkt der Liebe. Doris' Sorge (in ihrer Phantasie) und Furcht, ihre Schachtel sei leer, die als Mangel an Liebe gedeutet wurden, erklären ihren Wunsch, schwanger zu sein. Bei der erwachsenen Frau ebenso wie beim kleinen Mädchen wird die Schwangerschaft mit dem Gefühl identifiziert, geliebt zu werden. Sie ist eine der einfachsten Möglichkeiten, innere Leere auszufüllen.

Die Erinnerung an einen anderen Vorfall aus der Kindheit tauchte wieder auf. Doris erinnerte sich, daß ihre Mutter ihr, als sie noch ganz klein war, gesagt hatte, woher die Babies kommen. Sie spürte, daß es ihre Mutter eine große Anstrengung gekostet hatte, so freimütig zu sein. Als ihre Mutter ausgeredet hatte, erinnerte sich Doris, war sie selbst aus dem Zimmer geflohen und hatte gesagt: »Ich glaub' es nicht, ich glaub' es nicht!« Aber dann fügte sie hinzu: »Ich kann mich nicht erinnern, daß sie schwanger war, obwohl sie einen dicken Bauch gehabt haben muß, bevor meine Schwester geboren wurde. Ich erinnere mich nur daran, wie sie aus dem Krankenhaus mit meiner Schwester nach Hause kam, als ich drei war.«

Es kann nicht sein, daß Doris den Zustand ihrer Mutter nicht bemerkt hat. Wenn sie die Erinnerung an diesen Zustand ausgeblendet hat, dann zu dem Zweck, die Bedeutung des dicken, vollen Bauches zu leugnen. Auch sie hatte einen vollen Bauch (Darm, voller Kot), und sie hatte die Auskunft ihrer Mutter so interpretiert, als bedeute sie, ein Kind werde durch den After geboren. In mehrerlei Hinsicht war Doris' Problem gewesen: zu groß und zuviel. Sie war den »Tatsachen des Lebens« zu früh ausgesetzt worden, und sie waren zu groß und zuviel für sie. Ihre Entwicklung geriet durcheinander. Genitalität mischte sich mit dem oralen Verlangen nach Liebe und wurde durch anale Angst getönt. Ihre »Schachtel« war nicht leer, sondern voller verdrängter Gefühle. Die Analyse zeigte, daß Doris schwanger werden wollte, um ihre oralen Bedürfnisse zu erfüllen. Aber die Schwangerschaft bot Gefahren. Sie würde das inzestuöse Verlangen nach dem Vater verraten, und sie würde das scheinbar unlösbare Problem mit sich bringen, wie das Kind geboren werden sollte, ohne »Schmutz zu machen«. Die Oralität war mit genitalen Gefühlen belastet. Doris konnte weder beißen noch schlucken, aus Angst, es würde zur Schwangerschaft führen. Ihre Schwierigkeit beim Atmen drückte ihre Angst aus, irgendetwas herauszulassen. Da Doris weder als Erwachsene funktionieren noch auf das Kind regredieren konnte, blieben ihr nur die Reaktionen des Weinens und der Wutanfälle übrig. All diese Gefühle mußten an die Oberfläche gebracht und freigesetzt werden, so daß sie sich mit der Zuneigung erfüllen konnte, die sie geben und empfangen wollte. Solange dies nicht geschehen war, war Doris durch ihre Angst, etwas in sich aufzunehmen und durch ihre Angst, etwas herauszulassen, blockiert. Sex war für Doris ein verzweifelter Versuch, in dem Labyrinth von Impulsen und Abwehr, aus dem ihre Persönlichkeit bestand, Liebe zu finden. Das heißt, Doris versuchte, ihr Herz zu finden. Es war nicht überraschend, daß sie unweigerlich in dieser wirren Situation die Orientierung verlor und keinen Ausgang (Klimax) finden konnte.

Dann kamen Doris' tiefere Gefühle ans Licht. Sie sagte: »Ich will keinen Sex, sondern Nähe. Ich wollte im Arm gehalten und geliebt werden, aber wenn ich zu meinem Vater ging, deutete er es als sexuelles Verlangen und stieß mich weg. Meine Mutter bemerkte meine Gefühle für meinen Vater. Bei ihr war alles mit Sexualität verknüpft. Wenn ich bei meinem Vater Liebe suchte, sorgte sie dafür, daß es wie Sex aussah, und er wußte es und akzeptierte mich nicht. Zu ihr konnte ich auch nicht gehen. Liegt es daran, daß ich nicht frei und spontan sein kann? Ich bin von der Sexualität zu sehr in Anspruch genommen. Sie geht mir immer im Kopf herum, bewußt oder unbewußt. Sie dringt in alles ein.«

Nachdem sie ihre Gefühle wie oben ausgedrückt hatte, löste sich Doris' Muster neurotischer Sexualität allmählich auf. Sie hatte die Sexualität als Mittel benützt, um Nähe und Liebe zu gewinnen, und es hatte versagt. Hierin hatte sie das Beispiel ihrer Eltern befolgt, die die Liebe des Kindes mit erwachsener Sexualität verwechselt hatten. Als die Therapie nach einer Sommerpause wiederaufgenommen wurde, erkannte Doris, daß sie ihr infantiles Sich-Anklammern an einen Mann und ihre

Abhängigkeit von ihm aufgeben mußte, wenn sie emotionale Reife gewinnen wollte. Sie brachte diesen Punkt spontan zur Sprache und faßte den Entschluß, die Art ihrer Beziehungen zu Männern zu ändern.

Die juckende Dermatitis kehrte an einigen Körperteilen zurück, aber nicht im Gesicht. Dies wurde als eine Verschiebung infantiler Masturbation analysiert. Als Kind hatte Doris ihren Genitalbereich nicht mit den Händen berühren können. Ersatzweise ließ sie ihre Höschen zwischen den Beinen herunterhängen. Zwar hatte sie, seit sie erwachsen war, regelmäßig masturbiert, aber sie hatte nie einen Höhepunkt oder eine Entspannung erreicht. Im Verlauf der Analyse erkannte sie, daß sie fähig sein sollte, es selbst zu tun (sich Lust und Befriedigung verschaffen), und sie wollte auch sehr gern dazu fähig sein.

Zwei Dinge ereigneten sich, die halfen, ihre Probleme zu lösen. Sie bekam einige Furunkel, die so schlimm waren, daß sie eine Woche ins Krankenhaus mußte. Im Krankenhaus fühlte sich Doris zum erstenmal vom Druck ihrer Arbeitssituation befreit. Sie wurde sich ihrer zwanghaften Einstellung zur Arbeit bewußt. Sie hatte sich bei der Arbeit so stark angetrieben, daß sie am Ende jedes Tages erschöpft war und nicht richtig für ihre Wohnung und sich selber sorgen konnte. Als sie nach ihrer Entlassung aus dem Krankenhaus wieder zur Arbeit zurückkehrte, legte sie ein normaleres Tempo vor, aber sie merkte auch zum erstenmal, daß sie sich sehr müde fühlte. Ihre Müdigkeit war durch ihre Zwanghaftigkeit verdeckt worden. Das Bedürfnis, mehr auf ihr körperliches Wohlergehen zu achten, konzentrierte ihre Energien und ihre Aufmerksamkeit auf sie selbst. Das Ergebnis war eine Stärkung des Selbstgefühls und eine Verminderung ihrer übermäßigen Beschäftigung mit äußeren Situationen, Männern und der Arbeit. Mit dieser neuen Orientierung tauchten Gefühle der Unabhängigkeit auf. Und Doris berichtete, daß sie beim Masturbieren einen Höhepunkt erlebt hatte.

Das zweite Ereignis war der Verlust ihrer Stellung, die sie viele

Jahre lang innegehabt hatte. Sie hatte schon daran gedacht, zu kündigen, aber die Ereignisse kamen ihr zuvor. Sie wurde mit einer sehr großzügigen Abfindung entlassen und fühlte sich sehr erleichtert und befreit. Vorläufig hatte sie es nicht nötig, zu arbeiten, und endlich einmal in ihrem Leben konnte sie sich »gehen lassen«. Im Zusammenhang mit einer neuen Einstellung zum Leben und einer Wiederentdeckung ihres eigenen Selbst tauchten beim Sexualakt orgastische Empfindungen auf. Sie waren noch nicht alles, was man sich wünschen konnte, aber sie waren ein Anfang. Ihre Intensität und Anzahl nahm zu, je mehr ihre Persönlichkeit reifte und blühte. Doris geht nun seit einiger Zeit mit einem jungen Mann, der verständnisvoll, aber nicht zu beteiligt, zärtlich, aber nicht »anhänglich« ist. Ihre Beziehung hat beiden erheblichen Lustgewinn gebracht. Sie hat Doris geholfen, die nötigen Schritte in Richtung auf Fraulichkeit zu tun.

Doris ist eine völlig andere Person, als sie es vor einigen Jahren bei unserer ersten Begegnung war. Ihr Gesicht ist weich und hat einen glücklichen Ausdruck, ihre Augen blicken ruhig. Ihr Körper fühlt sich für sie selber gut an. Da sie ihren Körper wiedergewonnen hat, will sie ihn nun mit guter Nahrung, Schlaf und frischer Luft und körperlicher Betätigung pflegen. Bis vor kurzem hatte sie diese Seite des Daseins vernachlässigt. Es sind noch viele Probleme psychischer und physischer Art übriggeblieben, aber Doris hat neues Selbstvertrauen und eine neue Sicherheit. Wie eine Blume, die langsam knospt, aber über Nacht aufblüht, hatte sie auch ihre Veränderung lange vorbereitet. Aber nur eine so langsame Veränderung, die einer Entwicklung gleichkommt und keine magische Verwandlung ist, ist zuverlässig und dauerhaft.

Ich habe viele Frauen behandelt, die ein gewisses Maß an orgastischer Potenz durch die Lösung innerer Konflikte gewonnen haben. Es war nie eine leichte Aufgabe. Wir sollten uns nicht vormachen, orgastische Potenz könne auf Umwegen oder durch Manipulation erlangt werden. Die Sexualität ist kein isoliertes Phänomen. In der Sexualfunktion einer Frau schlägt sich die reife Weiblichkeit oder deren Fehlen nieder. Wenn wir bei einer Frau mit orgastischer Impotenz konfrontiert werden, müssen wir mit tiefsitzenden Konflikten in ihrer Persönlichkeit rechnen. Infantilismus, Unreife und Vermännlichung gehören zu den Fixierungen, die die Persönlichkeit einer Frau verkrüppeln. Sie untergraben ihre Sexualität und versagen ihr sexuelle Erfüllung. Durch den äußeren Anstrich der »sexuellen Aufgeklärtheit« lassen sie sich nicht ausrotten. Wenn wir tieferen Einblick in das Problem gewinnen wollen, müssen wir den historischen Hintergrund der aktuellen Verwirrung in bezug auf die weibliche Persönlichkeit und die Funktion der Frau untersuchen.

14 Zweierlei Maß

Man braucht wenig Phantasie, um sich vorzustellen, daß die sexuellen Probleme von Frauen eine Beziehung zu der »doppelten Moral« haben, denen sie unzählige Generationen lang ausgesetzt gewesen sind. Welches normale Mädchen ist nicht so erzogen worden, daß es sich gegen die sexuellen Annäherungsversuche von Männern schützen muß, oder daß es in einer Verführung eine Niederlage seiner Persönlichkeit zu sehen hat? Das gehört so sehr zu unserer Kultur, daß wir von einem »gefallenen Mädchen« sprechen, aber niemals von einem »gefallenen Mann«. Die Ehefrau, die aus der Ehe ausbricht und mit einem anderen Mann sexuelle Beziehungen hat, wird verurteilt; der Ehemann wird lediglich kritisiert. Die junge Frau wird durch Beschämung zum »moralischen« Sexualverhalten getrieben; den jungen Mann ermahnt man lediglich, vorsichtig zu sein. Unter ihresgleichen werden die Verführer bewundert, die Verführten bemitleidet. Bis vor kurzem war die Lust der Sexualität das Vorrecht der Männer. Die Emanzipation der Frau gipfelt in ihrer Forderung nach gleichen Privilegien und gleicher Befriedigung.

Der Schaden, den das Messen mit zweierlei Maß den Frauen zugefügt hat, geht über die Einschränkung ihrer sexuellen Aktivität noch hinaus. Er hat im Lauf der Zeit eine Spaltung ihrer einheitlichen Natur in zwei einander entgegengesetzte Aspekte bewirkt: Als Sexualobjekt ist sie ein minderwertiges Wesen; als hingebungsvolle und opferbereite Mutter ist sie ein höheres Wesen. Manchmal werden die Bewertungen umgekehrt. Die Frau als Sexualobjekt kann ein berühmter Filmstar werden, während die Frau als Mutter auf eine untergeordnete Rolle verwiesen wird. Die Kurtisane wurde beneidet und verachtet, die Hausfrau wurde zwar gebilligt, aber gönnerhaft behandelt. Heute sagen die Psychologen der modernen Frau, sie solle Sexualobjekt und Mutter, Kurtisane und Hausfrau sein, alles zur gleichen Zeit. Leider hat die Spaltung im Bewußtsein der Frau so lange angedauert, daß sie nicht durch einfaches Leugnen geheilt oder durch »sexuelle Aufgeklärtheit« weggezaubert werden kann.

In der »doppelten Moral« schlägt sich der Umstand nieder, daß die Frau in der abendländischen Kultur auf einen untergeordneten Platz verwiesen worden ist. Ihre Person ist der Männerherrschaft unterworfen gewesen, und ihre Persönlichkeit ist in einer patriarchalischen Kultur unterdrückt worden. Simone de Beauvoir hatte nicht ganz unrecht, als sie die Frauen als das »zweite Geschlecht« bezeichnete. Es war ein langer, mühsamer Kampf für die Frau, von der Zeit an, als sie nach römischem Recht die bewegliche Habe ihres Ehemannes war, bis zu ihrer heutigen Freiheit und Würde als gleichberechtigte Bürgerin. Es kostete eine große Anstrengung, ihr das Tor zur Bildung zu öffnen, und es ist noch nicht so lange her, daß man ihr in demokratischen Ländern das Wahlrecht gegeben hat. Aber wenn auch ihr Kampf um Anerkennung im politischen und sozialen Bereich weitgehend gewonnen ist, so ist er doch im sexuellen Bereich noch im Gang. Hier bringen Dekrete und Gesetze keine Hilfe. Die Erfahrungen der Sowjetunion mit der Prostitution machen die Schwierigkeiten deutlich. Trotz einer aufrichtigen Bemühung, diesem Problem durch Gesetze und Umerziehungszentren ein Ende zu machen, gibt es heute (nach Maryse Choisy) in Moskau ebensoviele Straßenprostituierte wie in New York, London oder Paris.

Die sexuellen Probleme der Frauen sind von denen der Männer nicht zu trennen. Das wird deutlich veranschaulicht durch eine beliebte Redensart, nach der Frauen ihre mädchenhafte Figur behalten, um sich ihre jungenhaften Ehemänner zu erhalten. Die »doppelte Moral« wirkt sich auf den Mann nur etwas weniger aus als auf die Frau. Sie trennt seine zärtlichen und liebevollen Gefühle von seinen sexuellen Gefühlen. Sie kann bei einem Mann in bezug auf Frauen seiner eigenen Gesellschaftsschicht sexuelle Impotenz erzeugen. In den Jahren vor dem Ersten Weltkrieg war es nichts Ungewöhnliches, daß ein Mann bei seiner Frau impotent, bei einer Prostituierten aber scheinbar potent war. Die frühen Psychoanalytiker haben viele solche Fälle behandelt. Es wäre jedoch ein Irrtum, zu glauben, dieses Problem sei verschwunden. Der Mann, der ein Verhältnis mit seiner Sekretärin hat, während seine sexuellen Beziehungen zu seiner Frau sich verschlechtert haben, wird nach den Maßstäben der »aufgeklärten Sexualität« nicht als impotent angesehen. Aber es ist das gleiche Problem in einer anderen Form: die Trennung von Liebe und Achtung von der Sexualität. Die Spaltung in der Persönlichkeit des Mannes untergräbt seine orgastische Potenz. Es ist also eine zu kurzsichtige Betrachtungsweise, wenn man die Männer für die Schurken hält, die für die »doppelte Moral« und die Herabsetzung der Frauen verantwortlich sind.

Die doppelte Moral hat ihren Ursprung in der Entwicklung der abendländischen Kultur, die vom männlichen Ich und seinem Machtideal beherrscht wird. Ihr ist eine primitivere Kultur vorangegangen, in der weibliche Funktionen und weibliche Eigenschaften die Beziehung des Mannes zur Natur und zum Leben bestimmten. Dieses Stadium ist, im Gegensatz zur späteren patriarchalischen Periode, als Matriarchat bekannt. Während des Matriarchats wurden Verwandtschaftsbeziehungen nur nach der mütterlichen Linie, also matrilineal, bestimmt. Der Mann wurde als Nebenform der Frau angesehen, die als Große Mutter oder *magna mater* verehrt wurde. Eine andere Auffassung von der großen kulturellen Wandlung in der Morgendämmerung der Geschichte bringt sie mit der Entthronung der frühen weiblichen Götter in Zusammenhang, die dann durch männliche Gestalten ersetzt wurden. Diese wiederum wurden in dem jüdisch-christlichen Konzept vom Gottvater verherrlicht.

Das Bild der Großen Mutter, die das primitive Ich in Plastiken und Zeichnungen darstellte, war die hermaphroditische Frau mit Bart oder Penis. In ihr vereinigten sich Männliches und

Weibliches. In der frühen ägyptischen Mythologie war sie Neith, die Gebärerin, »die Mutter, die die Sonne gebar«, die aber zugleich auch die Kriegsgöttin war. Hathor trug eine Sonnenscheibe mit Kuhhörnern; sie gab Milch und trug die Sonne, aber sie war auch eine »blutdurstige Berauberin der Menschheit«. Die Große Mutter war die Gottheit von Leben und Tod, der ganzen Natur und ihrer Manifestationen. Sie war die Personifikation der Natur, wild und ungezähmt; sie besaß sowohl die Fänge des Raubtiers als auch das Lied des Vogels. Ihre Verehrung war mit blutigen Opfern verbunden, von Menschen wie von Tieren, und mit Fruchtbarkeitsriten, zu denen echte und symbolische Kastration gehörte. Die Große Mutter hatte zwei Seiten: »gute Mutter« und »furchtbare Mutter«, Gebende und Nehmende, Versorgerin und Zerstörerin, Leben und Tod. In diesem Sinn war sie die Natur, wie der Primitive sie erlebte. Aber sie war auch die Mutter des eigenen Säuglingsalters, die nährte und tröstete, die das Kind aber auch verlassen und verletzen konnte. Auch hier hatte sie die zwei Seiten: »gute Mutter« und »böse Mutter«.

Der Kampf, in dem die weiblichen Gottheiten gestürzt wurden, war kein Kampf zwischen Mann und Frau, sondern ein schöpferischer Konflikt zwischen den Kräften der Kultur und dem Unbewußten. Es war ein Kampf, der in der Seele und im Geist der primitiven Männer und Frauen ausgetragen wurde, wie er immer noch in der ontogenetischen Entwicklung von jedem Individuum ausgetragen wird. Es ist die Bemühung des Bewußtseins, die Kräfte der Natur zu begreifen und sie seinem Willen untertan zu machen. Es ist der Kampf des Ichs, sich zum Meister des Es zu machen, und nur in dem Maß, in dem dieser Kampf erfolgreich ist, ist zivilisiertes Leben möglich.

Die Machtergreifung des männlichen Prinzips kann man zum Anwachsen des Bewußtseins und zur Ich-Entwicklung in Beziehung setzen. Das Ich entwickelt sich aus dem Bewußtsein als Selbst-Gewahrsein oder Selbst-Bewußtsein. Es stellt die Unterscheidung des Individuums von der Gruppe dar. Das primitive Bewußtsein erlebt sich als identifiziert mit und als Teil der Natur und der Gruppe in dem, was Lucien Lévy-Bruhl als »participation mystique« bezeichnet hat. Die Selbst-Erfahrung des Ichs erzeugte die Dichotomie von Selbst und Anderem, Ich und Welt, Himmel und Erde, männlich und weiblich. Diese Unterschiede waren immer vorhanden, aber sie waren unter dem alles durchdringenden Gefühl der mystischen Identifikation begraben. Wenn man die Natur als weiblich wahrnimmt, wird das auftauchende und sich entwickelnde Ich mit dem männlichen Prinzip identifiziert. Dieser Vorgang, der mythologisch als »Trennung der Welteltern« dargestellt wird, schreibt dem Bewußtsein bei Mann und Frau eine maskuline Qualität zu. Licht, Tag und Himmel stellen das Männliche dar, im Gegensatz zu Dunkelheit, Nacht und dem Unbewußten, die weiblichen Charakter haben. Unbewußtsein ist Schlaf, und der Schlaf ist eine symbolische Rückkehr in den Mutterleib und zur Erde.

Ein Schlüsselfaktor beim Sturz des Matriarchats war die Kenntnis der Rolle, die das männliche Organ bei der Fortpflanzung spielt. In manchen Kulturen, wie z. B. der der Trobriand-Inseln war seine Funktion bei der Empfängnis bis ins zwanzigste Jahrhundert unbekannt. Man hatte angenommen, die Empfängnis finde statt, wenn der Geist aus dem Wasser oder aus der Luft in den Körper der Frau eindrang. Der weibliche Körper wurde als ein Gefäß angesehen, das das Zeugungsprinzip in sich selbst enthielt. Sein Symbol war das Füllhorn, aus dem sich die Früchte der Erde ergossen. Es ist leicht, die Schwierigkeiten des Primitiven zu verstehen, Schwangerschaft und Geburt mit sexuellen Beziehungen in Verbindung zu bringen. Die Seltenheit von Schwangerschaften im Vergleich zu der großen Zahl von Geschlechtsakten und die lange Zeitspanne zwischen Empfängnis und Geburt schienen jeden direkten Zusammenhang zu widerlegen. Diese Erkenntnis wurde zuerst von Nomadenstämmen erworben, deren Wirtschaft von der Versorgung und Aufzucht von Viehherden abhängig war. Man kann annehmen, daß sie sie an Kulturen weitergaben, die sich mit Landwirtschaft befaßten. Aber dieses Wissen untergrub das Matriarchat erst, als der Privatbesitz auf dem gesellschaftlichen Schauplatz erschien.

Historisch läßt sich die Entwicklung des Patriarchats mit dem kulturellen Fortschritt von der Steinzeit zur Bronzezeit in Verbindung bringen, die durch den Gebrauch von Metallgegenständen gekennzeichnet ist. Das Schmelzen von Erzen und das Schmieden von Metallen war abhängig von der Fähigkeit, das Feuer für konstruktive Zwecke nutzbar zu machen. Der Steinzeitmensch hatte das Feuer zum Kochen und für seine Erwärmung benützt. Seine Verwendung zur Umwandlung der Natur (Erz in Metall in Werkzeug) stellte eine wesentliche Veränderung der Beziehung des Menschen zur Natur dar. Sie gab ihm die Macht, die Natur zu verändern, eine Macht, die von seinem Willen abhängig war, im Gegensatz zum Menschen der Steinzeit, dessen Versuche, die Natur zu steuern oder zu beeinflussen, sich auf die Anwendung von Zauber und Ritual stützten. Sie machte den Erwerb der Macht des Besitzes möglich.

Auch im Matriarchat gab es schon Wissen und Besitz. Der Steinzeitmensch hatte gewisse Erfahrungen gesammelt, und er war sich über bestimmte Abläufe von Ereignissen im klaren. Aber das Phänomen der natürlichen Umwandlung, z. B. der Wachstumszyklus oder die Geburt eines Kindes, war ihm ein Geheimnis. Es gehörte zu den unbekannten oder dunklen Kräften. Das schließlich vom Ich erworbene Wissen war die Erkenntnis von Ursache und Wirkung, von Beziehungen. Es war das Wissen von gut und böse. Das Gute bestand in der Macht, die Natur zu verwandeln; das Böse war die Erkenntnis der Isoliertheit, der Ungeborgenheit und der Sterblichkeit des Menschen. In seiner *Ursprungsgeschichte des Bewußtseins* stellt Erich Neumann dasselbe fest: »Mit dem Dasein des Ich und des Bewußtseins treten nicht nur die Einsamkeit, sondern auch Leiden, Arbeit, Not, Böses, Krankheit und Tod ins Leben, indem sie vom Ich wahrgenommen werden.«* All diese

---

* Erich Neumann, *Ursprungsgeschichte des Bewußtseins,* München: Kindler, Taschenbuch-Reihe »Geist und Psyche« 2042/43, S. 100.

negativen Aspekte des Lebens existierten schon vorher, aber sie waren Ereignisse, nicht Begriffe; Unglücksfälle, nicht drohende Gefahren. Ein ganzes System von Sicherheitsmaßnahmen mußte gegen diese Gefahren errichtet werden.

Die Macht des Besitzes ist eine solche Sicherheitsmaßnahme. Besitz im Sinn von Macht hatte ihren Beginn in der Produktion von Überschuß. Überschüssige Nahrungsmittel, ob tierischer oder pflanzlicher Art, sind die Art von Besitz, die Sicherheit vor der Natur bieten, denn sie machen ihren Eigentümer in gewissem Maß unabhängig von den Launen der Natur. Der Kornvorrat in einem Speicher ist der Schutz des Menschen gegen die Gefahr magerer Jahre, wenn Nahrungsmittel knapp sind. In diesem Zusammenhang kann man nicht unbeachtet lassen, daß das in den Speichern der Pharaonen gelagerte Getreide die materielle Grundlage für ihre Macht und Herrschaft lieferte. Aber die zuverlässige Produktion von überschüssigen Nahrungsmitteln erforderte die Verwendung von Werkzeugen, die denen des Steinzeitmenschen überlegen waren, also von Metallwerkzeugen. Ähnlich ermöglichte die Verwendung metallener Waffen es dem Besitzeigentümer, seinen Besitz wirksamer gegen Raub und Plünderung zu schützen. Ein ganzer Komplex von Faktoren, einschließlich des Wissens, der Verwendung von Feuer, Metall und überschüssigen Nahrungsmitteln, verwandelte also die Steinzeitkultur mit ihrer matriarchalischen Gesellschaftsorganisation in eine auf Macht gegründete und vom männlichen Prinzip beherrschte Kultur.

Der Unterschied zwischen diesen beiden Kulturen hängt mit dem Unterschied zwischen persönlicher und unpersönlicher Macht zusammen. Der Primitive hatte persönliche Macht in Form von Fertigkeiten, esoterischem Wissen, wie dem des Medizinmannes, oder besonderen körperlichen Eigenschaften, wie z. B. Stärke. Er hatte auch Besitz in Form von Obdach, Kleidung, Gerätschaften, Werkzeug und Waffen. Aber sein Besitz war, wie sein Wissen, Teil seiner Person. Er gehörte ihm wie ihm sein Körper gehörte, und konnte nicht veräußert werden. Ähnlichen Besitz konnte jeder andere auch erwerben. Die durch den Besitz von überschüssigen Nahrungsmitteln repräsentierte Macht ist unpersönlich und absolut. Sie ist in ganz ähnlicher Weise unabhängig von der Persönlichkeit ihres Eigentümers wie ein Schwert unabhängig von der Person, die es gebraucht, Macht hat.

Was hat dies alles mit der Frage der »doppelten Moral« zu tun? Ist es nicht bedeutsam, daß jahrtausendelang und bis in die allerletzte Zeit der Erwerb von Wissen und das Besitzeigentum als Domäne des Mannes angesehen worden sind? Warum hat man der Frau bei diesem kulturellen Fortschritt nur eine abgeleitete Teilnahme zugestanden? Was für ein Vorurteil besteht im Unbewußten des Mannes gegen die Frau? Wird sie immer noch als die Große Mutter angesehen, die droht, den Mann zu kastrieren oder zu vernichten? Die Antwort auf die letzte Frage muß »ja« sein. Die Angst vor der Frau ist ebenso tief wie die Angst vor der Natur, die den gleichen Umfang hat wie die Angst des Menschen vor seiner eigenen Sterblichkeit. Die Pharaonen benützten ihre Macht nicht für das Allgemeinwohl, sondern um ihre Abwehrmaßnahmen gegen das Gewahrsein des Todes zu verstärken. Die Kunst der Mumifizierung und der Bau der Pyramiden bezeugen ihre Beschäftigung mit dem Tod und ihren Wunsch nach Unsterblichkeit. Lewis Mumford schreibt in *The Condition of Man* über dieses Thema sehr schön: »Der Tod geschieht allem Lebendigen: Aber der Mensch allein hat aus der ständigen Todesdrohung einen Willen zu überdauern geschaffen, und aus dem Verlangen nach Kontinuität und Unsterblichkeit in all ihren vielen vorstellbaren Formen eine sinnvollere Art des Lebens, in der der Mensch die Kleinheit der Individuen tilgt.« In seiner grundlegendsten Form konzentriert sich das Verlangen nach Kontinuität und Unsterblichkeit auf den Erben, den Sohn, der »den Namen und die Heldentaten seines Vaters« fortführen soll. Wilhelm Reich glaubte, daß die Verdrängung der Sexualität ursprünglich aus der Praxis der Heirat unter Geschwisterkindern herrührte. Das bedeutet in der Tat, daß die herrschenden Klassen die

Sexualität ihrer Kinder einschränkten, um die geordnete Weitergabe der Macht von einer Generation an die nächste sicherzustellen. Es ist bekannt, daß unter den Pharaonen Inzest praktiziert wurde, wahrscheinlich aus dem gleichen Grund.
Bei den Angehörigen der Unterschicht einer Gesellschaft ist die Frage der Legitimität oder Illegitimität weniger wichtig als bei den Wohlhabenden. In einer Stammeskultur, in der die Individualität nicht die Bedeutung erlangt hat, die sie bei zivilisierten Völkern hat, existiert das Problem der Illegitimität nicht. Es ist allgemein bekannt, daß die »doppelte Moral« auch dazu dient, einem Mann die Sicherheit zu geben, daß seine Erben Früchte seiner Lenden und nicht Nachkommen eines anderen Mannes sind. Das Bestehen auf Keuschheit und Treue kann kein rein ökonomisches Motiv haben. Bei den Bauern in der Normandie wird ein uneheliches Kind als Helfer auf dem Bauernhof willkommen geheißen. Der Forderung nach Keuschheit der Frauen liegen religiöse und psychologische Motive zugrunde. Nach Ansicht des Mannes bietet die Keuschheit einer Frau eine gewisse Garantie, daß seine Macht auf seine Nachkommen übergeht. Die Geschichte von Tom Jones zeigt, daß Bande des Blutes oft stärker sind als bewußte Zuneigung. Die Untreue des Mannes stellt für sein Ich keine solche Gefahr dar. Glücklicherweise ändert sich diese Situation heutzutage. Ein umfassenderes gesellschaftliches Bewußtsein und ein beschränkterer Zukunftshorizont wirken zusammen, um die Bedeutung des Hier und Jetzt zu unterstreichen.
Trotzdem hat die »doppelte Moral« bewirkt, daß die Persönlichkeit der Frau in zwei antithetische Funktionen gespalten ist: Sexualobjekt und Mutter. Bei den alten Griechen war die Frau als Mutter oder Tochter weitgehend ans Haus gefesselt. Sie nahm keinen Anteil an den Angelegenheiten der Männer und befaßte sich mit der Führung des Haushalts und der Aufzucht der Kinder. Die Beschränkung auf diese Rolle setzte ihren Wert als Sexualpartnerin für ihren Mann herab. Die Lücke, die diese Situation im Gefühlsleben des Mannes schuf, hatte erotische Bindungen außerhalb des eigenen Heims zur Folge.

Diese nahmen entweder die Form eines homosexuellen Interesses an einem Jüngling an oder die einer Liaison mit einer Kurtisane. Die Homosexualität im alten Griechenland spiegelte eine Weiberfeindschaft wider, die in den Schriften Homers fehlt. Robert Flaceliere bemerkt in seiner Studie *Love in Ancient Greece*: »Bei den alten Griechen verschwendeten viele all ihre sexuell verwurzelte Zuneigung an Knaben. Sie betrachteten nämlich Angehörige des anderen Geschlechts als minderwertige Wesen, denen jede Bildung und Verfeinerung fehlte, und die zu nichts anderem taugten als zur Sicherung der Nachkommenschaft.« Griechen mit einer heterosexuellen Einstellung konnten ihre Lust bei Kurtisanen suchen.

In der Welt der griechischen Antike gab es zwei Arten der Prostitution. Die religiöse Prostitution wurde von bestimmten Kulten als Dienst an der Liebesgöttin organisiert. Die Stadt Korinth rühmte sich ihrer »tausend hingebungsvollen Prostituierten«, die viele Touristen anzogen und die Stadt reich machten. Außerdem gab es viele unabhängige Prostituierte. Die meisten Hetären oder Kurtisanen waren Sklavinnen oder stammten aus den ärmsten Familien. Flaceliere glaubt nicht recht an die Vorstellung, daß die Hetären gebildeter waren als die Freigelassenen. Manche waren musikalisch begabt, aber ihre Hauptanziehungskraft bestand darin, daß sie Sexualobjekte waren.

Vom Standpunkt des griechischen Ichs aus war die Frau ein Objekt, das man entweder als Mutter oder als Sexualobjekt gebrauchte. Das letzte ist mit Prostitution, das erste mit Ehe verknüpft. Diese Einstellung änderte sich in der alexandrinischen Zeit ein wenig, aber die von den klassischen Griechen hinterlassene Werthierarchie hat sich bis heute erhalten. Bewußtheit, Wissen und Vernunft (männliche Werte) werden gegenüber Instinkt, Intuition und Gefühl (weibliche Werte) als überlegen angesehen. Ähnlich hat Macht als Wertvorstellung das Gefühl der Identität und der gegenseitigen Verpflichtung, die die Grundlage früherer Stammesbeziehungen waren, verdrängt. Leider, aber vielleicht notwendigerweise, wurde das

Anwachsen der Individualität auf Kosten der menschlichen Rechte anderer Individuen erreicht: der Sklaven in der Antike, der Leibeigenen, der Untertanen in Nationalstaaten und der Frauen.

Zwei Kräfte, die beide Abkömmlinge des männlichen Bewußtseins sind, haben versucht, diese ungleiche und ungerechte Sachlage zu beheben. Eine dieser großen Kräfte war die Idee der christlichen Liebe. Zweitausend Jahre lang hat sie versucht, der Anziehungskraft der Macht das Ideal der brüderlichen Liebe entgegenzusetzen. Sie hat der Beziehung zwischen Mann und Frau eine neue Dimension hinzugefügt, die in Märchen und Mythen schon angedeutet war. Wenn der Held mit dem Drachen (einem Vertreter der Großen Mutter) kämpft, wird er oft von einer weiblichen Gestalt freundlich unterstützt, die dem Helden in Gefahr zu Hilfe kommt und bereit ist, sich für ihn zu opfern. Neumann sagt von diesen Frauen: »Das Geschwisterliche ist der Teil der mann-weiblichen Beziehungsform, der das Menschliche und die Gemeinsamkeit betont und damit für den Mann ein ich-näheres und bewußtseins-freundlicheres Bild des Weiblichen bedeutet.« (a. a. O. S. 165) Was im Mythos eine Vision war, wurde im christlichen Leben eine Realität. Die Persönlichkeit der Frau wurde also auf eine neue Ebene gehoben.

Die andere Kraft war das, was sich als »romantische Liebe« entwickelt hat; sie hat ebenfalls darauf hingewirkt, die Frau zu »veredeln« und ihren Wert zu erhöhen. Die edle Herrin aus dem Traum des Ritters war ein Gegenstand der Verehrung, nicht des sexuellen Verlangens. Er konnte ihr Loblied singen und in die Schlacht ziehen, während er ihre Farben trug, aber es war ihm nicht gestattet, sie zu besitzen. In der Frühzeit der romantischen Liebe war die Herrin oft die Gemahlin eines anderen Mannes. Eine Heirat war auf jeden Fall gegen die Regeln der romantischen Liebe. Das Objekt der Leidenschaft des Ritters wurde idealisiert. Nur in dieser Eigenschaft konnte die Frau seine Inbrunst so anfeuern, daß er Heldentaten vollbrachte. Sie wurde zur Beseelung seiner Taten, aber nicht zur Erfüllung seines Verlangens. Da die romantische Liebe einem stärkeren Bewußtsein der Individualität entsprang, zielte sie auf ein höheres, geistigeres Gewahrsein der Frau, abgelöst von ihrer Geschlechtlichkeit.

Wissen, Macht, christliche Liebe und romantische Liebe sind gültige Ideale für den zivilisierten Menschen. Das Ziel eines höheren Bewußtseins ist legitim. Eine übertriebene Betonung des Bewußtseins kann jedoch zum Verlust der Einheit der Persönlichkeit führen. Ein ungebührliches Beharren auf der Wichtigkeit des Ichs führt leicht zu Isolierung und Paranoia. Wissen verwandelt sich heimtückisch in Raffinesse, wenn seine Anwendung nicht länger durch das Gefühl geleitet wird. Die Bemeisterung der Natur endet oft in der Zerstörung der Natur. Die Emanzipation der Frau ist ein hohler Sieg, wenn sie durch die Verleugnung ihrer wahren Natur als Gefäß, das das Geheimnis des Lebens enthält, errungen wird.

15 Die sexuellen Rollen der Frau

Frauen haben in bezug auf das männliche Geschlecht vier Hauptrollen: Sexualobjekt, Schwester, romantisches Ideal und Mutter. Diese Rollen existieren nicht auf der Ebene des Instinktverhaltens, das die animalische Funktion kennzeichnet. Das instinktive Verhalten funktioniert ohne Rücksicht auf bewußte Überlegungen und ist daher unabhängig von jedem Begriff des Rollenspiels. Im primitiven Stadium des Menschendaseins sind diese Aspekte undifferenziert; das weibliche Wesen erscheint in seiner totalen Funktion als Große Mutter, in der sich all ihre impliziten Rollen vereinigen. Mit dem Auftauchen des Ichs und dem Sturz der matriarchalischen Kultur wurde die Einheit der Persönlichkeit der Frau in die antithetischen Kategorien »Sexualobjekt« und »Mutter« aufgeteilt. Vor dieser Entwicklung füllten die Frauen diese beiden Rollen innerhalb der Gesamtfunktion des Konzepts von der Großen Mutter aus. Die Trennung, die am Beginn der Zivilisation eintrat, kann auch als Kristallisationsprozeß angesehen werden, durch den das, was vorher inbegriffen war, ausdrücklich erkannt wurde. Ähnlich offenbarte die kulturelle Entwicklung, die das Christentum und die höfische Liebe hervorbrachte, zwei weitere Aspekte der weiblichen Persönlichkeit: die Gestalt der Schwester und das romantische Ideal. Diese vier Rollen entsprechen den vier Stadien ihres persönlichen Lebens: Tochter, Schwester, Schatz (romantisches Ideal) und Mutter. Die psychosexuelle Entwicklung der Frau ist ein Wachstumsvorgang, durch den jede vorhergehende Stufe der reifenden Persönlichkeit einverleibt wird. Wenn sie das Endstadium der Mutterschaft erreicht, hat sie die anderen Aspekte ihrer Natur durchlaufen und erfolgreich in ihr Wesen integriert. Mutterschaft ist nicht das Ziel, aber der letzte Schritt auf dem Weg zur Erfüllung ihrer Natur. Jedes Stadium geht aus dem vorhergehenden hervor. Eine Frau kann einem Mann gegenüber nicht als Schwester funktionieren, ohne vorher die Tochterrolle ausgefüllt zu haben. Wenn jedoch Störungen vorliegen, die die Entwicklung eines Mädchens auf ein früheres Stadium fixieren, wird sich diese Störung in seinem Funktionieren als Erwachsene niederschlagen, d. h. es wird durch diesen Aspekt seiner Persönlichkeit beherrscht.

Normalerweise tauchen diese Aspekte in der Lebensrealität der Frau als Person unter. In einer gesunden Ehe sieht ein Ehemann seine Frau nicht als Sexualobjekt, Schwester, romantisches Ideal oder Mutter an. Er reagiert biologisch auf sie und hält sie für eine einzigartige Person. Wenn jedoch ihr Verhaltensmuster beschränkt und auf eine bestimmte Rolle zugeschnitten ist, wird er sich ihrer gemäß dieser Rolle bewußt. Ein Mann, der eine Prostituierte aufsucht, handelt also mit dem Bewußtsein, daß sie die Rolle des Sexualobjekts angenommen hat. Wenn die psychosexuelle Entwicklung einer Frau auf eine dieser Stufen fixiert ist, wird die Reaktion des Mannes auf sie durch die spezifische Rolle, die sie übernommen hat, beschränkt. Er reagiert unbewußt gemäß dieser Rolle auf sie. Das soll nicht heißen, daß die neurotische Frau nicht versucht, auch die anderen Rollen auszufüllen, d. h. ein ganzer Mensch zu sein; ihre Fähigkeit dazu ist jedoch durch den Stillstand ihrer psychosexuellen Entwicklung auf einer Stufe der Unvollkommenheit eingeschränkt. Ich werde jetzt die Charakterstruktur und das Sexualverhalten der Frauen darstellen, die jeweils auf eine dieser Rollen fixiert sind.

(1) Stillstand der Entwicklung auf dem Tochter-Niveau auf Grund einer Unfähigkeit, die ödipale Situation zu lösen, fixiert die Persönlichkeit der Frau auf die Rolle des Sexualobjekts. Eine solche Frau wird zur psychischen Prostituierten. Sie kann auch leicht zur berufsmäßigen Prostituierten werden. Es besteht nur ein Gradunterschied. Prostitution besteht nicht darin, daß man Geld dafür nimmt, daß man seinen Körper zur Verfügung stellt (die heiligen Prostituierten von Korinth

bekamen für ihre Dienste keine finanzielle Entschädigung); Prostitution, wie ich sie definiere, besteht darin, daß man die sexuelle Benutzung des eigenen Körpers zuläßt, ohne irgendetwas für den anderen Menschen zu empfinden. Im psychologischen Sinn gehören auch die Straßendirne und das Callgirl gewöhnlicher Art zu dieser Kategorie der Prostitution. Daß für solche Dienste Geld genommen wird, fügt dem Mann eine weitere Kränkung zu. Es zeigt ihm, daß jedes Gefühl, das er vielleicht für sie empfindet, der Frau nichts bedeutet. Maryse Choisy sagt, »die Prostituierte, die von einem Mann Geld nimmt, kastriert ihn«. Andererseits kann der Umstand, daß man einer Frau Geld gibt, als Ausdruck der Dankbarkeit gedeutet werden. Es ist die Geldforderung, die Verachtung ausdrückt.

Im Lauf des letzten Jahrzehnts hat man Prostituierte analytisch untersucht, und die grundlegenden unbewußten Tendenzen, die ein solches Verhalten motivieren, sind bekannt. In allen Fällen ist nachgewiesen worden, daß ein solcher Mangel an elterlicher Liebe bestand, daß das Kind sich ungeliebt und unerwünscht fühlte. Diese fundamentale Deprivation rief eine Spaltung in der Beziehung des Kindes zum anderen und zu sich selbst hervor. Da das Kind sich ungeliebt fühlte, leugnete es sein Bedürfnis nach Liebe und projizierte es auf andere. Verleugnung und Projektion sind die Grundmechanismen, die das ungeliebte Kind benützt, um sich gegen den Schmerz des Abgelehntwerdens zu schützen. Sie werden zu den bestimmenden Kräften, die das Verhalten der professionellen Prostituierten beherrschen.

Die unmittelbare Wirkung des Liebesentzugs ist eine Unfähigkeit, allein zu sein. Die neurotische Reaktion der Prostituierten auf ihre Sehnsucht nach menschlicher Wärme ist die Ablehnung aller normalen sozialen Beziehungen, an deren Stelle sie Pseudobeziehungen setzt: zu ihrem Kunden, zu ihrem Zuhälter, zu anderen Prostituierten und zu Elementen der Unterwelt. Der Mangel an Liebe wird noch verschlimmert durch einen Mangel an Verständnis auf seiten des Vaters, auf den das

Kind sein ungestilltes orales Verlangen überträgt. Diese Übertragung, die in der psychosexuellen Entwicklung jedes Mädchens stattfindet, schafft eine übertriebene Abhängigkeit von der männlichen Gestalt. Die professionelle Prostituierte leugnet ihre Abhängigkeit und projiziert sie auf Männer. Sie hat, auf einer Ebene des Bewußtseins, das Gefühl, daß alle Männer sie brauchen und begehren. Dieses Gefühl wird unterstützt durch ihre Beobachtung, daß die meisten Männer auf sie als auf ein Sexualobjekt reagieren. Ihr Gewahrsein ihrer sexuellen Anziehungskraft trat früh in ihrem Leben auf. In den meisten Fällen kommt in der Lebensgeschichte sexuelle Vergewaltigung oder offen ausgedrücktes sexuelles Interesse älterer Männer vor, als die spätere Prostituierte noch ein Kind war. Der Verlust der Selbstachtung auf Grund des Abgelehntwerdens als Liebesobjekt und des Angenommenwerdens als Sexualobjekt erzeugt in dem Kind Widerwillen gegen die Sexualität und führt zur Verdrängung sexueller Gefühle. Auch hier wird wieder Verleugnung wirksam, und der Widerwille wird im Interesse einer Pseudobeziehung zum Mann überwunden. Aber die Verdrängung bleibt, und die professionelle Prostituierte ist frigide. Ihr Bedürfnis nach sexuellen Gefühlen und sexueller Befriedigung wird auf den Mann projiziert. Da die Prostituierte in ihrem Versuch, eine Person zu sein, frustriert ist, haßt sie Männer und fürchtet sie. Die Furcht ist durch Verachtung verdeckt, der Haß durch eine unterwürfige Haltung.

Die Gesamtpersönlichkeit, die auf diesem Hintergrund entsteht, ist auf der Ich-Ebene defizitär, es fehlt ihr das Selbstgefühl und die genitale Empfindung. Die Prostituierte ist ein unreifes Individuum mit oraler Charakterstruktur; gewöhnlich sind auch schizophrene und paranoide Tendenzen vorhanden. Die Spaltung ihrer Persönlichkeit schlägt sich in einer Ambivalenz gegenüber Männern nieder; das Bedürfnis nach Liebe und Anerkennung richtet sich auf den Zuhälter, den die Prostituierte fürchtet und haßt, während der Kunde ihre Gleichgültigkeit und Verachtung zu spüren bekommt.

Die berufsmäßige Prostituierte verdrängt ihr Gewahrsein ihres Bedürfnisses nach Liebe und agiert ihre negativen Gefühle gegenüber Männern in antisozialem Verhalten und Auflehnung aus. Im Unterschied zur professionellen Prostituierten verdrängt die psychische Prostituierte ihre Auflehnung und agiert ihr Bedürfnis nach Liebe aus. Da ihr Verhalten nicht antisozial ist, kann man seine Bedeutung nur aus einer Untersuchung ihrer Lebensgeschichte ableiten. Laura ist ein gutes Beispiel.

Als ich Laura kennenlernte, war sie etwa vierzig Jahre alt. Sie hatte das Gefühl, sie habe es im Leben zu nichts gebracht. Sie war während des Krieges einmal verheiratet gewesen, aber ihr Mann bemühte sich nicht, sie zu unterstützen, und verließ sie um einer anderen Frau willen. Ein Kind, das während ihrer Ehe zur Welt kam, wurde zur Adoption freigegeben. Nach dem Zusammenbruch ihrer Ehe hatte Laura viele Affären und lebte mit einer Reihe von Männern zusammen. Mehrere Schwangerschaften wurden abgebrochen. Laura war anscheinend unfähig, zu einem Mann eine dauerhafte Beziehung herzustellen. Außer ihrer Ehe, die drei Jahre dauerte, hatte sie nur eine Beziehung zu einem Mann gehabt, die länger als ein Jahr gedauert hatte. Es bestand kein Mangel an Männern, denen sie sich sexuell hingab. Sexualität war ihr wichtig (sie war vertraut mit den Ideen Wilhelm Reichs über die Funktion des Orgasmus), aber sie hatte noch nie mit einem Mann oder durch Masturbation einen Orgasmus erlebt.

Ich würde Laura als psychische Prostituierte bezeichnen. Sie forderte nie etwas von den Männern, mit denen sie schlief, und nur wenige gaben ihr irgendetwas. Sie schien damit zufrieden zu sein, sich einem Mann hinzugeben, wenn er Verlangen nach ihr äußerte. Sie war ein Mensch, der nicht nein sagen konnte oder wollte. Laura verdiente ihren Lebensunterhalt als Sekretärin, aber sie hatte nie eine Stellung lange genug innegehabt, um ein gutes Gehalt zu bekommen oder etwas zurücklegen zu können. Sie gab ihre Stellungen ebenso auf wie ihre Männer, weil sie unbefriedigend waren. Zwangsläufig lebte sie in sehr bescheidenen Verhältnissen und hatte oft Schulden. Der Mangel an materiellem Besitz schien Laura nichts auszumachen, denn solche Dinge sah sie als relativ unwichtig an. Laura ließ sich treiben; sie begann und beendete mehrere analytische Behandlungen, und ich konnte auch nur kurze Zeit mit ihr arbeiten.

Lauras augenfälligste Eigenschaft waren sanfte Manieren und ein weicher Ausdruck. Ihre braunen Augen waren wie klare Teiche und erinnerten mich an die Augen eines Tieres. Ihre Stimme war weich und gut moduliert. Ihre Lippen waren sinnlich, mit einer Neigung zum Schmollen. Ihr Gesichtsausdruck spiegelte das Flehende wider, das in ihrer Persönlichkeit lag. Ein Mann konnte leicht darauf reagieren, wie auf eine direkte Bitte um Liebe, und er hätte sich nicht geirrt. Laura war überdurchschnittlich groß. Ihr Körper war mager und biegsam, aber stark. Sie hatte einen schmalen Brustkorb, volle Brüste und ein kleines, unreifes Becken. Ihre Beine waren lang und gerade und zeigten Spuren von Krampfadern. Obwohl sie vierzig Jahre alt war, sah Laura nicht älter aus als dreißig. Emotional war sie noch ein Mädchen.

Laura war das älteste von vier Kindern. Sie sagte, sie habe sich ihrer Mutter nie nah gefühlt; sie beschrieb sie als eine emotional schwache Frau mit einer kindlichen Haltung. Ihrem Vater fühlte sie sich sehr nah, und sie betrachtete sich als »Pappis kleines Mädchen«. Laura erinnerte sich an viele körperliche Intimitäten mit ihrem Vater, z. B. daran, geküßt zu werden, auf seinem Schoß zu sitzen und von ihm ins Bett gebracht zu werden. Sie war sich schon als kleines Mädchen dessen bewußt, daß ihr Vater auf ihren Charme reagierte und daß ihre Mutter neidisch auf sie und ihr gegenüber feindselig war. Leider starb Lauras Vater, als sie zehn Jahre alt war, und die Kinder wurden in ein Waisenhaus gebracht, wo Laura bis zur Volljährigkeit blieb.

Es wäre ein vernünftiger Schluß, zu meinen, Lauras promiskuöse sexuelle Betätigung sei eine Suche nach ihrem verlorenen Vater gewesen. Brigid Brophy schreibt über die professionelle Prostituierte: »Das männliche Geschlecht ist eine Lotterie, wo die Prostituierte die größtmögliche Anzahl von Losen gekauft hat. Jeder, der einer der von ihr gekauften Losnummern entspricht, kann der Hauptgewinn sein – der Vater, den sie sucht.« Die Prostituierte findet ihn natürlich nie. Den Vater zu finden und mit ihm Verkehr zu haben, heißt Inzest begehen, was nicht einmal die Prostituierte kann. Ist Laura dazu verdammt, den Rest ihres Lebens mit der Suche nach einem verlorenen Vorstellungsbild zu verbringen? Ist es ihr bestimmt, ihr Kindheitserlebnis zu wiederholen, einen Vater zu haben und ihn wieder zu verlieren? Wenn es so ist, welche Dynamik ihres Charakters erlegt ihr dieses Schicksal auf?

Laura war in ihren Beziehungen zu Männern auf das Tochterstadium fixiert, weil sie keine Lösung der ödipalen Situation finden konnte. Das heißt, sie konnte nicht über die Rolle von »Pappis kleinem Mädchen« hinausgelangen, weil sie mit den sexuellen Gefühlen für ihren Vater nicht fertigwerden konnte. Beide Eltern waren für Lauras Schwierigkeiten verantwortlich. Die Reaktion ihres Vaters auf sie als Sexualobjekt band sie in einer latenten Sexualbeziehung an ihn, die nicht verwirklicht werden konnte. Laura wurde dadurch ihrer Mutter entfremdet, die sie als Rivalin ansah. Laura akzeptierte ihre Mutter nicht und konnte sich daher auch nicht bewußt mit ihr identifizieren. Sie war unfähig, einen Haushalt richtig zu führen oder mit den Pflichten des Kochens fertigzuwerden. Und doch zeigte Laura viele von den Zügen, derentwegen sie ihre Mutter ablehnte. Wie ihre Mutter war sie emotional schwach und unreif. Und wie ihre Mutter, die sie in ein Waisenhaus steckte, gab Laura ihr eigenes Kind zur Adoption frei.

Als Kind hatte Laura das instinktive Gefühl, sie verstehe die sexuellen Bedürfnisse ihres Vaters und könne sie befriedigen. Das war kein bewußtes Wissen, sondern ein Gewahrsein des Kindes in bezug auf seine eigene weibliche Natur und seine Bedeutung als akzeptables Sexualobjekt für den Mann. Dieses Gewahrsein schafft die Situation, die als ödipales Problem bekannt ist. Es entspricht dem vorbereitenden Keimen der

Genitalität, das die orale Entwicklungsphase beendet. Wenn es nicht durch sexuelle Reaktionen Erwachsener gestört wird, läßt es wieder nach, um die weitere Entwicklung der Persönlichkeit des Kindes zu ermöglichen. Aber bei Laura wurde eine solche normale Entwicklung verhindert. Sie entfremdete sich ihrer Mutter und war von ihrem Vater abhängig, weil sie hoffte, er würde ihr sein Leben weihen, zum Dank für ihre Bereitschaft, seine Bedürfnisse zu erfüllen. Diese Auffassung wurde zur Grundlage von Lauras Beziehungen zu allen Männern und verriet die infantile Einstellung, die einen solchen »Handel« in Betracht ziehen konnte. Laura begriff niemals, daß man Liebe nicht durch Dienstleistung oder Unterwerfung kaufen kann.

In Lauras Verhalten herrschte die positive Seite der Ambivalenz der Prostituierten vor. Anstatt ihr Bedürfnis nach Liebe zu verleugnen, akzeptierte sie es; sie war sich der Notwendigkeit bewußt, ihre Sexualität zu finden und zu behaupten; sie akzeptierte ihre Abhängigkeit vom Mann, den sie zugleich fürchtete und haßte. Lauras Unfähigkeit, einen vaginalen Orgasmus zu erreichen, war durch eine Unzulänglichkeit der Beckenbewegung bedingt. Beim Geschlechtsakt streckte sie ihr Becken vor wie ein Baby, das die Brust erreichen will. Nachdem der Penis eingeführt war, klammerte sie sich an ihn, aus Angst, ihn zu verlieren. Infolge der Rigidität ihrer Beine und ihres Beckens waren Lauras Sexualbewegungen zögernd und unsicher. Die Fixierung des Beckens in der nach vorne gerichteten Stellung war so stark, daß sie ihre Atmung behinderte. Sie konnte keinen Orgasmus haben, weil sie nicht »loslassen« konnte. Und sie konnte keinen zufriedenstellenden Ehemann finden, weil sie zu keinem Mann »nein« sagen konnte.

In jeder Frau, die ihres Vaters Tochter gewesen ist, steckt eine Prostituierte; d. h. jedes weibliche Kind ist intiutiv dessen gewahr, daß es das hat, was nötig ist, um einen Mann glücklich zu machen. Es spürt in einem tiefen Winkel seines Wesens, daß Männer etwas für es tun würden, weil es das hat. Es weiß unbewußt, daß die Frau für den Mann ein Sexualobjekt ist, und es akzeptiert diese Tatsache. Die Reaktion älterer Frauen auf Verhaltensweisen bei einem kleinen Mädchen, die auf dieses Gewahrsein schließen lassen, ist oft extrem. Kleine Mädchen sind schon als Flittchen, Huren und anderes bezeichnet worden, weil sie unschuldig, aber vielleicht provozierend, vor ihren Vätern getanzt oder ein spezielles Interesse an ihnen gezeigt haben. Dem Kind wird oft durch die Überreaktion der Erwachsenen auf solch arglosen Exhibitionismus sehr geschadet. Derartige Handlungen sind der natürliche Ausdruck der wesentlichen Natur des Weibchens. Diese Natur ist in ihrer normalen Entwicklung Verwandlungen ausgesetzt, wenn man sie ungestört läßt. Lauras Verhalten gegenüber ihren Liebhabern war in vieler Hinsicht dem der professionellen Prostituierten gegenüber ihrem Zuhälter ähnlich.

Auch die negative Seite der Ambivalenz war in Lauras Verhalten vorhanden, aber sie kam selten unmittelbar zum Ausdruck. Ihr Flehen um Liebe war nicht ohne zerstörerische Komponente. Der verführerische Charme ihrer Augen und ihres Benehmens war so tödlich wie eine fleischfressende Pflanze. Der Mann, der in sie eindrang, wurde in psychischer Hinsicht gefressen oder verschlungen. Nur indem sie den Mann verschlang, konnte sie die innere Leere ihres Wesens füllen. Was immer ihr ein Mann geben mochte, es war nie genug. Ihr Bedürfnis war unersättlich, und ihre Liebhaber konnten wegen ihres Versagens nur Schuldgefühle bekommen. Am Ende spie sie sie als wertlos aus. Ihre Verachtung für die Männer brachte sie offen zum Ausdruck. Sie sagte: »Sie wissen nicht, ob sie beim Sex etwas oder nichts bekommen.« Laura reagierte auf ihre Frustrationen mit einer Depression, die sie in einer schwarzen Wolke isolierte, und oft zog sie ihre Liebhaber mit sich hinunter in ihre Verzweiflung.

Die Männer, die auf Lauras Appell reagierten, suchten nach einer Mutterfigur. Ich hatte die Gelegenheit, einen von Lauras Liebhabern zu behandeln. Er suchte nach einer Mutter, die weich und verständnisvoll sein sollte, die nicht zuviel von ihm verlangen würde. Laura ließ diese Eigenschaften erwarten. Sie suchte nach einem Vater, der nett zu ihr sein, sie beschützen und lieben sollte. Sie waren sie zwei Kinder, die »Vater und Mutter« spielen. Es konnte nicht gut gehen, und es ging auch nicht gut.

(2) Die schwesterliche Beziehung zu einem Mann beruht auf gemeinsamen Interessen und einem Gefühl der Gleichheit. Sie spiegelt die Gefühle eines Mädchens in der Vorpubertät gegenüber Jungen seiner eigenen Altersgruppe, seinen Brüdern und deren Freunden. Ein echtes schwesterliches Gefühl einem Jungen gegenüber oder ein echtes brüderliches Gefühl gegenüber einem Mädchen bedeutet, daß die Rechte des anderen als Person akzeptiert werden, und daß der Geschlechtsunterschied respektiert wird. Die schwesterliche Beziehung ist jedoch im Grunde asexueller Art, da sie biologisch durch die Latenzperiode bestimmt wird, die sich vom Alter von fünf oder sechs Jahren bis zur Adoleszenz erstreckt.

Viele Mädchen bleiben auf dieser Stufe der Persönlichkeitsentwicklung stehen, was sie nicht daran hindert, zu heiraten oder Kinder zu bekommen. Die Fixierung auf die schwesterliche Stufe bedingt jedoch die Beziehung zu ihren Ehemännern. Die eheliche Beziehung ist nicht in erster Linie eine sexuelle, sondern eine Unternehmung zur gegenseitigen Unterstützung in der Welt. Ich hatte Gelegenheit, ein Ehepaar zu behandeln, das in einer derartigen Beziehung stand. Sie wirkten auf mich wie zwei Elfjährige, die durch einen dunklen Wald gehen und sich zum Schutz und zur Beruhigung an den Händen halten. Tatsächlich hatten beide Angst vor dem Alleinsein, und wenn einer drohte, den anderen zu verlassen, verfiel der andere in Panik. Der Mann war dreißig Jahre alt, und seine Frau war sechsundzwanzig. Beide waren vorher schon einmal verheiratet gewesen..

Die Frau, die zu einem Sexualpartner in einer schwesterlichen Beziehung steht, sieht sich vor allem als seine Gefährtin und Gehilfin. Sie will sein Leben teilen, bei seinen Kämpfen an seiner Seite sein und seine Entscheidungen mit ihm beraten. Es könnte so scheinen, als sei gegen diese Einstellung nichts einzuwenden. Schwierigkeiten entstehen jedoch in dem Augenblick, in dem der Mann auf einem eigenen Leben besteht. Das wird er früher oder später gewiß tun, denn er empfindet ihre Haltung als fesselnd und beherrschend. Die schwesterliche Frau – wenn ich sie für die Zwecke dieser Erörterung einmal so nennen darf – ist nicht damit zufrieden, im Hintergrund zu bleiben. Ihr Wunsch, ihrem Mann unentbehrlich zu sein, läßt sie versuchen zu beweisen, daß sie ihm in bezug auf Intelligenz oder Lebensfragen überlegen ist. Sie ist also nicht nur seine Gefährtin und Gehilfin, sondern auch seine Konkurrentin.

Es ist nicht schwierig vorherzusehen, welche Probleme in einer solchen Beziehung entstehen können. Alles wird geteilt, kein Gefühl ist persönlich. Jeder Stimmungsausdruck betrifft den Partner. Sex ist keine Leidenschaft, sondern eine Bestätigung der Gemeinsamkeit von Interessen, ein Versprechen der Loyalität. Nachdem die anfängliche Erregung über das Durchbrechen der Inzestschranke ihren Reiz verloren hat, verfallen die sexuellen Gefühle gewöhnlich rasch, denn die schwesterliche Frau hat im Grunde Angst vor der Sexualität und geht eine solche Beziehung ein, um ihren sexuellen Schuldgefühlen zu entgehen.

Wie wird ein Mädchen auf diese Stufe fixiert? Die schwesterliche Beziehung zu einem Mann ist eine Teillösung des ödipalen Problems. Der vollständige Mißerfolg bei der Lösung dieses Problems, wie in Lauras Fall, führt zu psychischer Prostitution. Man kann die schwesterliche Beziehung als Abwehr gegen psychische Prostitution ansehen; mit anderen Worten, die schwesterliche Frau leugnet, daß ihr Geliebter ihr Vater ist, indem sie versichert, er sei statt dessen ihr Bruder. Die schwesterliche Frau leugnet zwar ihre ödipale Schuld, diese Schuldgefühle sind aber trotzdem stark genug, um sie daran zu hindern, ihr Recht auf sexuelle Erfüllung ganz und gar geltend zu machen.

Martha konnte als schwesterliche Frau angesehen werden. Ihr Körper, der gerade und mager war, mit schmalen Hüften, einer schlanken Taille und normalen Schultern, hatte etwas Jungmädchenhaftes an sich. Sie hatte einen kleinen Kopf mit zierlichen Zügen, dadurch wirkte sie klein, obwohl sie mittelgroß war. Martha war neunundzwanzig Jahre alt, verheiratet und Mutter von zwei Kindern. Sie klagte über Gefühle der Niedergeschlagenheit, chronische Erschöpfung und einen Mangel an sexueller Befriedigung. Sie glaubte, eine Wiederaufnahme ihrer Arbeit würde ihre Schwierigkeiten zum Teil beheben, aber sie spürte, daß ihre Probleme irgendwie mit ihrer Beziehung zu ihrem Mann zusammenhing.

Martha sagte, ihre Ehe habe weder mit Leidenschaft noch mit romantischer Liebe begonnen. Sie hatte sexuell mit einer Reihe von Männern zu tun gehabt, die sie mehr erregten als ihr Mann, aber sie hatte ihn geheiratet, weil sie den Eindruck hatte, er sei stark, arbeitsam und zuverlässig. Er war tatsächlich ihr hartnäckigster Bewerber gewesen. Im Verlauf der Therapie erkannte Martha, daß ihre Ehe in Wirklichkeit eine »geschäftliche Übereinkunft« war, zusammen zu leben. Sie bemerkte: »Der Mangel an körperlichen Gefühlen zwischen uns erschreckt mich.«

Warum hatte Martha den Mann geheiratet, der sie körperlich am wenigstens erregte? Ihre vorehelichen Beziehungen waren promiskuös, und Martha konnte die Lust, die sie ihr einbrachten, nicht von ihrem Gefühl trennen, daß sie sich wie eine »Prostituierte« benahm. Tatsächlich hatte ihr Vater sie mehr als einmal eine Hure genannt, wenn sie zu lange fortgeblieben war. Ihre Ehe war eine Gelegenheit, ihrem Elternhaus zu entkommen und sich von den Schuldgefühlen wegen ihres sexuellen Lustgewinns zu befreien. Ihre vorehelichen Beziehungen boten ihr, ähnlich wie bei Laura, keine Sicherheit. Ihr Mann bot ihr Kameradschaft und Unterstützung, aber keine sexuelle Erregung.

Eines Tages beschrieb Martha ihr Gefühl gegenüber ihrem Mann als das einer Schwester. Sie fügte hinzu: »Als ich Leo kennenlernte, ermutigte er mich, zu sein wie seine Schwester, die jungenhaft war. Er wollte, ich sollte lange Hosen tragen,

keinen Lippenstift mehr benützen und mein Haar kurz
schneiden. Er fühlte sich mir intellektuell und sportlich
unterlegen. Er wählte mich wegen der Eigenschaften, die ihn
bedrohten, und jetzt wirft er es mir vor. Ich weiß, daß ich mit
ihm konkurriere.«

Martha konnte einen sexuellen Höhepunkt erreichen, wenn sie
sich intensiv genug darum bemühte, aber es war nie befriedigend.
Ihre sexuelle Aktivität war zwanghaft. Einen Orgasmus
zu haben, bedeutete, eine Frau zu sein, aber sie konnte ihn
nicht erreichen, weil ihre Grundhaltung gegenüber ihrem
Mann schwesterlich war. Ich habe viele Versionen dieser
Geschichte auch von anderen Frauen gehört. Die schwesterliche
Frau hat das Gefühl, ihr Mann gehe nicht auf ihre
Bemühung ein, mit ihm zu kommunizieren und ihm zu helfen.
Sie glaubt, die Beziehung sei insofern einseitig, als er sie
kritisieren könne, wenn sie aber versuche, ihn zu kritisieren,
weise er ihre Kritik zurück. In diesem Gefühl mag sich ihre
Erfahrung als Schwester eines älteren Bruders niederschlagen.
In Wirklichkeit entwickelt sich die schwesterliche Haltung
nicht aus der Erfahrung des Mädchens, eine Schwester zu sein,
sondern aus der ödipalen Situation.

Martha wuchs in einer Familie auf, die von ihrer Mutter, die
eine ehrgeizige und aggressive Frau war, beherrscht wurde. Ihr
Vater war ein einfacher, schwer arbeitender Mann, dessen
Hauptinteresse darin bestand, für seine Familie einen guten
Unterhalt zu verdienen. Er vermied Konflikte mit seiner Frau,
indem er sie tun ließ, was sie wollte. Die Beziehung zwischen
Mutter und Tochter war nicht eng. Martha war ein mittleres
Kind, und es wurde von ihr erwartet, daß sie ihrer Mutter keine
Schwierigkeiten machte. Zwischen Vater und Tochter bestand
eine Zuneigung, die nicht offen zugegeben wurde. Martha war
klar, daß jedes offene Zurschaustellen von sexuellen Gefühlen
für ihren Vater von der Mutter nicht geduldet werden würde.
Die Bienenkönigin vernichtet alle Konkurrentinnen. Zugleich
spürte sie, daß ihr Vater moralische Unterstützung brauchte
und daß er die Liebesbeweise seiner Tochter begrüßt hätte, sie

aber nicht zu akzeptieren wagte. In dieser ödipalen Situation verdrängte Martha ihre sexuellen Gefühle zugunsten eines mitfühlenden Verständnisses für ihren Vater. Die durch diese Verdrängung erzeugte Ambivalenz trat in dem folgenden Vorfall zutage, den Martha erzählte: »Mein vierjähriger Sohn weinte über irgendeine Verletzung. Leo forderte, er solle aufhören, aber das Kind hörte nicht auf. Also sagte Leo zu ihm, ›Ich werd' dir was geben, worüber du weinen kannst.‹ Er wollte das Kind schlagen, aber ich hielt ihn davon ab, weil ich es nicht für richtig hielt. Nun wurde Leo wütend auf mich. Ich war hin- und hergerissen, weil ich es hasse, vor den Kindern Streit anzufangen. Schließlich ist er ihr Vater, und er muß eine gewisse Autorität haben.«

Der Vorfall und Marthas Bemerkung dazu offenbarten ihren Konflikt zwischen ihren Empfindungen für ihr Kind und ihrem Mitgefühl für ihren Mann. Es widerstrebte ihr, das Ansehen ihres Mannes und sein Ich herabzusetzen. Die schwesterliche Frau hat das Gefühl, sie müsse ihren Mann unterstützen, denn ohne ihre Hilfe sei er schwach. Dieses Gefühl ist die Grundlage für ihre Rolle als Gehilfin. Aber indem sie mit ihm Mitleid hat, setzt sie ihn herab. Ein Vater ohne Autorität in seiner eigenen Familie ist eine jämmerliche Gestalt, und dies war die Vorstellung, die Martha von ihrem eigenen Vater hatte.

Im Gegensatz zu der Tochter-Prostituierten hat die schwesterliche Frau eine Teillösung ihres ödipalen Problems zustande gebracht. Sie hat eine Grundlage für Beziehungen zum anderen Geschlecht entdeckt, bei der sie nicht das Sexualobjekt ist. Indem sie Männern gegenüber eine freundliche, asexuelle Haltung einnimmt, bringt sie ihre Mißbilligung der Haltung ihrer Mutter zum Ausdruck. Sie will das Ich des Mannes aufbauen, nicht es vernichten; sie will seine Kämpfe mitkämpfen, nicht nur Gewinn aus ihnen ziehen. Die Betonung verrät das Bedürfnis nach gegenseitiger Unterstützung. Vater und Tochter werden insgeheim zu Verbündeten im Kampf gegen die Mutter. Dieser Bund gegen die Imago der Großen Mutter macht sie zu Gleichgestellten, läßt sie jedoch beide zu Kindern werden. Die Tochter wird zur Schwester ihres Vaters. Eine solche, auf Angst gegründete Zusammenarbeit verbindet sie in ihrer Furcht und Unsicherheit. Sie bindet sie an ihre Hilflosigkeit und läßt sie einander verachten.

Ambivalenz kennzeichnet die Beziehung der schwesterlichen Frau zum Ehemann, zu Vater und Mutter. Im gleichen Maß, in dem sie meint, das Ich ihres Mannes unterstützen zu müssen, verachtet sie ihn. Ähnlich hat ihr Mitgefühl für ihren Vater ihre Verachtung für seine Unfähigkeit verdeckt, sich gegen die Mutter zu wehren. In ihren Beziehungen zu Männern, ihrem Vater und später ihrem Mann, wird die Verachtung verdrängt, weil es notwendig ist, sich gegen die größere Macht der Mutter zusammenzuschließen.

Trotz ihres offenkundigen Bündnisses mit den männlichen Gestalten ist die schwesterliche Frau unbewußt mit ihrer Mutter identifiziert. Wie ihre Mutter grollt sie dem Mann wegen seiner Schwäche und fühlt sich durch sie gedemütigt. Ebenfalls wie ihre Mutter macht sie ihre Überlegenheit über den Mann geltend, indem sie heimlich die Beziehung dominiert. Ihre Identifikation mit dem passiven Mann auf der Ich-Ebene und mit der dominierenden Mutter auf der Ebene des Unbewußten erklärt, warum man die Persönlichkeitsstruktur der schwesterlichen Frau als maskulin-aggressiv bezeichnet.

Das Band der Notwendigkeit, das die schwesterliche Frau mit ihrem Partner verbindet, schließt Unabhängigkeit und orgastische Potenz aus. Wegen ihrer Identifikation mit dem Mann ist sie im allgemeinen auf einen klitoralen Höhepunkt beschränkt. Um diesen zu erreichen, ist sie auf die Kooperation ihres Partners angewiesen, und die sexuelle Beziehung nimmt die Form an, daß der eine etwas für den anderen »tut«. Aus dem, was ich bereits über homosexuelle Einstellungen in heterosexuellen Beziehungen gesagt habe, geht hervor, daß die sexuelle Einstellung der schwesterlichen Frau diese Eigenschaft hat. Ihre Persönlichkeit hat latente homosexuelle Tendenzen, und ihre körperliche Gestalt hat oft etwas Maskulines oder Jungenhaftes. In bezug auf die orgastische Potenz steht die schwesterliche Frau zwischen der Frau, die ein Sexualobjekt ist, und der Frau, die zum Typus des romantischen Ideals gehört. Während die Prostituierte beim Sexualakt kein Klimax-Erlebnis hat, ist die schwesterliche Frau zu klitoraler Entspannung fähig. Andererseits bleibt die Reaktion der schwesterlichen Frau hinter der der Frau vom Typus des romantischen Ideals zurück, die im allgemeinen zu einem Teilorgasmus fähig ist.

Eine reife Frau kann für ihren Mann Gehilfin und Kameradin sein, ohne schwesterlich zu werden. Dieser Aspekt der weiblichen Persönlichkeit beherrscht die Beziehung der reifen Frau zum Sexualpartner nicht, wie im Fall der schwesterlichen Frau. Infolgedessen ist sie weder Konkurrentin noch Zerstörerin. Weil sie eine ganze Frau ist, kann sie ein wahrer Freund sein.

(3) Die Frau, deren Persönlichkeit auf der romantischen Ebene fixiert ist, tritt zu Männern als sexuelle Person in Beziehung. Sie unterscheidet sich vom Typus der Tochter-Prostituierten, die sich als unpersönliches Sexualobjekt darbietet. Sie übt zwar ihre Anziehung auf Männer auf der sexuellen Ebene aus, ihre Persönlichkeit schließt aber die Vorstellung aus, sie könnte sexuell besessen werden, denn das würde sie in die Lage des Sexualobjekts herunterziehen. Auf einer Ebene ihrer Persönlichkeit bleibt sie also Jungfrau. Ihre psychosexuelle Entwicklung entspricht dem Jugendalter von etwas sechzehn bis achtzehn Jahren.

Der Stillstand der emotionalen Entwicklung auf der Stufe der Jungfrau oder des romantischen Ideals rührt von einer nicht vollständig gelösten ödipalen Situation her. Diese Persönlichkeitsstruktur bedeutet eine Entwicklung über die Stufe der »Schwester« hinaus und zeigt, daß das Mädchen seine sexuellen Gefühle nicht verdrängt hat wie die anderen. Andererseits hat sie dem Konflikt ihrer Beziehung zu ihrem Vater nicht entgehen können. Er hat sie nur unter der Bedingung akzeptiert, daß sie sexuelle Betätigung unterdrücken oder

»zurückhalten« konnte. Sie ist das »guterzogene« junge Mädchen, das der Zuneigung und Achtung seiner Eltern sicher ist, solange es den Kodex der Sexualmoral nicht verletzt. Der Wächter über diesen Kodex ist der autoritäre Vater, dessen Rigidität seine eigenen sexuellen Schuldgefühle und Konflikte widerspiegelt. Die sexuelle Verdrängung im Fall des Typus der Tochter-Prostituierten stammt von einer realen Angst in der Seele des Kindes, sein Vater oder ein anderer männlicher Erwachsener könnte sexuell auf es reagieren. Im Fall des Typus des romantischen Ideals oder der Jungfrau wird diese Angst in eine Angst vor der eigenen sexuellen Reaktion umgewandelt. Diese Frau ist nicht »Pappis kleines Mädchen« wie Laura sich nannte, sondern »Pappis großes Mädchen«. Man hat von dieser weiblichen Persönlichkeit gesagt, ihr Herz gehöre dem Vater, anders als bei Laura, die mit Leib und Seele dem Vater gehörte. Die romantische Beziehung erzeugt eine mehr oder weniger bewußte Trennung zwischen den Gefühlen der Liebe und der Sexualität.

Die durch diesen Konflikt determinierte Persönlichkeitsstruktur ist in der psychoanalytischen Literatur als die »hysterische Frau« beschrieben worden. Zu Freuds Zeiten sah man in den Manifestationen dieses Konflikts zwischen Liebe und Sexualität hysterische Reaktionen und hysterische Krisen. Freud und die frühen Psychoanalytiker behandelten Frauen, die unter dem Diktat einer viktorianischen Moral erzogen worden waren. Es waren Frauen, für die schon die Erwähnung der Sexualität tabu war, die ohnmächtig wurden, wenn sie unerwartet den »Tatsachen des Lebens« ausgesetzt wurden. Die hysterische Reaktion beruhte auf dem plötzlichen Freiwerden sexueller Gefühle. Da die moralische Atmosphäre sich sehr stark verändert hat, ist die hysterische Reaktion weitgehend verschwunden, aber die hysterische Charakterstruktur bleibt die gleiche. Diese Persönlichkeit ist bestimmt durch die Unfähigkeit, die romantischen Aspekte der Liebe mit dem physischen Ausdruck der Liebe in der Sexualität zu vereinbaren. Aber wo die viktorianische Frau sich an ihre romantischen

Ideale klammerte und ihre sexuelle Aktivität hemmte, gibt sich ihre heutige Entsprechung freizügiger dem Sex hin, trennt ihn aber von ihren romantischen Wünschen. Der Konflikt ist zwar immer noch mit beträchtlichen Kräften geladen, ist aber weniger explosiv; die Hysterie tritt meist in Tränenausbrüchen und gelegentlichem Schreien zutage.

Wie funktioniert die Frau, die diese Rolle übernimmt, im täglichen Leben? Während der Zeit der Werbung, wenn sie ihre Rolle als romantisches Ideal ausagiert, kann ihr Erregung vorübergehend die Gefühle von Sexualität und Liebe miteinander verschmelzen. Diese Verschmelzung geht im Lauf der Ehe allmählich verloren, wenn die Realität an die Stelle der Illusionen tritt. Angesichts der körperlichen Intimität, die die eheliche Situation erfordert, läßt sich das romantische Ideal nicht aufrechterhalten, wie schon die romantischen Liebenden des vierzehnten und fünfzehnten Jahrhunderts wußten. Sexueller Besitz beseitigt die Distanz oder Schranke, die für das Gefühl der romantischen Liebe unerläßlich ist. Der Ehemann wird mit dem Vater gleichgesetzt, dem gegenüber sexuelle Gefühle verdrängt werden mußten. Diese Übertragung der Gefühle vom Vater auf den Ehemann findet statt, weil beide als Autoritätsfiguren angesehen werden, die Anpassung an einen einschränkenden Moralkodex fordern. Die Folge ist, daß die Liebe zum Ehemann zwanghaft wird, und daß in der Ehe die sexuelle Erregung immer mehr verlorengeht. Da die romantische Erregung nur außerhalb der patriarchalen Familie existiert, fängt die »hysterische Frau« an, mit anderen Männern zu flirten. Die Frau, die auf diese Rolle fixiert ist, hat immer einen romantischen Liebhaber in ihrem Leben d. h. einen Mann, für den sie ein romantisches Ideal ist. Dieser Liebhaber kann ein realer Mensch oder eine Phantasiegestalt sein.

Die »hysterische Frau« braucht den dauernden Reiz der romantischen Liebe, um ihre sexuelle Erregung aufrechtzuerhalten. Sie sucht diese Erregung bei anderen Männern und bei ihren eigenen Kindern, d. h. sie wird verführerisch. Sie fordert von ihren Kindern, sie sollten ihre Schönheit bewundern und auf ihren Charme reagieren. Um andere Männer anzuziehen, wird sie vielleicht die Grenzen annehmbaren Verhaltens überschreiten. Diese Forderungen ihres Ichs hindern sie daran, sich ihren Kindern oder ihrem Mann ganz hinzugeben. Stillen wie Sex sieht die »hysterische Frau« als Widerspruch zu dem romantischen Idealbild an, wo die Frau auf ein Podest gestellt und angebetet wird. Aber Sexualität ist die Lockspeise, die die »hysterische Frau« verwendet, um andere zu verleiten, sie zu vergöttern. Da dieses Mittel nur so lange wirksam ist, wie der Mann sie nicht besitzt, wird es zur Blockierung ihres vollständigen Sich-Bekennens zu ihren sexuellen Gefühlen. Wilhelm Reich hat erklärt, daß die »hysterische Frau« die Sexualität als Abwehr gegen die Genitalität benützt. Notwendigerweise ist ihre orgastische Reaktion eingeschränkt. Sie ist zu einem vaginalen Orgasmus fähig, aber ihre Reaktion ist nur eine Teilreaktion; sie umfaßt nicht ihr ganzes Sein. Sie bleibt zurück mit einem Gefühl der Frustration, das sie in der Phantasie oder in Wirklichkeit zu Liebesabenteuern treibt.

Der Charakter der »hysterischen Frau« hat seine negativen und seine positiven Seiten. Der Umstand, daß sie die sexuelle Natur der Beziehung zwischen Mann und Frau akzeptiert, unterstützt den Mann in seiner Männlichkeit. Daß sie darauf besteht, sein sexuelles Verlangen müsse sich dem romantischen Ideal unterordnen, verweigert ihm die Befriedigung in der Beziehung. Sie ist eine Herausforderung für einen Mann, die seine Leidenschaft erregt, aber sie entzieht sich seinem Zugriff und vereitelt seinen Sieg. In ihrer negativen Ausprägung ist die hysterische Frau die junge Hexe, verführerisch und bezaubernd, aber verstrickend und zerstörend. Wie alle neurotischen Persönlichkeiten steht sie unter dem Zwang, an ihrem Liebhaber die Ablehnung »auszuagieren«, die sie von ihrem Vater erlitten hat.

Carol beschrieb die Spaltung ihrer Persönlichkeit folgendermaßen: »Ich hab' mein Leben lang jedesmal, wenn sich ein Mann in mich verliebte, den Mann weggestoßen. Ich konnte mich wohl einem Mann sexuell hingeben, aber ich fühlte mich wie in einer Falle, wenn er mich besitzen wollte. Wie kann ich diese Angst überwinden?«

Physisch hat die »hysterische Frau« einen attraktiven Körper, der wohlgeformt und gut proportioniert ist, klare Augen und ein lebhaftes Benehmen. Wenn die sexuelle Verdrängung schwerwiegender ist, wird der Ausdruck getrübt. Ihr Konflikt manifestiert sich entweder in Rigidität oder in einem flexiblen Panzer, den ich in *The Physical Dynamics of Character Structure* beschrieben habe. Der Grad der Rigidität steht in direktem Verhältnis zur Schwere der sexuellen Ablehnung durch ihren Vater. Auf psychischer Ebene drückt er sich in einem übertriebenen Stolz aus, der besagt: »Ich werde mich zurückhalten, so daß du mich nicht noch einmal abweisen kannst.« Auf körperlicher Ebene ist die Rigidität mit Muskelverspannungen im Hals, in den Schultern, im Rücken und in den Beinen verknüpft.

Carol zeigte diese Verspannungen in ungewöhnlichem Maß. Obwohl sie ein äußerst aktives Sportlerleben geführt hatte, waren ihre Beine starr wie Stöcke. Sie konnte diese Steifheit in ihren Beinen zu einem ungewöhnlichen Unabhängigkeitsbedürfnis in Beziehung setzen, d. h. einem Bedürfnis, unter allen Umständen auf eigenen Beinen zu stehen. Die Verspannung in ihren Beinen war mit einer Steifheit in der Kreuzgegend verbunden, die ihr Becken fast völlig unbeweglich machte. Diese Verspannung im Becken stellte eine Hemmung der sexuellen Hingabe dar, denn Hingabe hätte den Verlust der Unabhängigkeit bedeutet. Carol konnte ihre Verspannungen durch die Beziehung zu ihrem Vater erklären. Er hatte als Preis für seine Anerkennung auf einer Einstellung des Mutes und der Kühnheit bestanden. Vater und Tochter waren bei vielen körperlichen Betätigungen gute Kameraden gewesen, aber Carols Bedürfnis nach Zärtlichkeit und liebevoller Unterstützung durch den Vater wurde nicht wahrgenommen. Ihr Vater vergötterte sie in seiner Vorstellung, wobei er ihre Sexualität leugnete. Carol ihrerseits idealisierte ihren Vater auf Kosten ihrer sexuellen Gefühle.

Carol suchte ihr Leben lang nach einem Mann, der weich und zärtlich, aber doch stark und furchtlos sein sollte, d. h. sie suchte nach einem Ritter und Helden. Der romantische Liebhaber oder Ritter und Held ist eine idealisierte Vaterfigur, der Vater, gesehen mit den Augen eines dreijährigen Mädchens, zu einer Zeit also, in der diese Eigenschaften seine Haltung ihm gegenüber kennzeichnen. Diese Eigenschaften sind zwar nicht unvereinbar, aber reale Männer sind keine Idealgestalten. Carol war zweimal verheiratet gewesen, jedesmal mit einem Mann, der stark und zuverlässig aussah, der sich jedoch als besitzgierig, unsicher und unreif erwies. Carol war überrascht, als ich ihr sagte, sie werde ihren ritterlichen Helden niemals finden. Ihre Vision von einem romantischen Liebhaber war eine Abwehr gegen ihre Unfähigkeit, sich in der Liebe einem Mann völlig hinzugeben. Die Aufgabe der Therapie bestand darin, die Spaltung in ihrer Persönlichkeit zu zu heilen. Am Anfang der Therapie gab ich mir große Mühe, die verspannten Muskeln in Carols Beinen und Füßen zu entspannen. Übungen im Beugen und Mit-den-Füßen-Stoßen brachten einige Besserung. Bei diesen Übungen erkannte Carol, daß die Verspannungen in ihren Beinen mit einer Unbeweglichkeit des Beckens verbunden waren, und daß die ganze Starrheit der unteren Hälfte ihres Körpers als Abwehr gegen die Hingabe an starke sexuelle Gefühle diente. Als Carol solchen Gefühlen erlaubte, durchzukommen, erlebte sie, daß die Kopfschmerzen, an denen sie litt, aufhörten, und daß sich ihre Stimmung der Reizbarkeit und Frustriertheit besserte. Diese Besserung war aber nur vorübergehend. Die tiefere Blockierung der sexuellen Hingabe war nicht überwunden. Die verdrängte Feindseligkeit gegen die Männer mußte erst freigesetzt werden. Das kam teilweise dadurch zustande, daß ich sie ihre Wut körperlich ausdrücken ließ, z. B. dadurch, daß ich sie auf die Couch einschlagen ließ. Auf diese Weise konnte sie die Gefühle der Feindseligkeit gegen ihren Vater wegen seiner Ablehnung ihres Bedürfnisses nach Nähe und körperlichem Kontakt herauslassen. Zwei Jahre dieser Arbeit verwandelten Carol allmählich aus einer rigiden, ängstlichen, hysterischen Frau in ein weibliches Wesen, das weich und zärtlich, aber auch stark und sicher sein konnte. Im späteren Teil der Therapie schwankte sie zwischen Rigidität und Weichheit, Rückzug und Nachgeben, Angst und Hingabe hin und her.

Das Weiterbestehen ihrer Kopfschmerzen zeigte, obwohl sie sehr viel seltener geworden waren, daß Carol die Konflikte in ihrer Persönlichkeit noch nicht ganz gelöst hatte. Eines Tages kam Carol mit einem Gefühl der Angespanntheit in meine Praxis. Sie klagte, sie habe so schlimme Kopfschmerzen gehabt, daß sie sich dem Erblinden nahe gefühlt habe. Patienten, die schon einige Zeit in Therapie sind, haben gewöhnlich genug Einsicht gewonnen, um verstehen zu können, warum ein Symptom auftaucht. Ich fragte Carol, ob sie wisse, was ihr Kopfweh hervorgerufen habe. Sie wußte es nicht.

»Was für ein Gefühl verbindet sich für Sie mit Blindheit oder Unfähigkeit, zu sehen?« fragte ich sie.

»Sie meinen, ›blind vor Zorn‹?« erwiderte Carol.

»Vielleicht kommen Ihre Kopfschmerzen daher, daß Sie Wutgefühle unterdrücken. Ist irgendwas geschehen, was Sie wütend gemacht hat?« fragte ich.

»Am Abend vor den Kopfschmerzen mußte ich mich aus den Umarmungen eines hartnäckigen Verehrers befreien. Ich war hinterher ganz erschöpft. Glauben Sie, daß das Kopfweh eine Folge der Spannung dieses Abends war?«

»Es kann sich sehr wohl aus der Unterdrückung Ihrer Wut entwickelt haben«, antwortete ich. »Wenn Sie wütend geworden wären und den Verehrer entschiedener abgewiesen hätten, wäre Ihnen, glaube ich, das Kopfweh erspart geblieben.«

Dieses Zwiegespräch führte zu einer Erörterung von Carols Beziehung zu Männern. Sie sagte, sie sei nicht wütend geworden, weil sie gefürchtet habe, dem Mann zu mißfallen. Sie fürchtete sich vor seiner Reaktion, und sie hatte das Gefühl, sie werde ihn vielleicht brauchen. Früher wäre sie unter diesen Umständen entweder fügsam gewesen oder hysterisch geworden. Nun konnte sie Widerstand leisten, aber sie konnte ihrer

Wut noch nicht Ausdruck verleihen, wenn sie unter Druck gesetzt wurde. In diesem Augenblick gab ich Carol einen Tennisschläger in die Hand, den sie halten sollte, während wir miteinander sprachen. Sie sagte, den Schläger in der Hand zu halten, gebe ihr das Gefühl, weniger ohnmächtig, weniger hilflos zu sein. »Es fühlt sich an wie ein Penis in meiner Hand, und es macht, daß ich mich stark fühle«, sagte sie. Während sie dies sagte, erkannte Carol, daß sie Weiblichkeit mit dem Zustand assoziierte, angesichts eines mächtigen männlichen Wesens, das einen Penis besaß, schwach und hilflos zu sein. Diese männliche Gestalt war ein Symbol für ihren Vater, vor dem sie sich fürchtete und dem gegenüber sie sexuelles Verlangen nicht zu äußern wagte.

Eine Therapiesitzung, die eine so wichtige Einsicht liefert, hilft die Probleme eines Patienten klären. Sie befähigte Carol, zu verstehen, daß ihre Rigidität und ihr Rückzug Abwehrmaßnahmen gegen die Bedrohung durch die vermutete überlegene Kraft des Männlichen waren. Während Carol mit dem Tennisschläger auf die Couch einschlug, empfand sie die Stärke ihrer Wut als eine Kraft, die sie zur Selbstverteidigung benützen könnte, anstatt zum passiven Widerstand, den sie vorher eingesetzt hatte. Das Annehmen ihrer Wut ermöglichte es ihr, ihren sexuellen Impulsen mehr nachzugeben, ohne sich durch ihre Hingabe bedroht zu fühlen. Es gab ihr ein Mittel zur Abfuhr der Spannung, die sich sonst in hysterische Symptome wie z. B. ihre Kopfschmerzen, verwandelt hatte. Carols weiterer Fortschritt bewies, daß für sie wie für jede hysterische Frau die sexuelle Befriedigung untrennbar von der Fähigkeit war, Wut gegen das männliche Geschlecht zu empfinden und auszudrücken. Das Ausdrücken von Wut setzt die Frustration frei, die in der ödipalen Situation erlebt worden ist. Das Vorhandensein dieser Frustration hat Spannungen zur Folge, die sich in einem hysterischen Symptom oder in einer hysterischen Reaktionsweise manifestieren.

Für einen gestörten, neurotischen Menschen ist es äußerst schwierig, die negative Wirkung von Verhaltensweisen zu begreifen, die vom Ich als Selbstschutz angesehen wer. Die Kind-Frau sieht nicht, daß die Ablehnung des Mannes Teil ihrer Persönlichkeit ist. Die schwesterliche Frau macht sich blind für die Tatsache, daß sie in der Rolle der Gefährtin und Gehilfin das sexuelle Interesse des Mannes an ihr negiert. Die hysterische Frau akzeptiert dieses Interesse, meint aber unbewußt, es lasse sich nicht mit Liebe vereinbaren. Die Leugnung des negativen Gefühls führt zu seiner Projektion auf den Partner. In der Vorstellung der Frau ist es der Mann, der darauf besteht, sie solle diese Rolle spielen. Natürlich werden Männer gewählt, die darauf bestehen.

(4) Das hinterlistige Wechselspiel neurotischer Tendenzen in der Ehe tritt am deutlichsten bei den Eheproblemen der Frauen zutage, die dem Mann gegenüber eine Mutterrolle spielen. Ich wurde einmal von einer jungen Frau konsultiert, die über den drohenden Zusammenbruch ihrer Ehe ganz verzagt war. Kurz darauf kam ihr Mann zu mir, der behauptete, er habe seine Frau nie wirklich geliebt, und nun liebe er eine andere Frau. Um seine Stellung zu festigen, sagte er, während der letzten fünf Jahre seiner Ehe habe er Verhältnisse mit einer Reihe von Frauen gehabt, und seine Frau habe es gewußt. Das Tragische an dieser Situation war nicht nur das Gefühl der Frau, etwas zu verlieren und betrogen worden zu sein, sondern auch der Schaden für zwei Kinder, zwei Mädchen die beide an ihrem Vater hingen. Ruth, die meine Patientin wurde, begriff nicht, wie ihr Mann seine Verantwortung seiner Familie gegenüber einfach aufgeben konnte oder warum er sie verlassen wollte, da sie ihm doch so ergeben gewesen war. Ruth hatte das Gefühl, ihr Mann brauche sie. Er sei, wie sie sagte, unreif, und wisse nicht, was er wolle. Sie glaubte, seine Rettung liege in seiner Verpflichtung gegenüber der Ehe und der Familie.
Ruth war sensibel, intelligent und nicht unattraktiv. Ihre Erscheinung war ihr jedoch nicht so wichtig, da sie meinte, sie übe nicht durch ihre Sexualität, sondern durch ihre Gutmütigkeit Anziehung auf die Männer aus. Ruth hatte vor der Ehe

keine sexuellen Beziehungen gehabt, obwohl sie kein Mauerblümchen war. Nach der Heirat hatte Ruth beim Sex nie einen Orgasmus, aber sie genoß die Intimität. Ihre sexuelle Reaktion auf ihren Mann besserte sich, nachdem sie von seinen außerehelichen Affären erfahren hatte. Obwohl sie darüber Bescheid wußte, behauptete sie, sie empfinde für ihren Mann eine tiefe Liebe. Er schien diese Zuneigung nicht richtig zu schätzen. Er meinte, Ruth sei zu abhängig von ihm und körperlich nicht attraktiv genug. Ruth akzeptierte seine Kritik wegen ihrer »Anhänglichkeit« und beschloß, sich auf die eigenen Beine zu stellen. Ihr erster Versuch war bewundernswert. Er gab ihr eine neue Ansicht von sich selbst und eine neue Anschauung vom Leben. Leider brach er nach zwei Monaten wieder zusammen. Der Zusammenbruch dieses ersten Gefühls von Selbständigkeit und Reife zeigte, daß eine tiefere Analyse von Ruths Persönlichkeit notwendig war. Ich wies sie darauf hin, daß sie für ihren Mann eine Mutterfigur sei: Sie fühle sich reif im Verhältnis zu seiner Unreife, sie nehme es auf sich, ihm zu helfen und ihn zu unterstützen, und sie lasse ihm seine sexuelle Freiheit, solange er nur zu ihr zurückkomme. Ruth akzeptierte diese Deutung ihrer Haltung. Sie wußte, daß ihre Erscheinung eine Tendenz zum Matronenhaften hatte, obwohl sie erst dreißig Jahre alt war. Ruth verstand nicht, wie sie zur Mutterfigur geworden war, da ihre Beziehung zu ihrem Vater immer »sehr gut« gewesen war.
»Mein Vater«, sagte sie, »war immer sowas wie ein Idol für mich. Als Kind saß ich jeden Abend auf seinem Schoß, um die Comics zu lesen, und ich glaub', ich hab' mich da immer am sichersten gefühlt. Er hat mich immer angebetet, und ich ihn auch. In vernünftigem Rahmen konnte ich von ihm immer bekommen, was ich wollte. Er ist ein sehr warmherziger Mensch. Manchen Männern mag er schwach vorkommen, aber er ist auf seine ruhige Weise stark. Mutter versuchte, die Entscheidungen zu fällen, aber wenn Daddy ein Machtwort sprach, galt es, und niemand erhob Einwände.«
Die enge Beziehung zwischen Vater und Tochter setzte sich bis

ins Erwachsenenalter fort. Ruth bekannte: »Selbst heute noch umarmen wir uns und halten uns eng umschlungen. Aber bis auf den heutigen Tag kann ich meine Mutter nicht umarmen. Ich empfinde keine körperliche Wärme für sie.«

Ruth erzählte zwei frühe Erinnerungen, die den Unterschied in ihrer Beziehung zu ihren Eltern zeigen: »Meine früheste Erinnerung ist, daß ich vom Verandageländer in die Arme meines Vaters springe, der unten steht. Ich muß etwa zwei Jahre alt gewesen sein. Es gefiel mir ungeheuer gut. Ich hatte keine Angst. Das nächste, woran ich mich erinnere, ist, daß mir der Mund mit Seife ausgewaschen wurde, weil ich meiner Mutter eine freche Antwort gegeben hatte. Man hat mir schon sehr früh beigebracht, Erwachsenen nicht zu widersprechen. Das ist hängengeblieben.« Es ist deutlich, daß Ruth von frühester Kindheit ihrem Vater zugetan und ihrer Mutter abgeneigt war. Das ödipale Problem, das in dieser Situation entstand, war nicht leicht zu lösen.

Als Mädchen hatte Ruth zwei Eigenschaften, die den Leuten auffielen: ein reifes Benehmen und eine plumpe körperliche Erscheinung. Ruth sagte, die Leute hätten immer gesagt, sie sei über ihre Jahre hinaus zuverlässig. »Niemand hatte an meinem Verhalten was auszusetzen, aber an meinem Äußeren mäkelten sie alle herum. Ich war das vollkommene Beispiel für ›dieses unbeholfene Alter‹. Meine Mutter sagte immer zu den Verkäuferinnen, sie glaube, ich würde aus diesem schrecklichen Zustand nie herauswachsen. Die ganze Familie seufzte über den Umstand, daß ich meine Beine und meinen Mund vom Vater hatte: Die Beine waren lang und der Mund war groß.«

Es ist nicht abwegig, anzunehmen, daß Ruths unbeholfene Erscheinung mit ihrer Frühreife zusammenhing. Wurde sie zur Mutterfigur, um die sexuellen Folgerungen aus der Beziehung zu ihrem Vater zu vermeiden? Oder reifte sie zu rasch heran, um ihre Mutter als Liebesobjekt des Vaters zu verdrängen? Ruth entwickelte niemals die körperliche Anmut, die für Mädchen charakteristisch ist, die sich der erotischen Gefühle für ihren Vater bewußt sind.

Als Ruth dreizehn war, kam eine Schwester zur Welt. Ihre Mutter fing wieder an zu arbeiten, nachdem sie erst eine Woche aus der Klinik zurück war und bekam eine Blutung. Deshalb übernahm Ruth es, das Baby morgens um zwei zu füttern. »Mißverstehen Sie mich nicht«, sagte sie. »Ich wollte es gern. Ich kam mir so wichtig vor. Aber es hatte zur Folge, daß ich jeden Tag nach der Schule gleich nach Hause kommen mußte, um das Baby zu versorgen.« Daß Ruth gegen diese Belastung, die während ihrer ganzen High-School-Jahre andauerte, nicht protestierte, zeigt, in welchem Maß sie bereit war, die Rolle ihrer Mutter zu übernehmen.

Damit wir therapeutisch zu dem ungelösten ödipalen Problem durchdringen konnten, mußte Ruth sich in gewissem Grad ihrer sexuellen Gefühle für ihren Vater bewußt werden. Der Umstand, daß sie ihn so vergötterte, stellte einen starken Widerspruch gegen diese Erkenntnis dar. Ruth hatte wohl den Verdacht, ihr Vater könnte vielleicht nicht ganz dem Idealbild entsprechen, das sie sich von ihm machte, aber sie hatte keinen Schlüssel zu seiner Persönlichkeit und zu ihrer Schwierigkeit.

Dann machte Ruth kurz nach ihrer Scheidung eine Erfahrung, die ihr die Augen öffnete. Sie hatte wieder einen Mann kennengelernt, der die gleichen Persönlichkeitsmerkmale zeigte wie ihr gewesener Ehemann. Sie fühlte sich sexuell von ihm angezogen, aber sie erkannte, daß er ein »mißverstandener, zu groß gewordener kleiner Junge« war, der Verständnis und Bemutterung brauchte. Sie sagte: »Solche Männer haben mich immer angezogen. Sie waren ungefährlich, weil sie keinen Sex von mir brauchten. Ich fühlte mich also sicher, während ich erregt wurde. Mein Ansatz Männern gegenüber war: ›Erzähl' Ruth, was dich beunruhigt.‹ Ich fürchte mich davor, mich mit einem wirklichen Mann einzulassen.«

Diesmal gab Ruth jedoch die »ungefährliche« Position auf und hatte sexuelle Beziehungen mit dem Mann. Sie sagte:

»Es war sehr gut. Ich kam vaginal zum Höhepunkt, aber als er wegging, fing ich schrecklich an zu zittern und zu schluchzen. Ich hörte mich sagen, ›Daddy, Daddy‹. Ich fühlte mich wie ein kleines Mädchen.

Wollte ich, mein Vater sollte kommen und mich beschützen? Ich fühlte mich so ungeheuer allein und verlassen. Ich hatte das Gefühl, ich wollte zurück und wieder ein kleines Mädchen sein und der Verantwortung für das, was ich getan hatte, nicht ins Gesicht sehen. Warum hab' ich nach meinem Daddy gerufen?

Mir wurde klar, daß ich meinen Vater wollte. Mein Vater hat mich immer auf einer sehr tiefen Ebene erreichen können, wo ich völlig verwundbar bin. Ich pflegte mit meinem Vater im Bett zu ›kuscheln‹. Hatte ich Angst, er würde mich ablehnen und verlassen, wenn ich es zuließe, daß sexuelle Gefühle bis zu ihm durchdrängen?

Meinen Vater könnte man auch als einen mißverstandenen, zu groß gewordenen kleinen Jungen bezeichnen. Ich habe das Gefühl, daß alle Frauen in seinem Leben ihn ausgenützt und mißbraucht haben. Sein Vater ist gestorben, als er vier Jahre alt war. Seine Mutter war eine starke, dominierende Frau, die ihr Spiel mit seinem Mitgefühl trieb. Sie forderte, er wolle für sie sorgen. Meine Mutter haßte sie, aber sie war ihr sehr ähnlich. Auch sie beherrschte ihn auf sehr subtile Weise. Habe ich den Respekt vor meinem Vater wegen seiner jungenhaften Art verloren? Meine Mutter war so von der Welt des Geldes in Anspruch genommen, daß wir Kinder alle das Gefühl hatten, in ihrem Leben erst nach dem Geld zu kommen. Sie war ehrgeizig. Als Kind hab' ich versucht, meinen eigenen Vater zu bemuttern; er tat mir leid.«

Man kann die Mutterrolle auch als die Rolle der Mutter-Märtyrerin bezeichnen, denn Selbstverleugnung ist typisch für diese Persönlichkeitsstruktur. Diese Haltung unterscheidet sich von der des »Schwester-Typus«; die »Schwester« betrachtet sich als dem Mann ebenbürtig und erwartet von ihm Unterstützung und Schutz. Psychisch zeigt die Frau vom Typus der Mutter-Märtyrerin in ihrer Persönlichkeit dominierende masochistische Tendenzen. In der Schwester-Persönlichkeit sind jedoch auch masochistische Elemente enthalten, und in der Praxis sind diese Rollen nicht immer klar unterschieden. Aber wo die Schwester-Rolle eine aktive Einstellung mit sich bringt, erlegt die Mutter-Rolle der Betroffenen eine passiv-unterwürfige Haltung auf. Die Unterwürfigkeit verdeckt ein Gefühl der Überlegenheit gegenüber dem Mann, der durch ihr Rollenspiel auf die unterlegene Position des Sohnes verwiesen wird. Sie verdeckt auch die Verachtung und die Feindseligkeit der Frau gegenüber dem Mann. Und wenn sie oberflächlich ihrem Mann gegenüber unterwürfig ist, versucht sie insgeheim, ihn durch ihr Märtyrertum zu beherrschen. Ruths Selbstaufopferung für ihren Mann stand in krassem Gegensatz zum herrschsüchtigen Verhalten ihrer Mutter. Der Konflikt dieser Persönlichkeit liegt zwischen Unterwerfung und Dominanz.

Die asexuelle Einstellung zu einem Mann, dargestellt in der Rolle der Mutter-Märtyrerin, verdeckt eine Haltung der sexuellen Unterwerfung, die der der Tochter-Prostituierten ähnlich ist. Man kann die Mutterrolle deshalb als Abwehr gegen die Position des Sexualobjekts ansehen. Um diese Abwehr aufrechtzuerhalten, konzentriert die Frau ihre Aktivität auf ihre Rolle als Mutter; Nahrung wird wichtiger als Lust, und Kinder werden wichtiger als das Selbst. Gewöhnlich bringt sie viele Kinder zur Welt, was einen vollkommenen Vorwand für ihre Mangel an Interesse an sich selber als Person liefert.

Diese Geschichte des Muttertypus schließt die Stadien der Tochter, der Schwester und einen Versuch, die Position des romantischen Ideals einzunehmen, in sich. Die Unfähigkeit des Vaters, auf die Weiblichkeit der Tochter zu reagieren und sie gegen die Mutter zu unterstützen, zwingt das Mädchen, sich in eine asexuelle Rolle zurückzuziehen. Diese Entwicklung bringt eine Reife hervor, die, wie in Ruths Fall, verfrüht und selbstverneinend ist. Sie endet als Frau, nicht als Kind, aber sie kann ihr Recht auf sexuelle Erfüllung nicht geltend machen. Im Gegensatz zur Schwesterfigur hat ihre Persönlichkeit wenig maskuline Elemente. Wenn sie ihre masochistischen Tendenzen überwindet, kommen ihre sexuellen Gefühle machtvoll zum Vorschein. Sonst bleibt die Sexualität ein unbefriedigendes Erlebnis ohne orgastische Entspannung und emotionale Befriedigung.

Die vier oben beschriebenen Rollen stellen neurotische Lösungen der ödipalen Situation dar. Die Endform der Beziehung eines Mädchens zu seinem Vater bestimmt das Muster seiner Beziehung zu allen Männern. Dieses Muster wird in jedem Fall durch einen spezifischen Konflikt geprägt. Für den Muttertypus liegt der Konflikt zwischen Unterordnung und Dominanz in ihrem Verhältnis zum Mann. Unterordnung bedeutet die Verurteilung zur Tochterrolle (als Sexualobjekt). Dominanz in der Mutterrolle ist eine Behauptung des eigenen Wertes als Person auf asexueller Basis. Die Mutter, die die Familie regiert, wird in der genitalen Beziehung zum Sexualobjekt.

In der Tochterrolle liegt der Konflikt zwischen Ablehnung und Annahme der eigenen Person. Die Prostituierte lehnt sich selber als Person ab, akzeptiert sich aber als Sexualobjekt, weil der Mann sie braucht. Weil sie in dieser Weise gebraucht wird, betrachtet sich die Prostituierte unbewußt oft als die gebende, haltende und beschützende Mutter aller Männer, die ihre Dienste begehren.

Der Konflikt der Frau vom Typus des romantischen Ideals liegt zwischen Nachgeben und Widerstand gegenüber dem Mann. Nachgeben bedeutet, vom Mann besessen werden, was die hysterische Frau in ihren eigenen Augen zum Sexualobjekt reduziert. In ihrem Unbewußten muß die hysterische Frau daher Jungfrau bleiben. Ihr Widerstand gegen die Hingabe äußert sich in ihrer charakterlichen Rigidität und in ihrem Beharren darauf, daß der Mann sie verehren müsse.

Beim Schwestertypus liegt der Konflikt zwischen Passivität und Aggression. Passivität ist mit Schwäche und Minderwertigkeit verbunden; beides wird vom Schwestertypus mit Weiblichkeit gleichgesetzt. Sie betrachtet Aggression als ein Attribut männlicher Überlegenheit. Für den Schwestertypus bedeutet Gleichberechtigung, »wie« ein Mann zu sein.

Die vier Aspekte der Persönlichkeit einer Frau sind psychologische Konstrukte, um Verhaltensmuster zu beschreiben. In Wirklichkeit gibt es keine reinen Typen, und die Rollen sind oft miteinander vermischt. Die Rollen von Mutter und Tochter sind oft in verschiedenem Maß kombiniert. Ähnlich kann ein und derselbe Mensch die Rollen der Schwester und des romantischen Ideals spielen. Die Frau vom Typus des romantischen Ideals möchte zugleich Gefährtin und Gehilfin des Mannes sein. Die Frau, die die Schwesterrolle übernimmt, ist

sehr enttäuscht, wenn ihr Mann sie nicht als romantische Gestalt sieht.
In der normalen Beziehung ist die Frau für einen Mann alles. Sie ist Tochter, Schwester, romantisches Ideal und Mutter zur gleichen Zeit. Ihre wechselnden Funktionen im Lauf auch nur eines einzigen Tages offenbaren alle Aspekte ihrer komplexen Persönlichkeit. Zum Beispiel als jene, die das Frühstück macht, den Haushalt führt und die Kinder versorgt, ist sie eine Mutter. Im Konzert oder im Theater und beim kulturellen Austausch mit ihrem Mann ist sie eine Gefährtin. Sie ist die Gehilfin, mit der der Mann seine geschäftlichen oder beruflichen Angelegenheiten bespricht. Am Abend am Kamin oder bei einem Fest wird sie romantisiert. Und natürlich ist sie im Bett eine Sexualpartnerin. Eine Frau braucht nicht ihre Persönlichkeit zu verändern, um diesen Rollen zu entsprechen. Das wäre, als wollte sie ihren Körper verändern, damit er in die Kleider paßt, die sie trägt. Sie kann diese Rollen ausfüllen, wie die Situation es verlangt, weil sie Teil ihres Wesens sind. Aber eine solche Feststellung läßt das Geheimnis dieses Wesens unaufgeklärt.
Ein Mann kann Kameradschaft und Hilfe bei einem anderen Mann finden. Er kann jemand anstellen, der ihm den Haushalt führt und seine Kinder versorgt. Aber nur eine Frau, die alle Aspekte der weiblichen Persönlichkeit akzeptiert, kann für einen Mann eine total befriedigende Sexualpartnerin sein. Wenn sie diese anderen Rollen übernimmt, weil sie seine Sexualpartnerin ist, werden sie zum Ausdruck ihrer totalen Liebe zu dem Mann. Getrennt von ihren sexuellen Gefühlen sind ihre anderen Funktionen neurotischer Ersatz für ihre Unfähigkeit, sich sexuell hinzugeben. Die Sexualität einer Frau soll durch die verschiedenen Aspekte ihrer Persönlichkeit mit dem Strahlen eines gut geschliffenen Diamanten hindurchscheinen. Im Innersten ihres Wesens liegt der Zauber ihrer sexuellen Anziehungskraft.
Die »doppelte Moral« begann als die Antithese zwischen Ich und Körper, wodurch die Auffassung von höheren und niederen Werten geschaffen wurde. Sie ist in unserer Kultur

ebenso wirksam wie die Trennung von Liebe und Sexualität. Diese Trennung spaltet die grundlegende Einheit des weiblichen Wesens in Bruchstücke auf: Sexualobjekt, Schwester, Konkurrentin, romantisches Ideal, verführerische Hexe, Mutter und alte Hexe. Gleichgültig, welcher Aspekt vorherrscht, es läßt sich immer zeigen, daß die Zersplitterung von einer Ablehnung der sexuellen Gefühle des kleinen Mädchens herrührt.

In jeder der Fallgeschichten steht das Problem der Frau in Verbindung mit ihrer Beziehung zu ihrem Vater. Auf ihn überträgt das kleine Mädchen die unerfüllte Sehnsucht nach oraler Befriedigung und Körperkontakt, und auf ihn projiziert es die Vorstellung von sexueller Befriedigung und Glück. Das erste ist ein reales Bedürfnis, das letzte ist Teil der spielerischen Vorbereitung des Kindes auf das Leben. Da beides in der Haltung und im Gefühl des Mädchens vereint ist, kann der Vater nicht das eine beiläufig behandeln und das andere ernst nehmen, selbst wenn er beide unterscheiden kann. Wenn er positiv auf die oralen Bedürfnisse der Tochter eingeht, läuft er Gefahr, sie sexuell zu sehr an sich zu binden und ein unlösbares ödipales Problem zu schaffen. Aber wenn er auf das reale Bedürfnis nicht reagiert, wird dies als sexuelle Ablehnung genommen. Soweit ich sehe, gibt es für den Vater keinen Ausweg aus dieser Schwierigkeit. Zunächst sollte das Problem unerfüllter oraler Bedürfnisse überhaupt nicht entstehen. Wenn es nicht besteht, können die sexuellen Gefühle des Mädchens für seinen Vater auf normale Weise bewältigt werden.

In diesem Buch habe ich immer wieder den engen Zusammenhang zwischen Oralität und Genitalität betont. Daß Frauen nicht mehr stillen, ist nach meiner Ansicht der wichtigste Grund für unbefriedigte orale Bedürfnisse. Ich glaube, eine angemessene Zeit für das Stillen wären drei Jahre. Wieviele Frauen haben die Geduld oder die Kraft, einem Kind diese Art oraler Befriedigung zu bieten? Weder der Tochtertypus noch der Schwestertypus oder die hysterische Frau, auch nicht die

Frau, die einem Mann gegenüber die Mutterrolle spielt, hat das, was notwendig ist, um ihren Kindern Erfüllung zu geben. So werden die sexuellen Probleme einer Generation an der nächsten heimgesucht. Der Zirkel läßt sich nicht durchbrechen, bevor beide, Frau und Mann, die Zweiteilung aufgegeben haben, die den Menschen in ein denkendes Wesen (Homo sapiens) und einen animalischen Körper spaltet.

16 Die sexuellen Rollen des Mannes

Die Leib-Seele-Dichotomie verzerrt die Sexualfunktion des Mannes ebensosehr wie die der Frau. Als Moralkodex spaltet sie die Einheitlichkeit seiner Reaktion auf die Frau in Respekt und Angst vor der Mutterfigur und Verlangen nach und Verachtung für das Sexualobjekt. Keiner kann er sich ganz hingeben. Die Folge ist, daß seine sexuelle Leidenschaft abnimmt, ebenso wie seine orgastische Potenz. Er fühlt sich seiner Frau gegenüber schuldig, weil er ihr seine körperliche Zuneigung vorenthält, und er fühlt sich seiner Geliebten gegenüber schuldig, weil er ihr seinen Respekt und seine Liebe versagt. Seine Schuldgefühle führen zu einer reaktiven Zwanghaftigkeit in beiden Beziehungen.

Der Umstand, daß mit zweierlei Maß gemessen wird, schafft auch zwei einander entgegengesetzte Gruppen von Wertmaßstäben, männliche und weibliche. Die männlichen Werte – Bewußtheit, das Ich und Macht – betrachtet man als den weiblichen – Unbewußtes, Körper und Objekt – überlegen. Diese Überlegenheit hat mit der Annahme zu tun, die Funktion des Phallus stelle ein höheres Sexualprinzip dar als die der Vagina. Der Phallus bezieht seine angebliche Überlegenheit aus seiner Rolle als aktives Organ beim Sexualvorgang. Er wird zum Vertreter der befruchtenden Macht des Sonnengottes, mit dem der Mann sich selber identifiziert. Die Frau als Vertreterin der Erde wird zu einem Objekt, auf das der Mann einwirken muß. Aber all diese Wertvorstellungen sind Teil der eigenen Natur des Mannes. Er ist bewußt und unbewußt, Ich und Körper, Handelnder und Objekt. Die Natur des Mannes wird also in zwei antithetische Aspekte gespalten.

In seinem männlichen Aspekt ist der Mann der Inhaber der Macht, die Frau zu befruchten. Die bewußte Erkenntnis dieser

Funktion erzeugt die Kategorie des Vaters und verweist die Frau auf die Rollen des Sexualobjekts und der Mutter. In seinen weiblichen Aspekten gehört der Mann der Frau. Das frühe Bewußtsein betrachtete die Große Mutter als allumfassend – die männlichen Elemente in der Natur waren ihre Nachkommen, nicht ihresgleichen. Auf dieser Ebene ist der Mann noch ihr Sohn.

Die »doppelte Moral« beseitigt die Große Mutter nicht. Ihre Funktionen sind der Macht des Vaterprinzips unterworfen, aber nur in dem Maß, wie dieses Prinzip oder diese Macht ihre Reaktionen steuern und bestimmen kann. Der Mann kann die Frau befruchten und die Saat säen, aber danach ist die männliche Macht nicht in der Lage, die Umwandlung zu beeinflussen, die der Same im Körper der Großen Mutter durchmacht, um zum Kind oder zum Getreide zu werden. Der Fortpflanzungsvorgang wird getrennt in die männliche Funktion der Befruchtung und die weiblichen Funktionen des Umfassens, der Umwandlung und der Geburt. Wenn ein Mann eine Beziehung zu einer Frau durch den bewußten Einsatz von Macht behrrscht, ist er eine Vaterfigur. Wenn die Beziehung von der Frau beherrscht wird, wird der Mann auf die Rolle des Sohnes beschränkt.

Die historische Entfaltung der Persönlichkeit des Mannes läuft der der Frau parallel. Die kulturellen Entwicklungen, die die Aspekte der Frau als Schwester und als romantisches Ideal einführten, bestimmten auch die entsprechenden Rollen des Bruders und des Ritters für den Mann. In seiner Rolle als Bruder ist der Mann der Beschützer und Freund der Frau. Er teilt seine Macht mit ihr, oder vielmehr: Beide verbinden ihre gemeinsamen Möglichkeiten gegen die Große Mutter und den Vater. Im Idealfall unterstützen Bruder und Schwester gegenseitig die entstehende Persönlichkeit des anderen. In Wirklichkeit können sie in Erweiterung der früheren Geschwisterrivalität zu Konkurrenten werden. In seiner Rolle als ritterlicher Held widmet sich der Mann der Erlösung der »reinen Jungfrau«. Sie ist immer die Gefangene der dunklen Mächte,

d. h. des Unbewußten. Sie ist die schlafende Schöne, die für die Erregung und Romantik der Liebe geweckt werden muß. Sie muß aus ihrer Dienstbarkeit gegenüber der Großen Mutter und vom Besitz und der Bestimmung durch den Vater befreit werden. Der Ritter bestätigt die sexuelle Anziehungskraft der Frau als Person.

Die verschiedenen Funktionen, die der Mann in seiner Beziehung zur Frau erfüllen kann, hängen mit den Stadien seiner eigenen Lebensgeschichte zusammen. In seiner persönlichen Entwicklung ist er nacheinander Sohn, Bruder, Ritter und Vater. Jede Stufe wird nach und nach in seine sich entwickelnde Mannheit integriert. Die Stellung des Vaters ist nicht das Ziel, sondern vielmehr die letzte Stufe in seinem Erlebnis der Selbstverwirklichung. Ein Mann, dessen psychosexuelle Entwicklung normal verlaufen ist, bringt diese vier Aspekte seiner Persönlichkeit in seine Beziehung zur Frau ein.

Die sexuellen Schwierigkeiten, die entstehen, wenn die normale Entwicklung unterbrochen oder gestört wird, schlagen sich in der Einstellung des Mannes zur Macht nieder. Häufig sind sie in diesem Bereich deutlicher wahrnehmbar als in der Sexualfunktion oder in der persönlichen Beziehung zu einer Frau. Wie ein Mann mit Geld umgeht, ist z. B. ein guter Maßstab dafür, wie er sexuell funktioniert. Geld ist abstrakte Macht, und Macht ist ein Symbol für sexuelle Potenz. Man hat erklärt, Geld sei eine männliche Erfindung. In unserer Kultur ist es eine echte Machtquelle. Es verleiht seinem Besitzer persönliches Prestige und eine gesellschaftliche Position. Als Symbol von Rang und Ansehen ist es an die Stelle des erblichen Titels getreten. Man kann damit rechnen, daß der auf die Rolle des Sohnes fixierte Mann unfähig sein wird, Geld anzusammeln, während die Vaterrolle mit dem Besitz oder der Verwaltung von Geld und Macht verbunden zu sein pflegt. Ich werde nun die Charakterstruktur und das Sexualverhalten des Mannes besprechen, dessen Persönlichkeit jeweils auf eine der männlichen Rollen fixiert ist: Sohn-Liebhaber, Bruder-Beschützer, Ritter und Held und Vater mit Autorität.

Wie bei der Frau ist die Fixierung auf jede dieser Rollen durch die neurotische Lösung der ödipalen Situation determiniert. Die Fixierung ist in jedem Fall das Ergebnis des Fortbestehens eines grundlegenden Konflikts. Der Konflikt des Sohn-Liebhabers liegt zwischen Annahme und Ablehnung seiner selbst. Er akzeptiert sich auf der infantilen Stufe der Omnipotenz, lehnt aber sein Recht ab, entweder die Frau oder das Geld zu besitzen.

Beim Konflikt des Bruder-Beschützers geht es um Aggression oder Passivität. Seine Aggression kommt der Frau zugute, während seine Passivität bedeutet, daß er unfähig ist, seine eigenen Bedürfnisse zu befriedigen. Da er Aggression nicht für sich selber einsetzen kann, wird er im Hinblick auf die Frau, mit der er sich identifiziert, in eine passive Position gezwungen. Seine Passivität äußert sich auch in seiner Einstellung zu Geld und Macht.

Der Konflikt im Fall des ritterlichen Helden liegt darin, ob er sich der Frau unterwerfen oder ihr Widerstand bieten soll. Hingabe an die Liebe bedeutet Unterwerfung und Abhängigkeit von der Frau als der Großen Mutter. Er leistet Widerstand dagegen, auf die Stufe des Sohn-Liebhabers herabgedrückt zu werden. Seine Unfähigkeit zur Hingabe hindert ihn daran, mit der Frau eine reife Beziehung einzugehen, und er bleibt auf der Stufe des Jugendlichen stehen. Die Folge ist eine Einstellung zu Sexualität und Geld, die der der Adoleszenz entspricht: Beide werden benützt, um sein Ich zu glorifizieren.

Die Vaterrolle bringt den Konflikt zwischen Dominanz und Unterordnung mit sich. Der autoritäre Vater beherrscht und steuert seine Familie. Sein Verhalten ist jedoch zwanghaft und spiegelt seine Unterordnung unter die Sexualmoral seines eigenen Vaters wider, mit dessen Autorität er sich identifiziert. Gegenüber den Mächtigeren ist er unterwürfig, während er die beherrscht, die unter ihm stehen.

(1) Ein gutes Beispiel für die Persönlichkeit, die sich entwickelt, wenn das emotionale Wachstum auf der Stufe des Sohnes

stehenbleibt, stellt der sogenannte »Playboy« dar. Früher nannte man diesen Persönlichkeitstypus den »Verschwender« oder, in anderem Zusammenhang, den »Verlorenen Sohn«. Der Ausdruck »Playboy« ist insofern passender, als er Unreife andeutet, was wohlverdient ist. Der Playboy vergeudet nicht nur sein Geld, sondern auch seine sexuellen Energien. Im Amerikanischen gibt es einen geläufigen Ausdruck zur Bezeichnung dieser Verhaltensweise. Von einem Menschen, der sein Geld auf der Suche nach sinnlicher Lust verpraßt, sagt man, er »pißt es weg«. Dieser Ausdruck weist darauf hin, daß der Playboy das Bedürfnis hat, eine Spannung loszuwerden, und nicht, Befriedigung und Erfüllung zu finden. Seine sexuellen Gefühle wird er auf dieselbe Weise los. Geschlechtsverkehr unter dem Einfluß von Alkohol und ohne persönliches Gefühl für die Sexualpartnerin hat diese Qualität. Die Ausstoßung des Samens findet in Form eines kontinuierlichen Ausfließens statt, wie das Harnlassen, anstatt in der Form der charakteristischen pulsierenden Ejakulation. Eine sexuelle Betätigung dieser Art ist wahllos, promiskuös und läßt in der Sexualpartnerin das Gefühl entstehen, ausgenützt zu werden.

Die Playboy-Haltung ist nicht das ausschließliche Vorrecht des sogenannten internationalen Jet-Sets. Viele Männer, auch verheiratete, vergeuden oder verschwenden ihr Geld beim Trinken mit einer Liederlichkeit, die der des Playboys nahekommt. Wenn das Geld in Alkohol »angelegt« wird, wird es buchstäblich »weggepißt«. Wenn man das Problem des Alkoholismus unter diesem Blickwinkel betrachtet, kann man es nicht von der Unfähigkeit trennen, Geld zu behalten oder es konstruktiv zu verwenden. Diese Unfähigkeit kennzeichnet den Verschwender, ob das Geld für Alkohol ausgegeben, verspielt oder für verrückte Unternehmungen verwendet wird.

Es ist kein reiner Zufall, daß der Ausdruck »wegpissen« mit diesem Verhalten verknüpft wurde. Es besteht ein verborgener Zusammenhang zwischen der Unfähigkeit, die Erregung des Geldes oder des sexuellen Gefühls bei sich zu behalten, und der

Unfähigkeit, »das Wasser zu halten«. Der Zusammenhang scheint der der sexuellen Schuldgefühle zu sein, vor allem der Schuldgefühle wegen der Onanie. Häufiges Wasserlassen ist besonders bei Jungen angesichts masturbatorischer Schuldgefühle ein Ersatzmittel, Kontakt mit dem Genitale herzustellen. Erwachsene urinieren oft, um sexuelle Spannung loszuwerden. Der enge Zusammenhang zwischen der Empfindung einer vollen Blase und sexuellen Empfindungen zeigt sich in der Verwirrung, die in bezug auf die morgendliche Erektion herrscht, von der im 2. Kapitel die Rede war. Man hat diese Erektion irrtümlich dem Druck einer gefüllten Blase zugeschrieben, da sie nach dem Wasserlassen verschwindet. Man erkennt heute an, daß sie ein echter Ausdruck sexueller Gefühle ist. Sexuelle Schuldgefühle spiegeln sich auch in der neurotischen Furcht, man könnte sich während des Geschlechtsverkehrs entleeren.

Die Beziehung zwischen dem Harnlassen und der infantilen Onanie tritt in den folgenden Erinnerungen zutage, die ein Patient in der Therapie erzählte. Ein junger Mann erinnerte sich, als er fünf Jahre alt gewesen sei, habe sein Vater ihn heftig getadelt, weil er seinen Penis in der Hand hielt. Am nächsten Tag, sagte er, habe er in der Wohnung auf den Fußboden uriniert, während seine Eltern fort waren. Er hatte das deutliche Gefühl, daß er es tat, um mit seinem Vater wegen des Tadels ins reine zu kommen. Es ist denkbar, daß der Playboy sich in ähnlicher Weise an seinem Vater rächt, indem er das geerbte Geld vergeudet.

Ich habe festgestellt, daß starke Schuldgefühle wegen der Onanie für Männer, die auf der Sohnesebene der Entwicklung fixiert sind, kennzeichnend sind. Masturbation ist das zweckmäßige Verhalten eines Menschen, der in Verhältnissen, wo kein anderes befriedigendes Ventil verfügbar ist, einen starken sexuellen Drang verspürt. Sie bringt Entspannung und Lust und fördert gleichzeitig die Identifizierung mit dem Körper als Quelle der Lust. Bei der Masturbation wird das Gefühl ins eigene Selbst reinvestiert. Das ist genau das, was der Playboy mit seinem Geld nicht tun kann. Er kann es nicht konstruktiv verwenden. Er kann es nicht für eigene Fortschritte einsetzen, denn dies hängt zu eng mit Selbstbefriedigung zusammen. Sexuelle Schuldgefühle verbinden sich mit Geld als Symbol sexueller Gefühle. Das Geld »brennt ihm ein Loch in die Tasche«. Er vergeudet es, um sich von diesem Schuldgefühl zu befreien, genau wie er symbolisch uriniert, wenn er sexuell erregt ist.

Der Stillstand der Entwicklung eines Kindes auf der Stufe des Sohn-Geliebten läßt sich nicht allein auf der Grundlage infantiler Masturbationsschuldgefühle erklären. Charakterologisch ist der Sohnestypus eine orale Persönlichkeit, die ihr ödipales Problem nicht hat lösen können. Er ist noch an seine Mutter gebunden und fürchtet sich vor seinem Vater. Er hat das Gefühl, die Welt schulde ihm etwas zum Ausgleich für die Deprivation, die er als Kind erleiden mußte. Er wird vielleicht sogar eine Frau finden, die bereit ist, ihn zu unterstützen und die Mutter zu sein, die er sucht. Einige der sexuellen Probleme des Sohnestypus werden durch den folgenden Fall eines dreißigjährigen Mannes veranschaulicht, der mich wegen seiner sexuellen Nöte um Rat fragte. Er war besessen von Vergewaltigungsphantasien und Inzestvorstellungen. Eines Tages fragte er mich:

»Bin ich ein Mutterficker? Die ganze Woche lang hab' ich gespürt, wie sich meine Gedanken um diese Frage drehten. Ich hatte das Gefühl, gefährlich zu sein. Ich hatte Vorstellungen von Vergewaltigung.
Bei älteren Frauen ist das Verlangen so stark, daß es mich überwältigt. Mein Kopf und mein Hals fühlen sich an, als wollten sie explodieren. Ich hab' das Gefühl, ich möchte sie sadistisch ficken, aber ich hab' Angst, ihnen wehzutun. Dann krieg' ich das Gefühl, ich möchte einfach aus Verzweiflung sterben.
Wenn die sexuelle Ladung in mir sehr stark ist, fühl' ich mich riesengroß. Früher fühlte ich mich machtlos. Jetzt hab' ich ein Gefühl der Allmacht, wenn ich spüre, daß ich bei einer Frau meinen Willen haben kann. Macht ist die Fähigkeit, einen anderen dazu zu bringen, daß er sich sexuell lebendig und reaktionsbereit fühlt. Wenn ich eine Frau erregen kann, das ist mein Traum. Aber in dem Moment, wo sie erregt ist, geht mir auf, daß ich in Schwierigkeiten bin. Dann muß ich

sie aus Angst vor Mißerfolg ablehnen. Ich hab' Angst, ich könnte zu schnell kommen und sie könnte unbefriedigt sein. Bei meinem ersten sexuellen Erlebnis, als das Mädchen nicht zum Orgasmus kommen konnte, fühlte ich mich verantwortlich. Also nahm ich zum Cunnilingus Zuflucht.«

Cunnilingus ist eine orale Betätigung, die von der Brust auf die Genitalien verschoben ist. Diese Verschiebung wird durch die Angst vor der Mutter hervorgerufen, die auf das Verlangen des Säuglings nach oraler erotischer Befriedigung negativ reagiert hat. Die sadistischen Gefühle, die dieser Patient äußerte, waren von verdrängten Impulsen abgeleitet, die Brust zu beißen. Beim Cunnilingus erfüllt sich der Mann zwei Wünsche. Bewußt hat er das Gefühl, die Frau zu befriedigen. Unbewußt befriedigt er seinen Wunsch nach Rache, indem er sich versichert, daß er ihren Penis abgebissen hat, und daß dieser ihn nicht mehr bedrohen kann.
Dieser Patient beschrieb seine Mutter als eine verführerische Frau, die versuchte, ihn in einer Abhängigkeitsbeziehung an sich zu binden. Zugleich hatte er Angst vor seinem Vater, der, wie er sagte, ihn regelmäßig zu schlagen pflegte. Unter diesen Bedingungen war eine bewußte Identifizierung mit seinem Vater unmöglich, und der Junge war zurückgeworfen auf eine Abhängigkeit von und Angst vor der Mutter, die in seinem Unbewußten zur schrecklichen Großen Mutter der Antike wurde. Eine solche Situation verhindert die normale Ich-Entwicklung des Jungen und fixiert seine Persönlichkeit auf die primitive Stufe des Sohn-Geliebten. Er pflegt abwechselnd gegen seine Unterwürfigkeit zu rebellieren und sich dann wieder zu opfern, um der Mutter zu gefallen, und dieses Muster kennzeichnet all seine Beziehungen zu Frauen. Da er die Frau nicht mit einem männlichen Ich bekämpfen kann, nimmt er seine Zuflucht zur Magie der sexuellen Macht, der Macht, sie zu erregen und sie dadurch in die »gute Mutter« zu verwandeln, die seine oralen Bedürfnisse erfüllt. Seine Handlungen gemahnen an die primitive Verwendung des Fruchtbarkeitszaubers, um eine gute Ernte zu sichern. Cunnilingus stellt die sexuelle

Annäherung eines Mannes dar, der es nicht wagt, die Frau zu besitzen.

Der Sohn-Geliebte ist nicht an Geld interessiert. Geld ist reale Macht, nicht infantile Omnipotenz oder primitive Magie. Es stellt die Macht dar, die Frau zu besitzen, und diese Macht gehört dem Vater.

Da die Frau für den Sohn-Liebhaber immer eine Mutterfigur ist, wäre durch Geld ausgedrückter Erfolg gleichbedeutend mit Inzest. Sein Mißerfolg im Leben ist selbstbestimmt. Psychologisch gesehen, hat der Sohn-Liebhaber eine orale Charakterstruktur, in der schizoide und psychopathische Tendenzen einander widerstreiten. Er ist besessen von der Vorstellung von Macht, kann aber nichts dagegen tun. Er ist immer orgastisch impotent, oft auch unfähig zur Erektion. Seine Erektionspotenz ist abhängig davon, ob er die Frau »bändigen« und sie auf die Stufe eines Sexualobjekts herabsetzen kann. Wenn sie in seiner Vorstellung ihre Macht als Mutterfigur behält, erleidet er durch den Verlust der Erektion eine symbolische Kastration. Aber auf sein Versagen folgen Auflehnung und Wut und ein weiterer Versuch, die Große Mutter zu stürzen. Eine normale eheliche Beziehung ist bei derartigen Konflikten nicht möglich.

(2) Die Bruderrolle ist eine asexuelle Art der Annäherung an eine Frau. Der Mann, dessen Persönlichkeit durch dieses Entwicklungsstadium bestimmt ist, ist in der Lage, Geld zu verdienen, da es nicht dazu verwendet wird, um Macht über die Frau zu gewinnen. Aus dem gleichen Grund wird er niemals so viel Geld verdienen, daß es eine solche Macht darstellen könnte. Wenn er ein guter »Bruder« ist, teilt er sein Geld mit seiner Frau, um ihre Entwicklung zu fördern. Wenn er auf Wettbewerb aus ist, verwendet er es, um seine Überlegenheit zu beweisen. In diesem Fall nähert sich sein Verhalten dem der Vaterfigur.

Das Problem der Bruder-Persönlichkeit ist der Mangel an sexueller Befriedigung. Er schreibt diesen Mangel der unzureichenden sexuellen Reaktion seiner Frau zu. Er mag sich zwar über die mangelnde Reaktionsbereitschaft seiner Frau beklagen, aber seine Identifizierung mit ihr verhindert im allgemeinen jeden Versuch, woanders sexuelle Erfüllung zu suchen. Er ist vor allem daran interessiert, ihr zu helfen, wie es ein »großer Bruder« tun sollte. Er hat wenig Ahnung davon, daß gerade seine Haltung des großen Bruders zum Teil für ihre mangelnde Reaktionsbereitschaft verantwortlich ist.

Robert war für seine Frau ein »großer Bruder«. Man konnte ihn als einen guten Ehemann ansehen, der sich über die Schwierigkeiten seiner Frau große Sorgen machte. Er war gütig, mitfühlend und verständnisvoll, nicht nur gegenüber seiner Frau, sondern auch gegenüber anderen Männern und Frauen, die Schwierigkeiten hatten. Robert hatte früher einmal gedacht, er würde gern Geistlicher werden, weil er einen starken Drang hatte, anderen Menschen zu helfen. Aber seine eigenen Probleme waren von der Art, daß er genug damit zu tun hatte, mit ihnen fertigzuwerden. Eines Tages erzählte Robert mir:

»Mir ist klar geworden, daß ich ein Geldproblem habe. Ich setze Geld anscheinend mit Schmutz gleich. Das geht bis weit in meine Kindheit zurück. In meiner Familie wurden Geld und Politik als Symbole für dreckiges, ungehöriges Verhalten angesehen. Meine Familie hatte nie Geld. Sobald mein Vater Geld bekam, verschwand es wieder. Meine Mutter konnte gut haushalten, aber sie hat mir davon nichts mitgegeben. Ich will Geld gar nicht anrühren. Ich lasse meine Frau alle Geldangelegenheiten regeln, und ich verschließe die Augen vor dem, was geschieht. Aber dann bin ich beunruhigt, wenn ich sehe, wieviel wir ausgegeben haben, und wie wenig dabei herausgekommen ist. Ich habe irgendwie das Gefühl, daß ich mich vor meiner Verantwortung drücke.«

Nachdem Robert dies ausgesprochen hatte, sagte er, sein Geist sei ganz unklar, und er könne mit der Analyse dieses Problems nicht fortfahren. Ein paar Minuten später setzte er jedoch hinzu: »Es gefällt mir, Geld zu verdienen. Das ist schon eine große Besserung, denn es hat eine Zeit gegeben, als ich mir eine große Gehaltserhöhung selber zunichte gemacht habe. Ich konnte eine Gehaltserhöhung nur mit gemischten Gefühlen hinnehmen.«

Bei unserer weiteren Erörterung dieses Problems gestand Robert, daß er trotz eines guten Einkommens selten Geld für sich selber ausgab, um sich Wünsche zu erfüllen. Er hatte eine minimale Geldsumme bei sich, damit er nicht in Versuchung geriet, etwas auszugeben. Indem er sein Geld seiner Frau gab, übertrug er ihr die Verantwortung für die Befriedigung seiner Bedürfnisse. Roberts Unfähigkeit, Geld für sich selber auszugeben, war die Folge seiner Schuldgefühle in bezug auf Genußsucht und Masturbation. In einem frühen Gespräch fragte ich Robert, ob er onaniere. Er sagte ja, aber er habe Schuldgefühle deswegen.

Robert übertrug seiner Frau nicht nur die Verantwortung für die Befriedigung seiner materiellen Bedürfnisse, er übertrug ihr auch die Pflicht, seine sexuellen Bedürfnisse zu erfüllen. Das war die Grundlage für seine Beschwerde wegen ihrer sexuellen Unansprechbarkeit. Er war also in einer Hinsicht der große Bruder, der das Geld verdiente und seine Frau beschützte, in anderer Hinsicht war er jedoch der kleine Bruder, der sich auf sie verließ, damit sie für seine Bedürfnisse und Wünsche aufkam. Indem er seine Macht aufgab, verzichtete er auf seine Männlichkeit und wurde zum kleinen Bruder. Wie konnte seine Frau bei der Aussicht in sexuelle Erregung geraten, mit ihrem kleinen Bruder sexuelle Beziehungen zu haben? Robert konnte die Art von sexueller Beziehung, die er sich wünschte, nur bekommen, indem er sein Mannsein zur Geltung brachte.

Es wird üblicherweise nicht richtig eingeschätzt, in welchem Maß Macht oder Geld die sexuelle Attraktivität eines Mannes für eine Frau erhöht. Früher war diese Art der sexuellen Attraktivität ein Attribut von Männern von adligem Geschlecht oder hohem Rang. Sie hängt wahrscheinlich mit der Tatsache zusammen, daß im allgemeinen die Anführer einer Gruppe ihre hervorragendsten Vertreter sind. Jede Form von Macht ist ein Symbol der Überlegenheit, ob es sich um persönliche Macht, wie körperliche Stärke, handelt, oder um unpersönliche, wie Reichtum. Sexualität ist in biologischem Sinn eine Form der Macht. Sie stellt das Vermögen dar, eine Frau zu erregen, sie zu schwängern und sie zu erfüllen. Die Persönlichkeit vom Typus des Sohn-Liebhabers übertreibt dieses Gefühl der sexuellen Macht bis zur Allmacht. Aber ein Wissen um diese Macht ist für einen Mann unentbehrlich, wenn er einer Frau gegenüber sexuell aggressiv sein soll. Das fehlt beim Typus des Bruders, und ohne es ist er schwach und unschlüssig.

Was für Faktoren fixieren einen Jungen auf die Stufe der Bruderbeziehung? Robert wies auf den Mangel an bewußter Identifizierung mit seinem Vater hin. Er hatte sich vor seinem Vater, der ein hitziges Temperament hatte, sehr gefürchtet. Als Junge konnte Robert seinen Vater nie herausfordern; er zog sich also in eine passive Haltung zurück. Seine Bemerkungen zeigen Mitgefühl und Verständnis für die Position seiner Mutter, die ohne viel Geld auskommen mußte. Robert hatte Mitleid mit seiner Mutter und identifizierte sich bewußt mit ihr gegen seinen Vater. Dadurch konnte er eine Teillösung seiner ödipalen Situation auf der Grundlage einer asexuellen Beziehung zur Frau finden. Die determinierenden Faktoren bei dieser Art Charakterstruktur sind denen sehr ähnlich, die ein Mädchen auf der Stufe der Schwester fixieren. Indem der Junge sich mit der Mutter gegen die Tyrannei des Vaters zusammentut, nimmt er der Mutter gegenüber eine Bruderrolle ein, die später auf alle Frauen übertragen wird.

Die Charakterstruktur des Brudertypus paßt zur analytischen Beschreibung des passiv-femininen Mannes. Die Körperstruktur des passiv-femininen Mannes zeigt gewisse weibliche Merkmale. Es herrscht eine sichtbare Tendenz zur Rundheit und Weichheit der Körperkontur, besonders deutlich um die Hüften. Seine Stimme ist im typischen Fall weich und moduliert. Seine Bewegungen sind nicht sehr ausgreifend und nicht sehr aggressiv. Zwar ist beim männlichen Erwachsenen die Ähnlichkeit mit dem Weiblichen auffallend, aber richtiger deutet man diese Züge, wenn man sie als jungenhaft bezeichnet. Die Jungenhaftigkeit des passiv-femininen Mannes ist ein direkter Ausdruck eines Mangels an Aggressivität auf Grund der Hemmung sexueller Gefühle in der ödipalen Situation.

(3) Die Persönlichkeitsstruktur, die auf der nächsten Stufe der Entwicklung erscheint, bezeichnet man analytisch als den phallisch-narzißtischen Mann. Die Bezeichnung weist darauf hin, daß dieser Typus von Mann von der Idee sexueller Heldentaten besessen ist. Er ist aber auch der ritterliche Held, dessen Ich von romantischen Illusionen eingenommen ist. Der phallisch-narzißtische Mann ist der Frau gegenüber sexuell orientiert und aggressiv in seiner Annäherung. Er bezieht sein Machtgefühl aus der Identifizierung mit seinem Penis. In dieser Hinsicht ähnelt er dem oralen Charakter, wenn es ihm auch an dem Gefühl infantiler Omnipotenz dieses Letzteren fehlt, das angesichts der Realität zusammenbricht. Für den oralen Charakter ist der Penis eine Brustwarze und kein Genitalorgan. Der phallische Mann unterscheidet sich vom passiv-femininen Typus, der die Vorstellung von sexueller Macht scheut. Aber die Persönlichkeitsschwäche des phallischen Charakters liegt darin, daß er Angst davor hat, die Frau zu besitzen, die eine Mutterfigur ist. Er ist nicht bis zur Stufe der Vaterrolle fortgeschritten.

Die sogenannten großen Liebhaber sind Männer mit einer Persönlichkeitsstruktur dieser Art. Ihre Leistungen werden nach sexuellen Eroberungen gemessen. Casanova und Frank Harris sind gute Beispiele für Persönlichkeiten, die auf dieses Stadium der psychosexuellen Entwicklung fixiert sind. Das primäre Interesse des phallischen Mannes ist die Verführung der Frau. In ihrer Extremform richtet sich die Verführung auf die Jungfrau, die in der Seele des Verführers die gefangene Prinzessin ist. Casanova hielt sich für einen Helden, wenn ihm die Verführung gelang und er die Mächte besiegte, die die Jungfrau bewachten, ihre Mutter und ihren Vater. Er fühlte sich wie ein Abenteurer, der, nachdem er die Festung der gesellschaftlichen Moral erstürmt hatte, seine Belohnung

forderte. Aber sein Sieg war nur von kurzer Dauer. Seine Heldentaten hatten nur in bezug auf sein Ich eine Bedeutung. Weder physisch noch realistisch gewann er durch seine Taten Befriedigung oder Vorteile. Die Umstände seiner sexuellen Abenteuer versagten ihm die Möglichkeit orgastischer Erfüllung. Er hatte Angst, sein Herz an die Frau zu verlieren. Die Erfahrung der Liebe entging ihm. Schließlich starb Casanova, wie Frank Harris, allein und ohne einen Pfennig.
Der phallische Mann ist das Gegenstück zur hysterischen Frau. Er kann die Gefühle von Liebe und Sexualität für den gleichen Menschen nicht in sich vereinigen. Die Frau, die er liebt, wird zu einer Mutterfigur, die ihren Reiz als Sexualwesen verliert. Das Mädchen, das er verführt, ist die Fremde. Mit der Verführung verkündet er, daß er kein »Mutterficker« ist, da er mit dem Sexualobjekt gefühlsmäßig nicht verbunden ist. Um seine Abwehr gegen den Inzest zu stärken, wählt er als Sexualobjekte junge Mädchen, vorzugsweise Jungfrauen. Es ist unmöglich, daß die Jungfrau seine Mutter ist. Aber seine Abwehr verrät seine Angst. Er hat inzestuöse Gefühle für seine Mutter, die durch Angst verdrängt werden müssen, durch die Angst vor der Kastration durch den Vater.
Die amourösen Bestrebungen des phallischen Mannes lassen sich durch seine Kastrationsangst erklären. Jede Eroberung ist für sein Ich ein Beweis dafür, daß er noch potent ist. Diese Potenz würde verschwinden, wenn sich die Frau ihm nicht als Herausforderung darbieten würde. Unbewußt sieht sich der phallische Mann als jener, der die Autorität des Vaters in Frage stellt. Aber er muß immer herausfordern, darf niemals gewinnen. Das Gewinnen würde einen Kampf auf Leben und Tod mit dem Vater erfordern, der von der adoleszenten Psyche des phallischen Mannes als der Stärkere angesehen wird. Verlieren bedeutet, kastriert zu werden. Man kann immer der Herausforderer bleiben, wenn man nach der Tat schnell wegläuft. Da alle Frauen der Besitz seines Vaters sind, muß auf jede Eroberung ein Zurückziehen des Interesses folgen. Emotional ist der phallische Mann ein ewiger Jüngling.

Warum nimmt die Potenz des phallischen Mannes ab, wenn er von seinem Sexualobjekt Besitz ergreift? Anders ausgedrückt, warum leidet der Mann dieses Persönlichkeitstypus nach der Eheschließung an einem Nachlassen seiner sexuellen Gefühle? Man kann annehmen, daß zu diesem Zeitpunkt die Angst vor dem Vater erheblich abgenommen hat. Was übrigbleibt, ist eine tiefere Angst vor der Mutter. Die Heirat wird als Sieg der Frau betrachtet. Er ist »an die Leine genommen« worden, er ist »abgeschleppt« worden. Seine Freiheit ist abgeschafft, und sein egoistischer Stolz auf seine jugendliche Männlichkeit nimmt schlagartig ab. Die Frau hat sich dadurch, daß sie ihn »an die Kandare genommen« hat, als die Stärkere erwiesen, und der phallische Mann ist auf eine Stellung der Dienstbarkeit gegenüber der Großen Mutter herabgewürdigt worden. In dieser Situation kann der Held, wenn er einer ist, nur reifen, indem er zur Vaterfigur wird, oder er kann auf die Rolle des Bruders regredieren. Oder, was wahrscheinlicher ist, er kann mit seiner Schürzenjägerei fortfahren und die doppelte Moral als Rechtfertigung benützen. Die hysterische Frau erhält ihre Illusionen aufrecht, indem sie von einem romantischen Liebhaber außerhalb der Ehe träumt. In der gleichen Lage beharrt der phallische Mann auf seiner Jagd nach der schwer faßbaren Jungfrau.

Jungfrauen sind Geschöpfe, die sich dem Zugriff am meisten entziehen. Sobald ein Mann sie besitzt, verlieren sie diese Eigenschaft und werden zu Sexualobjekten. Die Bedeutung der Jungfräulichkeit liegt in der Tatsache, daß die Jungfrau nicht die Mutter ist. Sobald die Penetration vollzogen ist, ist diese Illusion verloren, und ein neues Abenteuer muß unternommen werden. Die Suche nach der Jungfrau ist ein Streben nach ewiger Jugend.

Geld ist niemals das wichtigste Ziel des phallischen Mannes. Aus diesem Grund wird er niemals sehr reich. Es ist ihm aber für seine Handlungsfreiheit unentbehrlich. Der phallische Mann geht mit Geld genauso um wie mit seinem sexuellen Gefühl. Es muß ausgegeben werden, nicht angesammelt. Und er gibt es aus, zur Förderung der Ich-Vorstellung, die er von sich selber als von einem gut aussehenden, wagemutigen und romantischen Helden hat. Er kann auch Geld verdienen, da seine aggressive Lebensanschauung ihm die Mittel zum Gelderwerb liefert. In den Augen seiner Zeitgenossen erscheint er als Mensch mit gesellschaftlichem Erfolg. Das Schicksal in Form seines Charakters holt ihn ein, wenn er älter wird; im Lauf der Jahre wird deutlich, daß seine Abenteuer vergebliche Versuche sind, ein Mann zu sein.

In Wirklichkeit sind Charaktertypen nicht gleichförmig, und den reinen Typus gibt es nicht. Die neurotischen Tendenzen, die vorgeformte Verhaltensweisen bestimmen, sind bei verschiedenen Menschen verschieden. Manch ein phallischer Mann ist ziemlich gesund, er kann zur positiven Vaterfigur heranreifen, wenn er die Erfahrung der Vaterschaft gemacht hat. Bei anderen wieder wird das romantische Bild vom Ritter hoch zu Roß zur Karikatur, zum Strolch in der Lederjacke auf dem Motorrad.

Körperlich ist der phallische Mann gut gebaut, ausgesprochen männlich, mit gutem Muskeltonus und guter Haltung; sein Ausdruck ist rasch und lebhaft. Die Schwachstelle seiner Körperstruktur ist seine Rigidität, die am deutlichsten an den Rücken-, Hals- und Beinmuskeln zu sehen ist. Diese Rigidität ist eine Abwehr gegen Zusammenbruch und Hingabe, die für den phallischen Mann gleichbedeutend sind. Sich-Verlieben wird unbewußt als Hingabe an die Frau betrachtet, als ein Zusammenbruch der Unabhängigkeit. Die körperliche Starrheit und die psychische Angst vor der Hingabe hemmen sein Nachgeben gegenüber starken orgastischen Empfindungen und rufen ein gewisses Maß an Verfrühung der Ejakulation hervor, so daß nur ein Teilorgasmus zustande kommt. Seine sexuellen Eroberungen sind eine Kompensation seiner orgastischen Impotenz.

Ein junger Mann wird zum Ritter und Helden, wenn er von seiner Mutter in diesem Licht gesehen wird. Was sie an libidinösen Gefühlen in den Sohn investiert hat, erzeugt sein

Gefühl, für Frauen attraktiv zu sein. Aber wenn diese Investition auf Kosten ihrer Beziehung zum Vater des Jungen gegangen ist, erzeugt sie eine unbewußte Feindseligkeit des Vaters gegen den Sohn und gefährdet die Sicherheit des Sohnes in bezug auf seinen Vater. Das latent Inzestuöse am Gefühl der Mutter für den Sohn fixiert ihn auf die Stufe des Ritters und Helden, genau wie die latent inzestuöse Beziehung zwischen Vater und Tochter ihre Rolle als Jungfrau und romantisches Ideal bestimmt.

(4) Die fortschreitende Integrierung der verschiedenen Stufen der männlichen Entwicklung bringt einen Mann hervor, nicht eine Vaterfigur. Der Vatertypus ist ein neurotischer Kompromiß angesichts einer ungelösten ödipalen Situation. Er entspricht dem Muttertypus bei der Frau und stellt eine asexuelle Haltung gegenüber dem anderen Geschlecht dar. Der Vatertypus handelt seiner Frau gegenüber als Vater und seinen Kindern gegenüber nicht selten als Tyrann. Er strebt nach Macht, entweder in Form von Geld, und wenn das Geld fehlt, nach Autorität und Herrschaft. Die Charakterstruktur dieser Persönlichkeit ist anal-sadistisch, während der Muttertypus masochistisch ist. Der Vatertypus, mit dem wir es hier zu tun haben, ist also ein neurotischer Mann, dessen Ziel Macht ist, im allgemeinen in Form von Geld, aber auch in Form von Macht über seine Frau und seine Kinder. Daß er Macht besitzt, verleiht ihm den Status des Vaters.

Das Bild der Vaterfigur, das ich beschreiben will, ist ziemlich altmodisch. Er ist der strenge Zuchtmeister, der sein Heim mit eiserner Hand regiert. In seinem kleinen Reich ist er der König, aber es fehlt seinem Handeln die Großzügigkeit, die auch ein Attribut der Könige ist. Er ist arbeitsam und fleißig, und er spart sein Geld gewissenhaft. In Extremfällen ist er ein kleinlicher Diktator und ein Geizhals. In seinem Lebensplan sind die Lustfunktionen des Lebens relativ unwichtig. Produktivität und das Ansammeln von Geld beherrschen sein Bild von der Welt. Dieser Persönlichkeitstypus ist heute relativ selten geworden. Die Autorität des Vaters hat sowohl in bezug auf seine Frau als auch seine Kinder abgenommen. An die Stelle des Prinzips vom strikten Gehorsam gegenüber der Autorität im Elternhaus und in der Schule sind die fortschrittlichen Ideale des Gewährenlassens und des Selbstausdrucks getreten. Noch wichtiger für das Verschwinden dieser Gestalt ist der Verlust der Familieneinheit und der aufrichtigen Prinzipientreue, die den Hintergrund seiner Persönlichkeit bildeten. Trotzdem ist es wichtig, diese Charakterstruktur zu analysieren, um die Faktoren richtig einzuschätzen, die in der Vergangenheit die Vaterfigur geschaffen haben und es in gewissem Maß auch heute noch tun. Die Veränderungen, die diese Rolle erfahren hat, sollen später besprochen werden.

Die Vaterrolle stellt eine Annäherung an die Frau gemäß seiner finanziellen Macht dar, die ein Symbol sexueller Virilität und eine Garantie für die Fähigkeit des Mannes ist, die Frau und ihre Nachkommenschaft zu versorgen. Die Beziehung, die sich entwickelt, ist nicht von Gleichberechtigung gekennzeichnet. Die Persönlichkeit der Frau wird durch diese männliche Einstellung in die antithetischen Aspekte von Sexualobjekt und Mutter gespalten. Als Sexualobjekt wird die Frau in eine unterlegene und untergeordnete Stellung versetzt, während sie als Mutter eine subtile Autorität ausübt, die nicht offen anerkannt wird. Die Rebellion der Frau gegen diese Situation hat zum Sturz dieser Art von Dynastie beigetragen.

Ein Mann entwickelt diese Art von neurotischer Persönlichkeit, indem er seinen ödipalen Konflikt gemäß dem strengen Kodex der patriarchalischen Moral löst. Er stellt die Autorität seines Vaters nicht in Frage, wie es der phallische Mann tut. Statt dessen identifiziert er sich bewußt mit seinem Vater und akzeptiert seine Autorität. Der Vater des sich herausbildenden Vatertypus war gewöhnlich ein strenger Zuchtmeister, starr in seiner Haltung und für den Jungen in seiner Macht erschreckend. Er pflegte seine Disziplin nicht nur durch das gesprochene Wort durchzusetzen. Körperliche Züchtigungen in Form von Schlägen unterstrichen seine Macht und stellten den

Gehorsam des Kindes sicher. »Wer mit der Rute spart, verwöhnt das Kind« ist das Leitprinzip in der Erziehung der meisten Knaben, die Vatertypen werden. Ein Junge stellt die Autorität seines Vaters nicht in Frage, wenn seine Mutter diese Autorität respektiert. Dieser Respekt gibt dem Jungen zu verstehen, daß es für ihn, wenn er eine Frau besitzen will, notwendig sein wird, Macht zu erwerben, die der seines Vaters gleichkommt. Der Junge muß sein Verlangen nach seiner Mutter zugunsten schwerer Arbeit und Strebsamkeit verdrängen. Er muß seine Neigung zu Lust und erotischer Befriedigung zugunsten von Macht und Geld unterdrücken. Wenn er das nicht tut, wird er zum verlorenen Sohn. Erfolg befähigt ihn, die Vaterrolle zu spielen.

Die sexuellen Verbote, die zur Vaterrolle führen, richten sich sowohl gegen Selbstbefriedigung als auch gegen die sexuellen Gefühle des Kindes für seine Mutter. Befriedigende Masturbation bei einem Jungen oder jungen Mann fördert die Identität mit dem eigenen Selbst und Unabhängigkeit und verhindert eine neurotische Identifizierung mit dem Vater. Zugunsten der neurotischen Identifizierung mit dem Vater wird dem jungen Mann oft ein sexuelles Ventil angeboten, das dem Kodex der patriarchalischen Moral nicht zuwiderläuft. Zu viktorianischen Zeiten war es nicht ungewöhnlich, daß ein Vater seinen Sohn in die Geheimnisse des Geschlechtslebens einführte, indem er ihn zu einer Prostituierten brachte. Ein gut Teil der Kunden von Bordellen kam aus den Kreisen achtbarer Väter. Der Umstand, daß sich die doppelte Moral auf diese Weise bemerkbar machte, stellte sicher, daß der junge Mann ein Mädchen aus guter Familie heiratete und die Besitzinteressen des Vaters vermehrte oder verbürgte.

Charakterologisch ist der Vatertypus ein rigider und zwanghafter Mensch. Seine Rigidität rührt von der Hemmung seiner sexuellen Gefühle her; seine Zwanghaftigkeit von seinem Machttrieb. Im Gegensatz zum Playboy, der mit dem Wasserlassen Probleme hat, hat der Vatertypus eine anale Fixierung. Die psychoanalytische Theorie bringt Zwanghaftigkeit mit

Analität in Zusammenhang. 1908 veröffentlichte Freud eine Abhandlung, in der er die Eigenschaften »ordentlich, sparsam und eigensinnig« mit anal-retentiven Tendenzen in Verbindung brachte. Diese Trias von Zügen, denen später noch die Pedanterie hinzugesellt wurde, charakterisiert den neurotischen Vatertypus. »Ordentlich«, schreibt Freud, »begreift sowohl die körperliche Sauberkeit als auch Gewissenhaftigkeit in kleinen Pflichterfüllungen und Verläßlichkeit.« Freud benützt eine Reihe von Beobachtungen zur Untermauerung seiner Vorstellung von einem Zusammenhang zwischen Geld und Defäkation. Er erwähnt die Geschichte, von der er behauptet, sie sei bekannt, »daß das Gold, welches der Teufel seinen Buhlen schenkt, sich nach seinem Weggehen in Dreck verwandelt«. Die Identifizierung von Gold mit Fäzes wird bestätigt durch Märchen, in denen Gold als »Kot der Hölle« bezeichnet wird, durch die Ähnlichkeit ihrer Farbe und durch Gestalten wie den »Dukatenscheißer«*; in Deutschland gibt man den Kindern an Festtagen oft ein »Geldscheißerle« als Geschenk.

Es wird angenommen, der zwanghafte Charakter halte am Geld aus analem Trotz fest, genauso, wie er früher seine »Produkte« nicht hergeben wollte, wenn Mutter oder Kinderschwester es von ihm verlangten. Es ist leicht zu begreifen, daß ein strenges Sauberkeitstraining eine übertriebene Tendenz zur Ordentlichkeit und Sparsamkeit zur Folge haben kann. Schwieriger zu verstehen ist die Beziehung von Eigensinn zur Reinlichkeitserziehung. Psychoanalytische Untersuchungen haben gezeigt, daß das Kind zunächst trotzig war und sich elterlichen Forderungen widersetzte, seine Analfunktion zu beherrschen. Als dieser Trotz gebrochen wurde, ging er unter die Oberfläche und verwandelte sich in eine allgemeine Haltung des Eigensinns. Die zum Zweck dieser Unterjochung eingesetzten Mittel waren besonders geeignet, um die Unterwerfung des Kindes gegenüber dem Vater sicherzustellen.

---

* Sigmund Freud, *Charakter und Analerotik*, G. W. Bd. VII, S. 207f.

Freud merkt an, »daß schmerzhafte Reize auf die ... Gesäßhaut (Klapse) allgemein der Erziehung dazu dienen, den Eigensinn des Kindes zu brechen, es gefügig zu machen« (a. a. O. S. 206–207). Der »Hintern voll« ist die Form der Bestrafung, die den Jungen der männlichen Autorität gegenüber gefügig macht, da er eine direkte homosexuelle Demütigung darstellt. In extremerer Form, als Schläge mit dem Stock, war es das letzte Machtmittel in der Ausbildung des jungen Engländers der Oberschicht für eine militärische Laufbahn.

Die Identität von Geld und Gold mit Kot erklärt nicht, welchen Zusammenhang Geld mit sexueller Potenz hat. Sie erklärt nicht, warum die Vaterfigur in der Organisation der Gesellschaft als positive Kraft aufgetaucht ist. Freuds Analyse beruht auf der neurotischen Übertreibung dieser Identität. Ihre Wurzeln sind bis tief in die Kulturgeschichte des Menschen zurückzuverfolgen. Menschliche und tierische Exkremente waren der erste Dünger, den der Mensch entdeckte, und sind immer noch der beste. Es ist vorstellbar, daß eine Ackerbauwirtschaft, die für ihr Überleben von der Bebauung begrenzter Flächen bestellbaren Landes abhängig war, Kot als wirklichen Reichtum betrachtet hat. In der Schweiz habe ich noch 1950 einen Bauern auf die Straße hinauslaufen sehen, um den Mist eines vorüberkommenden Pferdes aufzulesen. Die Verwendung von Dünger, um die Erde anzureichern und fruchtbar zu machen, ist ein Fortschritt gegenüber dem auf Opfer und Sexualität beruhenden »Fruchtbarkeitszauber« der Primitiven. Diese Anschauung von der kulturellen Entwicklung des Menschen beseitigt die scheinbare Irrationalität der Identität von Geld und Gold mit Exkrementen.

Die Gleichsetzung von Geld mit sexueller Potenz umgeht die Zwischenstufe ihrer Beziehung zur Befruchtungskraft des Kots. Die ganze Abfolge der Beziehungen war folgendermaßen: Sexualität war die primitive Befruchtungskraft, die in Zauberriten verwendet wurde. An ihre Stelle trat die fruchtbarmachende Kraft des Kots, der später in der Psyche des Menschen mit Geld und Gold identifiziert wurde. Die Gleichsetzung von Geld mit sexueller Potenz erlaubt mir, meine Anschauungen vollständiger zu entwickeln. Ein Geizhals also, der Angst hat, Geld auszugeben, kann sich nicht »verausgaben«. »Sich verausgaben« hat auch eine sexuelle Bedeutung. Ein Mann ist nach dem Orgasmus oder der Ejakulation »entkräftet«. Die Furcht, sich zu verausgaben, ist ein neurotischer Faktor, der die Hingabe an den vollständigen Orgasmus hemmt. Viele Patienten haben mir berichtet, sie hätten bei der Onanie im frühen Jugendalter versucht, die Ejakulation zu verhindern oder zurückzuhalten. Der Verlust des Samens wurde als »Erschöpfung« angesehen und als Schwächung des Körpers und der Persönlichkeit erlebt. Mit anderen Worten, er wurde vom Unbewußten als Machtverlust aufgefaßt. Die biblische Geschichte von Onan unterstützt diese Auffassung, denn die Sünde Onans bestand nicht in seiner Masturbation an sich, sondern in seiner Weigerung, seinen Samen zu benützen, um nach jüdischem Gesetz die Witwe seines Bruders zu befruchten. Er vergeudete also die Macht seines Samens. Vor der sexuellen Aufklärung der letzten vierzig Jahre glaubte man allgemein, häufige Masturbation oder sexuelle Betätigung setzten die Chance (Macht) herab, ein Kind zu zeugen.

Der Mann vom Typus des Vaters ist sowohl in bezug auf Kinder als auch in bezug auf Reichtum von der Idee der Produktivität besessen. Seine Zwangshaltung reduziert seine Kinder zu Objekten oder Gegenständen, die er besitzt. Sie hat schon vorher seine Frau zu einem Besitztum herabgewürdigt. Dem Verlust der persönlichen Bedeutung von Beziehungen entspricht ein Verlust an Lust und Freude. Der Ausgleich für die Einbuße an Lust ist die Ich-Befriedigung gesteigerter Produktivität oder größeren Reichtums. Diese Persönlichkeitsstruktur ist nicht selten sehr erfolgreich in der Geschäftswelt. Ein solcher Mann kann trotz tieferliegender sexueller Schuldgefühle recht reich werden und beträchtliche Macht gewinnen. Sein Erfolg verletzt die Inzestschranke nicht, da er durch die Verdrängung sexueller Gefühle erreicht wird. Wenn er schließlich seine Mutter (Ehefrau) besitzt, hat sie für ihn ihre

Bedeutung als Sexualobjekt verloren, denn er ist sein eigener Vater geworden.

Obwohl der altmodische Vatertypus heute relativ selten geworden ist, werden Produktivität und Reichtum als Lebensziele immer stärker betont. Der Vatertypus von heute ist ein Mann, für den sexuelle Lust und Lebensfreude diesen Zielen untergeordnet sind. Für ihn ist Sexualität nur ein biologisches Bedürfnis, wie Essen, Schlafen und Stuhlgang. Seine Erektion ist lediglich ein Zeichen einer Spannung, die abgeführt werden muß, damit er wieder zu seiner Aufgabe des Geldverdienens zurückkehren kann. Er spielt Golf, weil sich das für einen Mann so gehört, aber auch diese Tätigkeit nimmt oft einen zwanghaften Charakter an. Leistung wird zu einem Ziel, das die körperliche Lust der Aktivität aufhebt. Verzweifelt sucht er einen gewissen Grad persönlicher Lust in einer Affäre mit seiner Sekretärin, oder er wird von einem Callgirl abhängig. Die doppelte Moral bringt seinen Versuch, sich selbst zu verwirklichen, zum Scheitern.

An der Oberfläche wirkt die doppelte Moral in der Vorstellung des Mannes anders als in der der Frau. Bewußt lehnt der Mann seine Sexualität nicht ab; ganz im Gegenteil. Da seine männliche Sexualität ein Beweis für seine Überlegenheit (Männlichkeit, logisches Wesen usw.) ist, kann man kaum von ihm erwarten, daß er dieses Zeichen seiner Überlegenheit verleugnet. Ein Mann stützt seinen Anspruch auf Überlegenheit nicht auf seinen Intellekt, sein Ich oder seine größere Stärke. Seinen Anspruch darauf zu gründen, könnte sich als recht gefährlich erweisen. Wie kann er sicher sein, daß es nicht eine Frau gibt, die intelligenter, logischer, selbstsicherer oder sogar körperlich stärker ist als er? Es hat einmal in seinem Leben eine solche Frau gegeben, seine Mutter. Sie war ihm in jeder Hinsicht überlegen, aber sie war eine Frau. Sie besaß keinen Penis, das Symbol der Überlegenheit. Natürlich würde kein Mann öffentlich seine Überlegenheit gegenüber der Frau auf diese Tatsache gründen. Er rationalisiert sie auf Grund seiner überlegenen Intelligenz. Aber seine Einstellung zur

Sexualität spiegelt die wahre Grundlage für sein Gefühl wider. Ein Mann kann sich der Sexualität von zwei verschiedenen Richtungen her nähern. Er kann sich ihr instinktiv, d. h. durch seine Gefühle nähern; in diesem Fall ist seine Beziehung zu einer Frau determiniert durch ihre »participation mystique« (mystische Teilhabe) an der natürlichen Erscheinung sexueller Erregung und Entladung. In dieser Situation ist das persönliche Element der sexuellen Beziehung dem transpersonalen oder instinktiven Faktor im Sexualtrieb untergeordnet. Die andere Annäherung ist bewußter Art, ein Gewahrsein der Bedeutung des Geschlechtsakts in bezug auf seine Beziehung zu einer Frau. Bei der bewußten Haltung wird der Mann die Macht, die einer Frau etwas tut, was sie verwandelt. Er ergreift Besitz von ihr (»hat sie«), schwängert sie und erfüllt sie. Für das Ich des Mannes, der der Handelnde ist, ist die Frau ein Objekt, auf das er einwirken muß, wie er auf die Erde und die Natur einwirkt. Das Ich gründet sein Recht, so zu handeln, auf seine Besitznahme und auf seine Machtdurchsetzung.

Kein Mann nähert sich dem Geschlechtsakt allein durch Gefühle oder durch bewußtes Gewahrsein. Bei jedem Mann kombinieren sich in seiner Beziehung zur Frau Gefühl und Gewahrsein, Instinkt und Erkenntnis. Wenn ich zwischen diesen beiden Richtungen Unterschiede mache, dann soll es dem besseren Verständnis der Unterschiede dienen, die das Verhalten verschiedener Männer kennzeichnen, Unterschiede, die eher quantitativ als qualitativ sind. Wenn die sexuelle Annäherung in erster Linie durch Gefühle (Liebe, Leidenschaft oder Lust) motiviert ist, ist das Sexualverhalten des Mannes spontaner. Da die Reaktion der Frau unter diesen Bedingungen durch ihre Gefühle bestimmt ist, begegnen sich Mann und Frau als Gleichgestellte. In dem Maß, in dem sich das Ich in die sexuelle Beziehung hineindrängt, wird der Geschlechtsakt zum Ausdruck von Besitz und Macht über die Frau. Der Mann nimmt es auf sich, eine Leistung zu vollbringen, und die Schlange des sexuellen Scheiterns erhebt dort, wo das Paradies war, ihr Haupt. Kein Mann in unserer Kultur kann

sein Ich von seiner Sexualfunktion trennen oder auf sein inneres Überlegenheitsgefühl verzichten. Das bedeutet, daß kein Mann seiner kulturellen Erziehung entkommen kann.
Wo in einer Frau zweierlei Maß wirksam ist und Liebe und Sexualität trennt, ist seine Wirkung auf den Mann, daß die Idee der Macht der der Sexualität entgegengestellt wird. Macht erfordert Beherrschung; Sexualität erfordert Unterwerfung. Macht erlegt einem Verpflichtungen auf; Sexualität führt Spannungen ab. Macht erzeugt Ungleichheiten, Subjekt und Objekt; Sexualität ist eine Interaktion unter Gleichgestellten. Macht ist eine Funktion des Ichs und des Geistes; Sexualität ist eine Funktion des Körpers. Macht führt zum Handeln; Sexualität ist Geben und Teilen. Auf einer tieferen Ebene ist diese Trennung lediglich ein weiterer Aspekt des neurotischen Konflikts zwischen Liebe und Sex. Das maskuline Ich identifiziert sich mit Sex, der als Macht gedeutet wird, um den Forderungen der Liebe entgegenzuwirken. Dieser eigentümliche Dreh hat die biologische Bedeutung der Sexualität verzerrt und zweierlei Maß geschaffen. Die sexuelle Funktion des Mannes wird als ein Besitzen der Frau angesehen, während ihre Reaktion als Unterwerfung betrachtet wird.
Zweierlei Maß herrscht auch in der Beziehung eines Mannes zu seiner Arbeit. Wenn er ein Unternehmer ist, kann er hin- und hergerissen sein zwischen seinem natürlichen Wunsch, soviel Gewinn zu machen wie möglich, und seiner menschlichen Sorge um das Wohl seiner Angestellten und Kunden. Wenn ein Mann Arbeitnehmer ist, kann seine Verpflichtung gegenüber seinem Arbeitgeber leicht seinem persönlichen Interesse zuwiderlaufen. Es ist nicht leicht, den Drang nach Geld und Macht mit seinen Gefühlen als einfühlsamer und sensibler Mensch zu vereinbaren. Es geschieht oft, daß eine der Wertvorstellungen durch den Druck neurotischer Familienkräfte geopfert wird, die das Individuum nicht steuern kann. Wenn Geld und Macht zum herrschenden Wert werden, kann ein Mensch psychopathische Tendenzen entwickeln. Beim Psychopathen ist das Ich wichtiger als das Selbst; d. h. das Image verhüllt und verkleinert

den Menschen. Wenn das Verlangen nach Geld und Macht verdrängt wird, können schizoide Tendenzen auftreten. Der einzelne zieht sich vielleicht in eine Innenwelt der Meditation und überwiegenden Beschäftigung mit dem eigenen Selbst zurück, womit eine Verkleinerung der Gesamtpersönlichkeit einhergeht.

Ich könnte viele Beispiele von Konflikten bringen, die durch zweierlei Maß erzeugt werden. In der Beziehung eines Mannes zu seinen Kindern schlägt sich der Konflikt nieder, der aus einer Gruppe solcher Wertvorstellungen herrührt. Jeder sensible Vater ist unsicher, wie er die Notwendigkeit, sein Kind zu bestrafen und zu disziplinieren, mit seinen Gefühlen der Zuneigung und des Beschützenwollens vereinbaren soll. In primitiven matriarchalischen Kulturen hat es ein solches Problem nicht gegeben. Die Autorität in der Familie wurde vom Onkel mütterlicherseits des Kindes ausgeübt. Der echte Vater war ein Freund, mit dem das Kind ohne Angst in Beziehung treten konnte. Aber solche Gesellschaftsordnungen erforderten sehr wenig Disziplin oder Erziehung im Vergleich zu dem, was erforderlich ist, um ein Kind in einer zivilisierten Kultur aufzuziehen.

Ein weiteres Beispiel vom Wirken von zweierlei Maß schlägt sich in der Unfähigkeit des Menschen nieder, eine einheitliche Denkweise zu bilden, die Religion und wissenschaftliches Denken, Geschäft und soziale Verantwortung umfaßt. Man wird mit diesen Konflikten fertig, indem man das Leben in Abteilungen einteilt. Religion ist für sonntags oder für die Kirche, während die Wissenschaft alle weltlichen Aktivitäten beherrscht. Das Geschäft ist zum Geldverdienen da, während das persönliche Interesse am Mitmenschen seinen Ausdruck in mildtätigen Werken und Wohlwollen findet. Unterschiedliche Maßstäbe sind kulturelle Phänomene, die aus den Antithesen von Leib und Seele, Geist und Materie, Vernunft und Instinkt entstehen. Im Gegensatz zum Tier werden beim Menschen die Instinktreaktionen beherrscht und modifiziert, damit sie mit gesellschaftlich akzeptierten Idealen des Verhaltens übereinstimmen. Aber wieviel Beherrschung, welche Modifikationen – das sind Fragen, die im Einzelfall nicht einfach zu beantworten sind. Das gilt besonders für die Sexualfunktion. Wieviel Moral sich mit gesunder Sexualität vereinbaren läßt, ist eine Frage, auf die nur Erfahrung eine Antwort geben kann.

Antithese und Dissoziation schaffen eine polare Spannung, die das Bewußtsein erhöht, wenn die Ich-Funktion der Synthese normal funktioniert. Bei diesem Vorgang werden alle Funktionen des Organismus auf ein höheres Intensitätsniveau gehoben: Die Lust wird gesteigert, der sexuelle Orgasmus wird lebhafter empfunden, und das Leben wird erfreulicher. Die Antithese kann aber auch vermehrte Konflikte zur Folge haben. Wenn keine konstruktive Synthese eintritt, läßt sich die Spannung nicht auflösen. In dieser Situation ist Krankheit die Folge, nicht Gesundheit, Neurose oder Psychose, nicht gesunder Verstand, Unglück, nicht Freude. Auf die einfachste Formel gebracht, lautet das Problem, wie man die einander widersprechenden Forderungen von Natur und Kultur vereinbaren soll.

Man kann ein Problem zwar auf eine einfachste Formel bringen, aber man kann es mit dieser Einfachheit nicht lösen. Die praktische Lösung neurotischer Schwierigkeiten macht eine Kenntnis der beteiligten komplexen Faktoren notwendig. Selbst wenn man dieses Wissen erworben hat, stellt seine Anwendung auf eine spezifische gesellschaftliche oder individuelle Situation einen vor neue Probleme. Diese Schwierigkeit erinnert an die Geschichte vom Bären, der über den Berg ging, um nachzusehen, was er fände. Er fand einen weiteren Berg. Aber die Unermeßlichkeit der Aufgabe braucht uns nicht davon abzuhalten, den Berg zu erklimmen. Ein Teil unseres Wesens, das Unbewußte, sagt uns, auf der anderen Seite des Berges sei eine fruchtbare Ebene. Dieses innere Gefühl ist ebenso gültig wie die kalte Logik, die die Schwierigkeiten erkennt, die der Verwirklichung dieser Vision im Wege stehen.

17 Die Wahrheit des Körpers

Der Zusammenbruch der alten Sexualmoral, die mit der patriarchalischen Autorität verbunden war, hat alle ernsthaften Leute zur Aufmerksamkeit und zum Nachdenken herausgefordert. In einer Titelgeschichte über das Thema »Sex in the U.S.: Mores and Morality« (Sexualität in den Vereinigten Staaten: Gebräuche und Moral) hat die Zeitschrift *Time* im Januar 1964 die aktuelle Verwirrung in bezug auf sexuelle Wertvorstellungen geschildert. In dem Artikel wurde das Verschwinden der »doppelten Moral« in bezug auf sexuelles Verhalten, die stärkere Anerkennung sexueller Erfüllung als legitimes Verlangen und die Zunahme der Aufgeschlossenheit gegenüber sexuellen Problemen als Fortschritt verzeichnet. Zugleich wurde der Mangel an spirituellem Sinn in der »aufgeklärten« Anschauung von der Sexualität beklagt.

Man kann nicht mit einer einfachen Lösung dieses Problems rechnen – die Krise geht bis an die Wurzeln unserer Kultur. In einer Welt, die immer stärker industrialisiert, standardisiert und entmenschlicht worden ist, erscheint vielen die Sexualität als die einzige Kraft, die in der Lage ist, den Menschen wieder mit seiner instinktiven, unbewußten und animalischen Natur zu vereinigen. In dem *Time*-Artikel wird diese Einstellung bemerkt: »Es gibt auch eine Tendenz, im Sex nicht nur die persönliche, sondern auch die gesellschaftliche Rettung zu sehen – den letzten Bereich der Freiheit in einer industrialisierten Gesellschaft, die letzte Grenze.« Aber dieser Bereich wird auch in der Gier des Menschen nach Geld und Macht zunehmend kommerziell ausgebeutet. Selbst diese Grenze wird vielleicht in einem sogenannten wissenschaftlichen Objektivismus verschwinden, der die Sexualfunktion zu einer

Technik reduziert. Wenn dieses letzte große Geheimnis des Lebens in eine Formel umgesetzt wird, wird der Mensch zu einem Automaten, völlig von seinem Ich beherrscht und aller Lust und Leidenschaft entkleidet. Im Namen des Fortschritts tritt dann Produktivität an die Stelle von Inspiration, und Spontaneität weicht dem Zwang. Heute kann man unschwer eine zwanghafte Einstellung bei der Arbeit, beim Spiel und beim Sex feststellen. Die einzige Hoffnung liegt in der wachsenden Unzufriedenheit des Menschen mit seiner gegenwärtigen Lebensweise und in seiner Erkenntnis, daß die Lebensfreude, die ihren höchsten Ausdruck im sexuellen Orgasmus findet, ihm vielleicht entgeht.

Es ist leicht, aus dem Orgasmus einen Fetisch zu machen, und man hat Wilhelm Reich beschuldigt, einen Kult zu fördern, der auf diesem Konzept beruht. Diese Beschuldigung erschien in einem Zeitschriftenartikel mit dem Titel »Der Kult von Sex und Anarchie«, der 1945 in *Harper's Magazine* veröffentlicht wurde. Aus meiner persönlichen Erfahrung mit Reich kann ich sagen, daß diese Beschuldigung zu Unrecht erfolgt. Es bleibt jedoch eine Tatsache, daß sich eine solche Einstellung im Dunstkreis der Lehren Reichs entwickelt hat. Seine Ideen wurden von vielen »Rebellen« aufgegriffen, um ihre antisozialen Gefühle und ihre Absonderung von den Bemühungen der Gesellschaft zu rechtfertigen. Rollo May glaubt, eine übertriebene Beschäftigung mit dem Orgasmus könnte zu einer neuen Form der Neurose führen. In bezug auf die Möglichkeit dieser Gefahr stimme ich mit May überein. Aber die Bedeutung des Orgasmus läßt sich nicht übersehen. Der vollständige Orgasmus, wie ich ihn beschrieben habe, ist ein Zeichen emotionaler Gesundheit, da er die Fähigkeit des Individuums darstellt, Bewußtsein und Unbewußtes, Ich und Körper, Zuneigung und Aggression in einer totalen Reaktion zu vereinigen. Gerade weil dem modernen Menschen diese Einheit fehlt, ist er zum vollen Orgasmuserlebnis beim Geschlechtsakt nicht fähig. Der Orgasmus ist nicht das *Mittel* zu einem vollständigen Leben, sondern sein *Ergebnis*. Es ist ein Irrtum, wenn man glaubt, der

Orgasmus habe irgendeine geheimnisvolle Kraft, persönliche Probleme zu lösen. Die Betonung sollte bei einem rationalen Ansatz gegenüber emotionalen Erkrankungen auf den Konflikten und Spaltungen liegen, die heutzutage die Persönlichkeit auseinanderreißen, und nicht auf dem Orgasmus oder der orgastischen Potenz.

Der Grundkonflikt besteht zwischen der rationalen Natur des Menschen und seiner Tiernatur. Es ist der Konflikt zwischen dem Ich und der Sexualität, wobei das Ich für das Bewußtsein des Selbst, Wissen und Macht steht, während die Sexualität die im Körper wirksamen unbewußten Kräfte repräsentiert. Diese unbewußten Kräfte müssen erkannt werden, und man muß ihnen einen Status einräumen, der dem der »höheren« Funktionen des Geistes gleich ist. Wissen, Reichtum und Macht sind bedeutungslos, wenn sie nicht zum allgemeinen Wohlbefinden des Individuums und zum Wohl der Gesellschaft beitragen. Das können sie aber nicht, wenn sie die Ansprüche des Körpers auf Ausdruck und Erfüllung nicht berücksichtigen. Ich bin sicher, daß bis hierher alle zustimmen werden, aber viele Stimmen werden protestieren, wenn ich behaupte, in unserer Kultur würden dem Körper seine Ansprüche verweigert.

Ich habe mehrmals Bemerkungen über die körperliche Rigidität und Unbeweglichkeit gemacht, die viele Patienten zeigen. Wenige von ihnen waren sich der körperlichen Verspannungen bewußt, die ihren emotionalen Problemen parallel liefen und deren körperliche Ausprägung waren. Die herrschende Vorstellung, der sie sich auch anschlossen, ist die, daß emotionale Schwierigkeiten rein psychisch sind, irgendwo im »Kopf« beheimatet. Das landläufige Denken betrachtet Leib und Seele als zwei getrennte Größen. Wenn man es zuläßt, daß im Verlauf einer analytischen Therapie diese Denkweise beibehalten wird, entsteht ein Abgrund zwischen dem, was der Patient erfährt, und der Art, wie er funktioniert. So kann die Illusion fortbestehen, daß Wissen ein Ersatz für Gefühle ist. Man fördert so die Vermeidung der Wahrheit, daß die Sexualfunktion des Individuums ein Ausdruck seiner leibseelischen Einheit ist.

Ich habe gezeigt, daß sexuelle Schwierigkeiten eng an körperliche Störungen in Form von Muskelverspannungen, Starrheit des Beckens, Verkrampfungen der Beinmuskulatur und Einschränkung der Atmung gebunden sind. Sex ist eine körperliche Funktion, die von der Anmut und Koordination des Körpers abhängig ist, um lustvoll und befriedigend sein zu können. Wir sind naiv, wenn wir glauben, für erfreulichen Sex sei nichts weiter nötig als ein williger Partner. Es ist reine »sexuelle Aufgeklärtheit«, zu glauben, sexuelle Freiheit sei eine geistige Einstellung. Ist man frei, Sex zu genießen, wenn sich der Körper nicht rhythmisch bewegt? Was für eine Art sexueller Freiheit gewinnt man durch die Verwendung obszöner Redewendungen oder dadurch, daß man der Sinnlichkeit frönt? Nur ein Egoist würde Zügellosigkeit mit Freiheit verwechseln.

Die Überbewertung des Ichs und des Intellekts hat die Wahrheit des Körpers negiert. Für das Ich ist der Körper ein Objekt, das es beherrscht. Das Ich entwickelt sich durch seine Steuerung körperlicher Funktionen. Aber wenn man so weit geht, den Körper als eine Maschine zu betrachten, läuft man Gefahr, die eine Realität zu verlieren, die in dieser verwirrten Zeit die geistige Gesundheit erhalten kann. C. G. Jung bringt dieses Problem deutlich zum Ausdruck:

»Ist man noch gefangen von der alten Idee des Gegensatzes von Geist und Materie, so bedeutet dieser Zustand eine Zerspaltung, ja einen unerträglichen Widerspruch. Kann man sich dagegen mit dem Mysterium aussöhnen, daß die Seele das innerlich angeschaute Leben des Körpers und der Körper das äußerlich geoffenbarte Leben der Seele ist, daß die beiden nicht zwei, sondern eins sind, so versteht man auch, wie das Streben nach Überwindung der heutigen Bewußtseinsstufe durch das Unbewußte zum Körper führt und umgekehrt, wie der Glaube an den Körper nur eine Philosophie zuläßt, die den Körper nicht zugunsten eines reinen Geistes negiert.«*

---

* Carl Gustav Jung, *Seelenprobleme der Gegenwart*, Zürich, 1949, S. 434.

Die Wahrheit des Körpers bezieht sich auf ein Gewahrsein des Ausdrucks, der Haltung und des Zustands des Körpers. Der Ausdruck ist nur in bezug auf das Gewahrsein sinnvoll. Die Wahrheit des Körpers kennen, heißt, seiner Bewegungen, seiner Impulse und seiner Eingeschränktheiten gewahr zu sein, d. h. zu fühlen, was im Körper vor sich geht. Wenn ein Mensch die Verspannungen, Starrheiten oder Ängste seines Körpers nicht *fühlt,* verleugnet er in diesem Sinn die Wahrheit seines Körpers. Diese Verleugnung findet auf der Ebene des Unbewußten als ein Verlust der Wahrnehmung des körperlichen Zustands statt. Sie ist häufig davon begleitet, daß der entgegengesetzte Zustand oder das entgegengesetzte Gefühl ausgedrückt wird. Zum Beispiel tarnen Patienten oft ein Gefühl der Traurigkeit durch gezwungenes Lächeln, was zur Folge hat, daß sie das Gefühl der Traurigkeit gar nicht bemerken. Andere Patienten verdecken die Feindseligkeit, die sich in ihren kalten, harten Augen und zusammengebissenen Zähnen manifestiert, durch übertriebene Höflichkeit und Förmlichkeit. Die Wahrheit des Körpers kann hinter Rationalisierungen oder Intellektualisierungen versteckt sein. Ein Patient rationalisiert vielleicht seine Unfähigkeit, Wut zu äußern, indem er sagt, Wut sei keine angemessene Reaktion. Die Wahrheit kann für diesen Patienten sein, daß er wegen chronischer Verspannungen im Schultergürtel gar kein Gefühl der Wut mobilisieren oder aufrechterhalten kann. Orgasmus ist ein Gefühl des Körpers, das Liebe zum Sexualpartner ausdrückt. Orgastische Impotenz weist auf eine Angst vor der Liebe auf der Ebene sexueller Reife hin. Wie viele Menschen sind sich dieser einfachen Wahrheit des Körpers bewußt?

Das Gefühl, das Herz »öffne« sich der Liebe, ist eine Wahrheit des Körpers. Es mag nicht mit der naturwissenschaftlichen Ansicht übereinstimmen, das Herz mit der Liebe in Verbindung zu bringen. Aber die Naturwissenschaft ist ja auch nicht an Gefühlen interessiert, nur an Mechanik. Wenn Menschen ohne jede körperliche Empfindung von Liebe sprechen, reden sie von Vorstellungen, nicht von Gefühlen. Manchen Menschen fällt es schwer zu sagen, »Ich liebe dich«, weil ihnen dieses spezifische Gefühl fehlt. Andere benützen Wörter ohne Rücksicht auf die körperlichen Gefühle, auf die sie hinweisen. In ähnlicher Weise sprechen Menschen von sexuellem Verlangen, ohne einen starken sexuellen Drang zu verspüren. Was sie meinen, ist, daß sie wollen, ein sexueller Kontakt solle ihnen das Gefühl geben, lebendig und erregt zu sein. Diese Trennung von Liebesworten vom sexuellen Gefühl ist charakteristisch für die Sinnlichkeit, wie sie im 10. Kapitel beschrieben worden ist. Der Ausspruch »Ich liebe dich« bedeutet oft, »Ich brauche dich«, und ist eher eine Bitte um Liebe als eine Kundgebung eines Körpergefühls.

Die Vorstellung, das Herz sei der Sitz der Liebe, hat etwas mit der Frage der orgastischen Potenz zu tun. Bei allen Neurotikern stellt man fest, daß die Wand des Brustkorbs äußerst angespannt ist. Außerdem ist das Zwerchfell kontrahiert, der Bauch ist eingezogen, und die Schultern sind unnachgiebig. Das Herz ist buchstäblich in einen Muskelpanzer eingeschlossen, der es zwar schützt, es aber auch von den Empfindungen im Genitalbereich isoliert. Diese »Panzerung« erklärt, warum die sexuellen Empfindungen auf die Geschlechtsorgane beschränkt sind und sich nicht in einer vollständigen orgastischen Reaktion auf den ganzen Körper erstrecken.

Ein weiterer Körperzustand, der die orgastische Potenz stört, ist ein flacher, eingezogener Bauch und ein festes, eingezogenes Gesäß. Bei einem Mann soll ein flacher Bauch ein Zeichen von Männlichkeit sein. Das Ideal der männlichen Körperhaltung war und ist die Haltung der Militärakademie Westpoint: Bauch rein, Brust raus, Schultern gerade. Aber wenn solche Haltung auch bei Soldaten angebracht sein mag, in bezug auf die Sexualität hat sie keinen Sinn. Es ist eine Haltung, die Beherrschung, Zurückhaltung, Ordnung und vielleicht Führung bedeutet. Sie betont die Ich-Werte, aber sie hemmt die Hingabe an das Unbewußte und an die für die orgastische Entladung notwendigen Gefühle. Sie reduziert den Körper auf ein Werkzeug des Willens und vermindert die orgastische

Potenz. Die Kontraktion des Bauches verhindert, daß Gefühle das Becken überfluten können. Sie trennt das Genitalorgan vom übrigen Körper ab und verwandelt es in ein Werkzeug. Das zusammengezogene Gesäß schränkt das sexuelle Gefühl weiter ein. Es verleiht dem Beckenstoß eine sadistische Qualität, indem es die Bewegungen hart und drängend macht. Der Penis wird in eine Waffe umgewandelt. Man kann nur insofern behaupten, diese Haltung sei männlich, als sie die femininen Seiten der Natur des Mannes verleugnet. Die weichen, »be-leibten« sexuellen Gefühle werden vom Ich als Aspekte des Weiblichen betrachtet.

Es ist schwer zu verstehen, warum Frauen oft Maßstäbe männlicher Attraktivität als ihre eigenen annehmen. Vor kurzem veranschaulichte eine Anzeige eines Warenhauses diese neue Wertvorstellung humorvoll und drastisch. Sie zeigte eine junge Frau in der Seitenansicht, deren Erscheinung – sie trug Hosen, war flachbrüstig, hatte keinen Bauch und keine Hüften – einen Jungen, wie unter der Abbildung stand, veranlaßte, einen anderen zu fragen: »Wer ist dein junger Bruder?« Diese neue Mode, der knabenhafte Körperbau, ist eine unbewußte Verleugnung der weiblichen Sexualität. Sie zeigt, in welchem Maß das männliche Ethos das Denken der Frauen durchdrungen hat. Man kann daraus nur schließen, daß das oberflächliche Verschwinden des zweifachen Maßstabes darauf zurückgeht, daß er durch einen einzigen, den männlichen, ersetzt worden ist.

Zwar ist ein Zurückgehen der »doppelten Moral« nicht zu bedauern, aber diese jüngste Entwicklung war begleitet von einem Verfall der Moral, der Werte, der Liebe und des Körpers. Der schlechte Körperzustand so vieler Menschen in unserer Kultur ist zum Gegenstand der Besorgnis und der Untersuchung eines vom Präsidenten berufenen Komitees geworden. Aber alle Ermahnungen, Programme und Projekte scheinen mit dieser chaotischen Situation nicht fertigwerden zu können. Der heutige Mensch ist durch die Macht seines rationalen Verstandes von den mystischen Verbindungen abgeschnitten, die seine Vorfahren an die Natur und an das Leben banden, aber er hat auch die Ideale und Anschauungen verworfen, die noch seinen Vater gestützt haben – darunter die doppelte Moral in der Sexualität. Als einzelnes Individuum kann er nur in sich selber nach einem Verhaltenskodex suchen, der seinem Leben einen Sinn gibt. In der Wahrheit seines Körpers und in seinen sexuellen Gefühlen hat der Mensch eine Anleitung für moralisches und ethisches Verhalten, das sein Sein erfüllen und seine Natur befriedigen kann.

In *Die Funktion des Orgasmus* hat Reich eine Moral vorgeschlagen, die auf dem Konzept der sexuellen Selbststeuerung beruht. Dieses Konzept entwickelte sich aus seiner Beobachtung, daß sich die ganze Persönlichkeit des Patienten radikal änderte, wenn er die Fähigkeit zur vollen genitalen Hingabe gewonnen hatte. Zwanghafte Einstellungen zur Arbeit und zur Sexualität verschwanden. Die sexuelle Promiskuität hörte auf, nicht wegen irgendeines moralischen Zwangs, sondern weil solches Verhalten die Befriedigung nicht erbrachte, die der Patient sich wünschte. Der »genitale Charakter«, wie Reich das Individuum bezeichnete, das diese Fähigkeit erworben hatte, konnte Sexualität mit Liebe und Liebe mit Sexualität vereinen: »Es war, als ob die moralischen Instanzen gänzlich verschwänden und an ihre Stelle bessere und haltbarere Sicherungen gegen Dissozialität träten. Sicherungen, die nicht im Widerspruch zu natürlichen Bedürfnissen waren, sondern sich vielmehr gerade auf Prinzipien der Lebenslust stützten.«* Der genitale Charakter ist nicht hedonistisch, wie man aus dieser Äußerung entnehmen könnte, sondern rational. Er kann wählen, wann und wie er die Befriedigung seines Verlangens suchen will. Es ist eine rationale Wahl, denn es gibt keinen inneren Konflikt mit verdrängten Wünschen. Ein Mann mit einer genitalen Charakterstruktur würde z. B. kein Mädchen verführen; es würde ihm widerstreben. Er würde nach einem Mädchen Ausschau halten, das spontan auf ihn reagiert.

* Wilhelm Reich, *Die Funktion des Orgasmus*, Fischer Taschenbuch 1972 (6191), S. 137.

Sexualität ist für den Menschen mit einer genitalen Charakterstruktur ein sinnvolles und genußreiches Erlebnis. Für den Neurotiker ist der Geschlechtsakt im wesentlichen eine Demonstration der »Potenz«.

Reichs Analyse der Unterschiede zwischen zwanghafter Moral und natürlicher Selbststeuerung beeindruckt einen mit ihrer Logik. Das sexuelle Chaos des zwanzigsten Jahrhunderts scheint zu beweisen, daß eine solche Selbststeuerung notwendig ist. Da Reich zu der Überzeugung gekommen war, daß Selbststeuerung möglich ist, daß sie natürlicherweise existiert, und daß sie möglicherweise universell werden könnte, widmete er sein Leben dem Problem, wie man dieses Konzept zur sozialen Realität machen könnte. Es ist hier nicht angebracht, sich ausführlich mit der Geschichte des Lebens und der Arbeit Reichs und ihrem Höhepunkt in dem Fiasko seiner Inhaftierung und seines Todes zu befassen. Bitter und frustriert kam Reich schließlich zu der Auffassung, die Masse sei noch nicht bereit, dieses Ideal zu akzeptieren und für es zu kämpfen. Er schloß, Tausende von Jahren sexueller Verdrängung und zwanghafter Moral hätten im modernen Menschen eine Angst vor der Freiheit und vor der sexuellen Lust erzeugt.

Reich stellte die Frage: »Weshalb ist die Auffassung eines scharfen Gegensatzes von Natur und Kultur, Trieb und Moral, Körper und Geist, Teufel und Gott, Liebe und Arbeit zu einem der markantesten Züge unserer Kultur und Lebensauffassung geworden?« (a. a. O., S. 162). Seine Antworten waren jedoch überwiegend negativer Art: »Um in dieser Welt realitätsfähig zu sein, mußten sie das Wahrste und Schönste, das Ureigenste in sich bekämpfen, zu vernichten trachten« und »Geldmachen als Lebensinhalt und Ziel widerspricht jedem natürlichen Empfinden« (a. a. O. S. 163). Diese Antworten sind im Grunde richtig. Die menschliche Tragödie, die aus diesen Widersprüchen in der Natur des Menschen erwachsen muß, ist allen offenbar. Aber Reich hatte nicht, wie Jung und Neumann, die Geschichte des menschlichen Bewußtseins erforscht. Der Kampf um Bewußtsein, Individualität und Kultur war schwierig. Der Preis mag, nach unserer heutigen Ansicht, zu hoch gewesen sein, aber er ist vorher noch nicht oft in Frage gestellt worden, ausgenommen durch ein paar große Denker. Arnold Toynbee vergleicht die Lage des zivilisierten Menschen mit der Zwangslage eines Bergsteigers an einer steilen Felswand, der auf einem schmalen Felsvorsprung hockt. Unten in der Ebene ist die Primitivität; oben der Gipfel, nach dem der zivilisierte Mensch strebt. Aber der Aufstieg ist gefährlich und äußerst schwierig. Fallen bedeutet den Tod, sich anklammern und weiterkämpfen, bis man bereit ist, den Aufstieg zu versuchen, ist unangenehm, ja quälend. Aber welche andere Wahl hat der Mensch?

Die Vision vom Gipfel genügt nicht, um eine verzweifelte Bemühung, mit letzter Kraft die Wand zu erstürmen, zu rechtfertigen. Reich hat es versucht und ist gescheitert. Wir müssen mehr Erkenntnisse sammeln, neue Wege finden, Techniken entwickeln, die wir noch nicht haben. Das Konzept der auf der vollen orgastischen Potenz gegründeten Selbststeuerung ist eine Vision, nicht eine Fertigkeit, ein Ideal, kein Weg. Es hat sich erwiesen, daß es als therapeutisches Werkzeug nicht anwendbar ist, wie Reich in späteren Jahren widerstrebend zugab. Infolgedessen können wir Norman Mailers Interpretation des Reichschen Konzepts nicht völlig akzeptieren, daß nämlich der Orgasmus die Möglichkeiten des Individuums für ein schöpferisches Leben freisetze. Man muß es umgekehrt ausdrücken: Ein freies Individuum (frei von neurotischen Konflikten) kann seine Möglichkeiten für ein schöpferisches Leben erforschen, von denen eine, vielleicht die entscheidende, die Fähigkeit zur vollen orgastischen Hingabe im Geschlechtsakt ist.

Das Problem ist nicht »Sex«, sondern Geschlechtlichkeit. Und Geschlechtlichkeit ist eine Funktion des Körpers, nicht des Genitalapparats. Reich hat einen Mißgriff getan, als er dem »neurotischen« Charakter den »genitalen« Charakter gegenüberstellte. Jeder Erwachsene ist in dem Maß ein »genitaler Charakter«, in dem er ein Geschlechtsleben führt. Er könnte mit einigem Recht behaupten, da Sex ihm wichtig ist, funktioniere er »auf genitale Weise«. Dem Ausdruck »neurotisch« kann man nur sein Gegenteil, »gesund«, gegenüberstellen. Neurotisch und gesund sind die entgegengesetzten Enden eines Spektrums, in dem Gesundheit die Fähigkeit bedeutet, das Leben zu genießen, und Neurose die Unfähigkeit dazu. Das sind subjektive Kriterien. Objektiv muß Gesundheit einen Zustand des *Körpers* darstellen, d. h. eines Körpers, der vital, lebendig, frei von chronischen Muskelverspannungen, koordiniert in seinen Bewegungen, harmonisch in seinen Teilen ist – einen Körper, mit dem die Persönlichkeit identifiziert ist. Mit anderen Worten, man kann Gesundheit nicht von den Attributen der Schönheit, der Anmut und der Wahrhaftigkeit trennen. Ein solcher Körper ist sexuell lebendig.

Das Problem ist nicht Genitalität, sondern Sexualität. Ich habe in einem früheren Kapitel gesagt, ein Homosexueller habe zwar genitale Empfindungen, aber sein übriger Körper sei vergleichsweise »tot«. Das gilt in verschiedenem Maß für alle Neurotiker, und es erklärt ihre Unfähigkeit, beim sexuellen Höhepunkt eine Reaktion des ganzen Körpers zu erleben. Tatsächlich wird eine starke genitale Erregung, wenn sie sich getrennt von dem Empfinden im übrigen Körper entwickelt, als unangenehm erlebt. Homosexuelle Betätigung entsteht aus dem Bedürfnis, dieses unangenehme Gefühl »loszuwerden«. Aber der Homosexuelle ist ein Gefangener seiner Perversion, weil er glaubt, genitales Empfinden sei der Weg zum Leben. Es ist ein Glaube, der auf dem Nichtwissen der Wahrheit beruht – der Wahrheit, daß sein Körper erstarrt, unbeweglich und nicht reaktionsbereit ist. Nur diese Wahrheit kann ihn befreien, da er nur durch die Mobilisierung von Körperempfindungen die Ängste überwinden kann, die eine entspannte Annäherung an Frauen verhindern.

Wir sind es nicht gewöhnt, gemäß der Wahrheit des Körpers zu denken. Zu lange hat das abendländische Denken den Körper als einen Mechanismus betrachtet, ein Werkzeug des Willens oder ein Behältnis des Geistes. Die moderne Medizin hält trotz all ihrer Fortschritte immer noch an dieser Anschauung fest. Wir nehmen unseren Körper nicht ernst, außer wenn etwas schief geht. Dann laufen wir in die »Reparaturwerkstatt«. Wir haben Jungs einfache Hypothese noch nicht akzeptiert, nach der eine allgemeine Charakterologie die Bedeutung sowohl körperlicher als auch seelischer Züge lehren müsse, da es sowohl eine Form des Körpers als auch eine Form des Verhaltens oder der Seele gebe. Auch hier war es wieder Reichs Genialität, die das Fundament für eine solche Charakterologie geschaffen hat.

Ich möchte die Hypothese aufstellen, daß der Mensch, der mit seinem Körper und mit seinen Gefühlen in Fühlung ist, nicht lügt. Er lügt nicht, weil es ihm ein »falsches Gefühl« gibt. Kinder lügen nicht gern; sie sagen, sie »fühlten sich schlecht« dabei. Wenn man sich selber falsch darstellt, erzeugt man einen inneren Konflikt zwischen dem projizierten Bild und der Realität des Selbst. Gesunde Menschen erleben diesen Konflikt als eine körperliche Spannung. Sie entsteht aus dem Versuch des Körpers, dem Bild zu entsprechen, was er nicht kann. Aber wenn ein Mensch keinen Kontakt zu seinen Körperempfindungen hat, bemerkt er diese Spannung nicht. Wenn er die Unwahrheit sagt, merkt er vielleicht nicht einmal, daß er lügt.

Das Lügen dieser Art ist typisch für die psychopathische Persönlichkeit. Diesen Menschentypus betrachten fast alle Psychiater als gewissenlos. Meine Erfahrung mit einer Reihe solcher Fälle ist die, daß sie fast gar kein Gefühl ihres Körpers haben. Von einem solchen Menschen kann man sagen, »er weiß nicht, was er redet«. Es gibt mehrere klassische Beispiele für diese Verhaltensweise. Wir haben alle schon die Kabarettszene gesehen, in der der eine laut, aufgeregt und wütend schimpft, worauf ihn sein Partner fragt: »Worüber regst du dich so auf?« und dann in offensichtlich hysterischem und aufgeregtem Ton die Antwort bekommt: »Wer regt sich hier auf?«

Eine ähnliche Spaltung erscheint oft im Sexualverhalten eines Mannes. Selten stellt sich ein Mann, dessen Erektion entweder vor dem Geschlechtsverkehr oder währenddessen nachläßt, ehrlich dieser Reaktion. Die üblichen Bemerkungen lauten nach Aussage der Partnerinnen: »Das ist mir noch nie passiert«, »Das versteh' ich nicht« oder »Nächstes Mal wird's schon klappen.« Die Wahrheit, wie der Körper sie ausdrückt, ist, daß er das Verlangen nach seiner Partnerin verloren hat. Das kann aus Angst, Schuldgefühlen oder Furcht geschehen. Er fühlt sich vielleicht unbehaglich in der Situation, hat Angst, daß das Mädchen eine Dauerbeziehung erwartet, ist besorgt, ob er die Partnerin befriedigen kann usw. Ich bin sicher, daß jeder Mann in dieser Situation auf irgendeiner Ebene des Gewahrseins seine wahren Gefühle spürt. Wenn er sie akzeptieren und äußern kann, ist der Konflikt lösbar, und seine Potenz wird zurückkehren. Wenn wir uns fürchten, der Wahrheit ins Auge zu sehen, wie sie unser Körper oder die körperlichen Empfindungen ausdrücken, machen wir Ausflüchte, verstellen uns und nehmen eine Pose ein.

Ich könnte die Behauptung, alle Formen des Lügens und Betrügens stellten ein Weglaufen vor der Wahrheit des Selbst oder des Körpers dar, mit guten Argumenten untermauern. Gewiß können Körper und Selbst nicht zwei getrennte Einheiten sein. Aber das ist für meine Beweisführung nicht ganz relevant. Ich möchte darauf hinweisen, daß eine innere Moral und ein inneres Wertsystem auf die Prinzipien der Selbst-Kenntnis und der Selbst-Annahme gegründet werden könnte, wozu auch die Wahrheit des Körpers gehört. Das würde nicht zu Egoismus oder engem Eigeninteresse führen. Es ist auch keine so übermäßig vereinfachte Ansicht wie Ernest Hemingways Manifest in einem Satz: »Moralisch ist das, wonach du dich gut fühlst, und unmoralisch ist das, wonach du dich schlecht fühlst.« In der augenblicklichen Lage der Dinge haben die meisten Menschen keine so klar umrissenen Gefühle. Man kann sich in bezug auf eine Handlung gut oder schlecht fühlen oder im einen Moment gut, im nächsten aber schlecht, wenn tiefere Gefühle ans Licht kommen. Nur wenn man ganz in Fühlung mit seinem eigenen Körper ist, wenn man seiner

Gefühle, seiner Spannungen, seiner Qualitäten ganz gewahr ist, kann man moralische Urteile fällen, wenn sie sich auch auf das eigene Verhalten beschränken. Anstatt einen Kodex aufzustellen, sollten wir nach einem »Weg« suchen. Der Weg zu einem reicheren Leben geht gewiß über ein vollständigeres Erleben des Körpers und seiner Sexualität. Ich will nicht behaupten, es sei der einzige »Weg«, aber es ist eine brauchbare Lebensweise, die die antithetischen Funktionen der Persönlichkeit des Menschen synthetisiert.

Ich habe unterstrichen, daß sexuelle Reife kein Ziel, sondern eine Lebensweise ist. Der sexuell reife Mensch hat den Mut, sich der Wahrheit seines Körpers zu stellen; infolgedessen respektiert er seine Gefühle und sich selbst. Er respektiert ebenfalls seinen Sexualpartner, Menschen im allgemeinen und das Phänomen des Lebens, in welcher Form es sich auch manifestiert. Seine Selbst-Annahme umfaßt das, was er mit allen Menschen gemeinsam hat: das Leben, die Freiheit und den sexuellen Impuls. Wer sich selbst haßt, haßt seinen Körper und die Körper anderer Leute. Indem der reife Mensch sein Recht auf sexuelles Glück geltend macht, gesteht er anderen das gleiche Recht zu. Er hat das, was ich ein »offenes Herz« nenne. Weil sein Herz offen ist und nicht verschlossen, gibt sich der sexuell reife Mensch denen ganz, die er liebt. Dafür liebt und achtet jeder den Menschen mit einem offenen Herzen. Er ist mit dem Herzen bei seinen Tätigkeiten, und er wird durch ihre Ergebnisse ganz erfüllt und befriedigt. Er ist natürlich orgastisch potent. Ich habe solche Menschen gekannt, und sie haben mein Leben bereichert. Durch sie wird mein Glaube an Menschen gerechtfertigt.

Der Mensch mit einem »verschlossenen Herzen« fürchtet sich, zu lieben. Letzten Endes ist es diese Furcht, die ihn neurotisch handeln läßt. Er kennt die Bedeutung der Liebe, und er ist sich seines Bedürfnisses zu lieben bewußt, aber er kann dem Gefühl der Liebe sein Herz nicht öffnen. Er ist gewiß nicht so auf die Welt gekommen. Solche Menschen bekomme ich ständig in meiner Praxis zu sehen. In jedem Fall ist in der Vorgeschichte eine Liebesenttäuschung in der frühesten Kindheit zu finden. Patienten erinnern sich, wie sie als Babies nach der Mutter geschrien haben, die nicht kam. Manchmal wird dies durch einen Elternteil bestätigt. Zu einer Zeit, als der Behaviorismus als psychologische Lehrmeinung in Mode war, haben mir mehrere Mütter erzählt, ihre Ärzte hätten ihnen geraten, ihre schreienden Babies nicht aufzunehmen, damit sie sie nicht verwöhnten. Andere Patienten erinnern sich, daß ihr Verlangen, gestillt zu werden, oft unbefriedigt blieb. Manche erinnern sich an die Vorstellung von einer »bösen Mutter«, deren Gereiztheit über die scheinbar endlosen Forderungen des Säuglings sich in barschem oder feindseligem Verhalten äußerte. Die Kombination von wiederholten Enttäuschungen und Angst erzeugt eine Abwehr gegen weitere Verletzungen. Diese Abwehr nimmt die Form einer »Panzerung« an, die sich körperlich in einer chronischen Verhärtung der Brustmuskulatur ausdrückt. Das Herz wird »verschlossen«, indem es in einen starren Thoraxkäfig eingesperrt wird, der wiederum die Atmung einschränkt und das Fühlen hemmt. Jeder neurotische Patient leidet an einer Atemstörung, die von chronischen Verspannungen in der Wand des Brustkorbs und im Zwerchfell herrührt. Psychisch äußert sich das »verschlossene Herz« in der Einstellung: »Ich werde dich lieben, wenn du mich liebst.« Bedingungen sind Versagungen. Der neurotische Mensch kann nicht lieben, projiziert aber seine Unfähigkeit auf andere.

Es gibt keine rasche und einfache Methode, neurotische Störungen zu überwinden. Um ein »offenes Herz« zu bekommen, muß sich ein Mensch in sich selbst sicher genug fühlen, um Enttäuschung zu riskieren, und stark genug, um der Angst vor dem Alleinsein ins Auge zu sehen. Er muß all die neurotischen Konflikte lösen, die das Gefühl des eigenen Selbst spalten und seiner vollen Identifizierung mit seinem Körper im Wege stehen. Und er muß die kulturelle Tendenz überwinden, das Ich vom Körper und die Liebe von der Sexualität zu trennen. Das ist nicht leicht; es ist ein langer, mühseliger Prozeß und führt nicht immer zum vollen Erfolg. Aber Gesundheit und Glück sind der Mühe wert.

Ich kann kein einfaches Rezept für ein befriedigendes und gesundes Geschlechtsleben geben. Die Krise der Sexualität, vor der wir in dieser Zeit stehen, erfordert für ihre Lösung einige große Veränderungen im Denken und in der Einstellung. Eine neue persönliche und soziale Ordnung muß entstehen, die auf die richtige Einschätzung der Wahrheit des Körpers gegründet ist. Die Ehrfurcht des Menschen angesichts der scheinbar unbegrenzten Möglichkeiten des menschlichen Geistes sollte ihn nicht veranlassen, den Respekt vor der unendlichen Weisheit des Körpers zu verlieren. Die wissenschaftliche Sexologie darf, wenn sie hilfreich sein soll, gegenüber dem Mysterium der Liebe, das im Innersten des Geschlechtsakts liegt, nicht blind sein.

Alexander Lowen

seine Bücher im
Kösel-Verlag, München

Angst vor dem Leben
Über den Ursprung seelischen Leidens und den Weg zu einem reicheren Dasein
1981. 332 Seiten.
Kartoniert DM 36.-

Depression
Unsere Zeitkrankheit – Ursache und Wege der Heilung
4. Auflage 1984. 327 Seiten.
Kartoniert DM 29,80

Körperausdruck und Persönlichkeit
Grundlagen und Praxis der Bioenergetik
2. Auflage 1985. 464 Seiten.
Kartoniert DM 39,80

Liebe und Orgasmus
Ein Weg zu menschlicher Reife und sexueller Erfüllung
1980. 416 Seiten.
Kartoniert DM 38.-

Lust
Der Weg zum kreativen Leben
2. Auflage 1980. 304 Seiten.
Kartoniert DM 32.-